好望角

在这里，看见新世界

谨以此书纪念我的父亲，以及他永不倦怠的好奇心。

他喜欢阅读手边的所有东西，

无论是他的三角学著作、麦片包装盒、通信簿，

还是他原本应当用来引火的旧报纸。

不过，这本书绝不在此列。

MILK OF PARADISE

天堂

[英]露西·英格里斯 著

徐海幠 译

一 部 鸦 片 全 球 史

之物

A HISTORY OF OPIUM

浙江人民出版社

图书在版编目（CIP）数据

天堂之奶：一部鸦片全球史 / （英）露西·英格里斯著；徐海幨译. — 杭州：浙江人民出版社，2022.7（2023.3重印）

ISBN 978-7-213-10409-1

Ⅰ. ①天… Ⅱ. ①露… ②徐… Ⅲ. ①毒品-历史-世界 Ⅳ. ①D588

中国版本图书馆CIP数据核字（2021）第248946号

浙江省版权局
著作权合同登记章
图字：11-2020-164号

地图审图号：GS浙（2022）6号

天堂之奶——一部鸦片全球史

[英] 露西·英格里斯　著　徐海幨　译

出版发行：浙江人民出版社（杭州市体育场路347号　邮编　310006）
市场部电话：(0571)85061682　85176516

丛书策划：王利波　　　　　　　营销编辑：陈雯怡　陈芊如
责任编辑：吴玲霞　　　　　　　责任校对：陈　春　姚建国
责任印务：程　琳　　　　　　　封面设计：张庆峰
电脑制版：杭州大漠照排印刷有限公司
印　　刷：杭州富春印务有限公司
开　　本：880毫米×1230毫米　1/32　　印　张：15.5
字　　数：353千字　　　　　　　　　　　插　页：8
版　　次：2022年7月第1版　　　　　　　印　次：2023年3月第2次印刷
书　　号：ISBN 978-7-213-10409-1
定　　价：118.00元

如发现印装质量问题，影响阅读，请与市场部联系调换。

出版者言

当今的世界与中国正在经历巨大的转型与变迁，她们过去经历了什么、正在面对什么、将会走向哪里，是每一个活在当下的思考者都需要追问的问题，也是我们作为出版者应该努力回应、解答的问题。出版者应该成为文明的瞭望者和传播者，面对生活，应该永远在场，永远开放，永远创新。出版"好望角"书系，正是我们回应时代之问、历史之问，解答读者灵魂之惑、精神之惑、道路之惑的尝试和努力。

本书系所选书目经专家团队和出版者反复商讨、比较后确定。作者来自不同的文化背景，拥有不同的思维方式，我们希望通过"好望角"，让读者看见一个新的世界，打开新的视野，突破一隅之见。当然，书中的局限和偏见在所难免，相信读者自有判断。

非洲南部"好望角"本名"风暴角"，海浪汹涌，风暴不断。1488 年 2 月，当葡萄牙航海家迪亚士的船队抵达这片海域时，恰风和日丽，船员们惊异地凝望着这个隐藏了许多个世纪的壮美岬角，随船历史学家巴若斯记录了这一时刻：

"我们看见的不仅是一个海角，而且是一个新的世界！"

浙江人民出版社

佳评推荐

露西·英格里斯做了一项了不起的工作，收集到了丰富精彩的资料，讲述了世界上最令人兴奋也是最危险的一种植物的历史。她通过讲述鸦片的故事，向我们指出了人类的很多错误和缺点——我们尝试新事物的意愿，我们成为瘾君子的能力，我们对于金钱的追求。这部作品讲述的不仅仅是鸦片的故事，还讲述了我们人类的历史。

——彼得·弗兰科潘，《丝绸之路：一部全新的世界史》作者

正如露西·英格里斯在这部包罗万象的全新鸦片史中所描述的，这种物质的药用价值和它存在的危险性之间的冲突由来已久……她满怀热情地厘清了这些矛盾……这是一部研究深入、令人着迷的作品。

——《经济学人》

英格里斯讲述的一个个故事和一条条医学知识为本书增色不少，书中提供的信息足以构成一座小型图书馆。这绝对是一部权威的鸦片史。

——朱莉·皮凯姆，《今日历史》

要是所有的历史学家都能像露西·英格里斯这样著书立说就好了。

——保罗·雷，Fivebooks 2018 年度最佳历史图书评委

非常精彩的一部杰作，堪称一部史诗，并且充满人性。

——《泰晤士报》

一部包罗万象的全球鸦片发展史……引人入胜。

——《泰晤士广播电视报》

权威著作。

——《自然》

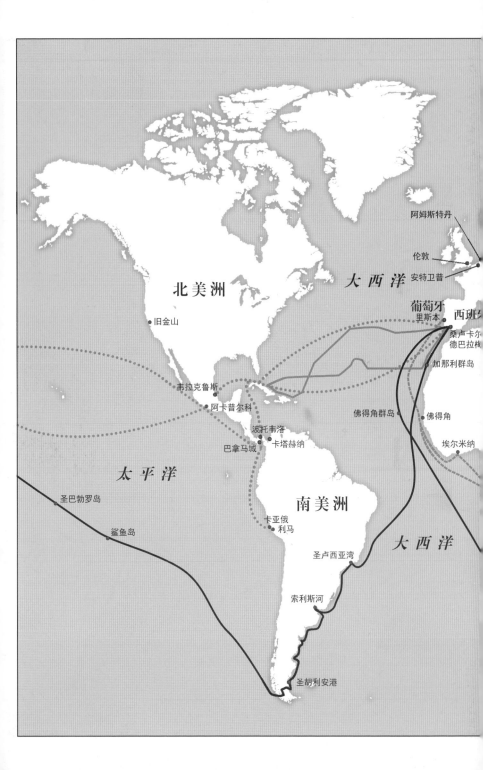

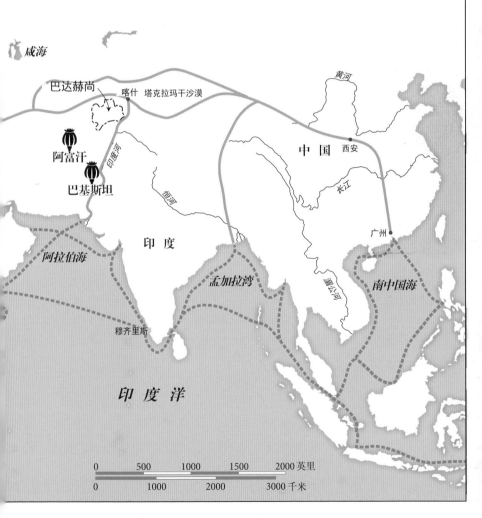

大 西 洋

维堡森讷瑟

朗兹

莱茵河

巴黎

塔尔海姆

多瑙河

罂粟（鸦片罂粟）
的起源地

帕多瓦

威尼斯

蒙彼利埃

博洛尼亚

黑海

坎廷多雷

拉马莫塔定居点

罗马

庞贝

君士坦丁堡

里海

萨莱诺

土耳其

安条克

底格里斯河

巴格达

凯阿岛

大马士革

伊朗

克里特岛 塞浦路斯

亚历山大港

耶路撒冷

幼发拉底河

波斯湾

地

中

海

埃及

代尔麦地那和
帝王谷

阿拉伯半岛

延巴克图

尼罗河

红海

埃塞俄比亚

大 西 洋

鸦片运输业的发展：从大帆船到运茶快船

麦哲伦—埃尔卡诺的航海路线
克里斯托弗·哥伦布的第一次航海路线
巴尔托洛梅乌·迪亚士的航海路线
西班牙黄金贸易的主要交通路线
日本贸易圈

俄罗斯

帕德博恩

欧洲

杜兰德线

北京

中国

东京

长崎

印度

广州
澳门 香港

珠江三角洲

非洲

马尼拉
巴拉望

文莱

马六甲

蒂多尔
安汶岛

刚果河

香料群岛

巴达维亚

蒂汶岛

印度洋

诺洛斯港
大鱼河

澳大利亚

好望角

| 0 | 1000 | 2000 | 3000 | 4000 英里 |

| 0 | 2000 | 4000 | 6000 千米 |

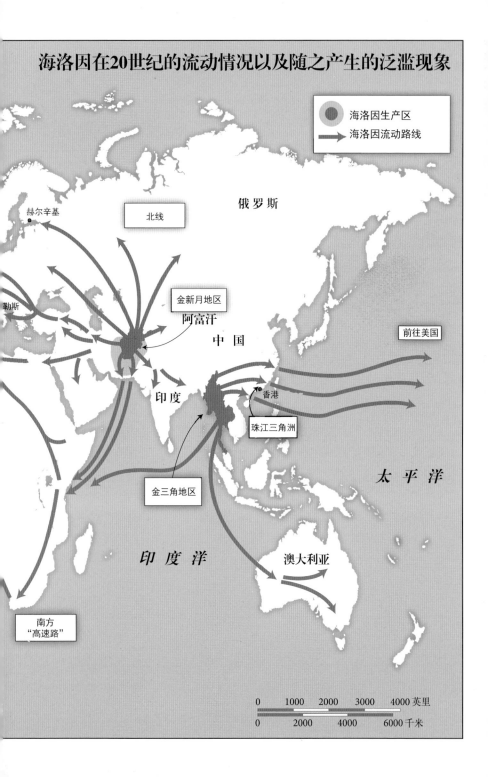

海洛因在20世纪的流动情况以及随之产生的泛滥现象

海洛因生产区
海洛因流动路线

赫尔辛基

俄罗斯

北线

金新月地区
阿富汗

勒斯

中国

前往美国

印度

香港

珠江三角洲

金三角地区

太平洋

印度洋

澳大利亚

南方
"高速路"

| 0 | 1000 | 2000 | 3000 | 4000 英里 |
| 0 | 2000 | 4000 | 6000 千米 |

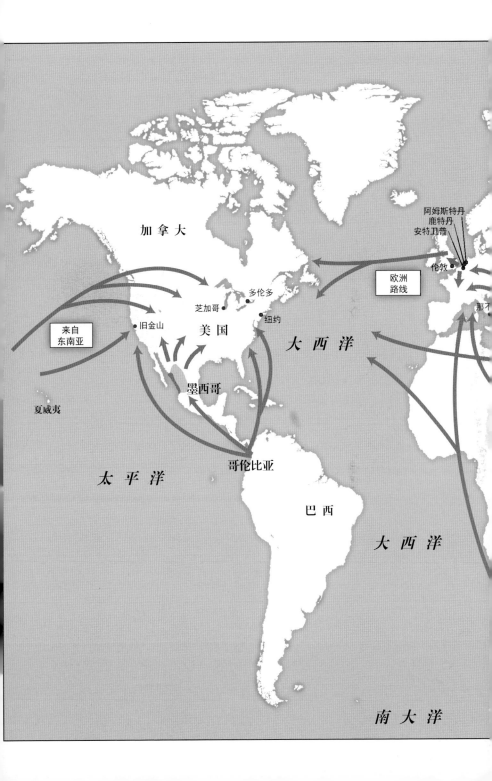

目　录

导　言 / 1

第一部分　罂粟汁，阿芙蓉，鸦片 / 1

第一章　古代世界 / 3

起源 / 3

青铜时代 / 10

希腊罗马帝国 / 16

第二章　从伊斯兰的黄金时代到文艺复兴时期 / 28

丝绸和香料 / 28

穆罕默德的胜利：伊斯兰教的知识黄金时代 / 39

从黑暗时代到十字军东征 / 48

新的知识中心：西欧 / 54

威尼斯的商人：马可·波罗的旅行 / 59

大发现时代：第一部分 / 66

第三章　银三角和香港的诞生 / 76

大发现时代：第二部分 / 76

茶叶、烟草和鸦片 / 87

约翰·威德尔船长在虎门 / 106

早期的香港和广东的崛起 / 110

第二部分　在摩耳甫斯的怀抱中 / 121

第四章　浪漫主义遇到现代科学 / 123

三个帝国 / 123

新的醉酒文化 / 144

从《忧郁的解剖》到新经验主义：18 世纪显微镜下的鸦片 / 151

"这种可恶的疾病"：美国和英国的早期成瘾理论 / 159

另一种形式的实验法：浪漫主义 / 163

在摩耳甫斯的怀抱中：弗利德里希·威廉·塞尔蒂纳 / 170

第五章　中国危机 / 173

印度新闻和东方纪事 / 173

英国鸦片走私者 / 182

鸦片巨人 / 189

清廉的林则徐和第一次鸦片战争 / 196

香港的诞生 / 200

第二次鸦片战争 / 205

鸦片贸易时期的传教士 / 208

第六章　美国病 / 212

先驱者们和专利药 / 212

吗啡成瘾的兴起 / 218

内战 / 223

欢迎来到大埠 / 228

"特里克茜!":南达科他州的戴德伍德 / 234

从淘金热到黄金药 / 237

第三部分　海洛因 / 241

第七章　一种新型毒瘾,禁毒和黑帮的兴起 / 243

毒瘾与成瘾治疗的诞生 / 243

拜耳公司 / 249

美菲战争与布伦特主教 / 254

哈里森和沃尔斯特德 / 262

锡那罗亚的崛起 / 267

青年土耳其党 / 270

上海的青帮 / 273

科西嘉黑手党 / 276

纽约五大"科萨·诺斯特拉"家族 / 278

第八章　从索姆河到西贡 / 285

第一次世界大战 / 285

第二次世界大战 / 291

朝鲜 / 298

越南 / 303

第九章   阿富汗 / 309

赫尔曼德河谷计划 / 318

俄国人来了：苏联的阿富汗（1979—1989） / 321

"万物非主，唯有真主；穆罕默德是真主的使者" / 326

美国入侵阿富汗 / 330

第十章   海洛因时尚，艾滋病毒和止痛药一代 / 339

看呐，有一匹灰马——艾滋病病毒 / 353

重返芳香海港 / 359

毒品中的女性 / 371

一记重创 / 375

奥施一代 / 381

后记 / 388

致谢 / 392

中英译名参照 / 394

注释 / 422

索引 / 460

导　言

"唯一的好东西就是罂粟，它就是黄金。"[1]

在人类寻求暂时遗忘的过程中，鸦片制剂有着特殊的吸引力：在一段短暂的时间里，服用者感觉不到痛苦，也没有了对痛苦的恐惧。自新石器时代以来，对于无数人来说，鸦片即使无法令他们的生活变得完美，至少也能令生活变得可以忍受。我们中间的许多人都将依赖它来结束自己的生命，这是事实，无论此时此刻这种说法听上去有多么不现实。

罂粟以及现今的各种化学仿制品长盛不衰，层出不穷，这种现象的存在是不可原谅的，但同时也是不可避免的。它们跨越了各大洲，各种宗教、文化和语言，也穿越了时间。本书试图勾勒出这段漫长的历史，以及当今社会做出的各种妥协，这些大多令人愤慨的妥协都是在世界模式转变的过程中产生的，这种新的模式越来越以人类对自然资源和不断扩张的另类经济的控制为基础。从古代社会一直到当今美国，罂粟以合法或者非法商品的身份走遍了全世界。

本书集中记录了一种药物的发展过程，但是其他很多药物在书中也占据了一席之地。本书力求通过一种中立的视角审视鸦片制剂这种引人注目的物质，打破围绕着这种物质、人类对这种物质的使用以及使用原因所产生的一些神话。在一定程度上可以说，这本书诞生于2002年的伦敦法灵顿车站。当时，我迫不得已进入了车站肮脏不堪的公共卫生间。污秽的隔间闪烁着霓虹灯，到处都画满了涂鸦，对一个在里根夫妇的"坚决说不"（Just Say No）运动①影响下长大的孩子来说，这种地方简直就是噩梦，也只有在万不得已的紧急情况下我才会走进去。洗手池旁边站着一个邋里邋遢的女人，她穿着松松垮垮的衣服，眼睛直勾勾地盯着镜子。我的突然出现把她吓了一跳，当啷一声，她手里的东西掉进了洗手池——是瘾君子习惯携带的一个小包裹、勺子、注射器，还有一根橡皮筋。那个女人立即说了一句"抱歉"，然后慌乱地捡起了自己的那些"宝贝"。她又说了一遍抱歉，就从我身边挤了过去，回到了卫生间外面的通勤枢纽。那时候，法灵顿车站还不像现在这么整洁明亮，那是一个阴冷的地方，聚集着无家可归的人和瘾君子。其实那个女人并不是在向我道歉。

自从那次偶遇之后，我目睹了人们在各种医疗环境中使用着二乙酰吗啡（即海洛因），自己也亲身体验过这种药物。在医疗环境中，一切都是干净温暖的，我对管理这种药物的人员也充满信任。担任家庭临终关怀护理人员的时候，我如履薄冰地控制着服务对象使用吗啡的剂量，我不确定多5毫克会不会让病人在家就能挺过去，或者帮助他们平安无事地熬到白天。我自己也曾灌下液态吗

① 在美国总统里根的两届任期内，南希·里根在全美举办禁毒演讲，发起了一场名为"坚决说不"的禁毒运动。至1988年，高中高年级学生使用可卡因的人数下降了三分之一，达到了20世纪80年代的最低水平。（本书脚注均为译者注，下文不再说明）

啡，以此证明"得了，真的没那么苦"。其实，吗啡真的非常苦。我看到过服用二乙酰吗啡导致一些人呼吸衰竭，经过数小时或者几天的时间，最终他们在最大限度的平静中离开了人世。对于一种能够帮助这些人尽量维持生命的药物，我始终怀着令人难以置信的感激之情，即使这些人还是要走向死亡。

出于个人经历和该死的好奇心，我开始了研究工作，为本书的写作进行必要的准备。我所做的研究既有文献研究，也有实地调查。前者的目标主要是将有关鸦片制剂以及现在的类鸦片药物的事实还原为一场数字游戏：缴获多少千克，烧毁多少英亩，逮捕多少人；后者则包括人类社会的各种故事：走私和被走私、成瘾和戒毒、战争、医患双方的处理方法，但是，最重要的还是驱使人类寻求鸦片制剂所能提供的暂时性解脱的现实需求。通过这样的研究，我的认知经历了一个不断变化的过程，我得以看到一种全球经济的现实，而以前我对这个现实只有模模糊糊的认识。这样的研究也为我重新勾勒了一幅世界地图，这幅地图显示出了各国之间的边界，同时也反映出各国之间没有边界的现实。纯粹的有组织犯罪就是另一种形式的经济体，一种没有边界、没有道德的经济体。私人关系和信贷额度的重要性不仅在于它们是合法经济体的运行机制，在非法经济体中它们也发挥着至少同样强大的职能。这些网络的运转越来越依赖于包括协作和中层管理等因素在内的高效的企业模式。世界各国的政府和毒品执法机构在国际战争中同毒品犯罪进行着斗争，随着时间的推移，最终关于什么是越轨行为、什么是不正当行为甚至什么是非法行为的概念，都发生了显著的变化，并且还在继续改变着。

本书分为三部分：鸦片的故事、吗啡的故事和海洛因的故事。第一部分讲述了罂粟的历史，罂粟在发展初期同人类的关系，罂粟

逐步成为东西方之间最早进行贸易往来的一种商品的演变过程。第
二部分着眼于人类从鸦片中分离出吗啡的发展过程，科学领域和政
治领域的革命性变化，以及 19 世纪化学界取得的一些重大发现。
这些发现改变了西方，为我们开辟了一条新的路径，当人类沿着从
亚利桑那州的汤姆斯通（墓碑镇）到分隔阿富汗和巴基斯坦的杜兰
德线加速该进程时，世界的全貌也随之改变了。第三部分，即全书
的最后一部分，介绍了 20 世纪和 21 世纪的状况，即从海洛因以商
品的形式进入市场的最初几年、大型制药公司的随之兴起，到类鸦
片药物在当今社会引发的危机，同时也记录了国际社会针对毒品问
题或者与毒品相关的各种问题，以及治疗、禁毒、禁止海洛因及其
衍生物交易而打响的一系列战斗。考虑到英国、欧洲大陆和美国在
鸦片贸易的产生与持续发展的过程中扮演的角色，本书主要聚焦这
三个国家和地区。

　　最后要指出的是，《天堂之奶》讲述的是一个包含了很多相
互交织在一起的人类历史的故事，这些历史也就是我们同这种魅
人物质的交往历史，它为我们展现了鸦片是如何逐步发展起来
的，又会以怎样的方式继续发展下去。从历史的角度而言，鸦片
在现代医学、东方三角贸易以及茶和金银贸易的发展过程中起到了
核心作用。在奠定中国香港地区和现代中国基础的过程中，19 世纪
中叶发生的鸦片战争发挥了一定的影响。从南北战争到越南战争，
再到阿富汗战争，这种药物始终扮演着关键性的角色。在阿富汗，
巴斯营地①的一所具有开创性的战地医院，就坐落于全世界规模最

① 巴斯营地是英国军队在阿富汗最重要的军事基地，位于赫尔曼德省境内。文中
提到的战地医院巴斯营地医院（2006—2014）被誉为全世界最优秀的创伤医院。

大的非法鸦片种植园。从科学的角度而言，鸦片及其众多的衍生物在外科医疗和制药工业领域占据着核心地位；从社会的角度而言，这种药物有着巨大的益处，同时又具有难以形容的害处。每天，它能为成千上万的人提供慰藉，确保高利润的医疗护理体系的正常运转；同时，它也让很多人产生了毒瘾，而毒瘾问题又加剧着人类社会最恶劣的堕落和剥削现象；它还在世界各地大大小小的犯罪活动中扮演着重要角色。我们同鸦片的关系是人类历史中根深蒂固的一部分，也是我们未来的关键部分。

　　因此，我在科钦堡撰写这篇导言或许再合适不过了。科钦堡是位于印度南部马拉巴尔海岸的一处老殖民地前哨地区，它曾经也是一个重要的贸易港口，通商范围甚至辐射墨西哥。在沿着海岸线往北大约 20 英里的地方，考古学家发现了早在 1346 年就已经遗失的古城穆齐里斯。先后被犹太商人、阿拉伯商人和中国商人统治过的穆齐里斯，曾经是一座地位更为重要的港口城市，是全世界进行外国商品和香料交易的最大贸易枢纽之一。现存唯一一份穆齐里斯地图——如果可以算作地图的话——有可能来自公元 4 世纪，这份地图现在被收藏在奥地利首都维也纳的一座博物馆里，实际上它只是复制了阿格里帕①于公元前 1 世纪绘制的一份地图。

　　千百年来，不断有欧洲人和中东人被送到这片海岸，今天的旅行者们乘坐的是波音飞机，而不用趁着季风漂洋过海。科钦堡是一个浪漫的地方，既令人感到熟悉，又充满异域风情。每过几分钟，就有一艘渡轮摇摇晃晃地向着码头疾驰而来，从大陆过来的大约

xxiii

---

　　① 玛库斯·维普撒尼乌斯·阿格里帕（前 63—前 12），古罗马的军事家、政治家及作家，他在地理学科领域更是成就卓著。

100 名通勤者和十多辆电动三轮车从船上下来，急匆匆地朝四面八
方散开，各忙各的事情去了，他们的身后是一张张巨大的悬臂渔
网，这种渔网还是中国商人在 14 世纪的时候带来的。在一座尚未
竣工的用碎石建造的码头上，临时工们坐在那里，喝着威士忌。在
他们的附近，还有一些人在呼呼大睡，尽管此时天色尚早——或许
正因为如此。科钦同任何其他大型港口相比，没有什么区别，也同
样聚集着来自世界各地的经商者。千百年来，科钦的贸易从未中断
过。葡萄牙人、荷兰人和英国人产生的影响无处不在，从传奇的航
海家瓦斯科·达·伽马的陵墓、陵墓所在的教堂——从我所在的地
方能清楚地看到那座教堂——到陵墓背后一排排英式风格的房子。
一座清真寺和一座犹太会堂只有几步之遥，那座犹太会堂里立着一
块落款日期为 1268 年的墓碑，上面铭刻着“撒拉①安息在此”。17
世纪 60 年代的一位荷兰作家曾在文章中提到，居住在这片海岸的
人们过着富足的生活，用椰子做的杯子吃饭，饮用着椰子汁，士兵
们为了增强体力服用鸦片。当然，荷兰人曾经试图禁止士兵们的这
种行为。过了一会，我又在一条落满尘土的人行道上停下了脚步，
站在一所学校的墙外，听女孩们唱着《友谊地久天长》，她们一边
唱，一边叮叮当当地收拾着午餐用过的金属餐盘。几分钟后，我又
来到女性经营的国营药店，我想购买一种感冒药，这种药是合法
的，但是存在一定的争议，我知道里面含有吗啡成分。我还想买一
些可待因药片。穿着打扮干干净净、一脸严肃的药剂师冲我“嘘”
了一声，示意我闭嘴，然后指了指马路对面的另一家药店。几个男

---

① 在《旧约》中，“撒拉”是亚伯拉罕的妻子。“撒拉”原本是希伯来语名字，
是犹太女性的常用名，随着基督教的传播逐渐进入了欧洲各国的语言中，现在常常被
译作“莎拉”。

人坐在那家药店的门外，在那里能随便买到我需要的药品，价格约
合 1.8 英镑。我后面一个等着买药的老头子，他所带的硬币够买一
片非专利的 β 受体阻滞剂①和两片蓝色的低剂量吗啡片，他一拿到
药，便干咽了下去。在马路另一头，国营的酒类专营店生意兴隆，
尽管印度的这个地区现在已经把禁酒问题提上日程了。

　　此刻，我又把目光投向了河对岸那座正在施工的巨大的新港口
瓦拉尔帕达姆。等第三期工程竣工，这座由远在 1700 多英里之外
的迪拜王室投资建造的港口，将成为全球吞吐量最大的集装箱港
口。我情不自禁地匆匆在纸上计算起来，根据鹿特丹方面提供的数
据，我大致估算了一下每年将要流经这个港口的海洛因数量，结果
得到一个骇人听闻的数字。其实，鹿特丹的数据严重低于实际水
平，甚至低到了可笑的程度，不过至少还具有一定的参照性。成千
上万千克海洛因、数十亿美元，数字大得用零表示都有些累赘，单
凭非法的鸦片制剂交易，瓦拉尔帕达姆就足以成为一个与 15 世纪
的威尼斯相匹敌的城邦。当我写下这些的时候，工人们在继续喝着
酒，继续呼呼大睡着，渡轮又载着一批办公室文员、家庭主妇和街
头小贩过来了。在渡轮的背后，来自世界各地的巨轮来来往往，从
船头到船尾无处不彰显着各自来源的地区。但是，在人类无休止地
苦苦追寻天堂——哪怕只能略窥一眼——的过程中，正如托马斯·
杰斐逊所说的那样，"商人是没有祖国的"。

2017 年 2 月于科钦堡

---

① 一种用来控制心率、治疗严重胸部疼痛和降低血压的药物。

第一部分　罂粟汁，阿芙蓉，鸦片

第一章
古代世界

起　源

　　世上就没有"野生鸦片罂粟"这种东西。[1]罂粟的祖先来自黑海的安纳托利亚海岸，现在已经不存在了。[2]罂粟科植物罂粟①（即鸦片罂粟，以下简称罂粟）是一种驯化的物种，同古柯、烟草以及最早的小麦和大麦等栽培作物一样，代表着人类在五千多年前进行的最早的一项基因工程。[3]

　　罂粟的起源难以追溯，关于人工种植罂粟的历史究竟起源于地中海西部地区还是近东地区，学界仍然存在着分歧。植物学家和生物地理学家认为，现存同罂粟最接近的品种是一种矮小的野生罂粟科罂粟属植物——刚毛罂粟（又称特洛伊罂粟），这种植物在地中海西部的大部分地区已经生长了几千年。[4]野生罂粟的乳胶（冠部含

---

　　① 罂粟科植物有26属，正如本书所写的那样，有250—470种，其中罂粟属有100—180种。"罂粟"一词可以被用来通称罂粟属的所有植物，也可以按照《中国植物志》的使用方法，特指作为吗啡、可待因等镇静剂的主要原料的鸦片罂粟。

有的乳状液体）中含有少量的生物碱成分，但是含量不足以用于医疗或消遣。就连自然界究竟有多少种罂粟科植物，世界各地的分类学家都尚未达成统一意见，目前已经鉴定识别出的种类在250—470种之间。[5]关于古代世界使用罂粟的情况，我们并没有确凿的证据，我们所能做的就是寻找植物学和考古学领域存在的一些线索。

在1万—1.2万年前，史前人类开始远离过去的以狩猎采集为主的游牧生活方式，走向了更加稳定的文化。人类开始生活在村庄里，种植植物、驯养动物，建立了社会结构和宗教模式，这些正是我们现在生活的社会所赖以维持的基础。现今已知的最早的新石器时代遗址位于希腊和伊朗之间，北至黑海，南至西奈半岛。[6]当时，埃及境内恰好存在着一片十分有利于农业种植的新月形地带，该地带向东延伸至今天的以色列、约旦、黎巴嫩和叙利亚，经过伊拉克南部一直延伸到波斯湾。在古代的地图上，这片地区就是埃及、黎凡特①和美索不达米亚。这个地区长期以来一直是北方的山区民族和游牧部落这两种不同社会的交汇点，后者在草原上游荡，不断更换着耕作方式。这两个社会中都存在着许多不同的部落，因此始终处于无休止的战争和动乱中。

这片新月沃土地带常常被称为"文明的摇篮"，这指的是人类历史上最早一批城市、文字资料和历史研究、贸易、科学及有组织的宗教的发展。这个地区对现代人类的历史有着极其重要的意义。

在最早进入定居生活的人类中，就包括黎凡特的纳图夫人（大

---

① 黎凡特是一个不精确的历史地理名称，用以泛指地中海东岸、从托鲁斯山脉南麓延伸至西奈半岛的广大地区。这个地区覆盖了今天的叙利亚、黎巴嫩、以色列、约旦、巴勒斯坦和土耳其等国家。

约生活在公元前 1 万年的史前人类）。现今已知的纳图夫人开辟的最早村落阿布胡赖拉定居点，位于今天的叙利亚境内，早在 13000 年前，居住在那里的人类就已经成功驯化了大量的野生谷物。1972—1973 年，这个遗址被大规模挖掘过。尽管挖掘速度很快，但这处定居点最终还是被洪水淹没，形成了阿萨德湖。纳图夫人的社会原本只有数百人，他们以捕杀瞪羚和采集食物为生，现在却发展成了大约有 2000 人、饲养着羊并且耕种土地的大型村落。[7]他们不仅在内部联合起来形成了有组织的社会，还与外部世界建立了联系——最早发现的有关人类驯化狗的一个证据就来自以色列的艾因马拉哈，它位于加利利海以北 16 英里处，大约在 12000 年前，一位老人和一只幼犬被埋葬在了这里。[8]当时，现代人类正在逐渐演化成我们今天所承认的人类模样。

纳图夫人在世界农业史上有着至关重要的地位，但是没有证据表明他们种植过罂粟植物。他们种植的主要是新月沃土地区最早出现的一批农作物，如二粒小麦、一粒小麦、豌豆、扁豆、鹰嘴豆、苦豌豆和亚麻。就在人类开始定居生活的时候，罂粟植物出现了。能够证明这一点的第一个证据，是在位于约旦河谷的新石器时代早期遗址纳蒂夫哈格杜德发现的，经过碳-14 断代法的测定，这里保存至今的植物遗存——其中包括黄花海罂粟（角罂粟）——的年代在 8000—10000 年前。[9]这种罂粟科植物现在被广泛认为是一种剧毒植物，但是它的确含有海罂粟碱，这种成分同罂粟一样有减轻疼痛、抑制呼吸系统的作用，因此有助于缓解持续的咳嗽。它还能产生一种跟鸦片一样的独特副作用，让那些不适应它的人产生痛苦的胃痉挛现象，当早期的人类对周围环境中的植物进行实验时，这种物质就能够有效地防止他们服药过量。现在，海罂粟碱仍然被用于某些咳嗽药物中。在英国的赛狗比赛中，这种物质偶尔也会被当作兴奋剂给狗服用。[10]

　　大约在同一时期，除了新月沃土地区之外，世界各地纷纷出现了新石器时代的人类定居点。在大约 7500 年前的欧洲，多瑙河盆地第一次出现了人类定居点。西班牙和法国西南部也出现了一些村落。能够证明人类为了麻醉或者镇痛而食用罂粟的最早证据就出现在西班牙，这些证据被埋在巴塞罗那附近的加瓦市的坎廷多雷采矿综合建筑群的一处墓地里。早期人类在开采一种用来制作首饰的绿色矿物绿磷铝石，当矿藏开采殆尽后，这些矿坑就被用作墓地了。28 号矿坑里埋葬着一名男子，他的坏牙里卡着一个罂粟壳，他的骨头里含有长期吸食鸦片的证据。[11]

　　新石器时代的人类迅速扩散到了现在的法国北部、比利时和乌克兰等地区。冰河时期已经结束，消退的冰川留下了适合航行的河流，河水中充满了鱼类，能够稳定地为人类提供蛋白质。此外，跨大陆的陆上交通也逐渐被开辟出来了。由于独特的陶器制品，逐水而居的欧洲人（可以追溯到 5700—4900 年前）被历史学家和考古学家称为"线纹陶文化"①（Linearbandkeramik），或者简称"LBK"。

　　1989 年，在建造一条为 25 英里外的罗马供水的新水渠的过程中，人们在布拉恰诺湖的湖底发现了新石器时代的拉马莫塔定居点。这个比较新的发现为研究这一早期历史时期的历史学家提供了启示。拉马莫塔遗址有人类居住的历史很短，时间大约在公元前 5700—前 5230 年。[12]拉马莫塔十分引人注目，因为它看起来是一个

―――――――――
　　①　欧洲新石器时代早期文化，主要分布在中欧和东南欧北部的多瑙河流域地区，又称多瑙河文化。

完全成形的社区，居住者是乘船从地中海来到这里的。他们乘坐的一艘独木舟有 35 英尺长，几乎完好无损，现被保存在罗马的史前时期和民族志国家博物馆里，它的存在表明拉马莫塔人有可能来自希腊，甚至是近东地区。[13]他们来到这里的时候还带上了妇女和孩子，也带来了猪、绵羊、山羊、两个品种的狗，以及一大批他们将在附近的肥沃土地上种植的植物和种子，其中就包括罂粟。[14]

　　拉马莫塔村的复杂程度，表明他们的生活质量超过了很多同时期的早期人类。例如，他们有着极其锋利的黑曜石以及石器、珠子、盘子、杯子、工艺品和其他物品，还有包括樱桃、无花果、榛子、野猪和鹿肉在内的丰富食物。他们拥有的船只表明他们进行过贸易活动，或者说至少能表明它们同地中海的其他文化进行过接触。出于装饰或者演示的需要，他们还会用陶土制作小小的船只模型。在人类第二次向新月沃土地区大量引进橄榄、葡萄、石榴和罂粟等作物的过程中，"拉马莫塔"这样的早期人类有可能也起到了作用。与此同时，亚述开始了酿造大麦啤酒的历史。在青铜时代，人类世界就已经出现了酒精饮料。[15]

　　线纹陶文化时期的人类主要生活在林地里，居住在用泥笆墙（外表涂泥的篱笆墙）建造的长屋里，这些房屋分布在湖泊或者河流沿岸。他们的村落里还有牲口棚和有着特殊用途的建筑，如专门用来制作陶器的房屋。我们知道这些新石器时代的欧洲人会种植并收割罂粟，至于他们将其用作药物还是为了消遣，我们还不得而知。罂粟的种子是无毒的，罂粟壳很大，种子的产量很可观，可以压榨出一种富含营养成分的油，或者制成营养丰富的结实的蛋糕，罂粟秆则是一种实用的饲料。

　　线纹陶文化村落的遗迹表明，这些早期人类过着一种和平的农耕生活，他们同牲畜、狗和孩子一起生活，罂粟也许被他们用来治疗严重的牙痛、慢性关节疼痛，或是缓解分娩的阵痛。然而，欧洲各地湖泊河流的实际情况有着显著的差异，很多地方都有着用结构复杂的篱笆和沟渠建造的防御工事。在德国莱茵河谷的塔尔海姆定居点和黑尔克斯海姆定居点、维也纳附近的施莱茨—阿斯帕恩，留有三起大规模屠杀（同村落的平均规模相比）的遗迹。有数十人死在了线纹陶文化风格的扁头斧子之下，其中大多数是年轻人。这种斧子是用于农耕活动的，这表明死者当时不是在同外人作战，而是同自己人作战，有可能还是同村的居民。如果从更大的范围来考察线纹陶文化社会，尤其是曾经存在于德国西部的那些村落，我们就会发现当时的人类在一生中经历暴力事件的概率大得几乎令人难以想象——超过 32％的尸体显示受过外伤（2％的尸体表明该社会参与过战争）。在线纹陶文化遗迹中，还发现了用人头骨制成的饮具以及食人现象的证据，这表明在当时暴力现象并不只是零星存在的，而是一种常见现象，在某些地方暴力活动还承担着仪式功能。[16]在这样的定居点，一种不仅可以消除痛苦，而且有助于遗忘的植物就有可能会受到高度重视。此外，后来出现的记录有关古代战争的文献表明，士兵们在参加战斗前会服用毒品，这种情况或许在一定程度上也能解释线纹陶社会中的早期人类为何能忍受那些恐怖的创伤。

　　无论如何，各个线纹陶文化定居点的罂粟种植水平都表明，当时已经出现一个正在不断发展的贸易和通信系统，其他一些发现还表明，人类对罂粟的看法在迅速地改变。在北安普敦郡尼恩河谷的朗兹，人们找到了西方社会在很早以前就开始进行鸦片贸易的最无可辩驳的证据。在朗兹的长冢（新石器时代的墓葬遗迹）周围的沟渠里，除了新石器时代留下的其他生活遗迹，人们还找到了 8 颗罂粟种子，这些种子来自公元前 3800—前 3600 年间。它们是罂粟出现在英国的最早证据，而且作为一种非本土物种，这些种子一定是从国外引进的。[17]有关英国青铜时代的另一个发现，就是威尔特郡巨石阵附近的威尔福德竖井，尽管这处遗迹出现的时间比较晚。竖井本身是一条 30 米深的沟渠，在青铜时代被附近的定居点当作倾倒垃圾的地方，它的存在显示了这些村庄在日常生活中留下的各种痕迹，其中包括被丢弃的植物。在挖掘这条沟渠的时候，人们在其中发现了罂粟种子以及各个品种的罂粟壳。此外，在沟渠里还找到了莨菪子（又名"天仙子"），人们通常将这种植物同鸦片一起服用，以消除恶心和胃痉挛的症状。这两种植物都不是英国本土出产的，因此在一个村落的垃圾坑里同时找到这两种植物，就有着十分重要的意义。[18]

朗兹和威尔福德竖井这两处考古发现虽然有着重要的意义，但是在罂粟最初是怎样来到英国的以及为什么会来到英国的问题上，还是无法提供多少背景信息。不过，这两处遗迹的确表明，人类的早期文明非常重视罂粟，因为人们在外出时会随身携带。至于这些人类早期的定居点对罂粟有多么重视，西班牙格拉纳达附近的一处史前遗迹提供了一些最重要的证据。常常被称为"蝙蝠洞"的一处洞窟被早期人类使用过几千年，有一组出现时间大约在公元前 4000 年的墓穴，显示出当时的人在埋葬尸体的时候会附上一小编织袋的罂粟壳，以及一些小麦和一缕头发。尸体还被饰以用细茎针茅（西班牙草）编织的草帽和黄金首饰，这些陪葬品表明死者在生前拥有高贵的身份，下葬的过程比较精心仔细，而且伴有一定的仪式。[19]西欧社会正在逐渐形成对罂粟的尊崇态度。

接着，就在刚刚开始过上定居生活的时候，新石器时代的欧洲人放慢了种植罂粟的脚步。罂粟悄悄地从西方社会消失了，消失的速度很快。不过，它的故事还在继续。青铜时代的东欧人仍旧没有书面文字，但他们已经开始了同罂粟的接触。在新月沃土地区，其他一些文化也开始在艺术中以及后来的文字中尊崇这种植物了。

青铜时代

新石器时代逐水而居的定居者逐渐减少了罂粟的种植，与此同时，罂粟却通过他们开辟的贸易通道翻越阿尔卑斯山，进入了地中海东部地区。在金属器时代的早期，这个地区是东西方的交汇处，是一个贸易往来的地方，聚集着各种航海民族，也共存着各种崇拜奇怪神祇的宗教。在这个阶段，罂粟的总体流动方向似乎是从西北流向东南，这种状况反映出湖泊地区的居民和贸易活动产生的影响。[20]金属器时代开创了商业主义的新时代，在此之前，各个人类定居点只会趁着聚会和节庆的时候在内部进行交易。石器的制作往往要求精湛的制作工艺，但同时也依赖用来制作石器的石材；金属器同样要求精湛的工艺，但是可以通过锻造获得，而且有着成千上万种大大小小的用途，无论是用于别住斗篷，还是用于固定车轮。青铜时代，由于它依赖对自然资源的开采、运输和交换，见证了人类活动和互动的相应增加。因此，很多有关罂粟的最早一批且最多样化的记录便产生自青铜时代，也就不足为奇了。

人们常说，最先将鸦片当作药物使用的是分布在今伊拉克南部的苏美尔人，因为人们认为他们在楔形文字石碑上留下了有关鸦片的记录。20 世纪 20 年代，历史学家 R. 坎贝尔·汤普森将这些文字翻译了出来。坎贝尔所著的《亚述草药》一书中反复出现了"HUL－GIL"这个词，[21] 后来的历史学家将这个词翻译成"快乐草"，并用它来指称罂粟。[22] 如果这种理解是准确的，那么苏美尔人使用鸦片的时间就可以追溯到公元前 3000 年左右。然而，更新的学术研究已经对这种"苏美尔理论"进行了驳斥，实际上"HUL－GIL"的意思更有可能是"快乐黄瓜"。令人失望的是，这个词所在的上下文的含义目前还是太模糊，因此我们尚不清楚这个词究竟是用来指什么的，而且"在阿卡德语或苏美尔语中没有一个词被明确地认定为'罂粟'"。[23]

因此，当分布在地中海西部、从理论上讲更为原始的新石器时代的人类已经开始使用鸦片的时候，近东地区还见不到鸦片的踪迹。但是，它已经在路上了，而且考古植物学有证据表明，居住在现今希腊和保加利亚的青铜时代晚期的人类已经开始种植一批新作物了，其中就包括罂粟。[24]

对于鸦片在地中海东部地区和黎凡特地区的用途及文化意义，青铜时代晚期（公元前 1500 年左右）有着至关重要的意义，这也是因为当时装饰品和艺术品的兴盛。就像线纹陶文化在制陶业中一样，捷克斯洛伐克境内的乌尼蒂茨文化曾经在金属器加工领域占据着举足轻重的地位，不列颠群岛很可能为其供应过产自康沃尔的黄金和锡，这种情况完全能够表明当时的贸易路线已经辐射到了多大的范围。[25]

在公元前 3650—前 1250 年左右的时候，克里特岛、圣托里尼和爱琴海地区其他一些比较小的岛屿上，活跃着青铜时代一个重要的民族——米诺斯人。大约在公元前 1600 年，米诺斯人受到了一起神秘自然事件的严重影响，这起事件有可能是圣托里尼岛上的希拉火山爆发。经过反复几次短暂的恢复期之后，米诺斯文明最终走向了衰落。[26]直到20世纪初，人们才重新发现了能够证明米诺斯人曾经建造过结构复杂的宫殿和庙宇的证据。米诺斯社会以渔业为主，但是他们也会种植各种作物，并且在内陆的玛萨拉平原上种植橄榄和葡萄。他们也会经商，这得益于他们刚好处于东西方的正中间，来自东方和西方的商人都需要在这里补给商船以及买卖货物。在米诺斯文明形成的时候，国际贸易已经在整个近东地区蓬勃发展起来。这时，克里特岛已经成为世界级的海上强国，因此，我们会毫不意外地发现，在大约公元前1800—前1750年时，从事锡贸易的克里特商人会住在离家数百英里远的地方，即叙利亚的乌加里特港口，这是一处重要的金属交易中心。克里特商人不仅住在这里，而且他们的数量还相当可观，足以养活一名监工和一名翻译。[27]这些商人关心的不只是如何维持最基本的生活条件，他们还会操心进口熟悉的家居用品（如啤酒、油和武器）以及服装、皮鞋之类的事情，这些都记录在文献之中。[28]

他们特有的商品也出现在了早期的贸易交通线上，被称为"莱基蒂"的米诺斯水壶有着小小的壶身和细窄的颈部，毫无疑问，这种形状所描绘的正是被割开的罂粟头。罂粟头上被轻轻割开的地方释放出罂粟乳胶，乳胶顺着罂粟壳的表面流下去，最终凝固成被称为"天堂之奶"的泪珠状物质。这些水壶上的装饰图案表明，米诺斯人已经知道如何收割罂粟乳胶。在青铜时代的地中海地区，蛇象征着阴间，同时也象征着健康和治疗，一只带有蛇和罂粟图案的米诺斯水壶表明壶里装的东西具有药用价值。一个被称为"pyxis"的用于厕所里的小盒子上，一只小鸟向一个罂粟壳猛扑过去，盒子被克里特人的神秘符号"神牛之角"封住了，这表明盒子里装的是跟长生不老有关的神圣物品。[29]

　　1937年，在克里特岛北部加齐区一座属于米诺斯教派的房屋里，人们发现了"罂粟女神"。这尊塑像现在被保存在伊拉克利翁考古博物馆，塑像有78厘米高，头上戴着三个可移动的发夹，发夹的形状正是罂粟壳，上面被垂直划开五六处，模仿了收割罂粟乳胶的景象。女神高举双臂，闭着眼睛，脸上露出幸福安详的表情，似乎处于一种麻醉状态，"她的嘴唇呈现出的被动之态也是被鸦片麻醉后出现的自然反应"。[30]这尊塑像的年代可以追溯到公元前1300—前1250年，它代表着有关人类使用鸦片的最早描述，人们普遍认为它所表现的是一种为了宗教仪式而进入的狂喜状态。[31]在这座房子里还发现了一个黏土烟斗，其形状很像维多利亚时代的一种原始陶瓷蒸汽吸入器，但是它的底部是敞开的，侧面有一个洞，这样它也许就可以被架在煤块上，然后将鸦片膏通过这个小孔用金属棒或金属棍支在煤块上方。这个烟斗的尺寸表明，它有可能是一件公用物品，而且是在举行仪式时供聚会的信众和祭司使用的。[32]

　　在米诺斯人占据克里特岛的时候，迈锡尼人统治了伯罗奔尼撒的东北部。他们的城堡也被称为"迈锡尼"，坐落在距离雅典西南55英里的地方，人们在这座城堡内发现了一些青铜别针，别针上带有用褐色水晶做成的罂粟头。总体上这些别针都太大了，不适合被用在衣服或者头发上，但是非常适合用来往烟斗里填装鸦片。[33]在城堡内还发现了一枚金戒指，这枚戒指现在被保存在雅典国家考古博物馆。戒指上的图案描绘了一位生育女神，她斜倚在一棵树下，右手握着三个罂粟壳，正在接受信众的献祭，她收到的第一份礼物也是三个罂粟壳。这位女神的形象源自全欧洲崇奉的大地母神形象，她的四周环绕着克里特人崇拜的各种图形，如双斧、太阳和月亮，那棵树则象征着生殖繁衍。戒指和三个罂粟壳的图案对应着三个宗教符号以及罂粟的象征意义，即财富、健康和生育。[34]

迈锡尼人和米诺斯人留下了关于人类使用鸦片的最早具体描述，同时也有力地证明了在很早的时候人类社会就已经出现药物装置。他们还表明鸦片在早期的古希腊文化中具有多种意义，尤其是在医药、仪式和神秘主义等领域。大约在同一时期，这两个社会都衰落并消失了，但那时鸦片已经取得了进一步的发展。

塞浦路斯位于克里特岛以东 783 千米处，在天气允许的情况下，如果开足马力，一艘重量约为 11 吨、满载着船员和货物的青铜时代的船只需航行大约 71 小时，就能从克里特岛抵达塞浦路斯。[35]古城克提昂坐落在东南海岸上，就是现在的拉纳卡所在的地方。克提昂先是被迈锡尼人据为己有，之后又被海上民族腓尼基人殖民，公元前 570 年埃及人也来到了这里，但是不到 30 年的时间埃及人就被波斯人取代了。[36]500 年后，克提昂被罗马吞并。最终，在公元 4 世纪的时候，这座古城在一场地震中被摧毁了。1929 年，瑞典塞浦路斯考古探险队率先对克提昂进行了发掘，自此以后，发掘工作就几乎未曾中断，直到今天。从大量的考古发现可以看出，这座城市有着丰富多彩的过去，这些考古发现中就包括人类已知的最早的一根鸦片烟管。[37]这根象牙烟管和其他一些象牙制品都出土于 4 号圣殿的至圣所内，这批物品就埋在一堵腓尼基风格的墙壁下的一堆红砖底下。[38]圣殿里供奉的是一位生育女神，大约在公元前 1190 年，在令人闻风丧胆的"海洋民族"爱琴海海盗的一次袭击中，这座庙宇坍塌了。出土的象牙烟管和圣殿内的其他一些物品可以追溯到公元前 1300 年。[39]这根烟管长 13.75 厘米，上面带有一个杯子形状的小斗，小斗有着明显的灼烧痕迹。烟管上还雕刻着神秘的矮神贝斯的形象。贝斯是埃及人信奉的一位神祇，塞浦路斯人接受了这位神祇，并且将其当作一位本土女神的配偶。贝斯常常被描绘为在典礼上头戴一个公牛面具，摆出一种凸显男性生殖器的姿势，同时他也是女性分娩时的陪伴者和母亲们的守护神。[40]人们将贝斯同新生、幽默和音乐联系在一起，可以说他是一位掌管家庭生活的神祇，其形象常常出现在日常用品上，如刀具和家具。[41]希腊爱琴海地区早期文化崇奉的这位明星很快就黯淡了，但是距离爱琴海以南近 1000 千米的埃及，此时已经开始了罂粟崇拜。埃及的自然条件格外有利于罂粟的生长，夜晚寒冷，日照时间长而且阳光充足。被称为"底比斯"的埃及鸦片很快就成了最受欢迎的品种。

　　大约就在鸦片登上克里特岛和塞浦路斯岛的时候，即公元前1600—前 1500 年左右，鸦片也来到了埃及。在工人聚居的村庄代尔麦地那，人们发现了一个没有刻痕的罂粟壳。这个村庄坐落在尼罗河东岸的古城底比斯（今卢克索）城外的国王谷附近。第 1389号墓地的建造时间为公元前 1500 年，里面有一具棺材，棺材里是一位身高 1.75 米的老年男性，但是他妻子的棺材已经不见了。他们的陪葬品都被摆放得井然有序，其中包括一些圣甲虫、文件、一把剃刀和一些塞浦路斯风格的小罐子，[42]人们相信这些都是他们在来世用得着的东西。

　　为一个地位较高的老人——有可能是一名患有关节炎的工人——准备小剂量的鸦片似乎是合情合理的。不过，也有可能这个墓地遭到过破坏，被混入了原本没有的物品。所以，能够更准确地确定鸦片存在于这种文化中的依据还是其他一些发现。人们在附近

15

的国王谷里的西普塔法老①和妻子陶斯瑞特的墓地里发现了两只耳坠，耳坠上就挂着几排罂粟壳。丈夫逝世后，陶斯瑞特独自执政了一年，于公元前 1189 年逝世，他们的这座墓地在此之前就建造起来了。[43]在距离卢克索以北 402 千米的阿玛纳，出土了一条同一时期的项链，这条项链上带有一些珠子和一个蓝色的彩陶花瓶，珠子的造型就像被割开的罂粟壳，花瓶也被做成了罂粟壳的形状，这表明罂粟在埃及人的日常生活中和死后世界都具有重要的意义。[44]

　　出现于公元前 1552 年的《埃伯斯纸草卷》② 提供了更多的证据，表明在青铜时代埃及就已经充分接纳罂粟了。这部古代文献是臭名昭著的美国盗墓者艾德温·史密斯发现的，此人在 19 世纪下半叶生活在埃及，据说他是在 1873—1874 年的那个冬天从一具不知名的木乃伊的两腿之间取出了这份纸莎草纸文献，然后将其卖给了德国的埃及古物学家乔治·莫里茨·埃伯斯。《埃伯斯纸草卷》最为人们所熟知的内容就是针对如何给婴儿服用鸦片剂的说明："用于孩子的止哭药：罂粟荚，墙上的浮土，将二者混合，过滤，服用四天，立即见效。"[45]

　　这充其量只能说是一个自相矛盾的处方，但是它透露出的如此漫不经心地给孩子服用鸦片的态度，表明当时鸦片已经成为日常用品。

希腊罗马帝国

　　"Opium"（鸦片）这个拉丁词源于希腊语的"ópion"一词，

---

　　① 西普塔是古埃及新王国时期第十九王朝的第七任法老，公元前 1197—前 1191 年在位，由于体弱多病，在位仅 6 年，其木乃伊于 1898 年被发现。

　　②《埃伯斯纸草卷》是古埃及的医学文献，是迄今所知最古老的医学论著，大约成书于公元前 1550 年，于 1872 年被发现。

后者指的是"罂粟汁"，而罂粟制剂通常被称为"mēkōnion"，指的是"Mekones"，现在写作"Kyllene"（库勒涅）。根据希腊神话中有关得墨忒耳的传说，掌管大地和重生的母神得墨忒耳就是在库勒涅山上首先发现了罂粟。[46]对于得墨忒耳来说，罂粟是神圣的，对于罗马神话中同等地位的女神克瑞斯来说也是如此。这两位掌管农业和丰收的女神通常都被描绘成一手拿着小麦、一手拿着罂粟的形象。得墨忒耳和她的女儿珀尔塞福涅①的化身都是古代欧洲母神信仰的一部分，与健康和重生、生命和死亡紧密相连。在希腊神话中，罂粟与夜之女神倪克斯、睡神修普诺斯、梦神摩耳甫斯以及死神塔纳托斯之间也存在着联系。[47]

　　随着希腊和罗马帝国的崛起，社会转向了一种更加男权化、更加好战的模式。在这些新兴的社会里，随着财富的增加，高级的城市化生活方式也催生出艺术和科学领域的相应发展。希腊诗人荷马的著作创作于公元前1100—前800年之间，当时古希腊和罗马刚刚开始崛起，他的两部伟大史诗《伊利亚特》和《奥德赛》都提到了罂粟，不过最令人感兴趣的还是后一部作品。

　　《奥德赛》延续了《伊利亚特》的故事情节，讲述了特洛伊城陷落后发生的一系列事件，其中就提到有人给海伦提供了一种药物，据说这种药物正是鸦片，可能还是一种鸦片和哈希什②的混合物。这种药物是埃及国王索恩的妻子波利达姆娜制作的忘忧药。在荷马的笔下，埃及是这样一个地方："在这里，大地谷物的赠予者大地生产着大量的

---

　　① 珀尔塞福涅是古希腊神话中的冥后，主神宙斯和农业丰收女神得墨忒耳的女儿，冥王哈迪斯的妻子。珀尔塞福涅本身是一个种子女神，所对应的主要是古希腊常用谷物的谷种。

　　② 哈希什是一种大麻提取物，吸食或咀嚼时会让人产生放松感，在很多国家这种药物都被列入毒品范畴。

药物，很多药物混合后就可以治愈疾病，也有很多药物是有害的。"为了帮助奥德修斯的朋友们忘却失去他的痛苦，海伦"在他们饮用的酒中掺入了一种药物，以平息所有的痛苦和挣扎，忘记所有的罪恶"。[48]

海伦送来了美酒，也送来了解脱，而这种解脱正是以鸦片的形式出现在《荷马史诗》中的。在古典神话中，海伦所扮演的这种角色和波利达姆娜的医学知识都具有典型的女性特征——一种在女性之间传递的微妙的东西。古希腊历史学家西西里的狄奥多罗斯就曾提到忘忧药，他在书中写道："据说，从古时起，只有埃及帝奥斯波里斯（即底比斯）的妇女能找到一种抵御愤怒和悲伤的药物。"[49]

《荷马史诗》在提到罂粟时，关注的都是人们对遗忘情感的需要，但是古希腊的学者们发现，罂粟还具有许多其他的药用价值。希波克拉底是早期最杰出的一位学者，公元前 460 年，他出生在小亚细亚的科斯岛，常被称为"西方医学之父"。大约有 60 部和他有关的医学著作被保存了下来，只是我们无法确定其中究竟有多少部是他本人撰写的。在这些著作中，最著名的就是《希波克拉底誓言》，誓言包括不准实施不熟练的手术，不准打扰母亲子宫中"幼嫩的果子"并导致其过早死亡，哪怕对方"苦苦哀求为其手术"。[50]迄今为止，《希波克拉底誓言》经历过无数次的修改，作为一套行医原则它几乎已经没有什么实际用处了，但是它确立了一整套对待疾病和病人的方法，而这些收集到的作品对早期医学的基础也进行了颇为有趣的观察。例如，在进行诊断、监测病情和受伤情况的过程中，希波克拉底及其追随者们会通过询问来了解病人的疼痛，而且他们提出的问题非常详细准确。希波克拉底还被认为是"四种体液"学说的提出者，这种理论认为人体由"血液、黏液、黑胆汁和黄胆汁"[51]组成。除血液之外的这些体液同印度的阿育吠陀医学提出的三种

"朵沙"（生命能量）相对应，后者也是世界上最古老的医学体系之一。如果体液或者朵沙处于平衡状态，人体就会处于平衡状态。但是，这套体液理论存在着可悲的消极作用，它认为放血是恢复人体平衡最常见的方法，放血疗法成了很多医生的主要治疗手段，在随后的数个世纪里，这种治疗方法夺走了成千上万人的性命。

希波克拉底留下的医学文献显示出古希腊医生对人体有可能出现的问题非常了解，但他们往往不知道为什么会出现这些问题，因此他们掌握的相关药理学知识大多存在着很大的偏差。例如，他们越来越相信子宫是"动物中的动物"，具有自主能力，能够在人体内"游荡"，其实这些症状极有可能是产后压力、子宫下垂、子宫癌或者其他子宫疾病的征兆。在希波克拉底著作中列出的 25 种鸦片用法中，有 21 种是针对妇科疾病的，而且主要是针对"游荡的子宫"。[52]无疑，这些病症会给患者带来痛苦，有可能还会带来危险，不过用鸦片治疗这些疾病的做法表明，在这个时期鸦片仍然与妇女和生育存在着密切的联系。

不过，鸦片也被用来治疗其他各种疾病，尤其是被用来帮助患者入睡。亚里士多德就曾在自己撰写的《论睡眠》一书中提到，"罂粟、曼陀罗、酒、黑麦草（毒麦）能使头脑昏沉"。[53]在早期的医学文献中，失眠这个问题出现的次数表明它是一种永久困扰着人类的疾病。

另一个在早期提到过药用罂粟的人就是亚里士多德的学生泰奥弗拉斯托斯①，撰写了《植物志》和《植物之生》的他被誉为"植

18

---

① 泰奥弗拉斯托斯（约前 372—约前 286），古希腊哲学家和科学家，先后师从柏拉图和亚里士多德，后来接替亚里士多德领导其开创的"逍遥学派"。泰奥弗拉斯托斯给后世留下了《植物志》《植物之生》《论石》和《人物志》等作品。

物学之父"。有趣的是，泰奥弗拉斯托斯并不曾明确提到罂粟这种植物。他提到了用罂粟进行的一些治疗方法，但是这些治疗方法并不包括涉及鸦片的用法。相反，他对三种罂粟进行了探讨，而这几种罂粟似乎都是野生品种，其中包括名称令人感到害怕的"泡沫罂粟"，他建议人们用这种植物来通便。[54]泰奥弗拉斯托斯还提到了一位采根人（rhizotomoi），此人能将毒芹和罂粟混合在一起，制成一种能迅速致死的毒药。事实上，采根人都是植物学家，这个社会群体在古希腊文化中占据着重要地位，他们对植物尤其是毒药的了解通常远胜于学者们。泰奥弗拉斯托斯之所以没有明确地提及罂粟，也许只是出于谨慎的考虑，而且他恪守着希波克拉底对延长寿命的决心。不过，也有可能他是为了避免提到"凯阿习俗"的尴尬情况。在他著书立说的那个时代，凯阿习俗在政治上还是一个烫手的山芋。

凯阿（现在被称为"基亚"）是毗邻阿提卡半岛的基克拉泽斯群岛中的一座岛屿，在亚里士多德和泰奥弗拉斯托斯的那个年代，这座岛屿脱离了雅典的统治，这就给小岛的食物供给造成了巨大的压力，但是岛上的居民过着健康长寿的生活。凯阿族是一个意志坚定的民族，在面临食物短缺的问题时，他们会采用一套切实可行的解决方案。按照规定，一旦年满 60 岁，每位公民都必须考虑自己是否对国家仍然有用，如果答案是否定的，他就得举行一个小型的仪式，戴上一个花环，用凯阿杯饮下罂粟乳胶、毒芹和葡萄酒的混合物，通过这种做法忠实地履行凯阿人的信仰——"若不能健康地活下去，就不要带病活下去"。[55]有关凯阿习俗的记录强调的重点都在于，上了年纪的凯阿人会无私地自愿喝下凯阿杯里的混合物，丝毫没有演戏成分。在泰奥弗拉斯托斯写作的那个年代，丧葬仪式和习俗正在发生变化，一部分原因在于希腊人想要制定一些有助于规范日常生活、巩固社会地位的法律。[56]有关凯阿人自杀的说法不一，尤其是在这种习俗是否具有强制性的问题上，但是采用得到社会谅解的安乐死的做法并不符合希波克拉底的思想，亚里士多德也认为自杀是一种对社会的不公正行为。在古代世界，人们对老年人和老年人在社会中的地位的态度是复杂多样的，但是有一种观念是长久存在的，即老年人产生不了多少贡献。是否存在一个合适的死亡时间？如果有，是什么时候？在做出这种决定的过程中国家是否应当起到一定的作用？这些问题在当时的社会已经变得非常棘手了。

　　在亚里士多德和泰奥弗拉斯托斯写作的那个年代，据说年迈的凯阿人会举行自杀聚会，当时罂粟图案已经出现在硬币上。公元前6世纪，在今天的土耳其开始出现硬币这种货币形式。到了公元前330年，在舒胡特的罗马人铸造了一种带有一株麦穗和一个罂粟壳图案的硬币。产自舒胡特的其他一些硬币上则描绘着一位手持小麦、罂粟和大麻的女神，这种图案表明了罂粟的地位。[57]

　　就在舒胡特出现这些罗马硬币的时候，亚历山大大帝（前356—前323）正在整个亚洲进行大规模的南征北战。当时，丝绸之路已经是一条绵延数千英里的商旅交通线了，但是直到一个世纪后，商人们才开始通过这条交通线运输大量的丝绸。亚历山大也是亚里士多德的学生，很多人认为正是他将罂粟引进了波斯和印度。不过，更有可能的是，在战争期间他带上了罂粟，供自己的军队使用，后来他又将罂粟和其他物资纳入贸易活动，而不是他有意识地决定将罂粟引进这些地区的。

　　到了公元前1世纪，罂粟出现在了欧洲和近东社会的货币、珠宝、艺术品、文学作品以及家庭内和花园中。在花园里种植罂粟的情况得到了令人称奇的"封闭的花园"（hortus conclusus）的证实，这个花园就是庞贝城金手镯之屋的花园房。在这座花园房的三面墙壁上，绘有一幅令人震撼的壁画，这幅经历了风吹日晒的壁画描绘了各种各样的植物，包括玫瑰、薰衣草和罂粟，罂粟就像边框一样围绕着玫瑰。[58]

21   老普林尼①与住在金手镯之屋里的一家人一样，也死于维苏威火山在公元79年的一次喷发，正是那次火山喷发毁灭了庞贝古城。老普林尼在无数的著作中频频提到鸦片，其中大部分描述都比较模糊，不过偶尔他也会详细地讲解一番如何区分真假鸦片，比如将其溶解或者加热后鉴别其散发出的气味。他提到鸦片可以被用来治疗"肠道疾病、蛇咬、蜘蛛和蝎子的蜇伤等"，也可以缓解浮肿。[59]老普林尼还针对天仙子提出了警告，就在提到罂粟的那篇文章里，他提到了天仙子。他写道，天仙子会让人失去"正常的心智"，所以人们还在使用天仙子来中和人体在吸收鸦片时会出现的问题，同时又不会出现痉挛或者恶心等症状。[60]老普林尼的警告是合理的，因为天仙子是一种精神药物，会产生令人不安的幻觉和飞行的感觉。

相比之下，佩迪亚纳斯·迪奥斯科里德斯②的著作对人类在早期使用鸦片的情况作了更为全面的记述。来自安纳托利亚的迪奥斯科里德斯是一位医生兼植物学家，大约在公元40年出生于阿纳扎布斯，这个地方靠近当时的药理学研究中心塔尔苏斯（位于今天的

---

① 盖乌斯·普林尼·塞孔都斯（约23—79），常被称为"老普林尼"，以与其外甥小普林尼区别。老普林尼是古罗马百科全书式的作家，以《自然史》一书而著名。
② 佩迪亚纳斯·迪奥斯科里德斯（40—90），希腊医生及药理学家，被誉为"药理学之父"。文中提到的《药物志》在长达1600年的时间里一直是最重要的植物学术语参考资料以及药理学文献。

土耳其南部）。他所著的五卷本《药物志》（*De materia medica*）是希腊罗马时期药理学领域的一部权威著作，在之后的 1500 年里一直保持着影响力。迪奥斯科里德斯的目的很明确：

> 许多作者——无论新老……都出版过有关药物的配制、试验和药性的著作，然而，我将尽力向你们证明我在这个领域所做的工作既不徒劳，也不荒谬，因为我的一些前辈没有进行过完整的调查，还有一些人掌握的信息就来源于书本。[61]

迪奥斯科里德斯指的是早期一群狭隘排外的医生，他们只会选择"内部人"的作品进行诠释，最终导致这些作品变得晦涩难懂。迪奥斯科里德斯的工作一丝不苟，而且涉猎广泛。他不仅参考了其他医生提供的文献资料，还从口耳相传的传说中收集各种偏方，其中一个偏方就是在墨汁里加入苦艾汁，这样可以防止老鼠吃你的手稿。尤其重要的是，他对各种药物和疾病做了具体的描述，他的记述大大减轻了辨认罂粟及其用法的难度。在迪奥斯科里德斯看来，早期作者们在如何敷药的问题上阐述得并不含糊，实际上他们的描述很详细，"将乳液涂抹在手指上，仿照栓剂的用法，这样就能致人入睡"。[62]他还知道角罂粟和罂粟的区别，知道角罂粟被用于制造假药，人们会将它和树胶或"野莴苣"混合在一起，仿制出貌似罂粟乳胶的物质。[63]

小亚细亚和地中海地区的贸易交通线的稳定——以及迪奥斯科里德斯在提供建议时表现出的态度——表明在当时鸦片很容易获得。在规模比较大的城镇和城市里的商业区，如罗马的主干道圣道附近，都聚集着一群群的草药商，他们就在贩卖鸦片。但是，迪奥斯科里德斯对"商铺出售"的鸦片膏和自己收割的罂粟做了区分。他还详细地描述了割开罂粟头获得鸦片乳胶的方法：

> 等一滴滴乳胶干透之后，必须用刀子在顶部划上一圈，但是不能刺穿里面的果实；然后从侧面将罂粟壳表皮切开，轻轻地将外壳打开，罂粟汁就会缓慢地滴到手指上，不过很快大量的罂粟汁就会流出来了。[64]

诸如此类的详细说明、古典文献中存在的无数参考资料以及考古证据，全都证明了随着时间的推移，人类对鸦片的使用方式以及鸦片对人体产生的影响越来越了解了。草药医生们注意到，接受了鸦片治疗的患者可能会对药物产生耐受性，社会上还出现了生动的图画，警告人们不要过量用药，画面中的患者"手脚冰冷，眼睛无法睁开，眼皮紧紧地合着……费力地喘着气，通过喉咙吐出微弱寒冷的气息"。一旦患者出现这种情况，应当帮助患者呕吐，并使其保持清醒。尽管如此，关于长期服用鸦片可能造成的危险却很少有人提及。[65]

帕加玛的盖伦（129—215 年之后）是罗马帝国五贤帝时代最后一位皇帝马可·奥勒留（161—180 年在位）的医生，也是罗马首屈一指的医生。他说话时总是一副气势汹汹的架势，有时候会采用不太靠得住的研究方法，但是在面对哲学和医学、精神健康和身体健康的十字路口时，他选择了一种开创性的立场。盖伦对自己周围的环境和观察对象进行了敏锐的观察，为自己亲自实施的解剖和活体解剖工作留下了大量的书面记录。[66]他所著的《论解剖活体动物》一书已经遗失，但是他在所著的《解剖步骤》中提到了这本书，示范了造成瘫痪的过程，并且曾当着观众的面实施了颅骨钻孔手术。[67]他选择的试验对象是"一只猿"，现在人们认为那应该是猕猴或恒河猴，他之所以选中这种猴子，是因为它长着圆圆的脸，"最像人类"。[68]盖伦进行这种恐怖的工作或许看上去像在不务正业，而且这种工作极其野蛮，然而，正是这项工作奠定了医学尤其是外科学写作的基调，直到17世纪中叶情况才有所改变。在描述动物被绑在木板上、肋骨被切除，甚至仍在跳动的心脏被暴露在外的时候，他在充满理性的观察报告中没有提到动物遭受的痛苦。盖伦的描述体现出了必要的高度克制精神，而没有一味地描述实验对象遭受的痛苦，从这一点可以看出他有可能经历过一番心理斗争。[69]外科医生和手术对象之间出现这种必要的分离，在医学史和鸦片史上都是一个关键时刻。

马可·奥勒留（121—180）花了十年的时间四处征战，在此期间他写下了《沉思录》，他在书中对自己的角色所承担的责任，以及责任和服务的重要性进行了探讨。在给这位重量级病人开药的时候，盖伦始终保持着超然客观的态度，用药量非常精确。他几乎每天都会让皇帝服用一些糖浆（theriac）。这种药剂中含有许多成分，其中就包括鸦片。不过，每当皇帝"在工作时显得有些昏沉时"，这种复合药剂中的成分之一"罂粟汁"就被去除了。没有了鸦片，原本昏昏欲睡的皇帝又会陷入失眠。[70]这种糖浆就是万能解毒药"米特拉达梯"的变种，据说后者是本都（位于黑海南岸的一个古王国）国王米特拉达梯六世发明的。由于唯恐自己中毒，这位国王每天都要服用一种包括鸦片在内的混合毒药，通过这种方式培养自身的抗药性。米特拉达梯混合药剂在权贵阶层中间逐渐成了一种必需品，其中有些混合药剂的成分多达70种，这种状况一直持续到了文艺复兴时期。在征战多瑙河流域期间，大量服用解毒药已经一段时间的马可·奥勒留，不得不在没有药物的情况下熬下去，当时他显示出的各种神经性症状都是经常服用鸦片制剂的人才会产生的。"所以，他只能再次求助于含有罂粟汁的复合物，因为现在他习惯于服药了。"盖伦在书中指出。[71]

　　这位皇帝常常被提及的一个身份就是最早有记载的吸毒者之一。不过，在古代，"毒瘾"还是一个不为人们所知道的概念。盖伦对鸦片的热情支持、他同皇帝的关系以及他作为一名医生所取得的不可否认的成功，都意味着鸦片在古罗马已经成为一种受欢迎的流行药物，人们能从在市场里摆摊的药剂师那里购买到鸦片。[72]罗马人对毒品和奢侈品的嗜好意味着大多数"糖浆"都是用真正的药材和肉桂、稀有蜂蜜等成分混合而成的颇有异域情调的复合药物。为盖伦提供药物和药方的人形形色色，通过他们就可以窥见罗马人丰富多彩的生活方式以及他们通常掌握的医学知识。盖伦信任这些为他提供信息的人，他们中的一些人似乎同他的职业有关，如百夫长塞勒、演员帕里斯和剃头匠柏锡安，这三个人曾分别向他提供了治疗关节炎和震颤病的秘方、治疗脱发的令人流泪不止的偏方，以及治疗坐骨神经痛的混合制剂。含有鸦片的药方包括拳击手弗莱维厄斯提供的治疗痢疾的药剂，美发师奥利安和教师菲利奥克诺斯提供的止痛药配方（acopon）。[73]他还指出，一位名叫阿奎利亚·西卡恩迪拉的妇女贡献了治疗腰痛的偏方。[74]

　　直到罗马官僚主义的现实将希腊人对特洛伊的梦想取而代之的时候，依靠税收、战争和贸易取得繁荣发展的罗马人仍旧认为自己的疆界有所缩减。他们受到北非的阻挡，同时他们又遥望到欧洲北部没有多少资源，但是他们并没有把目光投向东方，而是又转回到了新月沃土地区，那里到处都是人，到处都有商品和金钱，所有这些东西都可以被出售或者征税。然而，那里并不是一个毫无危险的地方。事实证明，波斯人成了他们的劲敌，而阿拉伯人在他们的眼中则是野蛮危险的形象。但是，长久以来，罗马一直在遥望着拜占庭这个具有战略意义、十分宝贵的贸易要塞。

公元 312 年，君士坦丁大帝在征战的途中看到天空中出现了一个十字架，他还听到一个声音："你必以此而征服。"[75]他皈依了在此之前一直被禁止并且受到迫害的基督教，并占领了拜占庭。日后他将在这里建起罗马帝国在东方的都城——君士坦丁堡。罗马帝国再次崛起，一种新的宗教也随之兴起。君士坦丁的皈依很快便将基督教传播到了罗马帝国的西部诸地，然而鸦片在欧洲的踪迹至此就消失了，铁器时代和黑暗时代几乎没有证据能够表明鸦片在西方社会的存在。我们需要知道的就是，鸦片的历史在东方延续了下去。

第二章
从伊斯兰的黄金时代到文艺复兴时期

丝绸和香料

　　鸦片在东方的历史并不是从毒品开始的，而是始于基础设施，由于有了这些基础设施，鸦片才得以进入这个地区，然后才有了蓬勃发展的机会。中国的丝绸之路和通往印度南部的海上香料运输线的开辟，在东方和西方之间建立起了一个运输网络，苏伊士运河在 1869 年开通之前，主宰东西方贸易的一直是这个运输网络。

　　鸦片与中国的历史密不可分。但是，没有丝毫证据表明中国人在罗马帝国时期就已经在使用鸦片了。不过，他们当时已经开始使用大麻。约成书于公元 2 世纪的《神农本草经》列出了 300 多种植物药方和矿物药方，其中就包括大麻的使用方法，这是目前已知的有关这种植物的最早记载。[1]中国古代的著名医生华佗（约145—208）做过大量的外科手术，在实施手术之前，他会用一种由大麻树脂、曼陀罗和葡萄酒混合而成的药物麻醉病人。[2]

中国也是世界上最不同寻常的一个贸易网络的发祥地，这个贸易网络在鸦片发展史上占据着至关重要的地位。丝绸之路指的是覆盖欧亚大陆大部分地区和非洲部分地区的一系列运输路线，之所以被称为"丝绸之路"，是因为 2000 年前汉族人正是沿着这些路线大规模地向西运送丝绸、往东运输商品。丝绸之路由南北两条主要路线组成，在战乱和饥荒年代，这两条主干道的各条支线会有所扩张或者收缩，其中有些支线甚至是可以容纳数百头骆驼组成的商队的阳关大道，一些支线则充其量只能算是羊肠小道。这些商队运输的不只有丝绸，还有各种各样的商品，其中包括马匹和香料；他们从事的贸易活动不仅限于商品交易，还包括文化、社会、经济、宗教和政治价值观等各方面的交流。

　　大约出生于公元前 484 年的古希腊历史学家希罗多德就注意到，一个公路网已经从小亚细亚的海岸延伸到了"巴比伦、苏撒①和波斯波利斯②"，无论天气状况如何，这些地方的信使在一个星期之内传递书信的范围都可以超过 1600 英里。他怀着钦佩的心情在书中写道："无论下雪还是下雨，无论是白天的酷热还是夜晚的黑暗，都不能阻止他们以最快的速度完成自己接受的任务。"他还详细地描述了这些信使"像在进行希腊人的火炬接力赛一样，一个接一个地把书信传递出去"。[3]希罗多德提到的这个公路网就是波斯国王大流士一世（约前 550—前 486）的御道，是早期商路的有效延伸，与其他商路一样，采用常设驿站的运转模式，

---

　　① 苏撒，伊朗古城，位于今天伊朗的胡齐斯坦省，古代波斯王朝的夏宫所在地。1901 年，这里出土了著名的《汉穆拉比法典》。

　　② 波斯波利斯，波斯阿契美尼德王朝的第二个都城，位于伊朗扎格罗斯山区的一块盆地中。这座城市建于大流士一世时期，主要遗迹有大流士王的接见厅与百柱宫等。

这些驿站能够为商队提供庇护和安全，同时也能让他们在旅途中休息和交换信息。

远在东方的中国此时正处于战国时期，中国在这个时期的面积远远小于现代中国，位于现代中国的东部沿海地区。大约在 3000 年前，肥沃的黄河流域以及广阔的沿海地区已经出现了一些比较成熟的早期城镇，在此之前的 1000 年里，他们已经在用一种先进的文字系统记录各自朝代的历史。早在罗马帝国时期，中国人就已经有两三千年生产精美丝绸的历史了。但是，由于生产和旅途安全等因素的限制，消费丝绸的人一直以贵族为主。

汉朝建立于公元前 206 年，一直持续到公元 220 年，它的出现意味着中国第一次有了中央政府的领导。汉朝是一个和平、繁荣的时期，老百姓过着欣欣向荣的生活。"汉"是中国北方民族的名称，直到今天中国人仍然在使用这个称呼。汉朝早期的几位皇帝都致力于建立一套兼具政治性和哲学性的普世秩序，其中也包括孔子的学说。

在精力充沛、身材魁梧的汉武帝（前 141—前 87）的统治下，汉朝实现了最大程度的版图扩张。汉武帝对异域商品充满了渴望，而且一心想要找到一位能让他长生不老的术士，因此他同北方的游牧民族匈奴和月氏展开了较量。这两个民族都是由训练有素的骑兵构成的，他们善于骑在马背上开弓射箭、进行战斗，频频对汉朝商人和百姓的定居点发动袭击。公元前 119 年，经过与游牧民族长达 10 年代价惨重的战争，汉武帝成功地迫使这些游牧民族退回到北方，并将汉朝的版图从长安（今西安）往西扩张，穿过甘肃的河西走廊，一直延伸到了喀什和帕米尔山脉，将三条主要的贸易路线合并为"北方丝绸之路"。在喀什，这条商路又一分为三，分别通向黑海、波斯的梅尔夫和巴克特里亚①的巴尔赫。

巴克特里亚骆驼（双峰驼）是丝绸之路上最受欢迎的运输工具，这种骆驼非常适合在极端的自然条件下长途运输大宗货物。它们的祖先是栖息在"中国西北部的黄河大拐弯附近，在蒙古和哈萨克斯坦中部都有分布"的野骆驼，它们比阿拉伯骆驼更受欢迎，因为它们长有两个驼峰，具有超强的耐力，其中一项优势就是在沙尘暴中能够闭上鼻孔。[4]它们"每天可以背着220—270千克的货物走上三四十千米，如果拉着一辆满载货物的车，它们则可以走上80—100千米"，这意味着它们的平均载重能力相当于自身体重的一半，拉动力非常巨大。[5]

由于西部这条新的交通路线的出现，汉武帝的使节张骞（前164—前114）得以同勇敢的匈奴向导甘父出使西域。然而，这趟出使从一开始就遭遇了厄运，公元前139年，张骞和甘父双双被匈奴人俘虏，并被囚禁了10年。在囚禁期间，他们娶妻生子了。在逃脱后，他们带着家人继续前往塔里木盆地——人类难以生存的塔克拉玛干沙漠的所在地。在二度被匈奴人俘获并被囚禁了一段时间后，张骞和甘父于公元前126年回到了汉武帝的皇宫，他们同时带回了有关其他民族的各种传说，如居住在塔里木盆地、从事农耕、会"酿酒"[6]的大宛人。张骞和甘父继续南下进行的冒险活动也让身毒——或者叫作印度——第一次出现在中国的史书中。在张骞的笔下，身毒是一个"炎热潮湿"的地方，"当地人骑着大象打仗"。[7]张骞和甘父进行的探险为南方丝绸之路的开辟奠定了基础，这条贸易

①　巴克特里亚是古希腊人对今兴都库什山以北的阿富汗东北部地区的称呼，又被称为"中亚希腊王国"。在《史记》《汉书》《山海经》中，该地区被称为"大夏"。

路线的支线以莎车国为起点，穿过喀喇昆仑山口、列城和斯利那加①，最后到达印度北部。

在汉朝时期，中国工匠创造出了极其精美、备受欢迎的丝绸，再加上稳定的商贸路线的开辟，其他国家对丝绸的需求有了极大的增长。但是，正如当代一位历史学家所指出的那样，"当丝绸源源不断地流出中国时，中国收回来的都是珠宝和异国水果，这些奢侈品注定只能为有钱人所享用"。[8]新贸易给中国带来的这种看似失衡的状态令汉朝的儒生们感到不满，他们呼吁朝廷实行一段时期的孤立主义，以便国家恢复平衡。直到今天，这种观点仍然存在着。

与此同时，越来越贪婪精明的罗马正在盯着来自东方的奢侈品。罗马人已经对波斯的阿月浑子果（开心果）和椰枣、印度的香料和布料以及非洲的精油都见怪不怪了，但是来自中国的丝绸才刚刚出现在罗马。因此，罗马人将其视作最新潮的奢侈品，尽管对很多罗马士兵来说，他们同丝绸的第一次接触更多伴随的是恐惧，而不是欢愉。罗马历史学家卡西乌斯狄奥曾在书中写道，在公元前53年的卡莱战役②中，罗马军队第一次见到高品质的丝绸，帕提亚军队展开了一面面令人惊叹的旗帜。

这场战役给罗马帝国带来了史上最惨痛的一次失败，罗马人不仅因为这场战役对丝绸产生了复杂的情绪，而且一些保守分子还将

---

① 斯利那加，位于印度河支流杰赫勒姆河一带，是印控查谟和克什米尔邦的夏季首府所在地，历史上曾是中国西藏属地，巴基斯坦与印度对该地归属有争议。

② 卡莱战役，罗马和安息帝国（帕提亚）于公元前53年在卡莱附近进行的一场重要战役，安息军队以不足2万人的兵力大破4万人的罗马大军，罗马统帅克拉苏被杀，罗马军团的鹰旗被夺。这是罗马帝国历史上最耻辱的战役之一。

丝绸视为淫邪的奢侈品。中国人用丝绸制作剪裁复杂、精工细作——最重要的是端庄稳重——的朝服，在罗马人的手中，丝绸则有着截然不同的用途。塞涅卡曾愤怒地指出，"一群群可怜的女仆辛苦劳作着，以便通奸者能够透过轻薄的衣裙将自己的肉体暴露在众目睽睽之下，好让所有的外人和外乡人跟她的丈夫一样了解她的身体"。老普林尼也曾愤然写道："要雇人完成那么多工序，再从千里迢迢之外运来，才能让罗马的少女们身着透明的衣衫招摇过市。"[9]然而，对于已经依赖丝绸之路维持生计的无数商人来说，这些严厉的哲学家的愤怒毫无意义。

这些贸易路线输送的不只有商品，还有人。出生在非洲的罗马历史学家弗洛鲁斯曾描述在公元前 27 年至公元 14 年间外国使节访问罗马帝国皇帝奥古斯都的情况。中国人来了，接着印度人也来了，他们"献上了宝石、珍珠和大象，但是在他们看来，所有这些珍贵的礼物都无法与他们经历的这场漫长的旅程相提并论，他们说此次出行已经耗时 4 年了。事实上，只要看一看他们的肤色，你就会知道他们来自另一个世界"。[10]

印度外交使团完成了一次伟大的使命，但是很多走过丝绸之路的人却并非出于自愿。在卡莱战役中，有一万名罗马士兵被帕提亚人俘虏，并被发配到东部边境地区去当劳工。[11]在今乌兹别克斯坦东部的一处洞穴群里，保存着一些罗马铭文，这些铭文出现于公元 2 世纪或 3 世纪，被认为是阿波罗第五军团的士兵留下的。这些铭文的存在证明了由于这条漫长的公路网络的存在，人类可以在离家多么遥远的地方扎下根来。[12]

同丝绸之路一样，通往非洲东海岸和印度西海岸的香料之路也是在公元前 1 世纪左右开辟的。公元前 30 年，罗马人占领了埃及，非洲和印度的商业因此都繁荣了起来，这两个地区的主要商业中心都位于3000海里之外的地方。从此，亚历山大和东方之间的贸易往来就扩大了规模。

　　跨越红海的航程令人厌恶，因为红海有许多危险的浅滩，为了保证安全，船只只能在白天航行，晚上必须靠岸停泊。从阿拉伯海的大门曼德海峡出发后，船只就沿着非洲东海岸开始了一场漫长的旅程——即使无须绕弯路。途经东非桑给巴尔岛的这趟旅程，意味着出发大约两年后，船只才能重返家乡，回来时船上满载着龟甲、象牙、珍珠、薰香以及香料。印度西部的马拉巴尔海岸是香料贸易的中心，很快外界对当地生产的香料的需求量就极大地增长了，尤其是胡椒。位于现代科钦附近的古老港口城市穆齐里斯城是香料贸易的中心，在这座城市里，还有规模不大的罗马人和犹太人的聚居区。公元60年前后出现了一本写给海员们的指南《红海航行记》，该书就指出了当地香料贸易的规模："这个王国里的穆齐里斯满是来自希腊人从阿拉伯派来的满载着货物的船只。"《红海航行记》的作者被认为是公元前1世纪的航海家希帕罗斯，因为是此人发现了直达印度西海岸的水上交通路线。在此之前，海员们都只能乘着独桅帆船紧贴着海岸线前行，就像丝绸之路上的商人们一样，他们经常需要在途中的补给站停留一段时间。由于希帕罗斯航路的开辟，1000吨重的坚固的罗马商船靠着短短的桅杆和巨大的方形船帆，就能够直接穿过阿拉伯海。7月，当西南季风（也被称为"希帕罗斯"）吹来时，商人们就从埃及出发，前往非洲和印度。老普林尼虽然对印度市场出售的货物就像对丝绸一样不屑一顾，但是他在书中写道，如果天气情况良好，从亚丁湾出发后40天就可以结束这趟旅程。[13]现代的海洋历史学家已经计算出，其实只要20天的时间就能完成这趟航程。[14]尽管如此，海员们还是得等到 12 月才能返航，因为这时的西北季风很强劲，能够把他们送回家。往返马拉巴尔或古吉拉特的航程只需要一年的时间，但是这段航程远比非洲之旅危险。

穿越阿拉伯海的这条海上航线有一个极大的优势——几乎不存在中间商。在印度西部的北部海岸和南部海岸，都有犹太人和阿拉伯人聚居，他们从事的工作几乎都是在印度人和西方人之间倒卖商品。但是，一段段陆路交通线之间的转手交易会让商品价格节节攀升，这就意味着海上航线虽然风险比较大，而且需要初期的投资，但是回报更高。

在不交战的时候，罗马人会通过陆路交通与伊朗的帕提亚人进行贸易往来。在帕提亚人之后，公元 224—651 年，从叙利亚东部到靠近兴都库什山脉的地方以及一直延伸到南部和北部的广大地区，都是属于萨珊王朝的版图。萨珊人是琐罗亚斯德教（即祆教）教徒，只崇拜阿胡拉·马兹达一位神，后者将自己的智慧传给了他们的先知琐罗亚斯德。萨珊人珍视城市生活，接受"万王之王"——最高领导人——的统治。"万王之王"拥有绝对的权力，也有着非凡的个人风格和魅力。萨珊人信奉"思无邪，言无毒，行无恶"的基本教义，并且热衷吸收来自其他文化的思想和信徒，将他们融合进其不断发展的城镇中。除了社会最底层，所有的萨珊人都非常重视自己的服饰，纺织业因此获得了蓬勃发展，其中自然包括精致的丝绸服装。萨珊家族有可能是第一个真正意义上的"国际消费者"，他们有钱、有品位，很时髦。他们继承了得天独厚的地理条件和一个正在改变的世界秩序，他们自己也清楚这一点。6 世纪的一份萨珊王朝的宣传性文献《坦萨尔书信》提到，萨珊人的土地幸运地位于"其他国度的中间，我们的人民是最高贵、最杰出的"。[15]

萨珊王朝的许多人也非常精明。属于伊朗民族的索格狄亚那人①的领土在萨珊王朝境内，以撒马尔罕为中心，刚好位于从喀什到梅尔夫的这一段丝绸之路上，他们在土耳其、伊朗其他地区和东方之间进行了广泛的贸易往来，以至于"索格狄亚那"这个词逐渐演变成了"商人"的意思。中国的维吾尔人原本定居在塔里木盆地东部一带，现在他们也开始沿着丝绸之路向西扩散，同索格狄亚那人的东进过程很相似。

丝绸以及与之有关的奢侈品贸易对早期的波斯产生了巨大的影响，但是现在在商业机会即将向西转移。

在这个时期，拜占庭（后来一度更名为君士坦丁堡，即现在的伊斯坦布尔）落入了罗马人的手中。拜占庭是希腊人在大约 800 年前进行殖民扩张时建造的，地处连接欧洲和土耳其的狭长地带，是地中海和东方进行贸易往来的绝佳地点。324 年，君士坦丁大帝不顾一切地想要复兴罗马帝国，他占领了这座城市，并将其更名为君士坦丁堡，在接下来的 6 年时间里对其进行了重建，并在公元 330 年将其变成了一座基督教城市。君士坦丁堡位于东西方交叉路口的地理位置，丝绸之路的开通，再加上罗马的组织工作和防御工事，让这座城市迅速成了世界上最富有、最强大的城市之一。其他一些城市也有着悠久的贸易历史，如亚历山大和大马士革，但是与这座新的帝国首都相比，它们都黯然失色了。

① 索格狄亚那，中亚细亚古地名，位于阿姆河、锡尔河之间的泽拉夫善河流域（今乌兹别克一带），在公元前 6—前 5 世纪，是波斯帝国行省，所在地即后来中国史籍所称的康居的一部分或粟特国（隋唐时的康国一带）。

　　君士坦丁堡的商人同萨珊王朝进行着贸易往来以便同东方更多的地区通商。这一点可以从硬币的分布看出来，在 530 年代和 540 年代拜占庭硬币出现之前，中国还没有来自欧洲的硬币。然而，迄今发现的许多中国早期的硬币——有时多达数百枚——是萨珊王朝铸造的，很可能是由索格狄亚那商人带到东方的。

　　对帕提亚人来说，自我完善指的不仅仅是财富的积累，还包括科学、文学和艺术等方面的提高。他们中的许多人都可以使用当时颇具声望的巴列维语①进行交流和写作，这种语言是现代波斯语的祖先。同时，他们也能阅读科普特②、希腊、拉丁、印度和中国学者撰写的文献。帕提亚人同其他民族的贸易往来，他们拥有的大规模的旅行网络以及在东西方之间产生的总体影响力，意味着在萨珊王朝时期，帕提亚不仅已经发展成了一个富庶的国际贸易区，而且还是知识中心和医学中心。

　　波斯早期的圣书《阿维斯陀》③记载了三种医疗方法，分别为手术刀、药草和神圣的话语，遵循后者是避免前者的最佳方法。波斯早期的医学文献令人不禁对波斯这个拥有古老文明的独特民族的漫长历史充满了遐想，这个民族及其文明同琐罗亚斯德教信仰密不可分。早期的医生们认为，将波斯医学传向全世界的功臣是古代波

----

　　① 巴列维语，又被称为钵罗钵语、帕拉维语，是中古波斯语的主要形式，通行于3—10 世纪，是萨珊王朝的官方语言。

　　②"科普特"一词的来源较为复杂，最初只是一个地理和种族概念，在阿拉伯人占领埃及后变成了穆斯林对当地仍在使用古埃及语的基督教居民的称呼，有时它还可以指代一个民族、一种文化以及一种宗教（科普特教会）。科普特语是古埃及语言发展的最末阶段，形成于纪元前，公元 3 世纪时出现了大量用科普特语誊抄的希腊文献，尤其是基督教经文。

　　③《阿维斯陀》，祆教圣书，又被称为《波斯古经》。"阿维斯陀"的意思是智识、经典和谕令。传说这部文献记录了先知琐罗亚斯德的生活及训谕。

斯王国的第四代君主贾姆希德，相传他坐在一个镶嵌着珠宝的飞行宝座上治理国家，每逢特殊场合，他还会乘坐这个宝座在宇宙中穿梭。他统治着一个"粗鲁野蛮"的国度，但是他告诉人们要走出山洞去建造房屋，而不要满足于山洞里的生活。他还说人们应当组织起来，从事各种职业。[16]一次，国王的妻子欲用腐烂的葡萄结束自己的性命，却不想阴差阳错地将葡萄酒传给了人类。贾姆希德还拥有一个圣杯，杯子里盛着一种神秘的长生不老药，喝下这种药就可以看到宇宙的七重天，并且能够看到真理。[17]或许正是因为这种药水的功效，才有了飞行宝座的传说。

这种神圣的长生不老药在波斯被称为豪玛（遗忘之沙），在印度的吠陀传说中被称为苏摩，人们认为这种药物代表了神、植物和饮料的集合体。在曾经被当作圣物的容器和滤器中发现的植物残渣表明，这种药物是罂粟或大麻与麻黄植物混合煎制的汤剂。[18]直到20世纪晚期，在以罂粟闻名的伊朗城镇亚兹德附近，仍然有人在制作出售豪玛。无论这些神秘药剂含有什么成分，它们都普遍存在于欧洲宗教和亚洲宗教中，在公元5世纪西罗马帝国灭亡后不久，波斯成了各种宗教交汇的地方。

这时，来自东西方的聂斯托利教（基督教的一支，在汉代被称为"景教"）学者和希腊学者为了逃离压迫，来到了萨珊的各个城市求学，他们最重要的一门学科就是医学。到了6世纪，贡德沙普尔城成了波斯的知识中心，也是古代世界第一所医学院的所在地。与此同时，世界上还有其他一些专门教授医学的院校，如公元427年在印度建立的那烂陀寺，公元489年在土耳其建立的尼西比斯学院。在贡德沙普尔学院，学生们不仅能学到书本知识，而且能在从业医生那里学到实际技能。这是最早的一所真正意义上的大学，学校里的学生和教师既有琐罗亚斯德教的信徒，也有佛教和摩尼教的信徒。在伊斯兰教出现之前，聂斯托利派基督教是所有这些宗教中最有影响力的。他们的每一个教区里都设有一所学校、一座图书馆和一家医院，他们非常重视知识的传授和共享。贡德沙普尔学院开设了天文学、占星学、数学、自然科学和医学等方面的课程，再加上学院里的一些教师是流亡的聂斯托利派修道士，这所大学于是成了有关修道士教学的传奇的发祥地。

虽然萨珊王朝存在的时间很短，但是它将波斯王国打造成了一个文雅、获利丰厚且教育水平较高的东西方交流中心。然而，一场变革即将到来，这就是伊斯兰教的出现。这场变革预示着古代世界的结束。

穆罕默德的胜利：伊斯兰教的知识黄金时代

公元 629 年，东罗马皇帝弗拉维斯·希拉克略推翻了最后一位波斯国王，结束了罗马帝国和萨珊王朝在数百年里不断爆发零星战争的历史。在此之前，两位君主虽然在新月地带的问题上一直争执不下，但还是对该地区进行了瓜分，并且保证了瓜分协议持续有效，然而，有时候也会出现一些不安定的因素。两个国家的衰败为先知穆罕默德的崛起创造了突破口。

570 年左右在麦加出生的穆罕默德，40 岁的时候还是一名商人，其经历乏善可陈。他或许有识文断字的能力，也有可能是一个文盲，而且不算富有。简言之，他与富有、有教养的波斯人和罗马人截然相反。沮丧之下，他躲进了一个山洞，在那里天使加百利造访了他。三年后，穆罕默德开始向外界透露自己获得的启示，开始公开传道。此时的阿拉伯各部落还崇拜着数以百计的异教偶像，麦加的克尔白（天房）里就装饰着很多这样的神像。这些部落一直被认为是东方的穷亲戚，"在世上最受鄙视和最微不足道"。[19]穆罕默德提出的教义在麦加并不受欢迎，他甚至一度被迫逃离麦加，这就是史称"希吉来"的重要事件，至今仍然是伊斯兰教最具有象征意义的事件之一。

在穆罕默德的领导下，阿拉伯人通过一神崇拜团结了起来。629 年，罗马帝国和萨珊王朝已经相互消耗到了双方都精疲力竭的时候，先知穆罕默德召集起一支队击败了麦加的异教徒。632 年，穆罕默德逝世，此时阿拉伯半岛的大部分地区都开始敬奉安拉了。651 年，穆斯林民族彻底征服了波斯。这是一项巨大的成就，从宗教意义上而言，这场征服堪比亚历山大军队横扫整个欧洲大陆。穆罕默德崛起的时机恰到好处，他留给后人的遗产也非常丰厚。在他逝世后，那些在生前就认识他的人（即哈里发们）建立了第一个哈里发王国。由于先知只留给伊斯兰社会几条极其严格、不容变更的原则，哈里发们很快就开始制定自己的规则。穆罕默德同安拉之间的交流被记录下来，成为《古兰经》的基础，伊斯兰学者开始研究圣训，试图从穆斯林日常生活的角度来解释这些交流，这种做法类似犹太律法和犹太法典的传统。［巴勒斯坦早期（约公元 400 年）出现的一部犹太法典就简略地提到了鸦片。[20]］

基督教的禁欲主义传统，在中东地区尤其是叙利亚，颇有影响力，尤其是那些以上帝的名义压抑肉体、住在柱子顶端的苦行者，将虔诚同敬畏上帝极其紧密地结合在了一起。穆罕默德或许利用了自己的经商经历、在山洞里度过的那段时光，以及冒着危险逃离麦加的经历，但是他给后人留下了这样一种观念——富人不应当欺骗穷人，社会应当促进平等。《古兰经》还禁止信徒使用酒精和其他麻醉品。[21]

从穆罕默德那里继承了政教大权的第一批哈里发，即四大哈里发执政时期，往往被认为在伊斯兰教和穆斯林征服两方面开创并维持了长达30年的黄金时期。其后的倭马亚王朝的统治者们则不太成功，他们不仅饮酒，而且其中一位哈里发还养了一只猴子当作宠物。倭马亚王朝的另一位哈里发甚至还带着猎豹一起狩猎，外出时这头猎豹就坐在主人坐骑的屁股上；他豢养的萨卢基猎犬带着金脚镯，还有专人伺候它们。这一切都严重背离了穆罕默德最初的教诲。在掌权不满90年的时候，倭马亚王朝就被推翻了，取而代之的是恪守古训的阿拔斯王朝。阿拔斯王朝的哈里发们选择在新的地方建造属于自己的都城，这就是坐落在古巴比伦原址附近的麦地那·阿萨拉姆（意为"和平之城"，今巴格达）。

倭马亚王朝的终结正是史称"伊斯兰黄金时代"的开端，这个时期持续了500多年，在这段时期里伊斯兰帝国迅速扩张到了中亚地区，这个地区在当时被称为河中①。根据传统观点，纸张传入中东地区就同伊斯兰帝国在8世纪中叶吞并河中地区有关，通过被关押在撒马尔罕的中国战俘，造纸术被传入了该地区。公元712年，撒马尔罕落入了穆斯林的手中，从此许多不愿意接受新王朝统治的当地居民开始了一场往中国转移的东迁运动。在丝绸贸易的鼎盛时期，唐朝（618—907）的领土在汉朝版图的基础上有了进一步的

①　河中，指中亚锡尔河和阿姆河流域以及泽拉夫尚河流域，包括今天的乌兹别克斯坦全境、哈萨克斯坦西南部。中国古代称之为河中，近代称之为河中地区，现代则称之为中亚河中地区。河中为古代欧亚通商的陆路主干道丝绸之路上的重要通道。

扩张，尽管在移民方面这个王朝素来有着孤立保守的名声，但是来自西方的移民还是融入了中国社会。就在阿拉伯世界的穆斯林往中国迁移的同一时期，鸦片第一次出现在了中国的文献中，尤其在《本草拾遗》的作者陈藏器留下的文献中。[22]

征服撒马尔罕之后，伊斯兰王国进一步发展成了集科学、医学、文明和思想于一体的先驱者。西至伊斯兰王国于 711 年占领的伊比利亚半岛，东至俄罗斯的大草原，知识世界都处在阿拉伯人的控制之下。830 年，阿拔斯王朝的哈里发哈伦·拉希德（786—809）仿照贡德沙普尔学院，在巴格达建造了一所智慧宫，并邀请世界各地的学者前来将人类现有的知识全部翻译成阿拉伯文。巴格达的阿拔斯宫廷对知识分子和宗教的宽容，为新兴的伊斯兰教信仰提供了令人叹为观止的证明。

当时，不仅巴格达源源不断地涌现了很多学者，整个阿拉伯世界也是如此。这些学者对医学知识的贡献似乎无所不包，囊括了当时人类在麻醉、镇痛、外科手术和药理学等方面所能取得的所有发现。金迪是最早一批同智慧宫有所接触的学者之一，这位出生在巴士拉的哲学家也撰写过医学著作，还发明了一种能够精确调制药物的称量工具。这些药物中有很多都含有鸦片成分，也就是白罂粟（埃及罂粟）的提取物。[23]

穆斯林学者们从《希波克拉底全集》和狄奥斯科里迪斯①那里得到启发，将这些知识同伊斯兰教义结合起来，如伊斯兰教中有关医治病人、指导患者"接受治疗，因为尊贵的上帝在创造疾病的同

---

① 狄奥斯科里迪斯（约 22—?），希腊医生，被称为"西方药理学之父"，他所著的《药物学》一书记载了大约 600 种药物，这是欧洲药学史上第一部药物学专著，直到 17 世纪都被医药界奉为圭臬。

时，不会不创造治疗方法，只有衰老除外"[24]的思想。能接触到如此大量的文字资料，再加上对贡德沙普尔学院模式和印度建造医院传统的效仿，阿拉伯世界的医学开始大踏步前进，从控制着丝绸之路腹地大部分地区的那个庞大帝国源源不断流入阿拉伯世界的资金，也促进着医学的发展。在这个时期，造访阿拉伯帝国的中国人是无法相信这里的商品会如此丰富的，"凡是地里长出来的东西，在这里都能找到，一辆辆手推车向市场运送着难以计数的商品，在这里什么都买得到，而且价格低廉"。[25]

阿卜·巴卡·穆罕默德·伊本·扎卡利亚·阿-拉齐从德黑兰附近的古丝绸之路贸易重镇雷伊出发，来到了巴格达。他被世人称为拉齐（865—925），是有记载以来最早的一位博学者，在阿拉伯历史上，人们常常将他与希波克拉底相提并论。拉齐撰写的两部主要著作分别是《曼苏尔医书》和《医学集成》，前者用了十章的篇幅对性格和面相的问题进行了阐述；后者被誉为"穆斯林医生编纂的最伟大的药学百科全书"，在西方社会进入文艺复兴之前，这部著作一直保持着影响力。[26]在拉齐来到巴格达、进入穆克塔达里医院工作的那个年代，阿拉伯世界同时存在着三种医学：主要依据《古兰经》教义进行的先知医学（预言医学），根植于阿拉伯和琐罗亚斯德教传统的民间医学，以及希腊医学。药剂师这个职业越来越受到尊敬，而且国家也已经开始对医药行业进行干预，通过监察员穆赫塔希卜①及其助手对称重、测量和质量等进行管控。

当时，巴格达人已经开始根据狄奥斯科里迪斯介绍的方法用鸦

---

①　穆赫塔希卜，穆斯林历史上宗教规诫部门希斯巴的负责人，其职责主要是劝善戒恶、监督市场，帮助国家保持供求畅通。

片（在阿拉伯语中被称为"afyūn"，阿芙蓉）来制作煎剂、药丸或膏药了，他们或单独服用鸦片，或将其同数十种药物成分相混合，用来治疗麻风病之类的疾病。从这些药方看，似乎疾病越可怕，治疗方法就越复杂。希波克拉底式的医学研究保留下来的希腊文献都以病人为本，强调医生和患者之间的沟通理解应当被当作一种主要的治疗方法，因此对症下药的观点也就不足为奇了。但是，拉齐同时也是一位相信直觉的医生，针对类似儿童尿床这种寻常可见但令人苦恼的疾病，他写下了一批准确细致的专著，他也知道人在一生中只会得一次天花。同盖伦一样，他继续用动物进行着医学实验，包括在一只猴子身上进行水银测试。

拉齐也撰写过外科手术方面的文章，基于他的著作，阿拉伯医学界在这方面取得了重大进展，尤其是在骨盆手术方面。拉齐常常被认为是第一位使用鸦片对患者实施全麻的医生，在实现这项成就的过程中，多产的炼金术士及化学家贾比尔·伊本·哈扬（吉伯，721—815）的著作[27]为他提供了指导。

论述当时发明的缝合术的医学著作，尤其是拉齐的著作表明，外科手术尤其是脏器手术在当时已经十分普遍了。医生之间的论战十分激烈，有些医生建议只用棉花和绸缎修复身体的伤口，其中包括哈里发的御医聂斯托利教医生，被称为"老梅苏"的约翰·伊本·梅苏留下的有关如何使用强韧的丝绸帮助动脉愈合的说明。[28]拉齐爱用鲁特琴师喜欢的羊肠线来修复腹壁，还使用马鬃缝合伤口，在他之后这种方法继续流行了几个世纪。[29]这些文献表明，当时已经不断有人实施腹部手术和动脉手术了，这因此让麻醉变得必不可少。尽管一些简单但相对比较重要的手术是通过对病人进行强力控制来实现的，如移除膀胱结石，但是依靠这种手段对病人实施腹部或骨盆手术似乎是极不可能的。有一份资料就详细记录了在没有对病人实施麻醉的情况下缝合断裂的肠子的手术过程。

随着外科手术技术的进步，巴格达建立了自己的手术用针制造行会，医生们经常对手术缝合针的外观和原材料等提出详细的要求，用金、银这两种原材料制作的缝合针格外受到欢迎。眼科手术所用的是最细的缝合针，缝合线是女人的头发。[30]早期的阿拉伯医生已经在从事眼科疾病的治疗了，用来治疗眼疾的药方里大多含有鸦片成分。金迪的药方名录里有大量（不过，同其他药物的数量相比并不过分）含有鸦片的药方，尽管希腊的医生们在鸦片究竟有益还是有害的问题上一直争执不下，毕竟鸦片会对人体造成刺激，虽然它具有镇痛的作用。

我们在今天认为天经地义的很多理论，都是波斯的著名学者伊本·西纳（即阿维森纳，980—1037）提炼出来的。阿维森纳对人类的5种外部感觉和一些内部感觉进行了命名，例如常识——常识的存在让我们能够处理外部信息，理解外部信息是如何影响我们的健康和幸福的。他的主要作品《治疗论》并不是医书，而是一部涉及科学、哲学以及早期心理学的著作。同早期的许多博学者一样，阿维森纳认为学科之间的距离微乎其微，他对人类如何处理思想和感情以及天文学都进行了探究。在其医学著作中，他小心翼翼地将重点集中在自己的从医经验上，而不是对其他理论进行批评或者发表见解，他的这种态度体现出当时的医学已经开始朝着经验主义的方向发展了。他的另一部作品《医典》，也成了当时医学界理解疼痛的关键依据。盖伦对4种不同类型的疼痛做过描述，并且正确地判断出大脑是感知疼痛的器官；阿维森纳则对15种类型的疼痛做了区分。

在鸦片的历史上，疼痛理论占据着中心位置——我们为什么会感觉疼痛？我们是如何感知疼痛的？对于这些问题的理解，决定了我们将以何种方式缓解疼痛。当代北美地区通用的麦吉尔疼痛调查问卷将疼痛划分为 20 种类型，其中 13 种与阿维森纳在《医典》中所作的划分相一致，这足以说明阿维森纳对疼痛的理解是多么先进。针对缓解疼痛的问题，他在书中提到了"止痛药"（taskin）和"麻醉剂"（mukhaddar），而鸦片既属于止痛药的行列，也被列入了麻醉剂的名单。在描述截肢手术的前期准备工作时，他就提到了作为麻醉剂的鸦片。书中提到，鸦片作为止痛药时的剂量相当于一粒"大一点的扁豆"，但是要让病人进入"深度无意识状态，以便忍受疼痛"，除了包括天仙子在内的其他麻醉剂，鸦片的剂量还应加大到"半打兰"（约合 0.9 克）。但这样的剂量对病人来说无疑存在着风险，正如阿维森纳简明扼要的警告那样，这样大的剂量有可能"致命"。[31] 他无疑观察到了，存在疼痛问题的个体能够代谢鸦片的剂量远远高于没有疼痛的个体，他还发现猪鬃在愈合大面积伤口方面效果显著。然而，到了 9 世纪，伊斯兰教里比较严格的沙斐仪派（属于逊尼派）对外科手术下了禁令。[32]

不过，外科手术并不是阿维森纳的主要工作。同拉齐一样，他对整体治疗病人充满了浓厚的兴趣，对诸如痛风之类的慢性疾病尤其感兴趣，他会将鸦片用于治疗痛风。他还推荐病人用鸦片治疗失眠，无论是口服还是通过直肠给药，阿拉伯人因此将鸦片称为"睡眠之父"。[33]

《医典》第二卷里有一章的标题为"阿芙蓉"，这一章详细介绍了给包括有咳嗽、腹泻和头痛等症状在内的各种患者施用鸦片的大量知识，对鸦片以及过量服用鸦片可能造成的危险所作的论述尤其有趣，不仅列出了各种症状，还指出医生必须知道病人有可能喝酒了。这一章还以鸦片为参照标准，对其他药物的剂量也做了规定，例如，大麻籽的剂量为鸦片的"3倍"。[34]同《埃伯斯纸草卷》一样，《医典》建议用鸦片来治疗持续哭闹的婴儿。在这种婴儿药看似没有穷尽的成分表最后，提到了鸦片这一关键成分：

> 号角草（即匍匐筋骨草）籽、杜松子、白罂粟、黄罂粟、亚麻籽、白屈菜籽、马齿苋、车前草籽、莴苣籽、茴香籽、大茴香、葛缕子各取一些，将各种取一部分逐步烘烤，然后混合在一起揉搓。加入一些未磨成粉末状的煎过的欧洲亚麻籽车前草籽。将混合物与等量的糖混合，两"打兰"为一剂药。若想提高效力，应加入不多于药剂三分之一重量的鸦片。[35]

除了专业研究，阿维森纳在其他方面的生活也同样有趣。他总是穿着一件锦缎长袍、一双皮鞋，头上裹着亚麻缠头巾，十分喜爱美酒和侍妾，一位传记作家曾指出在他所有的"淫欲能力"中，"最强大、最突出"的就是他的性能力，他"常常沉迷其中"。[36]考虑到他惊人的智力水平，我们只能凭着想象猜测一下他在这方面的能力究竟有多么惊人。阿维森纳终身未婚，也没有留下一个被记录在册的孩子。1037年，他在跟随埃米尔阿拉·道拉·穆罕默德奔赴战场的几年后，去世了。在那次征途中，由于一些不幸而神秘的因素，他一度患上了一种严重的疾病。正当他和埃米尔在迎面而来的敌军面前撤退时，他由于疝气发作病倒了。据说，他为了治愈自己，一天就做了8次灌肠，而且还进行了严格的通便治疗，但是他的医生在合成药物中加入了严重过量的芹菜籽。在他病情恶化的时候，一名仆人——有可能参与了谋害主人的阴谋——给他拿来了万应解毒剂，结果导致他癫痫发作。后来，他虽然慢慢恢复了健康，但彻底像变了个人，而且继续沉迷于过度的性生活中，最终死于过量服用鸦片。

无论阿维森纳死亡的真相究竟是什么，可以肯定的是，从实用医学和医学哲学的角度而言，他以及伊斯兰黄金时代涌现出的一些像他一样的人的职业生涯，在希腊罗马时期和文艺复兴时期奠定的医学基础之间架起了一座必不可少的桥梁。

从黑暗时代到十字军东征

在阿拉伯世界和罗马帝国（已经退出了西欧）以外的地区，社会对鸦片的态度就没有那么开明了。409—410 年，罗马人从不列颠撤退了，基督教在这里占据了主导地位，人们使用鸦片的历史也随之结束。鸦片的消失似乎并不是基督教所要求的，毕竟上埃及①的科普特基督徒使用过鸦片，7—8 世纪出现的一份纸莎草上就记录着当地人为一位贫穷的修道士"保罗兄弟"索要鸦片的事情。不过，北欧人的确遗失了如何使用这种强效药物的知识，不然就是他们无意留下了相关的记录。37

在黑暗时代，大多数医学知识都集中于以修道院为主的宗教机构，在这些地方，人们仍然遵循着希腊和罗马留下的各种学说，医

①　上埃及和下埃及是埃及前王朝时期，以孟菲斯为界，位于尼罗河上下游的两个独立政权，上游南方地区为上埃及，包括开罗南郊以南直到苏丹边境的尼罗河谷地，以农业区为主，下游北方地区为下埃及。

学仍然建立在体液学说的基础上。老百姓则依赖民间医学，主宰这种医学的通常是社区中的某位女性成员，她们根据口耳相传的传统治病救人。

在罗马占领不列颠期间，基督教传入了当地。不列颠的基督教会曾集合力量，派出代表团参加分别于 314 年和 353 年举行的阿尔勒大公会议和里米尼大公会议。然而，基督徒们遭到了皮克特人①、苏格兰人和布立吞人②的围攻，他们在 446 年向罗马将军埃提乌斯求助："野蛮人迫使我们退到了海边，大海又迫使我们退到了野蛮人的面前。"³⁸对于某些凯尔特部族来说，"野蛮人"是一个恰如其分的称呼，希腊历史学家西西里的狄奥多罗斯曾写道："他们身材十分高大，肌肉发达，皮肤白皙。他们的头发是金黄色的，但是不太自然——直到今天他们还在用人工方法漂白头发，用石灰清洗头发，然后将前额的头发通通梳到后面。他们看起来像森林里的恶魔，他们的头发浓密而蓬乱，如同马的鬃毛一样。他们中的一些人将胡子刮得干干净净，另一些人——尤其是那些身居高位者——则只剃掉脸颊上的胡子，留下完全遮住嘴巴的八字胡。"³⁹在黑暗时代，不列颠和北欧的许多部落都会饮用啤酒或葡萄酒，但也有一些部落则完全避免麻醉品。高卢的纳尔维部落和日耳曼的苏维汇部落就从不购买酒精饮料。恺撒大帝曾经问过这个问题，结果他被告知"这些部落不允许引进葡萄酒和一切奢侈品，他们认为这些东西会瓦解意志，削弱勇气"。⁴⁰

---

① 皮克特人，先于苏格兰人数世纪居住在福斯河以北的皮克塔维亚的先住民。
② 布立吞人，古代的凯尔特人部族，公元前 1 世纪中叶至公元 5 世纪中叶受罗马人统治。在 5 世纪之后，曾长期抵抗来自欧洲大陆的盎格鲁人、撒克逊人的侵略，后被迫撤退到不列颠西部山地，逐渐形成了近代的威尔士人。

46　　　公元 61 年，凯尔特女王波阿狄西亚对其麾下的士兵发表了一次讲话，还对嗜好饮酒的敌人进行了谴责："对我们来说，所有的草药和根块都是食物，所有的果汁都是油，水才是美酒。"[41]但是，在诺曼征服之前，有关黑暗时代的不列颠的文字记录非常有限，我们很难将不列颠的情况同当时新月沃土地区的发展进行清晰的对比。尽管温文尔雅的查理曼大帝（742—814）热衷于保存记录，但在法国的文献中，鸦片和罂粟也不曾被提及。不过，摩尔人在西班牙南部建造的精美花园里，倒是种植着罂粟和角罂粟。[42]

　　在丹麦最北部的维堡森讷瑟，一些维京人也种植过罂粟（碳‑14测定年代为 1018—1035 年）以及往往跟罂粟形影相伴的天仙子。[43]这两种植物都不是当地原生的，它们同时在该地区出现表明，当地人是从某个地方获得的，那里的居民具备希腊罗马的医学知识。斯堪的纳维亚的海员们虽然没有留下文字记录，但是他们完全具备周游世界进行贸易的能力。

　　11 世纪下半叶，诺曼征服让英国的基督教实现了统一。与此同时，东方的拜占庭人正面临着军事力量强大的土耳其人的威胁。1095 年，拜占庭皇帝阿莱克修斯一世向罗马教皇乌尔班二世求助。当时，天主教在欧洲占据着主导地位，在拉丁人的影响下，英国身心疲惫，这不仅是因为诺曼征服，还与教皇下达的清除北方异教徒的使命有关。637 年，耶路撒冷落入穆斯林之手，在 632—661 年间，黎凡特处于他们的统治之下。在这种情况下，梵蒂冈终于觉得自己羽翼丰满，可以尝试夺回"圣城"了。

　　从希望自己的罪过得到宽恕的农民，到被迫加入政治和社会联盟的贵族，教皇乌尔班的武装号召对每个人都产生了影响。十字军
47　东征断断续续地进行到了 1487 年，对欧洲的文化、文学、宗教和

军事生活、官僚制度，以及留守在大后方的一个个家庭的生活都产生了深远的影响。随着时间的推移，这些战役的性质从"朝圣"转变为由罗马天主教会领导的高度组织化的军事行动。东方所散发出的魅力辐射到了各阶层的基督徒，这也意味着十字军东征带来了东西方之间的一场大规模交流，为北欧和西欧带来了东方医学的新浪潮，也就是拉齐和阿维森纳留下的医学知识。但是，用希波克拉底的话来说，"要想做手术，就得先上战场"。[44]

在十字军战士们亲眼见到战争之前，这趟旅程已经给来自西欧和北欧的"朝圣者"们带来了一系列特殊的问题。他们中的许多人都是农户出身，几乎没有甚至根本没有跟很多人挤在一起生活的经验。在这样的环境中，清洁的饮用水和食物的供应难以维持，更不用说他们还得参加战斗，不断有人受伤。在十字军的队伍里，麻风病一类的免疫系统疾病和性病一样常见。与任何社会一样，其他更为常见但也十分折磨人的疾病，如皮肤病和痔疮，频频出现，十字军战士们对此都已经熟视无睹了。

在十字军东征的伊始，医疗素养最高的医生都出自法兰克人。法兰克人是在查理曼大帝的统治下团结起来的西欧人，他们所占据的地区最终形成了法国和德国。这些法兰克医生被称为学徒医生（cyrugicus），虽然他们更接近具备手术能力的普通治疗师。当时，萨莱诺、蒙彼利埃、博洛尼亚、帕多瓦和巴黎都建起了医学院，为那些能够负担得起学费的人提供昂贵而全面的医学教育。从这些学校毕业的学生被称为医师（medicus），在十字军的队伍里很少看到他们的身影，但是留传下来的文字记录却和这些拥有较高社会地位的人不无关系。13 世纪下半叶，接受过正规教育的医生（physicus）出现了，他们拥有高水平的理论知识，不过他们接受的

48　主要还是人文学科的教育，加入东征队伍的医生里，有很多都是神职人员。在东征队伍中，十分可怕的理发师和放血术医生数量众多，而且这些人发挥的作用可能更大。直到 13 世纪，东征队伍中才出现了药剂师，这意味着药品有可能会由医生携带，或是在行军途中购买。[45]这种等级结构在短短一个多世纪里的演变表明，十字军很快就意识到一场持续时间如此长的军事行动需要各种医疗服务人员的参与。在十字军东征之前，最后一场遍及欧洲的大规模军事行动是由罗马军队发起的，他们一直保持着良好的饮食、高标准的个人卫生和高水平的身体素质。罗马人是职业军人，他们在很小的时候就被挑选出来，接受军事训练，纪律严明，同 1096—1099 年间第一次十字军东征队伍里成千上万来自西欧的农民、神职人员，以及"通奸者、杀人犯、小偷、伪证者和强盗……甚至是女人"，几乎毫无相似之处。[46]

　　与这么多志同道合——虽然偶尔有些人不太可靠——的同伴一起穿越欧洲前往耶路撒冷，这必然是一次非同寻常的经历。除了眼前丰富的景象、气味、动物和十足的异国风情外，他们还面临着一个现实问题——迟早都得参加战斗。十字军东征期间发生的一些战役非常血腥，如发生在 1098 年 2 月的安条克围攻战①，"不断有人受伤，战场被鲜血染红。你会看到撕裂的内脏、被砍下的头颅、无头的尸体——到处都是尸体"。[47]这种戏剧性的描述常常被当作宗教

---

　　① 安条克围攻战，发生在第一次十字军东征期间。在第一次围城时，十字军包围了穆斯林掌控下的安条克。围攻从 1097 年 10 月 21 日一直持续到次年的 6 月 3 日，其间，十字军队伍里发生了严重的饥荒，七分之一的士兵被活活饿死。6 月 3 日，十字军攻入城内，但是内堡仍由穆斯林占据。6 月 7 日，卡布卡统领的大军开始攻打城内的十字军。第二次围城持续到 6 月 28 日，最后十字军出城与卡布卡军队大战，最终获胜。看到援军狼狈逃窜，内堡中的守军也缴械投降了。

宣传工具，参战双方都在对其加以利用，但是十字军战士们的确遭受了严重的伤害，例如，胳膊在战斗中被刀砍断，脊背断裂，下颌骨骨折。[48]几个世纪以前，盖伦在猪、狗和猴子等动物身上实施的解剖实验，终于得到了在这种条件下开展工作的各种医生的认可。在战场上近距离使用的武器，如刀剑、匕首、狼牙棒、弓箭和弩，都会造成刺伤和皮肉伤，随之就会出现感染的问题。

49

现存的文字记录和十字军东征初期留下的医学文献都表明，来自欧洲的医生所使用的止痛药和麻醉剂种类少得可怜，而且他们也很少用到这些药物。一想到没有药物缓解如此严重的创伤带来的疼痛，就令人感到不寒而栗。有关参加第一次十字军东征的欧洲"朝圣者"们所遭受的疾病和痛苦的详细描述，给人们留下了这样一种印象——这支队伍伤痕累累，饱受痢疾和坏血病（维生素 C 缺乏症）之苦。

出生于耶路撒冷的编年史家，后来出任过驻拜占庭帝国大使的提尔的威廉（1130—1186）肯定十分熟悉鸦片。在晚年撰写的《海外行动史》中，他提到了埃及在鸦片种植方面占据着统治地位："有史以来发现的最优质的鸦片就源自那里，医生们将其称为'底比斯'。"[49]

与提尔的威廉同时代的犹太拉比及医生摩西·迈蒙尼德斯（1139—1204）在孩提时就被逐出了西班牙，最终他定居在了埃及的弗斯塔特。他担任过萨拉丁（1137—1193）的私人医生，后者是埃及和叙利亚的第一位苏丹，也是库尔德人建立的伊斯兰教王国阿尤布王朝的开国君主。迈蒙尼德斯在《论毒药及解毒剂》中提到了解毒剂的使用，这是一种以鸦片为基本成分的类似解毒糖浆的药剂。该书是最早的毒理学著作之一，直到文艺复兴时期还被广泛使用着。迈蒙尼德斯的著作还包括《药物辞典》和《论哮喘》，前者收录了对鸦片的全面评价，后者提到了摩洛哥阿尔穆拉比特王朝①的一位君主在遭到袭击后，因没能按照正确剂量服用解毒剂而身亡的事情。[50]

在迈蒙尼德斯死后不久，一套具有开创性的文献对医疗事故的问题进行了讨论，这套文献被统称为《耶路撒冷法令》。这些文献是在阿卡（位于今以色列境内）誊抄的，其中就记述了医生的疏忽导致一名顾客的仆人身亡的事情。在大约一页篇幅的法律术语之后，文中的描述终于能唤起人们对这名仆人的同情了——他的身上满是伤口、刀伤、肿胀的地方，脑袋也破裂了。其中有一小段提到了用来治疗"肠道疾病"的"一种粉剂或强效的草药"，如果这名仆人"服药后身亡，于理于法，该医生都应当支付赔偿金"。[51]这种药剂极有可能就是鸦片。

新的知识中心：西欧

在长达 200 年的十字军东征期间，西欧社会发生了许多变化。13 世纪，地位比较高的医学院在欧洲兴起了，医学日渐成为年轻人在择业时的第一选择，而不再只是绅士们的副业了，甚至有少数女性也会选择这种职业。在路易九世于 1248—1250 年率领十字军前往埃及期间，法国丰特弗罗修道院的赫森德被任命为国王的医师。[52]

---

① 阿尔穆拉比特王朝是柏柏尔人建立的穆斯林王朝，在 11—12 世纪统治着北非和西班牙的大部分地区，后来为阿尔穆瓦希德王朝所取代。

在通往耶路撒冷的东征路途中，现有的医院主要被用来救治老年人和慢性病患者。大批精疲力竭、营养不良的"朝圣者"涌入这个地方，患有溃疡或者胃病、身上长着寄生虫的人随处可见，这种景象令人震惊。耶路撒冷圣约翰医院骑士团，即医院骑士团①，也加入了这场战斗。这是一支罗马天主教军事教团，以耶路撒冷、罗得岛和马耳他为基地，是为施洗者圣约翰创建的。骑士团成立于1023 年前后，其目的就在于照顾越来越多涌入"圣地"的"朝圣者"。1099 年，欧洲人从穆斯林手中重新夺回了耶路撒冷，由于这场胜利，医院骑士团获得了教廷的特许，开始承担管理和保卫"圣地"的职责。

与此同时，拜占庭人一直试图切断医疗保健和宗教义务之间的联系，这种做法同东边的贡德沙普尔城流行的修道士行医的传统形成了鲜明对比。有可能早在 6 世纪的时候，拜占庭人就开始这么做了，他们将修道士们赶出了医院的病房，转而雇用普通信徒承担这项工作。[53]不属于神职人员的世俗医生每两个月在医院工作一个月，其他时间就以私人身份行医。君士坦丁堡的潘托克拉托医院还聘请了女医生和护士，并且拥有一支很全面的医疗队伍，其中包括药剂师、器械打磨师、牧师、厨师、厕所清洁工和护柩者。[54]对于西欧的教会医院来说，这些医院的规模是难以想象的。医院骑士团在耶路撒冷的病房能够同时容纳 1000 名住院患者，在一场战斗结束后，如果有必要，这些病房也能容纳 750 名病人。他们的医院甚至还提供救护车服务，这就是今天活跃在英国各个社区的志愿者组织"圣

51

---

① 第一次十字军东征后，本笃会在耶路撒冷圣约翰教堂附近的一个医院里创立了医院骑士团，又名善堂骑士团。

约翰急救队"的鼻祖。[55]

与此同时，有记载的第一家十字军野战医院坐落在阿卡，1189—1191 年，这里遭受了十字军东征历史上基督徒损失最惨重的一次。日耳曼的水手们用破损的船只和船帆拼凑起来的医院，充其量只能算是伤检分类小屋。[56]

有关这些医院里发生的事情没有任何文字记载，但是在结束征战、重返家乡后，病人和医生都把自己在那里的所见所闻带了回来。

萨莱诺医学院同时招收男女学生，它有可能早在 9 世纪就建立了，与巴格达的那所医学院的建立时间大致相同。萨莱诺医学院的环境令人惊叹，就坐落在一所基督教修道院的药房里。1063 年，蒙特卡西诺的修道院院长阿尔法努斯从耶路撒冷"朝圣"归来，来到这里教书。阿尔法努斯和许多达官贵人都有交往，且学识渊博，因此这里吸引了许多游历过东方、非洲和印度的人。这些人致力于翻译阿维森纳和其他有影响力的阿拉伯作家的著作，以改善学校的教学。阿尔法努斯所著的《普雷玛农医书》，是欧洲现存最早提到鸦片的著作。

1077 年，皈依了基督教的北非穆斯林康斯坦丁来到萨莱诺医学院任教。康斯坦丁的到来，现在被认为是这座学府巅峰时期的开端。他翻译了一批来自巴格达智慧宫的著作，其译著后来被送到博洛尼亚、帕多瓦、巴黎、牛津和剑桥等地的学校。在这些译著中，最著名的就是《绪论》，这本书收录了判断鸦片是否服用过量的具体方法。在同一时期，特图拉也在萨莱诺医学院从事产科医学的教学工作，在 14 世纪英国文豪乔叟的笔下，这位女医生化身成了"巴斯夫人的故事"里的"特罗特女爵"。特图拉提倡使用鸦片解决女性特有的各种痛苦，包括分娩时的痛苦、分娩后子宫的疼痛，她还主张性交困难的女性应将鸦片直接敷在阴道内。[57]

凭借着校园环境、宗教和医疗，萨莱诺医学院令许多病人和残疾人趋之若鹜，也不断有学者来到这里，这就提升了学校的医疗水平。萨莱诺医学院最著名的教师就是博洛尼亚的西奥多里克（1205—约1296）。西奥多里克的父亲是著名外科医生卢卡的休，第五次十字军东征期间，卢卡的休曾在埃及服役，西奥多里克的医术正是他传授的。西奥多里克在13世纪60年代来到萨勒诺，就是在那里他通过使用一种催眠海绵完善了麻醉术。他最重要的著作是《手术》，他在其中收录了同样含有天仙子成分的药方，并将这个药方归功于自己的父亲，所以他的父亲很有可能是在埃及期间学到了这种技术。

> 鸦片和未熟的桑葚汁，天仙子汁，欧瑞香汁，曼陀罗叶汁，常春藤汁，攀缘常春藤汁，莴苣籽，果实又硬又圆的酸模的种子，灌木毒芹，各1盎司。在黄铜容器中混合，然后将混合物放入一块新的海绵中。在阳光下一起熬制，直至所有药物完全被海绵吸收。一旦有所需要，你可以将这种海绵放在热水中1个小时，然后将其敷在病人的鼻孔上，直到病人睡着。这样方可开始手术。手术结束后，用醋浸泡另一块海绵，将海绵频频在病人鼻孔下划过，方可将病人唤醒。[58]

53

博洛尼亚的西奥多里克认为，化脓的伤口是不健康的，应该用葡萄酒进行清洗，并且让伤口保持干燥，而不应在伤口上涂各种黏糊糊的膏药。他还专门撰文阐述过非急需手术（择期手术）的问题，如痔疮手术。几个世纪以来，这个令人尴尬的问题在医学文献中反复出现，这似乎表明医生们对这个问题十分关心，但是对于患上这种常见病的患者而言，一次成功的手术和失败的手术之间存在着天壤之别。阿拉伯的外科医生们已经对这种疾病进行过仔细的研究，宰赫拉威（阿尔布卡西斯）（936—1013）就发明了一种技术，300 年后这项技术在西奥多里克的手中得到了完善。西奥多里克的描述非常简单，也让人感到十分痛苦，他详细解释了如何干掉——他的原话——这种给人带来疼痛、令人厌恶的疾病的方法，还描述了在 12 世纪晚期接受非急需手术的病人有着什么样的感受，这些内容颇有启发性。[59]西奥多里克是循证医学①之父，这个名称很现代，但是它所蕴含的理念自古就有。对于盖伦和希波克拉底这样的希腊罗马医生而言，医学哲学同医学实践一样重要，但是对于拉齐、阿维森纳以及后来像西奥多里克这样的人来说，医学关注的重点已经从医生的实践经验转移到了病人的长期健康幸福上了，这种转变自伊斯兰教的黄金时代就开始了。这种理性务实的方法在整个欧洲得到了广泛的应用，西奥多里克的著作《手术》被翻译成了各种语言，如加泰罗尼亚语。[60]萨莱诺学派还出版了《萨莱诺养生法》，这本小册子用简单的韵文写成，其中夹杂了大量的格言警句，以便读者记住药方，书中还介绍了鸦片的各种用途。直到 200 年后，仍然有人在使用这本小册子，印刷机的出现意味着这本小册子可以被传播到更远的地方，并被翻译成拉丁文、希伯来文和阿拉伯文。这个时期，知识交流的均势状态已经发生变化。

　　萨莱诺很快就被博洛尼亚、帕多瓦、巴黎以及蒙彼利埃新出现

---

　　① 循证医学，即遵循证据的医学，又被称为实证医学、证据医学，其核心思想是医疗决策应在现有的最好的临床研究依据基础上作出，同时也应重视结合个人的临床经验。

的一所所医学院取代了。巴黎将医学当作文科教育的一部分，蒙彼利埃在 1220 年前后创建了一所医学院，到 1300 年时，这所医学院已经跻身全世界最重要的医学教育中心之列了。

威尼斯的商人：马可·波罗的旅行

到 13 世纪下半叶，西欧大部分地区已经对十字军东征感到厌倦，这场征战破坏了他们的生活，损害了他们的收入，更不用说对劳动力造成的损失了。社会关注的重心又回到了贸易上，意大利的一些城邦在贸易活动中逐渐占据了主导地位，如比萨、热那亚和威尼斯。

在整个欧洲，意大利的城邦并非独一无二，但是这些城邦共同构成了一股放眼天下也无人企及的势力。造成这种状况的一个原因是，罗马人建立的秩序让大型城市得到了有效的管理；另一个原因是农业活动和气候的改善，这就意味着这些中心城镇有充足的食物供给；第三个原因是商贸活动水平有所提高。同实行绝对君主制的欧洲其他地区不同，这些城邦都是"商人共和国"，适宜流动人口、适应性强的人口以及商业人口居住。它们最大的优势之一就是各种行会。这些行会都专注于当时最重要的一些行业，如金器制作、香料、渔业、盐铁以及绘画和布艺装饰（布料和丝绸加工），能够为成员和消费者提供保护，稳定城市市场，并且构建起一个紧密交错的商业网络，依托这个网络，他们的信贷体系甚至能够惠及其他城市的行会和商人。在最早的行会记录中，鸦片被归入香料之列，鸦片交易被掌握在自称"杂货商"的行会手中。威尼斯率先建立起了

55

格外强大的行会体系，而且相比其他城邦，威尼斯有着迥然不同的商人类别，在 12 世纪晚期的时候，已经有 50 个左右的独立行会了，这一情况反映了当地贸易的多样性和繁荣程度。[61]

有一些人在经商的同时也从事着冒险活动，比如威尼斯的波罗家族。有关这个家族的文献记载无疑是最翔尽的，围绕马可·波罗的旅行经历留下的早期书稿就超过了 150 部，而有关其整个家族的书稿则有 2000 部左右。来自达尔马提亚的尼科洛·波罗和马泰奥·波罗兄弟就在威尼斯经商，尼科洛的儿子马可也出生在当地，这对兄弟从 13 世纪 50 年代晚期开始了史诗般的东方之旅。当时，意大利的各个城邦都各自为政，形成了一个个独立封闭的共和国；与此同时，成吉思汗（1162—1227）正在亚洲的东北部践踏着所有阻挡他建立蒙古帝国的国家，最终他建立了一个覆盖欧亚大陆大部分地区的帝国。有关波罗兄弟旅行的各种文献记录都把他们描述成了外交官、传教士和商人，有一点是可以肯定的，他们一心想要发财。他们在君士坦丁堡里的飞地——威尼斯人聚居区——生活了一段时间，凭着近乎外交豁免权般的特权不受当地行会的制约。1260 年，他们移居到了位于克里米亚半岛的苏达克。当时的苏达克属于蒙古人新建立的金帐汗国，后来这个地方变得危险起来，于是兄弟俩又悄悄地离开了那里，前往布哈拉（今乌兹别克斯坦境内）。三年后，他们加入了一个外交使团，成吉思汗的孙子旭烈兀派这个使团去访问远在大都（今北京）的表亲，也就是成吉思汗的另一个孙子忽必烈大汗（1215—1294）。当时，这两个孙子正在将成吉思汗建立的帝国肢解为几个相互敌对的汗国，因此亚洲东部就成了一个有利可图的地方。尽管有时候这里的形势比较危险，令人难以理解，但是波罗兄弟会说突厥语，而且遇事沉稳冷静。

旭烈兀的使节们带着波罗兄弟穿过撒马尔罕、帕米尔高原，一直走到了喀什，然后又走过河西走廊，才到达忽必烈大汗的夏宫，即后来欧洲人所知的上都。1264 年，他们见到了忽必烈，据说他们是忽必烈见到的第一批意大利人。可汗让波罗兄弟在重返意大利的时候带上蒙古使臣阔勾台，后者要去拜见教皇，向其讨要一些耶路撒冷"圣墓"里的灯油，并请求对方给蒙古派 100 名熟悉"七艺"（文法、逻辑、修辞、算术、几何、音乐、天文）的人，让他们教授蒙古人有关欧洲的知识。同蒙古的很多统治者一样，忽必烈对宗教基本漠不关心，但他知道宗教的重要性，通过宗教的力量，可以让尽可能多的人和土地臣服于他。通过他为其帝国选择的书面语言就能看出他的这种野心，他选择的是维吾尔语，这是其帝国里人口分布最广的一个民族所使用的语言。忽必烈交给波罗兄弟一些只能用火烧的方法清洁的石棉布，让他们带给教皇。波罗兄弟还得到了一块 1 英尺长、3 英寸宽的金符牌，上面刻着"上天眷命，皇帝圣旨。如不钦奉虔敬，治罪"。直到走到一个无名小镇，波罗兄弟才终于摆脱了蒙古使节阔勾台这个包袱，后者当时显然已身染重病，无法继续前行了。这种做法后来成了波罗家族的惯用伎俩。波罗兄弟继续奔赴威尼斯，他们将以蒙古可汗使节的身份同教皇见面。1269 年，波罗兄弟终于回到了故里，他们凭着手里的金符牌，一路上没有碰到危险，开销也不用自己承担，有时候甚至还会停下来做买卖。至于那些珍贵石棉布的下落，世人不得而知。在威尼斯，波罗兄弟带上了尼科洛年仅十几岁的儿子马可，再次启程前往中国。这一次，他们将以教皇格列高利十世特使的身份前去拜访忽必烈可汗。

对于大草原上的民族来说，前来这里的外交使团、宗教使团和商业使团往往没有多大的差别。例如，波罗家族早期的大量书稿都与十字军有关的内容密不可分。但是，波罗兄弟都是一流的机会主义者，为了实现自己的目标，他们能对一切有用之人加以利用，在这方面他们有着非凡的能力。马可·波罗也不例外，他在东方生活了 24 年，在此期间他得以建功立业，成了忽必烈可汗的"拉丁人"。在后来出现的记载中，马可往往被描述为一个地方税吏，其实当时他更有可能是一名管理盐务的官员，大部分时间都在代表忽必烈往返于中国和印度。不过，他对自己效力于蒙古汗国时期的描述主要讲的是在中亚地区的游历，涉及鸦片历史的内容并不多。他在文章里提到，自己曾在中亚地区遇到一支载着鸦片返回西方的百人骆驼商队。接着，他就讲到了穆列特地区"山中老人"的故事，这些都是他从"那个地区的几个当地人"口中听说的。

老人"将两山之间的一座山谷封闭，建起一座花园，这是我所见过的最大最美的花园……因为老人想让人们相信这就是天堂"。这座花园里流淌着牛奶、蜂蜜和水，有年轻女子为"里面的居民"奏乐助兴。在花园的入口处有一座防御工事，"坚固得足以抵御整个世界"。老人豢养了"一大批当地的年轻人，这些人的年龄从 12 岁到 20 岁不等，但是他们都有着从军的渴望。就像穆罕默德一样，老人常常向这些年轻人讲述有关天堂的故事"，但是"除了他打算栽培成'阿萨辛'的那些人，任何人都不得进入这座花园"。被他选中的人会得到"某种药水，这种药水能让他们沉沉地睡去，然后他们就会被人抬起来，运进花园。醒来后，他们会发现自己已经身在花园中了"。

正如老人所承诺的，山谷花园里的生活的确非常美好，而且一直如此，直到有一天老人需要对付某个敌人，这时候"他会让人把我提到的那种药水交给花园里的某个年轻人，然后命人将这个年轻人抬进他的宫殿。醒来后，这个年轻人会发现自己在城堡里，而不是在天堂里。面对这种情况，年轻人会感到有些不快"，这是可以理解的。这时，老人会向年轻人做出承诺："去把某某杀了，等你回来，我的天使定会带你进入天堂。即使你死了，我也会派我的天使把你带回天堂。"这时，就会有人奉上一把仪式用的匕首，这名顺从的年轻人就会被派去暗杀目标——大多都是去送死的。[62]

　　"山中老人"的传说其实就是最早出现的有关自杀式恐怖主义的故事，马可·波罗在游记中提到这则传说，表明在印刷时代到来之前，这种传说就已经大范围地流传开了。同几乎所有类似的传说一样，马可·波罗记载的"山中老人"的传说也是事实和虚构相结合的结果。世人认为"山中老人"就是哈桑·伊本·萨巴赫，此人是尼查里派的宗教狂热分子。尼查里派是伊斯兰教少数派什叶派的支派伊斯玛仪派的一个支系。从 1090 年开始，在距离今天的德黑兰大约 60 英里的阿拉穆特堡，萨巴赫开辟出了一片肥沃的梯台式花园。花园坐落在一个具有天然防御优势的山谷里，他就从那里向阿拔斯王朝的哈里发们以及入侵的塞尔柱突厥人发起攻击。马可·波罗笔下的阿拉穆特堡位于今天的黎巴嫩境内，围绕在萨巴赫身边的实际上就是年轻的男性随从，在萨巴赫的授意下，这群"游击队员"都甘愿为了信仰付出生命。然而，一旦进入阿拉穆特堡，基本上就没有什么天堂可言了。当时，阿萨辛——现在我们认为这些年轻人饮下的催眠药水是用印度大麻制成的——大多来自社会底层。[63]9 世纪的时候，大麻已经在埃及遍地开花了；到了 11 世纪，大麻在阿拉伯世界也普及开了，信仰比较严格的一部分穆斯林对这种情况感到十分厌恶和愤怒。[64]这些年轻人经历的前往天国的通道实际上更接近于鸦片而不是大麻带来的体验。不过，将这两种物质混合不仅能让人产生幻觉，而且能让人进入深度睡眠，从而让其他人有机会将他们转移到别处去。这种现象能令人清楚地联想到贾姆希德那古老的豪玛（haoma）①。阿萨辛在执行任务前也会被灌下迷药，这种大麻混合物能让他们变得镇定沉着，其中的麻黄成分又能使他们保持警觉。

由于书中收录了类似这样的传说，再加上频繁出现的失误和混淆不清的阐述，人们不禁对马可·波罗究竟走了多远产生了怀疑。有些人认为他最远只到了黑海，他的游记只是其父亲和叔叔的冒险经历的摘要而已。他的游记中的确存在自相矛盾的地方，也不乏夸张之处和彻头彻尾的谎言。[65]但是，无论从地貌还是从他在那里的经历来看，他对中亚和东亚的描述都是一致的，他交代自己在东方的日常生活的细节太丰富了，不可能完全是谎言。特别是，他对中国人在大型交易中使用的纸币的详细描述感觉很真实，中国人竟然如此信任彼此，在交易中不使用硬币，这令他这个威尼斯人深感不安。

但是，蒙古人留下的文献中没有提到马可·波罗，这很可能意味着他的地位并不像他自己描述的那么重要。有人认为，他之所以没有出现在中国史料中，是因为中国人习惯对西域人，即西方人，一概而论。对相信马可·波罗的旅行的人而言，有关他服用鸦片成瘾而在巴达赫尚②——在当时和现在都是罂粟种植的重镇——逗留

---

① 豪玛，琐罗亚斯德教崇拜中的圣饮之神，波斯人将豪玛的隆重祭祀仪式称为"耶斯那"，相信这种仪式可以让信徒获得永生。在仪式中，信徒要饮用被称为豪玛的长生水，这种药剂会使人产生强烈的幻觉。贾姆希德原本是仙王，因自夸永生，被贬人世。

② 巴达赫尚，中亚古国，其控制范围大致位于今天的阿富汗东北部和塔吉克斯坦东部。曾是清王朝的藩属，后被沙俄侵占。

过一段时间的各种猜想似乎很荒谬。他在书中提到了世界屋脊的洁净空气，"住在山下的城镇、山谷和平原上的人们"在发烧后会上山住上两三天，"靠着这种绝佳的空气完全康复"，这些描述完全符合他的经验。他曾经在旅途中染上了一种不太厉害的疟疾，在饱受了一年的折磨之后，他在一个地方"立即"康复了。[66]这个地方也有可能是在罂粟种植已经占据主导地位的某个地区，当地的草药中含有罂粟乳胶的成分，这种物质能够立即止住咳嗽，因此会让人觉得疗效很神奇。

最重要的是，如果马可·波罗在 1295 年回到威尼斯后没有卷入一年后威尼斯与热那亚的海战，他的故事可能就完全遗失了。他一直被关押到了 1298 年，据说他和狱友、作家鲁斯蒂谦成了朋友。后来，他被派到威尼斯拿来自己的旅行笔记，向鲁斯蒂谦讲述自己以及父亲和叔叔的旅行经历。获释后，他结婚生了三个女儿，最终在 1324 年去世。马可·波罗尚在人世的时候，就已经成了一位传奇的冒险家。

波罗家族的旅行也表明，13 世纪时人类就已经通过陆路和海路环游世界了。尽管有时候战争和不断变化的政治联盟迫使旅行者们改变路线，但是依靠可靠并且为人们所熟知的路线——即使这些路线危险丛生——他们最终还是能够漫游中亚和东南亚地区，以及埃及和土耳其。在接下来的 3 个世纪里，这些路线得到了进一步扩展，甚至延伸到了一个富饶到连波罗家族都无法相信的大陆，从而极大地促进了全球贸易的发展，养活了所有的舰船。但是，这些舰船首先要克服很多灾难，尤其要面对的是一位灾难天使。

大发现时代：第一部分

61

1291 年，阿卡落入了穆斯林的手中。十字军东征结束了，欧洲很快恢复了稳定的局面，这为进入一个精神生活蓬勃发展的新时期创造了条件。在马可·波罗于 1324 年去世的时候，欧洲即将迎来一个繁荣时期。但是，在波罗式的商人们顺利走过的丝绸之路上，却隐藏着一个渴望登上舞台的祸害——瘟疫。

1346—1353 年，肆虐的黑死病夺走了 30%—60% 的欧洲人口，学界对这场瘟疫导致的死亡总人数的估算差别很大，从 7500 万人到 2 亿人不等。在 14 世纪 40 年代早期，鼠疫杆菌走出中亚，沿着丝绸之路向西蔓延开来，到了 14 世纪 50 年代中期，已几乎遍及西欧各地。

这场瘟疫造成了毁灭性的后果，但人口锐减却也带来了一些意想不到的结果。对许多人而言，这场瘟疫提高了工资水平和生活水平，让他们告别了土地，迁移到了城镇。封建制度遭到了挑战，因为突然间它对劳动力的需求超过了劳动力对它的需求。中产阶级的种子已经开始萌芽，尤其是欧洲北部的低地国家（荷兰、比利时和卢森堡），安特卫普和阿姆斯特丹的商人势力越来越强大。凭借繁忙的港口，在欧洲的贸易活动中一直是一潭死水的伦敦也逐渐名声大振。

以糖浆和万应解毒剂这两种形式出现的鸦片重新流行起来，成了医生们应对瘟疫的首选药物之一，他们既用鸦片预防瘟疫，也用鸦片来款待家境比较富裕的患者。正如前文提到的治疗麻风病的各种复杂药物，从某种意义上而言，通过药物所含的成分可以看出其可怕程度。一种治疗瘟疫的糖浆就列出了 70 种稀有而昂贵的成分，其中包括"毒蛇肉、地珊瑚、香树脂、胡椒、玫瑰水、鼠尾草、肉桂、藏红花、姜、欧芹、阿拉伯树胶、旱金莲、矢车菊、苏合香、没药和茴香种子"。[67]

瘟疫的攻击性如此猛烈，发作速度如此之快，所以具有预防中毒和其他疾病效用的糖浆类药物又逐渐流行了起来。糖浆类药物中所含有的鸦片成分能够对鼠疫的三种主要症状产生作用，即淋巴结疼痛和关节疼痛、咳嗽以及严重的腹泻。黑死病促进了欧洲社会对健康的关注，人们对药理学和药剂师的工作产生了新一轮的兴趣。在巴黎最好的医学院里，这类药品的交易受到了严格的管制，这种做法后来普及到了整个法国。在整个欧洲，早在 13 世纪鸦片就受到了管制。通过少数几份现存的药店清单可以看出，当时普罗旺斯的 24 家药店中，有 14 家在销售鸦片，阿拉贡（今西班牙东北部）的 5 家药店和意大利的 18 家药店中，也分别有 3 家和 7 家药店在销售鸦片。[68]

在中世纪，罂粟成了植物标本馆里的一种常见藏品，宗教建筑和私人住宅的花园里都种植着大量的各种罂粟。坐落在伦敦南部的默顿小修道院就栽种了鸦片罂粟，以及其他一些药用植物，如天仙子、龙葵和毒芹。[69]在牛津，默顿学院的院长在其住所旁开辟了一片草药园，里面就种着罂粟，可能还有大麻。在挖掘这座草药园的过程中，人们发现了一些大麻籽，这些大麻籽已经被磨碎了，似乎已经做好了使用的准备。此外，还发现了大白屈菜、毒芹菜、天仙子和薄荷。草药园里还栽种着各种装饰性的灌木和植物，不免令人联想起庞贝城里金手镯之屋的那座美丽花园。在 13 世纪的住宅垃圾坑里，人们也发现了罂粟和大麻的种子，这表明这些植物确实被使用过。在附近的多米尼加小修道院的花园里，也发现了这些植物，尤其是罂粟、大白屈菜、毒芹和天仙子。[70]鸦片和大麻甚至一起出现在了伦敦弗利特监狱的花园里。[71]

鼠疫还刺激了欧洲社会对医生的需求。在瘟疫肆虐的时期，出现了一批杰出的医生，例如法国的盖伊·德·肖利亚克（1300—1368）。肖利亚克曾在博洛尼亚学习医术，后来在里昂行医，深受盖伦和阿维森纳的医学著作的影响。当瘟疫在西欧各地肆虐时，肖利亚克正在阿维尼翁行医。与其他许多医生不同，他留在了当地，试图治疗染上瘟疫的病人。在他的记述中，瘟疫带给人类的痛苦被毫不含糊地分为了两类：一类是肺炎型患者，这类患者会"持续发烧并且吐血，三天内死亡"；另一类是淋巴腺型患者，这类患者会"持续发烧，四肢溃疡生疮，主要在腋下和腹股沟，五天内死亡"。肖利亚克在书中提到，他自己也染上了淋巴腺鼠疫，但是"靠着上帝的恩典"痊愈了。他还因为通过压迫颈部神经干的方法而让即将接受手术的病人失去意识而闻名，但是他意识到这种方法并不会对所有的患者起作用，而且如果手术极其痛苦，这有可能会给病人造成生命危险，因此医生在手术前应该首先让病人服用一些鸦片。到了现代社会，有人曾对肖利亚克的麻醉术做过试验，试验表明，如果想要产生同等效力，肖利亚克使用的罂粟乳胶的剂量应该是 194 毫克，这样的剂量能够让病人昏迷相当长的一段时间，也能对一个不习惯鸦片药物的成年患者或者幼儿造成极大的危害。[72]不过，肖利亚克在麻醉技术方面的确取得了巨大的成功，尽管他治疗眼痛的药方——鸦片掺上"女人的乳汁"——可能没有那么有效。[73]

分娩方法对于麻醉术在早期的发展至关重要。催眠海绵的使用

要求高度的精确，以免混合药物导致病人窒息，最终停止呼吸。正 64
因如此，麻醉师拥有了极其突出的地位，直到今天依然如此。从那
时起直到莎士比亚时期，英国的医学文献中都提到了一种麻醉饮
料，"人们将其称为'得卫尔'（dwale）①，它可以使人入睡，任由
别人在自己身上动刀"。[74]同欧洲的其他催眠药剂不同，得卫尔这种
药物的配方保持着高度的一致性。它的成分可以被分成两类：一类
是无害的，另一类则可能具有一定的危险性。其中的猪胆汁、泻根
草根、莴苣和醋属于草药成分，并且具有苦味，毒芹汁、罂粟乳胶
和天仙子则为活性成分。人们将这类存在致死危险的药物少量掺入
半加仑的葡萄酒中，一起煮沸，然后装入瓶子保存起来，以备不时
之需。得卫尔的配方十分有趣，因为它含有大量的葡萄酒，病人坐
在温暖的火炉边，灌下这么多葡萄酒后就会睡着。但是，猪胆汁、
泻根草和醋应该会让葡萄酒产生一种恶臭，而且在熬煮的过程中大
部分酒精也挥发掉了，因此让这种药剂发挥效力的是麻醉成分，而
不是酒精成分。在一般情况下，在半加仑的葡萄酒中掺入毒芹、鸦
片和天仙子的混合物，很可能会对病人造成致命伤害，但是这种药
物有着令人厌恶的气味，毒芹成分能够快速起效，鸦片和天仙子的
效力又比较持久，因此这种药物能够让病人比较快地进入昏迷状
态。最重要的是，病人可以自行服用得卫尔，因此能够控制剂量。
也许正是由于这一点，得卫尔不仅得到了医生们的信赖，而且在民
间也得到了广泛的认可。

　　与肖利亚克几乎同时代的阿德恩的约翰（1307—1377 年后）

————————

　　① 得卫尔，意为昏睡、呆滞、欺骗、幻觉、邪恶，来源于古代英语中表示错误、
怀疑、欺骗等意思的"dwala"一词。

是一位英国医生，后来跻身当时最有影响力的外科医生之列，他就使用过一种得卫尔药物。当时，英国在医学方面落后于欧洲其他国家，医学发展严重依赖早期基督教会的道德教义。健康问题是道德缺陷造成的，只要提到"治疗之法在于以相逆之物治之，或以毒攻毒"这种荒谬的论调，就会有人举例"某种寒症可以通过高温进行治疗，某种燥症可以通过加湿的方法治疗，正如能够治愈骄傲的只有谦卑"。[75]

　　在那个时代，约翰是一个极其守礼的人，他将自己的成功归功于上帝，实际上他不仅是一位能干的医生，而且在政治和财务方面都非常精明。他擅长治疗肛瘘，对任何人来说，这都是一种异常痛苦、十分消耗体力的疾病，对于那些久坐于马鞍上的商人和贵族来说更是如此。他的杰作《肛瘘》（1376）中的手术描述读起来就令人感到痛苦，更不用说经历这种手术了。不过，他的描述也再次证明了这种非急需手术在当时已经获得了重要的地位。约翰参加过攻打摩尔人的阿尔赫西拉斯围攻战（1342—1344）①，就是在这场战斗中，欧洲人首次使用了火药和大炮来对付人类同胞。30 年后，他在校订自己那部重要的著作时，依然对在那场战役中目睹的恐怖景象记忆犹新。那样的创伤以及军人们——无论是步行的还是骑在马背上的——日常经历的各种痛苦，促使他想要找到一些能够有效缓解疼痛的方法。他用于手术的麻醉剂含有曼陀罗和埃及鸦片成分，一旦找到这种麻醉剂，他就将其混入猪油中，然后将猪油敷在病人的手掌、太阳穴、胸部、腋窝和脚底上。由于这种膏药以及休克或术

――――――――――

　　① 阿尔赫西拉斯围攻战发生在格拉纳达王国苏丹穆罕默德五世重新征服西班牙期间，围城战持续了三天，最终苏丹获得了胜利。

后感染的问题，约翰治疗的大半病人都在手术过程中或手术后死掉了，但是一旦某位病人被成功治愈，他就大获成功了，在病人中间炙手可热。他的手术费用是浮动的：面对富人，他收取40英镑，几乎相当于2017年的3万英镑；面对普通人，他只收取100先令，相当于2017年的3500英镑。[76]约翰尤以麻醉术以及对直肠病的研究和治疗而出名，他用曼陀罗和鸦片混合物治疗失眠的配方也很有名，尤其是用鸦片和玫瑰水调和而成的药丸，"他总是能用这种药物使人入睡"。[77]

　　在文艺复兴的早期，像阿德恩的约翰这样的人在医学界崭露了头角，一种新的、实用的医学和药理学，以及关于疼痛和外科手术的研究方法也应运而生。关于四种体液的古老迷信依然存在，但是欧洲新兴的资产阶级越来越渴望找到造成疾病的根本原因，中世纪的外科医生也都知道想要在事业方面取得重大进展，就需要学习解剖。盖伦的猴子不再参与这项工作了。世俗医生开展的解剖工作最早出现在意大利，可以追溯到1286年，当时克雷莫纳、皮亚琴察、帕尔马和雷吉奥爆发了禽流感，导致大量母鸡和人口死亡，政府想知道造成这一惨剧的原因。1300年，博洛尼亚的大学已经在课程中增加了解剖课，不过进行尸体解剖的场所更多的还是在解剖对象的家中。根据长期以来流行的观点，在现代社会之前，人们对尸检工作一直怀有无法抗拒的厌恶和恐惧情绪，但是意大利的文献记录表明，这种观点并不完全符合事实。在中世纪的佛罗伦萨，贵族巴托洛米亚·里涅里的丈夫在记录中写道，妻子于早晨过世，享年"大约42岁"，死于某种子宫病变，妻子在生前要求丈夫"为她进行尸检，这样他们的女儿或其他人就有办法得到医治了"。[78]巴托洛米亚的请求并不像人们想象的那样不寻常，只要遵照习俗为其举办葬

66

礼，她的遗体就会被安葬在教堂里。渐渐地，教会不得不放弃对医疗工作的控制权了。

　　马可·波罗在 1324 年去世前，在遗嘱中写道："给里亚托的每个教会 5 里拉，给我所在的每个行会和兄弟会 4 里拉。"最终他还是将上帝置于自己的职业之上。[79]这充分说明行会制度对威尼斯的商人多么重要。事实上，不仅威尼斯如此，在整个欧洲，从 12 世纪开始，在各个港口和城市中联合起来的商业行会已经在城市生活的方方面面成为一股不可忽视的力量。在 13 世纪的佛罗伦萨，修女和修道士把持着医药行业，例如跟新圣母玛利亚教堂药店（开设于 1221 年）有所联系的那些神职人员，研制并销售着各种草药和医药机密，但是到了 1313 年，医师和药剂师行会成立了，行会的目的只在于管理行会成员，提高成员的利益，将宗教机构在商业活动中边缘化。行会成员很快就掌握了对市镇议会和教堂会众的控制权，他们致力于改善自身状况以及贸易活动、各自所在的社区和城市状况，他们正是城市中产阶级出现的开端。对于医生和药剂师们而言，行会尤其重要，它们不仅能管理医药领域的业务活动，提高业务发展水平，而且还能传播知识，提高全行业的水准。当时，质量抽查并不是什么稀罕的事情，例如检验货物、校准药剂师们的天平。就鸦片而言，通过这些行会，来自东方的优质鸦片胶乳源源不断地流入意大利，从而保证了供应。为了满足自己的需要，美第奇家族开办了一家属于自己的零售药店"美第奇"①，这个名称再合适不过了。这家药店由皮耶罗·德罗西公司经营，专门销售鸦片和

---

　　① 在英文中，表示药物和医药之意的"medicine"一词同美第奇家族的名字"Medici"很相似，发音也接近。

其他一些享有盛誉的制剂。

医生和药剂师这两种职业的界定变得越来越清晰，行业也越来越规范，并且受到高度的尊重。与此同时，活字印刷机于1440—1455年在斯特拉斯堡问世了，它的发明者是约翰·古腾堡。由于活字印刷机的出现，社会上涌现了一大批医药学方面的手册、辞典和专著，文艺复兴时期受到关注的各个领域也是如此。《药方》（1499）一书就是佛罗伦萨为药物配方类书籍做出的著名贡献，这部专著被誉为"家家户户都应该拥有"的一本书。这些出版物反过来又促使专业人员和受过良好教育的外行对这些问题产生了更浓厚的兴趣。从事医疗事业的学生更多了，这就导致可供研究的尸体供应不足。为了开展进一步的研究，医疗机构和医生们都希望获得被处决的犯人的尸体。

加布里埃尔·法洛皮奥（1523—1562），他那个时代最优秀的解剖学家之一，为了解剖尸体，曾经至少对一名罪犯实施过安乐死，这种手术的细节令人毛骨悚然，但是对研究鸦片的作用机制具有至关重要的意义。"托斯卡纳大公下令把一个人交给我们，让我们随心所欲地将其处死并解剖。我让他服下了2打兰鸦片，可是他患有三日疟，在发病高峰时鸦片失效了。此人欣喜若狂地请求我们再给他一剂鸦片，如此一来，如果他没有死掉，我们就可以请求公爵赦免他。我又给了他两打兰鸦片，结果他死掉了。"[80]这名实验对象发作的疟疾造成药物失效，这表明他的身体代谢了鸦片，因此防止了服药过量的问题，但是2打兰（1/4盎司）一剂的鸦片剂量非常大，4打兰鸦片足以产生致命的效果。

瑞士和德国哲学家及化学家菲利普斯·奥里欧勒斯·德奥弗拉斯特·博姆巴斯茨·冯·霍恩海姆（1493—1541）——又被称为

68

"巴拉塞尔苏"——几乎和法洛皮奥活跃在同一时期。在青年时期，巴拉塞尔苏师从身为医生的父亲学习医学、植物学和自然哲学，经过了非凡的青年时期，他成了一名军医，游历了德国、法国、匈牙利、斯堪的纳维亚地区和俄国，他的足迹可能远至君士坦丁堡。

　　在这个涌现出安德烈·维萨里①和莱昂纳多·达·芬奇这样的博学家的时代，巴拉塞尔苏是最重要的思想家之一，他留给后人的永恒财富是其在矿物学和化学领域的成就，而不是他一生所从事的医学。他曾经被冠以"江湖郎中""同魔鬼沆瀣一气的巫师"的骂名，人们将他比作浮士德。尽管如此，他还是在医学方面为世人留下了一笔宝贵的财富——彻底改变了鸦片在西欧社会的用途。他为西方社会带来了一种被称为鸦片酊的制剂，这种酊剂需要用酒精加热。鸦片酊的英文单词"laudanum"来源于拉丁文"laudabilis"，意为"值得称赞"。巴拉塞尔苏用蒸发的方法对鸦片酊进行处理，然后将其制成药丸，他将这种药丸称为"长生不老石"。[81]在他的口中，鸦片酊就是其他一切愚弄死亡的药物所依赖的奥秘，也可以说是秘密，这些药物都需要借助鸦片缓解疼痛、减轻恐惧的能力。

　　鸦片和酒精的结合并不是什么新鲜事，从古代到得卫尔药方，这两种成分通常被一起使用。但是凭借着自己掌握的化学知识，巴拉塞尔苏通过在酒精中略微加热鸦片的方法增强了鸦片的效力。他发明的药丸很快就受到了极大的欢迎，并且在 16 世纪神秘的炼金术开始复兴的过程中起到了作用。巴拉塞尔苏将复杂的化学过程和

――――――――――

　　① 安德烈·维萨里（1514—1564），文艺复兴时期的著名医生，近代人体解剖学的创始人，与哥白尼齐名，是科学革命的两大代表人物之一。

当时流行的迷信观念结合起来，创造了一种最终成为传奇的药物。鸦片酊的出现标志着鸦片使用方式的巨大变化，它让鸦片药剂变得更加可靠，也更加有效了，鸦片的剂量终于朝着药剂师可以掌握的标准剂量的方向发展了，这在人类历史上是第一次。随着印刷文化的繁荣发展，鸦片酊很快就出现在了商品目录、医学论著和医药手册中。

　　在 16 世纪中叶，欧洲对鸦片的需求已经很稳定了，而且不仅局限于原先从医生那里开处方的精英阶层。但是，奥斯曼帝国崛起后，控制并且阻断了通往欧洲的陆路运输线，东方的补给线变得越来越不可靠。再往东，印度的莫卧儿帝国也开始了扩张，这给古老的丝绸之路上的商人带来了更多的麻烦。为了满足欧洲对异国物资的需求，商人们不得不寻找一条同东方进行贸易的新道路——他们选择了海路。

第三章
银三角和香港的诞生

大发现时代：第二部分

在中世纪晚期，人类在航海、导航、探险以及国际贸易领域取得的成就，完全能够与科学和医学领域的进步相媲美。1159 年，一群志同道合、在波罗的海地区享有利益的商人在德国北部的沿海城市吕贝克成立了汉萨同盟。13 世纪，德国突然把持了对欧洲北部海域的主导权，在如此短的时间内取得如此巨大的成功，连德国人自己都对此感到惊讶。一开始，汉萨同盟交易的货物主要是木材、大麻、树脂、蜡、毛皮和一些基本的农作物，如小麦和黑麦，这些货物都有利可图，但是交易数量有限。汉萨同盟在伦敦、布鲁日、卑尔根，以及远至俄国的诺夫哥罗德等地都建立了办事处。尽管看上去一副保守的做派，而且内讧不断，但这个商业同盟以及与其相关的各个行会还是在欧洲北部建立了一个强大且影响深远的、相互依存的贸易网络，在接下来的数百年里这个网络逐渐取得了成果。

对于地中海南部地区的各个城邦而言，海上贸易的重要性早已毋庸置疑。意大利的几个海上共和国①垄断了与东方的贸易往来。一个新的时代开始了，这就是大发现时代。在这个时期，包括葡萄牙、西班牙、荷兰和英格兰在内的各个欧洲国家利用新开辟的航路对广大地区进行了探索，随后还控制了这些地区。但是，货物在进行交换之前，仍然经历着一次次的短途运输，中间商的存在提高了利润空间。1368 年，中国进入明朝时期。明朝奉行闭关锁国政策，并且试图复兴在他们看来汉人在蒙古人统治下失去的文化遗产，就这样，中国边境地区的丝绸之路贸易网络开始被关上了。在东欧，就在瘟疫肆虐的时候，奥斯曼土耳其人征服了巴尔干半岛，成了巴尔干半岛以及黎凡特地区的主导力量。要想发展壮大，欧洲商人就必须开辟出通向他们的市场所强烈渴望的奢侈品的最直接的交通路线。

造船技术和舰船设计以及航海技术的进步来得很突然，但并非毫无先兆。地中海地区使用的帆船非常适合短距离贸易运输，因为这种帆船可以摆脱风的影响，但由于船身笨重，而且还要为航行所需的大量人员提供伙食，因此它们无法进行长距离的航行。在同北非摩尔人交战的过程中，葡萄牙人对中量级的灵活船只越来越了解，因此他们将目光瞄准了东方，试图开辟一条新的航路。

数个世纪以来，欧洲人称这种被用来跨越印度洋、前往埃及进行贸易的船只为单桅帆船（阿拉伯人称之为巴格拉或骡子）。这种帆船有着多种多样的造型和尺寸，它们主要是用柚木建造的，重量

---

① 海上共和国，中世纪意大利和达尔马提亚沿海地区一批繁荣的城市国家的统称，传统上特指 4 个意大利城市：阿马尔菲共和国、比萨共和国、热那亚共和国及威尼斯共和国。

最大可达 200 吨，龙骨很深，用钉子紧紧地固定在一起。它们的构造借鉴了欧洲的船只。最大的货运单桅帆船是双龙骨的，里面填充着石灰和碎珊瑚。石灰和碎珊瑚同水泥一样，起着压舱物的作用。这种帆船船身结实，速度很快，上面装有大的三角帆，在一定程度上可以逆风航行，而欧洲的船只则做不到这一点。到了 15 世纪早期，葡萄牙人创造了一种帆船，被称为卡拉维尔帆船，它集欧洲大帆船、非洲渔船和单桅帆船的优点于一身。卡拉维尔帆船是进行探险和沿海岸航行的理想船只，船头很低，从船头到船尾没有一处笨拙的城堡式结构，三角帆覆盖了整艘船。它可以在公海上航行，从而开辟新的贸易路线，也可以进入河口和水湾，以便进行真正的交易。唐·恩里克亲王（1394—1460）——他后来更为人们所熟知的名字是航海家亨利——也痴迷于寻找祭司王约翰的王国①，这个王国就在印度，但是欧洲人始终不曾找到它，后来人们又认为这个王国位于非洲的某个地方。1415 年，葡萄牙人在直布罗陀海峡对面的北非海岸占领了第一块殖民地休达（今摩洛哥北部城市），这时的亨利年仅 21 岁。一支支商队穿过撒哈拉沙漠运送到休达的黄金，引起了葡萄牙人极大的兴趣。

葡萄牙人的卡拉维尔帆船开始对周围的海域进行探索，西班牙人也迅速效仿葡萄牙人建造了这种帆船。很快，葡萄牙人就发现了马德拉群岛和亚速尔群岛，并且开始沿着非洲西海岸继续探险。自中世纪以来，伊比利亚半岛同非洲之间就形成了牢固的贸易关系，1375 年问世的《加泰罗尼亚地图集》就是来自地中海马略卡岛上

---

① 祭司王约翰的传说在 12—17 世纪盛行于欧洲。据称，祭司王约翰是东方三博士的后裔，身兼基督教祭司和皇帝的他统治着一个神秘的国度，王国境内遍地都是财宝和珍禽异兽，还有"亚历山大之门"和"不老之泉"等胜地，周围更是被乐园所包围。

的犹太人亚伯拉罕·德·克雷克斯绘制的，这些地图显示了当时人们对这些跨越撒哈拉地区的贸易路线非常了解。通过这些贸易路线，他们用黄金、奴隶和代替货币的马尔代夫贝壳进行着复杂的商品交换。由于跨撒哈拉航线的运作方式非常漫长复杂，当货物从东非海岸被运到西非地区时，葡萄牙人已经提供不了多少西非人想要的东西了，因此他们不得不寻找其他方式，为自己沿着海岸线进行的冒险活动找到补偿，通过抓回被海盗抢走、被贩卖给非洲奴隶商人的海员，他们接触到了一种新型的大规模贸易活动。显然，奴隶制非常有利可图。

在 15 世纪初期，不仅葡萄牙和西班牙开展了大规模的海上探险，中国也是如此。1405—1433 年，中国的穆斯林军事将领及宦官郑和勘察了通往印度、印度尼西亚、埃及、阿拉伯半岛和非洲东海岸的海上路线。在永乐皇帝朱棣的授意下，一支由 317 艘舰船和 28000 名船员组成的庞大舰队随郑和一起下西洋，朱棣希望获得对印度洋地区贸易活动的控制权。[1]这支舰队中的有些船只长达 400 英尺，还有一些船只专门用来运水或者充当骑兵的浮动马厩，其中一艘船最终还从非洲运回了一批长颈鹿。[2]郑和不是一位真正的探险家，但是他留给世人最宝贵的财富之一，就是在马来西亚开辟出了马六甲海峡这条海上路线。1433 年，在一次航海的途中郑和逝世了，宣德皇帝朱瞻基停止了探险活动，因为这些活动同闭关锁国政策不匹配。当时，儒家官僚集团从权倾朝野的宦官手中重新夺回了控制权，中国原本唾手可得的对东部海域的绝对控制权不复存在了。

与此同时，葡萄牙人取得了巨大的进步。1434 年，他们成功地绕过了西非海岸的博哈多尔角，开始从几内亚往葡萄牙输送黄金，

从而促进了本国和邻国西班牙的经济发展。为了确保在沿海地区建
造起堡垒来保护新的既得利益，葡萄牙人继续进行着海上探险活
动，并且在 1444 年绕过了佛得角半岛，这意味着他们已经成功地
绕过了陆地上的一个危险屏障——撒哈拉沙漠。这样的长途航行需
要更大的船只、更多的人手和火炮，这就需要对舰队重新进行设
计。在卡拉维尔帆船上，普通船员都睡在甲板上，旁边就是一个用
来做饭的炉子和船上装载的所有火炮。将重型火炮置于甲板下面能
够节省空间，但是会降低船只的载货能力，而且还会降低航行的速
度。这时候，大型的三桅帆船和诺式帆船出现了，这种船又被称作
西班牙大帆船，虽然速度缓慢，但可以运载大量货物，而且拥有更
强的防御能力。后来又出现了用于海战的大型帆船。舰船领域取得
的快速发展，确保了伊比利亚半岛对海洋长达一个世纪的主宰。很
快，西班牙人就效仿了葡萄牙人的进步。

　　1453 年，土耳其人占领了君士坦丁堡，完全控制了通往欧洲的
最好的东西向陆路通道。在航海家亨利去世后，由于缺乏资金，葡
萄牙人在非洲的探险活动陷入了低迷，王室将其在非洲的利益出售
给了里斯本的一群商人，这些人非常乐意从事沙金、象牙和奴隶的
贸易，而且私下扩大了在非洲的贸易规模。1481 年，被称为"完
美君主"的若昂（1455—1495）继承了王位，他决心为王室夺回失
去的利益。次年，他建立了葡萄牙黄金海岸殖民地。若昂二世还对
海上探险活动进行了投资，1488 年 5 月，葡萄牙航海家巴尔托洛梅
乌·迪亚士绕过了被他称为"风暴角"的非洲大陆南端。后来，这
个地方被改名为"好望角"，寓意着这里是与印度洋进行贸易往来、
寻找始终难以寻觅的祭司王约翰的大门。经过 16 个月的航行后，
迪亚士回到了葡萄牙，他参与设计了两艘船，这就是后来改变了贸

易历史的"圣拉斐尔"号和"圣加百利"号。日后，欧洲各国开始了一场通过海路到达东方的竞赛。

与此同时，有人在1470年建议西班牙国王阿方索开辟一条向西通往印度群岛的路线。虽然阿方索拒绝了，但是来自热那亚的一位事业有成的水手认可了这个建议。在对各个海洋国家的王室进行了一番游说之后，1492年，满怀抱负的克里斯托弗·哥伦布（约1451—1506）终于说服卡斯蒂利亚王国的女王伊莎贝拉，对他向西前往东印度群岛的探险活动提供支持。众所周知，哥伦布大大低估了欧洲到日本的距离，也不知道美洲就位于他前进的道路上。1492年8月3日，哥伦布率领3艘帆船和90名船员出发了，他们于10月12日抵达了巴哈马群岛，看到原住民们"下了海，向我们游来，每个人都带来了一份礼物"。然而，对于这些原住民而言，哥伦布完全就是一场灾难。不过，哥伦布在对地理位置的判断上犯下的严重失误，只是一系列改变世界的重大事件之一。[3]

当哥伦布驶向日本的时候，水手及航海家瓦斯科·达·伽马正在同法国人作战，以保卫葡萄牙的船只。在国王若昂二世的授意下，葡萄牙不断地派出间谍通过陆路交通线前往埃及、非洲和印度，寻找新的贸易路线。再加上迪亚士在1488年的探险活动中取得的发现，葡萄牙人相信自己能够找到连接欧亚大陆的通道，避开令人头疼的奥斯曼土耳其人。1497年7月8日，达·伽马和170名船员乘坐"圣拉斐尔"号、"圣加百利"号和另外3艘船启程前往印度，随行人员中包括达·伽马的兄弟和当时葡萄牙最优秀的一些航海家。他们于1498年5月20日抵达印度的卡利卡特（中国古代称之为古里）。到达印度西南部的马拉巴尔海岸后，他们受到了当地传统的盛情款待。作为回报，达·伽马勉强凑出了"12条兰贝尔（一种条纹布），4 条猩红色的头巾，6 顶帽子，4 串珊瑚，一个装有 6 个洗手盆的箱子，1 箱糖，2 桶油和 2 桶蜂蜜"。[4]这些说着马拉雅拉姆语的印度人显然对达·伽马的礼物不以为意，当地颇有声望的穆斯林商人说这群葡萄牙人不是贸易代表，而是投机取巧的海盗。由于计划不周，再加上运气不佳，在返程的途中，这个船队损失了包括达·伽马兄弟在内的一半船员以及两艘船。尽管如此，达·伽马还是设法买到了足够的香料，其中就包括鸦片。据说，回到葡萄牙后，他靠着这批香料赚到了一笔钱。由于身体不适，再加上极度悲伤，回国 4 年后达·伽马才再次踏上征途，冒险前往了东印度群岛。

　　威尼斯密切关注着西班牙和葡萄牙的一举一动，唯恐自己对黎凡特地区的控制被削弱。正如威尼斯驻开罗大使所说的那样，达·伽马的航行将"彻底摧毁威内托①"。[5]1502—1503 年，达·伽马重返印度，在商业方面取得了更大的成功，带回了 1700 吨香料，相当于威尼斯一整年的香料进口量。[6]达·伽马的第二次航行是一次征服之旅，其目的在于清除印度洋一带香料市场里的穆斯林竞争对手，并且在马拉巴尔海岸建立一个葡萄牙殖民地。但达·伽马失败了，他对穆斯林施加的暴行令其在印度变得声名狼藉，回到葡萄牙后，他也不再受王室的欢迎了。在印度洋彼岸经商的大部分穆斯林商人都削减开支，退回到了他们已建立根据地的苏门答腊岛的亚齐特区。

　　在近乎恐慌的状态下，威尼斯于 1504 年提出了修建苏伊士运

---

　　① 威内托大区位于意大利东北部，是意大利 20 个大区之一，下设 7 个省，大区首府是威尼斯。

河的建议。但是这项建议没有取得丝毫的进展。尽管在 1000 年之前红海和地中海之间就已经有复杂的水上交通网络，但由于各国围绕这块宝地发生的领土争端，这些水路都已经年久失修了。葡萄牙把持着海上霸主的地位，与此同时，威尼斯正在日渐衰落，在大半个世纪里都无力与其竞争了。由于威尼斯的衰落，欧洲的一个城市获得了最大的益处。安特卫普成为药品贸易和钻石交易的中心，随着来自印度的钻石大量流入欧洲，钻石也成为一种越来越重要的商品。威尼斯的衰落让阿姆斯特丹也有所受益，这座城市和安特卫普在 16 世纪双双成了欧洲的财富中心和贸易中心。

　　在这个时期，鸦片被经营鸦片的商人们归入香料的范畴。香料既包括药物，也包括烹饪用的调料，这在今天的印度依然如此。香料是复杂的商品市场中的一员，出现在这个市场里的有金币、银币、铜币、丝绸和亚麻制品、龙涎香、硼砂、硝石、糖、油、坚果、干果、鲜活的植物以及无数的各类物品。从葡萄牙代理人贡萨洛·吉尔·巴博萨的一封信中就可以看出，当时仅鸦片的贸易规模就已经发展到了怎样的程度。巴博萨以库纳尔为大本营，这座城市坐落在马拉巴尔沿岸的科钦以北地区。巴博萨的家族效力于布拉干萨公爵，这封信是他在 1503 年时写下的，当时达·伽马已经在返回葡萄牙的路上。巴博萨在信中提到了一艘属于摩尔商人科杰·卡姆希迪姆的船，这艘船往库纳尔运送了 20 巴哈尔的鸦片，总计达 8400 磅。[7]同这艘船一起从亚丁出发、前往库纳尔的还有另外 4 艘船，其中两艘失踪，另外两艘在途中被迫停下进行维修。这样的损失并不罕见，通过花费一次行程将如此大量的一种商品运送到一位私人商贩手中的事实，我们能够对在印度洋、亚洲和欧洲之间流通的丁香、肉豆蔻、肉桂、生姜和其他香料的数量获得一定的认识。

巴博萨这样的家族很不寻常，因为他们不属于"贵族"，但是他们留下了一批生动的游记作品，这些作品呈现了他们在商旅途中的所见所闻，提供了一些关于他们见到的不同社会的真知灼见。贡萨洛的兄弟杜阿尔特①曾取道红海前往东方，他多次提到鸦片贸易的重要性，尤其是来自亚丁的鸦片贸易，亚丁的商人做着"黄金、鸦片和其他各种商品"的生意。[8]不久之后，杜阿尔特注意到，在非洲东部阿比西尼亚的摩尔人地区，女婴要被割除生殖器。他在文章中写道："在这片土地上，按照习俗，女婴在出生时要被缝合私处，这种状态要一直保持到结婚时。在被交给她们的丈夫后，她们的私处才会被重新割开。"[9]类似这样的发现增强了葡萄牙人和西班牙人在早期形成的观念——与他们进行交易的是野蛮人。葡萄牙人在最初插手东印度群岛的贸易活动后，为了从弱于自己的那些国家身上攫取利益，立即进行了军事远征。达·伽马率领的队伍曾试图组建一支马拉巴尔舰队，这场努力最终失败了。但是，他们于 1510 年占领了印度的果阿。1511 年，他们率领 1200 人驶入马来西亚海岸的马六甲海峡，经过 40 天的战斗，在马六甲建立了葡萄牙殖民地。对于葡萄牙人而言，占领马六甲是一次巨大的成功。尽管这座军港需要葡萄牙人花精力维修，而且被罢免的苏丹也对这座港口构成了威胁，但是这座港口是一座终年无休的大型港口，因此会源源不断地带来收入。在印度洋上，这样的港口屈指可数。但是，葡萄牙人占领马六甲的侵略行为给葡萄牙同中国的贸易往来造成了严重的负面影响，导致中国政府对葡萄牙进一步介入该地区的一切行为产生了先入为主的偏见。就与中国南方的长期贸易而言，葡萄牙犯了一

78

---

① 根据"孟加拉百科全书"网站，贡萨洛是杜阿尔特的叔父。

个可怕的错误。

葡萄牙人继续在印度尼西亚积极扩张。1511 年，第一批正式任命的使馆官员从里斯本出发，经印度前往马六甲。领队是 1465 年前后出生在里斯本的药剂师及“药品代理人”托梅·皮莱资。[10] 皮莱资被指控将葡萄牙的药品带到了马六甲，并且在到达目的地后获得了其他药品。皮莱资详细交代了自己所到之处进行的交易，他的描述表明当时鸦片不仅是一种药物，而且还成了一种货币。鸦片同金银、水银、朱砂、马匹和奴隶一起出现在了他的交易清单上，而且是清单上唯一一种占有突出地位的药物。在他的记述中，许多地方都被列为鸦片的进口地或者出口地，缅甸和印度境内的许多小王国都是著名的鸦片出口地，这些王国的国王大部分时间都待在后宫里，“被鸦片搞得神志不清”。[11] 皮莱资的旅行日记提到了香料群岛（印度尼西亚的摩鹿加群岛），这是欧洲人对该群岛所做的最早记述，这座群岛在 30 年前皈依了“穆罕默德主义”。最令葡萄牙人感兴趣的香料是丁香，摩鹿加群岛每年出产的丁香多达几百万磅，每两个月采摘一次。如果能说服当地人放弃穆斯林商人，丁香贸易就有可能为葡萄牙带来一笔难以想象的巨额收入。但是，赢得当地人的支持并非易事，因为当地的原住民都是未开化的“野蛮人”：“他们大多数时间都在跟自己人打仗。他们之间几乎都有着亲戚关系。”[12]

1516 年，葡萄牙人突然入侵广州，造成了一场意料之中的外交灾难，许多当事人在几十年后逝世时仍然被关押在中国的大牢里，其中就包括托梅·皮莱资。但是，葡萄牙知道自己必须继续开辟新的交通路线，因为就在同一年，土耳其人从马穆鲁克人手中夺取了苏伊士，他们的意图很明确——向东推进。

　　葡萄牙人麦哲伦和埃尔卡诺①在 1521—1522 年进行了一场曲折的探险活动，尽管出发时的 270 人最后只幸存下来 18 人，但是这场探险活动证明了人类完全有可能通过海路实现环球航行。

　　无论在陆地上还是在海洋上，16 世纪都是一个充满非凡变化和创新的时代。1557 年，葡萄牙人设法同中国达成了一份看似不可能的租约，他们租借的是坐落在珠江三角洲西侧的澳门，这里距离广州西南部大约 80 英里。这份租约的达成并不是靠着葡萄牙人笨拙的谈判能力，而是因为当时明朝负责财政的户部陷入了进退维谷的境地。1552 年，800 名处女被选入嘉靖皇帝的后宫；到了 1554 年，为了有足够的体力应付如此艰巨的任务，这位皇帝需要服用壮阳药。御医为他开出了一个方药，其中需要用到大量的龙涎香，但是在中国很难找到这种香料，而葡萄牙人在海上占据的统治地位，意味着抹香鲸消化道中产生的这种灰色油腻的物质几乎被他们垄断了。作为一种药物和香水的定香剂，龙涎香极受欢迎，这使他们在有关澳门土地租赁的谈判中处于有利地位。

　　1571 年 6 月 24 日，西班牙人占领了菲律宾的马尼拉，东西方的贸易往来在这里达到了高度的一体化。鸦片同数百种商品一起出现在商品目录上，从玻璃珠子、金条、银条到奴隶，无所不有。到 16 世纪末期，这些商品已经在世界各地流通开了。一位目击者曾在文章中写道，欧洲的征服者在东印度群岛和西印度群岛的行径"残忍至极，是人类前所未见也从未想见的"。[13]葡萄牙和西班牙都已经着手为自己创造一段新的历史了，一段属于帝国的充满荣耀的历

---

　　① 埃尔卡诺·胡安·塞巴斯蒂安·埃尔卡诺（1475—1526），文艺复兴时期的欧洲航海家。麦哲伦率领的船队共有 5 艘船，埃尔卡诺是其中一艘船的船长，他在麦哲伦被杀后继任了船队指挥官。

史，"从西方的尽头航行到东方的尽头，除了海水和天空以外就看不到什么东西了……这是世间的凡人从来不曾尝试过的，也是从来不敢想象的"。[14]

茶叶、烟草和鸦片

"在季风的尽头，你找得到你想要的一切，有时甚至比你想要的还多。"[15]

——托梅 · 皮莱资

对于在 15 世纪末期才动身前往东方的伊比利亚航海家，中国和日本是他们最终的目的地。1492 年，哥伦布在出发时就随身带上了一本《马可·波罗游记》。然而，此时的中国也面临着自身的问题。马可·波罗在书中提到的纸币在明朝时期经历了一连串的失败，到 15 世纪中叶已经式微了。货币是一个棘手的问题，中国缺少足够的金银来铸造在广阔领土内流通、维持商业活动和税收的高价值货币。铜是铸造货币的主要原材料，但它不能令人满意，而且铜币体积庞大，尤其是在纳税人口迅速增加的情况下。1500 年，中国人口为 1.55 亿，占世界人口的 30％以上。[16]同一时期，西班牙帝国的人口为 850 万，英格兰和威尔士的总人口为 225 万。在许多欧洲人看来，中国的规模大得几乎令人无法理解。但是，对于任何一个拥有现成黄金储备的人而言，中国提供了绝佳的商业机会。此外，在艺术品和奢侈品消费方面，中国人有着悠久的历史，他们拥有的奢侈品是刚刚富裕起来的欧洲人梦寐以求的。在早期到过中国南海地区的欧洲商人中，有不少都是以私人身份前去经商的，他们受到哥伦布和达·伽马的旅行启发，一心想要试试自己的运气。无论成功还是失败，这些人的经历大多没有留下记录，但是沿海地区大大小小的城镇里的穆斯林以及后来基督教徒聚居的藩坊（即外国人的街道），表明了这些地方的重要地位。住在这些街巷里的许多商人都来自东南亚，他们在中国的沿海地区已经扎根数十年了。这些人也难以获得足够的银币进行交易，因此葡萄牙的货币很受欢迎，即使他们只能勉强接受葡萄牙商人的存在。葡萄牙人和西班牙人很快就意识到自己的银币在远东的价值远远高于在国内的价值。这个消息一经传回国内，更多的欧洲私掠船驶向了中国南海。

1526 年，日本商人神谷寿贞在日本主岛上发现了被称为"石见银山"的银矿。[①] 虽然早期没有留下准确的记录，但是这座银矿的产量极高。日本用这笔新获得的资金与波罗的海沿岸国家进行毛皮贸易。从 1540 年开始，日本又用这笔财富先后与中国和葡萄牙做起了生意。他们还用手中的白银换来黄金，从而让这个地区原本已经高度复杂的商品市场变得更加复杂。

1545 年，在世界的另一端，玻利维亚一处蕴藏着锡矿带的山脉高处建起了矿业小镇波托西。5 万多名当地工人、从海外输入的非洲奴隶以及无数的骡子和美洲骆驼，不断地将这种贵金属从大山运送到太平洋沿岸。到 16 世纪末期，波托西出产的白银已经超过全

---

① 根据《石见银山旧记》的记载，早在 1309 年（延庆二年），周防国大名大内弘幸造访石见国、参拜北斗妙见大菩萨的时候，该银矿就已经有开采的记录。1526 年（大永六年）3 月，田仪村铜山主人三岛清右卫门协助大内家开掘出地下的银矿脉。1533 年（天文二年），大内弘幸的儿子大内义隆通过博多的商人神谷寿贞招募工匠，运用从海外学到的精炼技术灰吹法，大幅提高了银的产量。所以，作者所说的神谷寿贞发现这座银矿的说法是不符合史实的。

球白银总产量的一半，当时的全球白银产量为 41.89 万千克，波托西的产量为 25.4 万千克。[17]再加上墨西哥城北部和西部山区的巨大产量，西班牙以不可估量的速度积累着财富。中国商人通过海路将白银运送到马尼拉，以前所未有的速度促进了同外国商人的贸易往来。就这样，这些白银经由中国商人被输送到了东印度群岛。

欧洲人进行的这些航海旅行，给西非、西印度群岛和南美洲的人民带去了无以名状的恐怖经历，当地居民在残酷暴行和疾病的折磨下大批死亡。植物学领域的帝国主义现象进一步表明，在几十年里世界发生了多么大的变化。在美洲被发现之前中国人还不认识的农作物，如红薯、花生和玉米，很快就成为中国贫困农业人口的主食。到了 1538 年，花生已经被位于上海以西、靠近苏州的常熟县列为当地土产了，此时距离哥伦布第一次航海还不到 50 年的时间。[18]

中国不仅在不断进口海外商品，而且当时这个国家正处于一连串改变其历史进程的王朝纷争之中。当大明王朝面对着国家内部产生的各种挑战时，在地理大发现和世界各地发生的一起起重大事件的共同作用下，明朝奉行的闭关锁国政策被挫败了。因此，当耶稣会会士于 1582 年来到中国的时候，中国人表现出了惊人的宽容。

当时，耶稣会已经在日本立足，尽管耶稣会在两年前才被传到那里。中国悠久的历史意味着宗教传统和世俗传统相互杂糅，难分难解，耶稣会会士们打算无视中国人敬奉祖先之类的传统习俗，早期的多明我会（道明会）和方济各会派出的代表则激愤地宣称，这些不开化的习俗应当被废除。中国各个阶层对于罗马方面针对他们已经传承了千百年的习俗的看法都漠不关心，这一点不难理解。

　　凭借着宽容政策和不干涉政策，耶稣会会士在亚洲各地活跃了起来，其中一些人甚至接受了中国服饰。前往澳门的耶稣会传教士和制图师利玛窦（玛提欧·利奇，1552—1610）采用日本耶稣会的模式，以免造成将欧洲人的观念强加给中国人的印象。在利玛窦等人的影响下，耶稣会会士在中国人的眼中成了合作者，而非闯入者。同致力于在日本传教的耶稣会会士范礼安（亚历山德罗·瓦格纳诺尔）一样，利玛窦也竭尽全力地学习当地的语言文字，尽管一开始这项任务令他感到气馁。20 年后，即 1602 年，利玛窦绘制了第一张融汇东西方知识的真正的世界地图《坤舆万国全图》，这也是第一张突出中国和美洲的世界地图。利玛窦将中国放在了这幅地图的中心位置，通过这张地图，他在外交上取得了巨大的成功，尽管他在俄国北部标注上了一些骑着山羊参加战斗的男女小人，还将北美地区的民族描绘成了"终年互相厮杀，一辈子都在打仗劫掠，只以蛇、蚂蚁、蜘蛛和其他爬虫为食"的形象。[19]实际上，一开始利玛窦将欧洲放在了地图的中心位置，关于这件事情还流传着一个有趣的故事。一位官员问他地图为什么要这样布局，在确定了中国便是"中央帝国"后，利玛窦便退了下去，立即将原先的地图剪贴了一番，将中国放在了正确的位置上，这一改动令在场的文武官员非常满意。不过，几乎可以肯定这个故事是杜撰出来的。

　　关于自己代表耶稣会在澳门传教的经历，利玛窦撰写了一部回忆录，这就是最早于 1615 年在德国奥格斯堡出版的《利玛窦中国札记》，之后这部作品又在安特卫普和阿姆斯特丹再版了。《坤舆万国全图》和《利玛窦中国札记》在欧洲各地得到了广泛的传播，很多渴望前往中国南海经商的商人都满怀热情地仔细研究了这幅地图和这部回忆录。利玛窦谨慎而务实的笔调令人强烈地感受到他在中国的生活方式，甚至在年轻女孩和成年女性缠足这个传统习俗上，他都只发表了很简单的看法："有可能是他们的某位圣贤偶然想到了这个能够让女性安守在家中的主意。"[20] 不过，缠足这个问题很快就成了政治和社会层面上的煽动因素，其影响力遍及中国各地。这位务实的神父通过不止一种方式将世界的中心从欧洲变成了远东，他的这些行为产生了惊人的后果。

由于这种新出现的繁荣发展，到 1600 年，中国的人口达到了 2.31 亿，在很大程度上这也是粮食进口带来的结果。与此同时，荷兰人和英国人也趁着一段稳定繁荣的时期开始了在全球范围的海上探险活动。为此，他们派出了一些私人经营者前往东方，对形势进行评估。拉尔夫·菲奇是一名来自伦敦的商人，大约出生在 1550 年，在 16 世纪 80 年代游历了印度、缅甸和东南亚的大部分地区。他之所以被世人记住，主要是因为他给西方带回了有关泰国国王的白象的传说。据说，那些白象住在镀金的马厩里，身上披着金盖布，这样的描述不禁令人联想到"背着昂贵物品的白象"形象。菲奇还记录下了上等鸦片在缅甸很畅销，他在印度的阿格拉加入了一支由 "180 艘船只" 组成的舰队，"船上满载着盐、鸦片、兴渠（中药阿魏的原料）、铅、地毯和其他各种商品"。[21] 1597 年，在离开伦敦 8 年多之后，菲奇回到了伦敦。远在海外期间，他已经被宣布死亡了，他的遗嘱也得到了证实。不过，一份新的职业正在等待着他，他即将成为东印度公司的顾问。

"公司"是私营商人进行的贸易活动和国家之间妥协的产物。到了 16 世纪，英国出现了五花八门的贸易公司，如 1555 年成立的俄罗斯公司、1581 年成立的土耳其公司和 1592 年成立的黎凡特公司。就中国和香料群岛而言，分别成立于 1600 年底和 1602 年的东印度公司和荷兰联合东印度公司（简称荷兰东印度公司）是最重要的两个机构。它们极大地受益于通过汉萨同盟在过去几个世纪里积累起来的影响深远的基础设施、贸易协议和海洋知识。与此同时，西班牙和葡萄牙的势力不如从前了，因为它们都将自己获得的巨额财富浪费在了战争上，而不再对海上的革新活动进行投资。

荷兰东印度公司作为一个官方机构，成立的时间略晚于东印度公司，但是早在 16 世纪 90 年代，荷兰商人就已经与印度尼西亚有了贸易往来，而且他们先于英国人来到中国，后者通过东印度公司寻找着印度西海岸的香料。1600 年，一位名叫吴普①的中国商人乘坐一艘荷兰商船从东方来到荷兰，他心甘情愿地在米德尔堡公开接受了洗礼。²²之后，吴普以荷兰东印度公司代理人的身份回到东方。从此，荷兰和英国开始了一段长达一个世纪的贸易历史。在此期间，他们大量参与了东方的贸易活动，从而为他们在接下来的数百年里同中国和印度尼西亚的关系确定了方向。

最初，英国和荷兰的这两家公司有着不同的目的，东印度公司是一家商业贸易公司，而荷兰东印度公司同时还是一个决意建立垄断、摧毁西班牙和葡萄牙对手的军事机构。16 世纪时，荷兰的制图业出现了一个黄金时期，在这段时期里产生的最重要成果就是佛兰德制图师和地球仪制作师杰拉杜斯·墨卡托的作品。1569 年，墨卡托发表了按照自己设计的等角投影"墨卡托投影"绘制的世界地图。尽管图中的末端纬度不够精确，但是这份圆柱形的地图是一份有效的航海图，非常适用于海上航行。具备了这种水平的知识，再加上自身的海上实力，在荷兰东印度公司成立后，荷兰人迅速地建

———————
① 原文为 Wu Pu，此处系音译。

立了与东方的贸易网络。1621 年 4 月，荷兰人抵达印度尼西亚的班达群岛。一个多世纪以来，葡萄牙人一直试图和香料群岛做生意，他们经常在浓烟滚滚的火山脚下靠岸抛锚。可是，他们发现当地人实在太难打交道了，最终能从马六甲的中间商手里买到肉豆蔻就已经令他们感到心满意足了。但荷兰人没有知难而退。班达群岛中的 5 个岛屿是当时已知的全世界少数出产肉豆蔻和肉豆蔻干皮（肉豆蔻的假种皮）的地方，荷兰一心想要垄断这个市场。

肉豆蔻尤其被认为具有特殊的药用价值，是一种有效的天然消炎物质，一定量的生肉豆蔻还具有强效的致幻作用。到了 17 世纪早期，孟加拉习惯吸食鸦片的有钱人已经在用含有鸦片、肉豆蔻、肉豆蔻干皮、丁香、冰片、龙涎香和麝香调制的混合物来增强自己的兴奋感了。[23]这本质上就是将世界上最昂贵的东西混合起来，在令服用者感到兴奋的同时，也在展示着服用者拥有的财富和消费水平。这一定是一种令人反感的混合物。

从 1609 年开始，荷兰人控制了巴达维亚（今雅加达）和香料群岛，这就意味着他们在 17 世纪的印度尼西亚拥有了几乎无可撼动的地位。在政府和长期投资者的支持下，他们建立起了一套稳定高效的商业模式，尽管这种模式很残酷。东印度公司的交易方式就像一个伞状组织，在这个模式下，每一次探险活动都需要很多渠道的资助。这种模式产生了双重效果，既能将公司的损失控制在一定范围内，又能迫使船员和船长们在每次航行中都必须成功。东印度公司使出浑身解数进入了班达群岛中一些不太起眼的港口，避开了荷兰人在内拉岛上建造的要塞。东印度公司使用的花招包括购入毫无特征的平底船，与班达人秘密交易生活物资，因为后者的粮食供应被荷兰人封锁了。荷兰人感到非常愤怒，因为英国人没有投入足够的资金、人力和船只来突破西班牙和葡萄牙对东方的控制，他们能来到东方完全是因为他们搭上了荷兰人的顺风车。就在荷兰东印度公司来到班达群岛的同一年，荷兰哲学家胡果·格劳秀斯出版了《海洋自由论》一书，他在书中指出，"海洋是所有人共有的，因为它无限广阔，不可能为任何一个人所有"，"每一个国家都拥有前往其他任何一个国家、与其进行贸易的自由"。[24]但是，《海洋自由论》还有一个副标题，"又名，荷兰参与东印度地区贸易的权利"，这个副标题清楚地表明了荷兰认为自己在亚洲地区拥有政治和法律上的优越地位。1613 年，在伦敦召开的一次会议专门对这个问题进行了讨论，格劳秀斯作为荷兰东印度公司的发言人出席了会议，他在会上提出荷兰有理由拥有合法的垄断权。东印度公司的代表只是粗鲁地回应了一句："那又怎么样？"两个国家在东印度群岛的关系因此迅速恶化，甚至发展到了公然爆发战争的地步。为了避免这种情况，英国和荷兰于 1619 年在印度尼西亚缔结了一份条约。实际上，将这份条约称为"互不信任、相互欺骗和相互操纵条约"更符合事实。

到了 1621 年 4 月，荷兰人已经受够了和别人分享在他们看来属于自己的领土，同时英国对西班牙的纵容示好也令他们有所警觉，于是他们率领着一群日本雇佣兵来到班达群岛，在一个夏天屠杀、奴役和放逐了 13000 人，这个数字相当于当地人口的 90％。他们还建造了一座令人印象深刻的堡垒。对于世界上最有价值的一些商品，即肉豆蔻和肉豆蔻皮，荷兰已经拥有了垄断权，他们获得这种垄断权的手段并没有被外界所忽视。荷兰人对武力的使用甚至令英国商人感到震惊，一名英国商人曾经给效力于东印度公司的同行们写过一本小册子，他在其中写道："或许可以看出，'公司'流了多少血、花了多少钱才能独揽这门生意。"[25]

英国人试图支持他们所谓的盟友的这场胜利——他们的态度难以令人信服——但是东印度公司一直死死地盯着"海洋自由"，寻找一切机会扩大自己在亚洲的贸易规模。与荷兰进行贸易的成本太高了，而且东印度公司获得资助的方式又意味着他们的手头总是没有足够的现金。在接下来的几年里，他们同西班牙签订了一系列贸易协议，从而获得了进入西班牙控制的港口并且在这些港口进行贸易活动的权利。荷兰人对这种状况非常反感。最终，荷兰东印度公司驻班达群岛的代表们在 1666 年接到了消息，第二次英荷战争爆发了，他们立即对东印度公司在奈拉卡岛上的唯一一座小型要塞发动了战争。为了获得在该地区活动的安全保障，东印度公司立即将要塞拱手让给了荷兰人。东印度公司被驱逐到了公海上，永远失去了香料贸易。他们必须找到其他贸易来替代这笔损失。

传说中国人饮茶的历史可以追溯到公元前 2737 年，中国上古部落联盟的首领神农氏在烧开水的时候，身旁茶树上的叶子落进了水里。神农氏闻了闻香气，然后喝下了泡过茶叶的开水，从此一个高雅的传统诞生了。

事实上，大概是在 350 年前后，长江流域才出现了茶叶种植，后来茶叶种植区扩大到了云南各地。唐朝将茶文化推崇为一种超越酒文化的文明力量，在 8 世纪陆羽写出《茶经》的时候，茶已经成为中国人日常生活的一部分。780 年，也就是《茶经》问世的那一年，有人提议对茶叶课税，结果激起了公愤。关于茶叶对中国人的重要性以及与之相伴的各种仪式，陆羽进行了复杂的阐释，他的理论为结构复杂、意义深刻的日本茶道奠定了基础。

蒙古人留给世人的印象不是嗜好饮茶，而是喜欢喝发酵的马奶，马可·波罗认为这种饮料可以同美味的白葡萄酒相媲美。不过，地位较高的蒙古人喜欢喝浓浓的黑色茯茶，在吃下肥腻的肉食后，他们用这种茶来促进消化。他们非常喜欢茯茶，以至于愿意用珍贵的马驹来交换，而汉族人又迫切需要这些马驹，以维持交通路线的正常运转。用来进行这种交易的茯茶会被压制成坚硬的黑色茶砖，以便于运输和贸易管理，政府还设立了榷茶都转运使司对茶叶贸易进行监管。一担（约合 133.3 磅）茶可以换来最好的马匹。令人吃惊的是，在第一批欧洲人来到中国很久之后，茶叶才被传到西方。1559 年，威尼斯作家及地理学家乔瓦尼·巴蒂斯塔·拉穆西奥在为新一版《马可·波罗游记》撰写的序言中提到了茶叶，这是欧洲人第一次提到茶叶。波斯商人哈吉·穆罕默德向拉穆西奥讲述过中国人饮茶的习惯："他们将那种香草——无论是干的还是新鲜的——放入水中久煮一番。空腹服用一两杯煮好的茶水，可退热，祛除头痛、胃痛、肋部疼痛以及关节疼痛。尽量趁热服下。"[26] 根据许多记载，茶叶具有令人难以置信的药用价值，正因为如此，习惯饮茶的人才会一整天都在喝茶。"波斯人、印度人、中国人和日本人赋予了茶如此非凡的品质，他们甚至认为单靠饮茶，人就能够永远保持健康。对于到访的客人，他们肯定会随时端上这种饮料来招待对方。"[27]

在埃塞俄比亚和中东阿拉伯半岛，特别是也门，咖啡广为人知，但是直到 1555 年它才出现在伊斯坦布尔的苏丹宫廷里，皇宫里的人怀着浓厚的兴趣接纳了这种新事物。很可能是在同一时期，这些地方同欧洲开始了咖啡和茶叶的贸易，只是不同的国家对待这两种商品的态度有所不同。

　　文艺复兴时期，茶文化已经深深地融入了中国社会的各个层面。奥古斯丁传教士马丁·德·拉达在 1575 年的时候对中国人招待贵客的仪式做过一番描述：给客人上茶的时候，茶杯里要放一小块蜜饯——可能是水果蜜饯，等蜜饯浸透茶水后，客人会吃掉蜜饯，然后喝下茶水。尽管德·拉达很喜欢甜食，但是他在文中写道："我们原本不太喜欢那种滚烫的开水，不过我们很快就习惯了，然后就爱上了这种饮料，因为每次做客时，主人首先会端上这种饮料。"[28]社会地位比较低的人，如织布工这样久坐不动的工人，在劳作的时候总是在身边放一个茶壶和茶杯，时不时地呷上几口，专门负责端茶倒水的小工会提着水壶不停地给他们续水。另外一些人则会去茶摊或者茶棚里喝茶休息，在那里他们还能吃到水果和点心。更有闲暇的人会去茶馆，享受充满仪式感的服务。在茶馆里，他们不仅可以选择自己心仪的茶叶，而且可以选择沏茶的水。品茶的行家会为自己辨别两者来源的能力感到自豪。茶馆还会向客人赠送水果和甜点。随着城市人口的迅速增长，水质成了一个严重的问题，于是专门向城镇输送沏茶用水的服务蓬勃发展了起来。这些来自外面的水的价格高于当地运河里的水和专门为茶馆收集的雨水。在用廉价的茶叶和劣质的水沏的茶里加入一些花卉，如茉莉，可以给茶水增添一些芳香。今天，绿茶备受青睐，因为它具有抗氧化的功效；但是在以前，人们认为这种茶只适合最底层的体力劳动者。

　　欧洲人肯定是经过同等社会阶层的中国人的介绍才接触到这些茶馆的，因为这些茶馆承担着聚会场所的功能，在这种地方清醒持重的气氛十分重要。这对欧洲商人来说是一个转变，过去他们总是待在自己的仓库或者办公室里，还常常和朋友、同事一起上酒馆去。茶馆是一种文明的经商场所，在接下来的一个世纪里，这种模式在欧洲各个金融中心的发展过程中发挥了重要作用。

1610 年，产自中国和日本的茶叶随着荷兰商人来到了阿姆斯特丹；1615 年，咖啡才出现在威尼斯。由于仪式化的沏茶过程以及品茶所必需的茶具，一开始人们只会在家中饮茶，主人先为客人展示一番茶壶、水壶、茶叶罐、特殊的茶桌、椅子和柜子，然后将"茶和藏红花一起奉上，茶是热的，还加了糖，茶杯上还盖着盖子，以留住茶的香气"。[29]荷兰人向邻国推销着茶叶和茶具，但这时候咖啡已经流行起来，只有德国北部的弗里斯兰人把茶当作最受欢迎的饮料，他们习惯喝加了糖的浓茶，喝的时候还要往茶里加厚厚的一层奶油。到了 1640 年，咖啡在欧洲大部分地区占了上风。众所周知，英国人十分热爱茶，但是这种爱好是后来才出现的。英国政治家及日记作家塞缪尔·皮普斯一向热衷于追逐伦敦出现的各种新潮流，1660 年 9 月 25 日，他在自己的办公室里喝了一杯茶，在当天的日记里写道："以前，我从未喝过茶（中国的一种饮料）。"[30]就在皮普斯喝下有生以来的第一杯茶的两年前，即 1658 年 9 月 23 日，伦敦的《政治信使报》刊登了一则有关茶的广告："中国饮料妙不可言，得到了所有医生的认可，中国人将其称为'Tcha'，其他国家称其为'Tay'或者'Tee'……'苏丹王妃'咖啡馆有售，咖啡馆位于伦敦皇家交易所附近的斯维汀斯—润茨街。"

造成这种状况的原因就在于当时英国的政治局势。在那个年代，英国一直是一个清教国家，奢侈品受到谴责，因此茶叶这样的进口商品一直得不到宣传。直到皮普斯第一次尝试喝茶的那一年，查理二世复辟，这些进口商品才开始受到宣传。咖啡是一种味道苦涩、令人头脑清醒、有刺激性的饮料，在伦敦市金融区的那些严肃的商人看来，这是一种可以接受的、值得饮用的饮料，而茶——配茶的蜜饯被少量的糖取代了——依然是一种带有一丝异域情调的舶来品。在 17 世纪晚期，英国中产阶层的女性终于欣然接受了茶，喜欢品茶时的仪式性服饰和一切中式的东西。

就这样，在 17 世纪 40 年代之前的短短几十年里，国际探险活动和贸易活动彻底改变了世界。本来只存在于某个地区的商品和习惯走向了世界各地，人口的流动从涓涓细流变成了一股洪流，甚至各种植物也突然出现在了这些海上贸易路线上，烟草就是这种植物学帝国主义①的一个典型例子。

在 1580—1640 年间，西班牙和葡萄牙处于同一位君主的统治之下，② 他们的大帆船里尽可能多地装满了来自南美洲的黄金。在西班牙，塞维利亚的金库在几个星期里就能收到成百上千车的"金银和贵重的珍珠"，以至于金库根本"容纳不下这么多的财宝，有些财宝都堆到了院子里"。³¹ 这两个国家还开始了另一种三角贸易，这就是在西印度群岛上经营的奴隶贸易。通过这种贸易，他们获利极大，以至于在短短几十年的时间里就成了世界霸主。他们用这笔钱进一步发展着越洋贸易，尤其是增强他们在印度尼西亚和中国的基地，找到大量可供交易的异国新商品，其中就包括人、药品和烟草。

93

---

① 有学者认为，植物学的发展有着强烈的帝国主义特性。来自遥远国度的物种往往是权力和地位的象征，在植物学帝国主义的发展过程中，大量来自国外的植物进入了一座座皇家花园，有些花园成了"保存生物多样性的仓库"。很多植物都经历了从单纯的异域物品到经济作物的漫长发展过程。有学者提出，植物学的命名方法也被深深地打上了帝国主义的烙印。

② 1580 年，趁葡萄牙王室绝嗣之机，西班牙国王腓力二世戴上了葡萄牙王冠，将两大海上强国合二为一。在腓力四世时期，布拉干萨公爵于 1640 年后期自封为葡萄牙国王，这标志着西班牙和葡萄牙两国的联合解体。

　　将烟草引进印度尼西亚的极有可能就是西班牙人，他们在 1575 年将烟草从墨西哥带到了菲律宾。[32]中国与越南接壤的广西沿海地区出土的瓷烟斗，至少可以追溯到 15 世纪中叶，所以文献记载的 1575 年这个年份可能略晚于烟草传入该地区的实际时间。[33]

　　荷兰人到达爪哇岛的时候，就观察到当地人有一个顽固的习惯，他们总是在咀嚼槟榔。槟榔既是一种社交工具，也是一种温和的兴奋剂，而且还能抑制食欲。很多劳动者咀嚼的不过是用槟榔叶子包裹的槟榔和石灰，他们从早到晚地嚼着这种东西，据说这样能起到清洁牙齿和清新口气的作用。当地人被染红的嘴巴和不停流出的口水，令刚刚来到爪哇岛的欧洲人感到震惊。但是，咀嚼槟榔并不是底层社会所独有的习惯。除了最贫寒的人家，每当有客人登门的时候，当地人总会拿出一套食用槟榔的复杂工具——"槟榔器"，并将其摆在房间的中央。出差的时候，有一名槟榔仆人随行是一个人社会地位的象征。当地人习惯咀嚼掺了石灰的槟榔，这表明印度尼西亚完全可以接受某种新型的、比较温和的麻醉剂，例如烟草。[34]

　　欧洲人不仅向这个地区引进了他们用长长的芦苇或陶管熏制而成的成品烟草，而且带来了各种植物和种子。爪哇岛和菲律宾的气候非常适宜烟草的生长，很快烟草就在这些地方茂盛地生长了起来。1619 年，荷兰的水手们在后来成为巴达维亚的地方欣然抽起了烟斗。早期来到东方的葡萄牙人一直对鼻烟的各种益处深信不疑，在 17 世纪时中国的许多官吏也养成了吸鼻烟的习惯，他们将鼻烟装在精心雕刻的玉瓶或象牙瓶里，随身携带着。但是，荷兰人对烟草的爱好十分坚定。中国商人也喜欢上了吸烟，并且通过其在台湾的贸易伙伴将这一习惯传到了大陆地区。明代文人姚旅在写于 1611

年的《露书》① 中，就提到了烟草种植业在福建繁荣发展的情况。[35]

中国人对烟草的喜爱迅速蔓延开了，北方和东北地区的满族人的烟瘾尤其严重，政府试图制止这种行为。在政府看来，吸烟是一种不检点、不道德的行为。印度尼西亚人喜欢将烟草放在槟榔包里咀嚼，中国人则不同，他们热衷于吸烟，这可能与熏香和烟在中国各种宗教和文化仪式中所扮演的角色有关，尤其是对祖先的敬奉。不过，中国人很快就接受了他们所谓的"烟茶"习俗。饮茶和吸烟这两种仪式性的习惯构成了中国人吸食鸦片的核心体验。

从 1636 年开始，中国出台了一系列的禁烟法令，但为时已晚，就连殴打和割耳这样的刑罚也无法阻止人们吸烟。1644 年，明朝灭亡，清朝登上了历史舞台，这个王朝对臣民的吸烟问题漠不关心，明朝颁布的禁烟令统统被废除了。17 世纪中叶，最原始的香烟问世了。

几乎就在烟草传播开的同一时期，中国东南部的老百姓中间也流行起了吸食鸦片的习惯，不过中国的劳动阶层在此时还没有接触到鸦片。15 世纪中叶，明朝的作家们已经对罂粟的存在和加工生产鸦片的方法有所记载了，但直到 1589 年鸦片才引起政府的注意，并开始对其征收关税。[36]在印度尼西亚的许多荷兰人会在烟斗里加入一点鸦片和少量的砒霜，这是荷兰人用来应对国外潮湿气候的解毒剂，他们相信这样做可以预防疟疾和霍乱。他们将这种粗制滥造的混合物放在烟锅里进行烤制，但这种混合物受热很不均匀。爪哇人精通制作比较温和的镇静剂，现在他们又制作出了一种远比那些镇

_____

① 《露书》是我国迄今发现的最早的当地人记当地事的一部类书，书中对明末莆田、仙游两县的商业、烟草、戏剧、音乐、方言、民俗等方面的情况做了大量记录。

静剂复杂的鸦片制品，后来这种制品被称为"马达克"。将鸦片和一些植物的根以及大麻混合，切成碎末，用水在铜锅中煮沸，然后晾干，再和切碎的烟草混合，这样就制作出了马达克。马达克燃烧得比较慢，但是受热很均匀，能给使用者带来一种摆脱无聊和焦虑的愉悦感。姚旅（逝于1622年）对吸烟的过程做过描述："以火烧一头，以一头向口，烟气从管中入喉。能令人醉，且可辟瘴气。"[37]姚旅抽的是烟草还是马达克，现在已经不得而知了。不管怎样，很有可能是荷兰人在17世纪20年代早期通过中国台湾地区的商人将马达克传入了中国，许多抽马达克的人很有可能没有意识到马达克的成分并不完全是烟草。

对于社会中出现的任何新时尚或者热潮，几乎所有的文学作品都会宣称这些新事物具有药用价值，因而对其进行大肆宣扬，至少在一开始是这样的。中国的文学作品也不例外。对于马达克所具有的预防疟疾的特性，早期的很多文学作品都将其归功于它所含有的烟草成分。

在欧洲，詹姆斯一世已经对普通的吸烟行为进行了谴责。他写于1604年的论著《抵制烟草》，称烟草是一种"肮脏的新玩意"，"看起来就很恶心，闻起更是讨厌，会伤害大脑，对肺部也有危害"。然而，此时的英国已经形成吸烟的习惯，尽管詹姆斯一世有关吸烟有害的观点很正确，但是英国人对此不屑一顾，认为他对抵制烟草的事情太过狂热了。人们认为烟草有益于健康，因此对烟斗的需求持续增长着。不过，欧洲人很少抽马达克，他们更喜欢吸食得卫尔那样的液态鸦片和药丸状的鸦片。

在整个17世纪，欧洲和南海的商人与中国之间的私人贸易往来一直长盛不衰，因此难以估算出当时马达克和纯鸦片的消耗量，而且在近50年后，直到1683年攻占厦门，政府文件中才又重新提到了这个问题。1677年，荷兰东印度公司对孟加拉的鸦片种植基地进行了统一规划，他们的主要鸦片出口目的地是爪哇和中国。直到厦门被占领后，中国政府才意识到吸食鸦片的风气已经在东南沿海地区多么普遍了。就在当年，东印度公司的董事们致信公司在中国澳门的代表，谈到"巴淡岛①被荷兰人抢走了，'约翰娜'号已经前往你们那里（厦门），随船运去了7万英镑，大部分都是金条"。[38]按照2017年的价格计算，这批黄金相当于100万—140万英镑。[39]当时东西方之间的贸易规模由此可见一斑。"约翰娜"号的沉没对东印度公司造成了沉重的打击，不过，对于一家有着如此经营规模的公司来说，这种打击是可以承受的。这些贸易的获利程度有高有低，但是对于那些在前往东方的旅途中幸存下来的船只而言，达·伽马通过1502—1503年的那次航行获得的400％利润并不罕见。海上航行的风险极高，1500—1634年，在参与贸易活动的葡萄牙船只中，有28％在海上失踪了。[40]

厦门被占领导致中国对鸦片以及对东南地区人民的态度彻底改变了。长期以来，吸食鸦片的习惯在中国的富裕阶层一直很普遍，但是他们很节制，吸食鸦片与健身、健康饮食、服用滋补品和药品一样，都是日常生活的一部分。人们在家里也会吸食鸦片，大多在单独的一个房间里，就像欧洲人用来品茶的起居室一样，房间里布置着专用的家具、吸烟器具和麻将之类的消遣用品。女性也会在这样的家居环境中吸烟或者吸食鸦片。清朝政府在18世纪晚

---

① 巴淡岛位于印度尼西亚廖内群岛省，隔新加坡海峡与新加坡相望，素有"小巴厘岛"的美誉。

期主持编修的《四库全书》就记载了在 1701 年的时候，上至官员、下至仆役和女性，无人不在吸烟的情况。[41]问题就在于"无人不在吸烟"。

到了 18 世纪 20 年代，清朝政府意识到自己面临着一个迫在眉睫的问题。就在这个时候，福建——主要是厦门和台湾——出现了鸦片馆。一份呈递给皇帝的奏折中对专供吸食鸦片的"私人经营的烟馆"做了描述，这种烟馆是传统茶馆走向堕落的产物。烟馆里配备的是卧榻，而不是座椅，供应水果和甜品的传统还保留着，但是这种行为是"不道德的"，"世家子弟们"受到了诱惑，堕落了下去。[42]还有一份记录显示，在 1728 年的时候广东人已经开始自己制作马达克了。文中指出，当地人将鸦片放在一口小铜锅中加热，直到鸦片变成一种非常黏稠的糊状物，然后掺入烟草，等混合物干燥后，使用者就可以用竹制的烟管吸食了；为了方便吸食，人们还会在混合物中加入棕榈纤维。[43]对于经常出入这种私营烟馆的劳动阶层而言，吸食马达克就跟工作结束后去酒馆或者茶馆一样，只是一种社交活动而已。用竹子和黄铜配件制成的烟管在客人中间传来传去，只要想躺下来休息一会，你就可以找一张卧榻躺下来。这种做派和上流社会的男性吸食鸦片的方式形成了鲜明的对比，后者会躲进起居室，用带有银质配件的竹烟管抽上几口，在烟管喷出的鸦片烟雾中沉思片刻，在此期间不会受到别人的搅扰。与茶叶一样，对鸦片具有鉴赏能力的人能够鉴别出鸦片的来源，相比马尔瓦（位于印度旁遮普境内）和中国本地产的鸦片，他们更青睐从亚丁和孟加拉运来的上等鸦片。这样的奢侈享受同样也是一种舶来品。

问题的根源在于劳动阶层教养不足。自达·伽马到达东方的一个世纪以来，全球的商业贸易活动一直处在前所未有的急剧增长中。信仰天主教的水手们以及紧随其后的欧洲新教商人们迅速控制了鸦片贸易，而且交易规模极大，公然违反了中国的相关规定。实际上，同古希腊人和古罗马人一样，他们中间的许多人都对这种超出了必要范围，似乎有些虚伪的生活表示反对。1707 年，苏格兰正式与英格兰合并为大不列颠王国，在 18 世纪 20 年代，这个国家经历了一场习俗改革，当时出现了一大批致力于推动习俗改革的社会团体，这股浪潮鼓励人们检举揭发邻居，诱导后者做出不道德的行为，好让他们接受公开的批判。而中国早在 11 世纪就发明了一种类似的制度，这就是保甲制，在这种制度下，治下的所有臣民相互监视，从而起到巩固皇权的作用。到了清代，为了阻止吸食鸦片的社会风气进一步泛滥，在朝廷重臣的敦促下，雍正皇帝（1722—1735 年在位）于 1729 年颁布了一道法令①，开始禁止鸦片的进口。

众所周知，雍正帝颁布的这道法令被认为是中国第一次对这些残酷无情的"外夷"商人进行的反抗，这些商人已经对中国的生死存亡构成了威胁。但是，考虑到中国当时面临的问题，这道法令最多只能说是政府在禁烟狂潮中为了安抚民众而做出的一种姿态而已。同东南各省显而易见的巨大鸦片消耗量相比，中国通过官方渠道进口的鸦片数量一直不大，如厦门每年的进口量在 200 箱左右。[44] 在珠江三角洲和厦门启程的船只中，只有近三分之一的船只属于政府或者公司，其余的船只则来自中国台湾地区、印度尼西亚、日本、英国、荷兰、西班牙、葡萄牙、丹麦和瑞典。对于广东以及位于广东东南端的宝安县（今深圳市宝安区）来说，局面已经不可挽回。

---

① 这项法令即是中国历史上第一道禁烟令《兴贩鸦片及开设烟馆之条例》。

约翰·威德尔船长在虎门

"天朝物产丰盈，无所不有，原不借外夷货物以通有无。"[45]

——乾隆皇帝

1637 年 6 月 27 日，约翰·威德尔船长率领着四艘船在澳门南部靠岸，准备就开通英国直达中国的贸易航线问题进行谈判。澳门的葡萄牙人与日本保持着频繁的贸易往来，此外，这个地方有着独一无二的风情——在继承了穆斯林传统的澳门，大街小巷随处可见头上裹着轻纱的女子，不过她们身上穿着五颜六色的衣服，而且可以自由走动。在自己家里的时候，她们有时候也会穿上日本和服。中国政府一直容忍着葡萄牙人，因为长期以来珠江地区一直深受海盗的侵扰，而葡萄牙人在防范海盗方面起到了重要作用。与威德尔同行的两名水手罗宾逊和蒙特尼被派往珠江上游，试图绕过葡萄牙人，可是他们遭到了当地海关官员的断然拒绝，后者告诉他们，要想交易，就必须获得政府的相关批文。罗宾逊和蒙特尼回来后向威德尔转述了中国官员的答复。对此，威德尔的回答就是命令手下的船只溯珠江而上，前往位于西北方向 75 英里的广州。

与威德尔同行的还有彼得·芒迪。芒迪来自英国康沃尔郡的彭林，他的父亲是一名以捕捞沙丁鱼为生的渔夫。儿时，芒迪曾随父亲去过法国的鲁昂。1611 年，他被送上了一条商船，从此开始了他的海上生涯。在年近 30 岁的时候，他开始了旅行，先后到过君士坦丁堡和印度，在印度期间，他加入了东印度公司。芒迪热衷于写

日记，他事无巨细地记下了威德尔试图代表英国开启同中国的贸易
往来的过程，他的记述以近乎电影般的手法展现了这场灾难的全
过程。

在与中国人进行贸易时，英国人遇到的一个问题就是在中国人
眼里，他们看起来太像荷兰人了，而后者在中国的口碑非常差，被
称为"红毛番"（后被称为"红夷"）。1635 年，英国轮船"伦
敦"号停靠在澳门时，当地人以为船上的船员是荷兰人，上级政府
对当地的官员和与其进行交易的葡萄牙人都进行了处罚，让他们缴
纳了一笔罚金。这一举措促使当地的中国人和葡萄牙人联合起来，
他们都想尽快赶走威德尔一行，同时又不想制造出太大的动静。此
时，一直溯珠江而上的威德尔超越了两支小型的中国平底帆船船
队，抵达了虎门。他决定在这里靠岸，观察一下形势。他的手下试
图上岸找一些新鲜食物，结果被当地村民赶回了船上。这些村民都
知道罚款的事情，丝毫不愿对"红毛番"伸出援手。威德尔没有回
到战舰上仔细斟酌自己目前的处境，而是挂起了一面血迹斑斑的旗
帜，做好了开战的准备。世人无从得知当时他的脑子里究竟在想些
什么。当地政府派出了一名信使和一名翻译，请求威德尔解除作战
状态，请他等上六天，六天之后他就能被放行了，他率领的这支小
船队也就能继续前往广州了。次日，威德尔的一些手下举着一根挂
着白旗的棍子上岸了，但这对当地村民来说毫无意义，在他们的认
识里，白色跟死亡和葬礼息息相关。一开始，当地人拒绝同这些英
国人进行交易，但是后来他们的态度缓和了下来，当这群外国人四
处购买东西、察看村子的时候，他们一直跟在后面。

彼得·芒迪可能是 17 世纪旅行经验最丰富的一个英国人，他
在这支船队里的身份是东印度公司的代表。出于好奇，他也上了

101 岸。当地村民给他上了一些茶点，他接受了。"那里的人给了我们一种叫作'Chaa'（'茶'在英文中的一种写法）的饮料，其实就是煮了一种香草的水。这种饮料必须趁热喝，据说有益健康。"[46]

"cha"这种写法从那里传入了印度语言中，现在通常被写作"chai"。不过，除了芒迪早先提到过这种饮料，皮普斯也知道这种饮料就是茶（tea）。这是因为英国商人发现，与他们打交道的主要是福建商人，在福建，这种饮料的名称就被读作"teh"。[47]

与此同时，威德尔静静地等了六天。结果，信使再次赶来，让他继续等上四天。这一次，威德尔立即对着虎门的要塞开炮了。虎门要塞进行了还击，但是英国船只靠得太近，他们找不到角度瞄准对方，从炮口射出来的大部分炮弹都落在了草地上，没有造成任何伤害。只有一发炮弹击中了威德尔所在的那艘船，其他几艘船毫发无伤。把守要塞的士兵随便逃走了，威德尔和手下的船员进入要塞，拿了一些修补船只所需的工具和几门用得上的大炮，然后便回到了船上。

中国方面又派来了一名信使，这名信使提出要带英国代表前去更上游的地方与中国的海军将领会面。于是，罗宾逊和蒙特尼带着礼物出发了。这位海军将领认为，英国人不可能提出任何有利可图的建议，因此当对方要求获得通商权的时候，他既没有表示拒绝，也没有表示同意。一位自称"保罗·诺雷特"的中国中间人充当了翻译，他声称自己痛恨信奉天主教的葡萄牙人。诺雷特就是葡萄牙人所说的"买办"，是一名通晓中国语言和习俗的代理人，还在当

102 地有着广泛的人脉资源，既有商业头脑，又精通商品知识。在广州、澳门和华南沿海地区，买办已经成了贸易活动中一个非常重要的因素，找到合适的买办至关重要。芒迪简明扼要地将诺雷特扮演

的临时角色定义为"买办"，称这名新的代理人是"一名官员，原先在澳门当过仆人和掮客，遭到葡萄牙人的虐待后逃到了广州"。[48]

威德尔一行人在申请书中向诺雷特保证，"我们是英国人，来到此地是为了以公平的方式与中国人进行贸易"。这封申请书是英国人就近找到的一位书法家草草写就的，他们将申请书交给了中国的海军将领。[49]这位海军将领将申请书递交给了上级，水师提督立即拒绝了英国人的要求，并且命令英国船只退到海上，如果违抗命令就会被处死。"尔等胆大妄为，竟意图借武力与吾通商，而吾已禁之。吾以为，尔等此种行为与不受教化不可理喻之狗羊无异。"[50]

诺雷特带着这封回信来到英国人的船上，他告诉威德尔，水师提督已经同意英国人有关通商、在珠江口建立一处贸易要塞的请求，但要求派三名英国人陪同他一道前往广州，并且要求威德尔归还从虎门要塞拿走的枪炮。

威德尔非常高兴，开始起劲地做起食糖的生意。看到英国人在珠江岸边做起了生意，当地人向水师提督报告了这件事情，后者派出三艘装备精良、气势恢宏的平底帆船前往下游地区，试图对威德尔进行劝阻。但是，威德尔底气十足，毕竟他的翻译告诉他，水师提督已经同意他进行贸易了。面对水师提督要求他停止贸易活动的正式警告，他只是简单地回复了一句："眼下，我们没有时间详细回复您无礼的来信。"[51]9月9—10日的午夜，船上值夜的水手发现三艘黑漆漆的小平底船靠近了他们，当平底船进入他们的射程范围时，他们放了一枪，向对方发出了警告。平底船上装满了烟花爆竹，它们应该原本打算撞上英方的船只后爆炸。结果，它们没有顺流漂向英国船队，而是在距离英国船队不远的地方燃烧了起来。威

103　德尔设法带着自己的船队离开了出事地点。破晓时，他们看到了烧毁的平底船，这时他们才意识到自己刚和一场灾难擦肩而过。彼得·芒迪记下了他们对自己在广州的代表有多么担心。罗宾逊及其手下被抓了起来，然后被关进了一个空房间，对方不给他们提供任何食物，诺雷特则被当众毒打了一顿。当然，英国人遭到了诺雷特的出卖。这名买办因为两面派的行径而声名狼藉。不到一年，警告信的事情就传到了伦敦商人和英国国王查理一世的耳朵里。

　　出于报复的目的，威德尔对当地的村庄发动了袭击，摧毁了虎门堡垒。然后他撤到了内伶仃岛，这座山地小岛上主要栖息着山羊。他给澳门总兵发了一封措辞严厉的信，讲述了自己和手下的船员在广东受到的待遇。澳门的葡萄牙人和中国人又花了三个月的时间，才携手赶走了威德尔。正如彼得·芒迪所记载的那样，在 12 月 27 日这一天，英国人在"烈火刀剑"之下撤回了船上，离开了澳门。在这群英国人里，最终只有足智多谋的芒迪回到了英国。罗宾逊死在了马达加斯加，威德尔在离开印度的坎纳诺尔后，在阿拉伯海上失踪了。有人认为，他所在的那艘船以及船上的全体船员都失踪了。英国与广东的中国商人直接通商的第一次尝试就此结束了。

早期的香港和广东的崛起

　　香港原先只是珠江三角洲外众多丘陵岛屿中的一个小岛，从 16
104　世纪初期开始，西方的水手就知道这些岛屿都是天然的良港，有淡水供应。附近的海岸线上分布着大约 20 个大大小小的村庄，还有一些人就生活在船屋里。[52]随着季节的变化，岛上会出现从事不同职业的体力劳动者，如捕鱼、采珠、采石，以及采伐用来制香的沉香树。香是中国丧葬仪式的重要组成部分，中国人会将经过一定程度防腐处理的家人尸体存放在家中一段时间，有时甚至长达两年。在1662—1669年实施迁海令①之前，这个地区的主要贸易就是香，迁海令给这个地区的经济造成了毁灭性的打击。[53]沉香树生长在土地贫瘠的丘陵地带，其他植物在这种地方都难以存活，中国一直对这种植物有着巨大的需求，后来其他国家也有了同样的需要。水力驱动的香磨坊将干燥的沉香磨成粉，制成香（即"好运棒"），由于这些磨坊散发出的香气，这里的渔民就将一处海湾称作"香港"，即"芳香海港"的意思，附近的定居点也被称为"香港村"。

在中国漫长的历史上，东南沿海和南海的沿海地区曾经两度在王朝斗争中选择了弱势的一方。第一次，尽管他们为逃离蒙古人势力范围的南宋流民提供了庇护，但是当时国内和国际贸易的显著增长让该地区获益匪浅，而且南宋流民还带来了比当地原始渔业文化先进的基础结构。第二次，他们支持了一个失败的王朝，结果给该地区带来了一场灾难。

1644年，顺治皇帝在北京继承了刚建立不久的清王朝的皇位。这时候，南明皇帝和明朝忠臣郑成功还在继续抵抗满族人的统治。郑成功不断地给清王朝制造麻烦，极具煽动力，他率领着10万—17万福建人同满族人进行斗争。在中国，作战方式非常重要，因为幅员辽阔，这就意味着各地的军事水平和作战习惯存在着很大的差

---

①　清朝顺治年间，为了对付台湾郑成功父子领导的东南抗清力量，防止沿海人民造反起义，清政府实行了大规模强制迁徙沿海居民的法令，要求东南沿海居民内迁30—50里，史称迁海令。

105 别。满族人是女真人的后裔,因此形成了强大的骑兵基础,而郑成功捍卫的南明则习惯徒步作战,由于人口密集,在必要的时候可以通过水路将更多的兵力调往浙江和江苏。郑成功退守台湾后,开始考虑下一步的行动。

顺治皇帝逝世后,年仅 8 岁的康熙皇帝(1661—1722 年在位)继位,辅政大臣鳌拜担心郑成功通过水路率兵北上,于是下令清空从山东到福建、南至广东的沿海各地的人口。这样一来,即使郑成功试图沿着这条路线北上,他也找不到援兵。考虑到坐在皇位上的还是一个孩子,鳌拜的做法也就不难理解了。新皇帝的几位辅政大臣必须保证稳定的统治,但是大规模清空南方沿海地区人口的做法,彻底改变了广东的经济和民族结构。对新安县(包括香港岛)的渔民和佃农而言,撤离就意味着他们只能搬迁到清空区的边缘地带,在内陆不适宜生存的地方过着无家可归的生活。有些迁移户在内陆地区没有家人,其中很多人最终都被活活饿死了。制香业停止了,只有在流离失所的渔民的记忆中,香港才是一座香气四溢的海港。

到了 17 世纪 80 年代,这项法令被废除了,人们又回到了沿海地区,香港又有人居住了。最先来到这里的都是穷人,他们是原先就在当地勉强维持生计的农民和渔民。由于当地的劳动力不足,无法提高生产,为了吸引新移民,政府以各种福利为诱饵,试图说服人们迁居到香港。大量的中国移民,或者说是客家人,纷纷响应,

106 其中就包括一对朱氏兄弟。这些新来的人口被当地人委婉地称作"客人",很快他们就发现尽管这个岛屿很穷,但它就暴露在日本、中国和国际海盗的面前。于是,一位朱氏兄弟带领着几家人来到了比较安全的九龙湾定居;另一位朱氏兄弟则带着一些家庭去了石排

湾，也就是现在的香港仔湾，在那里的一座小山上用围墙圈起了一片地，后来这里就成了香港村。他们接纳了水上人妇女，也就是疍家人①，帮助他们在当地安顿下来。直到 1957 年，他们建起的这座围墙仍然屹立不倒。

　　在很长一段时期里，香港一直是一个贫穷混乱的地方，由七个村庄组成，暴露在海上强盗的面前，当跨国公司的大型货船和私掠者的快艇从澳门驶往广州的时候，香港只能可怜兮兮地遥望着眼前的景象。虽然这里水质优良，海湾适宜船舶停靠，但是只有遭受风暴破坏的船只才会来到这里进行维修，而交易还得在其他地方完成。当时的生意很是兴隆——18 世纪广州的海上贸易为接下来两个世纪中英两国的贸易往来奠定了基础。1683 年，清朝收复台湾，康熙皇帝于次年颁布了开海敕令："令出洋贸易，以彰富庶之治，得旨开海贸易。"[54]广州被确定为通商口岸。因此，就在数百艘中国船只赶往马尼拉和日本的同时，一艘艘来自欧洲的船只也在沿着珠江迅速北上。1685 年，日本江户幕府意识到本国的矿藏几乎开采殆尽了，于是颁布了一项法令，禁止日本出口一切贵金属。突然间，广州只能依赖来自印度尼西亚和西方的贸易了。为了给即将到来的船只提供服务，在整个珠江三角洲沿线上，小型定居点如雨后春笋般冒了出来。这些定居点被称为"班克沙尔"，也就是某种形式的水岸货摊。经营这些场所的是英国人所说的"舢板客"。这个名称来源于用三块小板子做成的补给船，一位位中国摊主就摇着这样的小舢板沿着海岸线转来转去。对于那些一连数月待在船上，只能吃到

---

　　① 疍家，又称艇户，是广东、广西、福建和海南一带以船为家的渔民，他们世代以打鱼为生，不在陆上安家。疍家分为福州疍民和广东疍家人，后者又被称为水上人。

咸牛肉、猪肉、豆子、鹰嘴豆和饼干的欧洲水手而言，这些舢板就是便利的水上市场，在这样的市场里能找到新鲜的水果蔬菜，甚至有活蹦乱跳的猪、山羊和野鸭，以及药品和女人。买办会经营一些规模比较大的水岸货摊，提供比较官方的服务。在欧洲人的口中，他们都是"广东人"。在处理船上的死亡事件时，这些买办特别有用，这种情况很常见，因为欧洲人不能埋葬在中国大陆。来自澳门的欧洲商人的遗体会被运回澳门，没有亲属的人的遗体则被送到广州的丹麦岛或者法国岛（今小谷围岛）。这些岛屿既不属于丹麦人，也不属于法国人，但是来自这两个国家的商船首先会到这些岛屿上进行维修，振作精神，然后才体体面面地前往广州。位于澳门和广州之间的黄埔岛是一处补给站，为最大的水岸仓库提供了便利，同时也承担着临时的行政管理职能。

17 世纪晚期，珠江三角洲地区的社会状况比较混乱，有组织的犯罪行为层出不穷，为了控制局面，广州又恢复了行会制度。欧洲的行会是将各地的商人集中在同一行业的保护伞之下，而中国的行会有所不同，这种行会以中国人所谓的"家乡"为基础，这反映了中国人对祖先的深切感情，在秘密组织里，成员之间的关系往往比较私人化。尽管这些社团根源于各种政治运动，但是从 17 世纪晚期开始，它们在中国的商业活动中占据着越来越重要的位置，在南方这种情况尤其突出。与商业行会一样，这些秘密社团也具有爱国、父权制和极其忠诚的特点。此外，它们还保留着绝大多数秘密社团都具有的标志性特征，如等级制度、入会仪式、誓言以及特殊的交流系统。这些团体内部关系紧密，连当地的中国人都难以接近，欧洲人就更不可能了。在它们的推动下，腐败和贿赂在体制内成了一种通病，这就给外国商人进入中国市场创造了条件。在广州，中国商人，或者说是商行，通过坐落在海岸沿线的一连串被称为"工厂"的货栈形成了贸易垄断。买办作为他们和欧洲人之间的中间人，会上船同他们的对手，也就是所谓的"押运人"进行接洽。押运人可以说是船上最重要的人物，船一抛锚，他们就得负责探查岸上的情况。因为很多货船早在一年前就上路了，在这么长的时间里，价格和供应链随时在发生着变化。一旦达成交易，买办就会向商行的商人报告情况，后者得经常去政府开办的商行缴纳税款。政府的督察人员被称为"河伯"。

中国的开海通商，以及第二个白银周期（墨西哥白银周期），让商行的商人、广东人和欧洲人都获益匪浅。从 18 世纪初期开始，白银的产量持续增长了 50 年，直到中国对黄金的需求再次趋于平稳，这就是第二个白银周期。让我们来看一看这种供给量究竟有多大——第二个白银周期为中国提供的白银数量是前两个世纪供应总量的两倍多，墨西哥比索因此成了东印度群岛的默认交易货币，这种状况一直持续到了 19 世纪初期。为了在这个市场上竞争，东印度公司和荷兰东印度公司都努力筹措着现金，艾萨克·牛顿在 1717 年下议院备忘录中收录的《财政大臣》一文中提到，中国贸易"把全欧洲的白银都拿走了"。[55]

从美洲进口的新的粮食作物让中国内地的人口出现了迅速的增长，这也为商人们带来了好处。17 世纪下半叶，中国人口达到了 2.68 亿，首次超过了世界人口的 30％，但是与日渐城市化的欧洲不同，中国人口结构的基本单位是农村家庭，而农村家庭的构成几乎仍是农村人口。[56]在 18 世纪上半叶，由于资金大量注入、人口增长，以及王朝稳定，中国的领土面积几乎翻了一番，汉族人口激增。耕地面积也几乎增加了一半。耕种这些土地的主要是中国的契约劳工，也就是苦力，这些人会想方设法减轻自己的劳累，例如，种植稻米的工人会用茶叶、烟草和鸦片这三样东西缓解疲劳。鸦片对种植水稻的农民来说尤为重要，它能减轻在稻田种植者中间十分普遍、永远不会消失的水源性发烧和腹泻等症状，让工人能够保持稳定、不间断的工作节奏。此外，这三样东西还能缓解关节炎带来的痛苦和工作带来的无聊感。发烧和风湿病也是中国南方亚热带丘陵地区的常见病。中国人已经意识到鸦片和酒精——如危险的"烈酒"和相当于杜松子酒的"烧酒"———与其他种类的麻醉品不同，人体不会对鸦片产生耐受性，因此日复一日地吸食鸦片还是能产生同样的效果，而无须增加吸食量，因此也就不会增加开支。

到 18 世纪初，荷兰东印度公司将大部分来自巴达维亚的鸦片供应给了广州一地。为了说明这项鸦片贸易的重要性，我们不妨来看一看荷兰东印度公司的详细记录：1702—1781 年，在巴达维亚的香料贸易中，鸦片（主要来自马尔瓦）占了 52％。一直被视为香料行业巨头的胡椒仅占 12％，甚至屈居肉桂之后，后者的份额为14％。[57]这样的贸易规模令法国和英国的公司相形见绌，在 1699—1714 年，两国每年仅有一两艘船只被派往中国。在之前的一个世纪里，东印度公司采用了一种结构更为复杂严密的金融制度，并于1714 年在广州十三行商馆区的猪巷设立了办事处，这个办事处同公司在伦敦金融区鞋巷设立的庞大办事处有着天壤之别。次年，教皇又发布了一则反对中国丧葬习俗的诏书，罗马方面仍然错误地以为中国丝毫不会在意他们对中国历史悠久的传统习俗发表的看法。然而，在教皇诏书颁布后，中国立即对所有不接受朝廷直接管辖的西方传教士进行了驱逐，官吏们也更加不屑于贪婪无礼的西方蛮夷了。

　　1720 年，中国政府将南海地区的贸易垄断权授予了一群商行商人，这些商人经营着分布在广州珠江沿岸的"十三行"①。十三行被称为"公行"，顷刻间他们大权在握，垄断了茶叶和丝绸生意，在这个时期英国对这两种商品的需求量都非常大。面对新出现的这种情况，东印度公司首先做出了反应，而且采取的方法巧妙得令人惊讶。即使得到押运人和买办的协助，外国人也难以同商行商人打交道。在欧洲人看来，在交易过程中，对事实和数字问题进行商讨是必不可少的，但是抱团排外、行事隐秘的商行商人对这类事情很反感，他们认为这些事情会带来冲突。

　　这两个事件促使东印度公司开始重新考虑自己应当如何在广州经营生意。他们以前雇的是说葡萄牙语的买办，现在这样的买办已经得不到他们的垂青了。有时候，他们会让能讲法语和中文的传教士免费搭乘其货船，以换取翻译服务。现在这两种做法都不可行了，因此东印度公司开始对雇员进行培训，要求他们能说出一口流利的中文，而不是一个世纪前伦敦商业机构所青睐的"杂烩式"中国话。公司的雇员詹姆斯·弗林特在学习中文方面尤其成功。1736年，弗林特随东印度公司的"诺曼顿"号商船一起出行，结果年仅十几岁的他被丢在了广州。三年后，能熟练使用中英双语，还起了一个中国名字（洪任辉）的弗林特代表东印度公司乘船去了印度，又过了三年才回到中国。他要去印度学习语言，这一次他得到了东印度公司的全额资助。1741 年，弗林特开始在猪巷的办公室上班，没过多久他就成了东印度公司派往广州的所有船只都必不可少的英

111

---

　　① 广州十三行是清代专门从事对外贸易的牙行，清政府指定专营对外贸易的垄断机构。十三行商人与两淮盐商、山陕商人并称清代中国三大商人集团，他们通过垄断外贸特权获得了显赫的经济实力，成了近代以前中国最富有的商人群体之一。

国语言专家。当英国忙于参加奥地利王位继承战争之际，在弗林特这种人的帮助下，东印度公司在与公行进行贸易的过程中逐渐掌握了主导权。到战争结束时，东印度公司的势力范围已经扩大到广州以外的地方，试图在中国东南沿海的重镇建立货仓。几年前，他们就已经在宁波做过这样的尝试，但是以失败告终。对于东印度公司的这些阴谋，弗林特发挥了不可或缺的作用，他直接向北京方面示好，而这种做法是外交礼仪上所不允许的。经过一场混乱的争吵后，清朝政府中止了东印度公司试图说服中国开放贸易的脚步。一名福建翻译在广州被公开处决，这是清朝政府在警告人们不要对蛮夷过于友好，弗林特也在澳门蹲了三年监狱。获释后，他去了美国，开始种植大豆、制作酱油，还把豆腐介绍给了本杰明·富兰克林。

　　然而，弗林特以及他在东印度公司的支持下采取的行动，对欧洲商人的商业活动造成了严重的后果。1757 年，清朝政府只保留了广州海关继续与外国人通商，这进一步巩固了公行的地位，与此同时也为走私和腐败创造了大量的机会。按照新的规定，外国商人不得在广州定居，学习和使用中文也成了违法行为。这样一来，他们就更加依赖买办系统，以及欺诈和混淆视听的伎俩。更糟糕的是，尽管雍正皇帝在 1729 年颁布了禁烟令，但是政府官吏越来越清楚地意识到，始终有人在源源不断地向南方地区走私大量鸦片。中国的鸦片消费也一直不曾减少，而禁烟令似乎只起到了加速鸦片走私的作用，因为有越来越多的劳动人口对这种"灵丹妙药"产生了依赖。中国人准确地判断出英国商人是鸦片走私的罪魁祸首，可是他们的管辖范围只在广州境内，因此无力阻止英国人——荷兰人和葡萄牙人也有一定程度的参与——没完没了地在海上和近海地区偷偷进行的交易，这些欧洲人往往趁着这样的交易机会卸下船上的鸦片。

　　可以肯定地说，在 1757 年的时候，中英关系出现了严重的恶化。但是，在其他地方，东印度公司正试图改变不止一个国家——而是一个次大陆——的发展进程。就在当年，军事力量越来越强的东印度公司打赢了孟加拉纳瓦布①人选问题引发的普拉西战役，②从而控制了印度最廉价却最优质的鸦片。东印度公司对这些鸦片的出路非常了解，这个市场就是中国广州，尽管清朝政府对鸦片进口下了禁令。东印度公司一方面急需中国的茶叶，另一方面手里掌握着大量的鸦片，因此在接下来的 20 年里，公司一直在努力解决这个问题。他们找到的解决方案将永远改变印度、中国和英国的历史。

---

　　① 纳瓦布，印度莫卧儿帝国时期对副王和各省总督的称谓，又称"苏巴达尔"。在帝国衰落后，孟加拉、奥德和阿尔科特等独立地区的统治者沿用了这一称谓。在英国殖民统治时期，纳瓦布成了印度土邦王公的称号。

　　② 普拉西战役，发生于 1757 年 6 月 23 日，是东印度公司与印度的孟加拉王公西拉杰·乌德·达乌拉之间发生的战争，法国支持后者。

第二部分　在摩耳甫斯的怀抱中

第四章
浪漫主义遇到现代科学

三个帝国

"没有各种手段和资源，就无法称霸世界、控制世界；没有土地和家奴，就掌握不了统治权和指挥权。"[1]

——莫卧儿帝国的创始人巴布尔（1483—1530）

普拉西战役和占领加尔各答，标志着自 1600 年以来不断建设中的英属印度得到了巩固，英国在莫卧儿帝国建立了自己的据点，通过这个据点，英国人就能够绕过自 14 世纪以来一直控制着从巴尔干到孟加拉湾的贸易路线的奥斯曼帝国和萨法维帝国。

这三个庞大的帝国不仅统治着贸易，而且它们也成了远方的梦，就像是看得见的讲述奇迹的传说一样，最终它们将吸引欧洲人回到那里。在结束了十字军东征、重归故土的人中间，很少有人会提起那些神奇的地方和镶着金子的宫殿。但是，过不了多久，这三个帝国——它们的国土面积加起来大到令西欧人无法想象的程度——就会在西欧人的想象中占据重要的位置。

116 　　1520—1566 年，奥斯曼帝国处于苏莱曼一世的统治之下，他给这片广袤的土地带来了一段时期的变革，将一种混乱激烈、强势好斗的意识形态转变为一种更加倾向于定居和城市化的生活方式，他采取的措施包括建立了一套官僚体系，他通过这套官僚体系在伊斯坦布尔统治着这片幅员辽阔的土地。奥斯曼也产生了一个新的身份——逊尼派伊斯兰教的保护者。这些已经合并的地区长期以来一直饱受土匪和军阀的侵扰，叛乱时有发生。在鸦片种植业很发达的安纳托利亚，各种抗议活动持续不断，如 16 世纪晚期的塞拉利起义。奥斯曼帝国出现的大多数抗议活动的参与者都是农民，碰到征税的时候或者是困难时期，他们会被征募为非正规军，由当地的走私者、闹事者和酋长领导。奥斯曼帝国的这一时期为土耳其当代的有组织犯罪奠定了基础。自古以来，这些匪徒经营的生意始终都是贩卖一切有利可图的货物和人口，鸦片和其他货物一起出现在大规模的出口贸易中。1546 年，法国博物学家皮埃尔·贝隆访问了小亚细亚和埃及，他吃惊地看到一支由 50 头骆驼组成的商队竟然满载着土耳其的鸦片。对于奥斯曼人对鸦片的广泛使用，他表达了自己的看法：“每一个土耳其人都会散尽资财购买鸦片，无论是在战争时期还是在和平时期，他们都会随身携带鸦片。他们认为鸦片会让他们变得更加勇敢，不再那么害怕战争中的危险。在战争时期，鸦片的购买数量相当大，你很难找到还没有卖出去的剩余存货。”[2]

　　奥斯曼帝国的苏丹们似乎都觉得鸦片的存在是天经地义的事情，目睹过他们吸食鸦片的人通常认为，这是因为他们从不饮酒，但是大街小巷的土耳其人也在毫无顾忌地吸食着各种麻醉品，将其当作日常社交活动的一部分。他们不仅吸食鸦片，而且还“用水烟筒，也就是通过水吸烟的土耳其烟斗，吸食一种用野生大麻的叶子制成的绿色粉末"。[3]在马可·波罗生活的时代，吸食大麻的都是一些粗鄙之人。当时，在伊斯坦布尔还流行一种毒品——塔图拉，即曼陀罗，这种毒品的最佳来源就是药剂师，据说他们的曼陀罗是从犹太走私者那里搞到的。一种普遍的观点认为，曼陀罗和鸦片同时吸食的时候，毒性尤其剧烈。

　　萨非王朝①是波斯人建立的最庞大的帝国之一，萨非人也在种植鸦片，并且吸食大量的鸦片，将其当作一种消遣方式。这个王朝试图遏制鸦片的措施虽然得到了什叶派穆斯林严格的思想意识的支持，但所有努力都以失败告终了。1577 年，国王伊斯玛仪二世在城里寻欢作乐了一夜之后，被人用曼陀罗下了毒，此后人们就普遍地将曼陀罗与死亡联系在了一起。从 1600 年开始，东方向旅行者敞开了大门，此后有关萨非王朝宫廷的各种奇闻逸事就传播到了西欧各国。西欧各国和萨非王朝虽然相互为敌，但是他们有一个共同的敌人——好斗专横的奥斯曼帝国，因此讲述伊斯法罕的高雅文化和一幕幕奇景的故事，对西方读者来说就更具有吸引力了。法国珠宝商让·夏尔丹在 22 岁的时候第一次来到萨非王朝的皇城，后来他在文章中写道，这座城市"尤其是有许多宏伟的宫殿，充满欢声笑语、喜气洋洋的房舍，宽敞的商队客栈，非常美丽的运河和集市，两旁栽着梧桐树的街道……无论从哪个方向看过去，这座城市看起来都像一片树林"。[4]他还观察到，大约有九成的波斯男人有服用鸦片丸的习惯。另一个到过那里的人提到，年轻的波斯国王在帐篷里

---

　　① 萨非王朝（1501—1736），又称萨法维王朝、波斯第三帝国，是继阿契美尼德王朝、萨珊王朝以来第三个完全统一伊朗东西部的王朝，处于伊朗从中世纪向现代过渡的中间时期。萨非王朝将伊斯兰教什叶派正式确立为波斯国教。

长大，"帐篷里有黑人宦官守卫，外面有白人宦官守卫"，他们只学习宗教，不学习政治和治国之术；他们将年轻的国王"丢给女人，从他年幼时起就纵容其各种肉欲，让他吃鸦片，喝罂粟水，罂粟水里还掺了琥珀和其他一些物质，这些物质能够激发欲望，让他在极度喜悦的幻象中沉浸一段时间，但这最终会让他变得极其麻木。他的父亲一驾崩，他就被扶上了王位，满朝文武都匍匐在他的脚下听命于他。每个人都在竭力取悦他，但是没有人想给他一些明智的建议"[5]。

在这些庞大的帝国里，人们随时随地都能买到本地出产的鸦片，这就意味着不只有精英阶层具有吸食鸦片的习惯，在奥斯曼帝国和波斯社会的各个阶层里，都特别盛行。在整个东印度群岛，吸食鸦片已经成为一种被普遍接受的习惯，即使在穷人中间也是如此。正如葡萄牙作家克里斯托巴尔·阿科斯塔在1592年时所指出的那样，人们对鸦片的"态度就如同工人对面包的态度"，但是阿科斯塔认为，将鸦片当作春药食用的做法"令人感到厌恶"。[6]在返回葡萄牙的途中，阿科斯塔负责照看船上生病的土耳其和阿拉伯俘虏。他指出，这些人都有吸食鸦片的习惯，如果无法给他们提供鸦片，他们就会面临死亡的危险。他们只得凑合着喝大量的葡萄酒。

在受鸦片奴役的人中，绝大多数人都只是为了活下去，但是也有一些人将吸食鸦片的习惯发展到了新的极端水平。在东方，就存在着一群最引人注目的鸦片食用者——莫卧儿人。1526年，巴布尔在印度建立了伟大的莫卧儿帝国。莫卧儿人宣称自己的祖先是帖木儿和成吉思汗，他们是从中亚迁移到印度的穆斯林。在建立新帝国的过程中，他们保留了原先的一些习惯，同时也吸收了其他地方的风俗，他们的宫廷文化深受辉煌的波斯文化的影响。但是，他们仍旧保持着游牧民族的生活方式，从来不会在任何一个地方停留太长时间。这使得皇权的概念就集中在了皇帝个人身上，帝国统治者们的个人形象也就变得越来越出众了。他们既是皇帝，同时也象征着帝国的首都。

到巴布尔建立莫卧儿帝国的时候，这三大帝国的统治阶层都已经形成了强大的鸦片文化，但是莫卧儿帝国和另外两个帝国有所不同。尽管有自己的宗教信仰，但是莫卧儿人喜欢饮酒，酒的销量很大。这不仅限于男性，女性也有权参加皇室聚会，尽管她们不太可能被允许喝酒。巴布尔最小的女儿古尔巴丹·贝金（约 1523—1603）曾描述自己参加帝国一年一度的神秘宴会的情景，这种宴会的目的是祈祷国运昌盛。她从出席宴会的 96 名高贵女性中选择了沙德·贝金和米赫兰加斯·贝金，她们之间"有着深厚的友谊，习惯身着男装，而且两个人都身怀各种绝技，如制作扳指和箭，打马球及射击"。[7]

从有关他们嗜好宴会、饮酒无度、大吃大喝以及狩猎的传说中可以看出，莫卧儿人的物质消费水平非常高。巴布尔的儿子、古尔巴丹·贝金同父异母的兄弟胡马雍，曾毫不掩饰地承认自己喜食鸦片，他的儿子也是如此。但是，与莫卧儿帝国的统治者贾汗吉尔（1605—1627）[①] 相比，他们就相形见绌了。这位皇帝为自己选择的名字"贾汗吉尔"是"世界征服者"的意思，这个名字无异于在向外界大胆宣告他要尽情享受生命。贾汗吉尔的兄弟都死于酒精中毒，他也沉迷于酒精和鸦片。1605 年，他的第一任妻子曼拜因吸食

119

---

① 贾汗吉尔，莫卧儿帝国的第四任皇帝，被认为是莫卧儿帝国最伟大的皇帝之一，原名努尔丁·穆罕默德·萨利姆。

鸦片过量身亡。从 1611 年开始，他的第二任妻子努尔·贾汗执掌朝政，几乎取代了他的位置。贾汗吉尔的生活非常豪华气派，在皇室出行的时候，他的身边会有一支由 8000 人组成的私人卫队，另外还有多达 10 万名骑兵及成千上万的动物和人组成的随行队伍，整个队伍长达一英里半。

在莫卧儿帝国的所有皇帝中，贾汗吉尔是最喜欢四处走动的一位，但与前辈们不同的是，他之所以这么喜欢出行，很可能是为了逃避各种责任，而不是为了躲开乌兹别克人。据说，他四处漫游是为了寻求精神解脱，但毫无疑问的是，他接受过精神和宗教方面的教育，并真诚地试图调和印度斯坦的各种信仰和伊斯兰教之间的关系。贾汗吉尔还是一位收藏家、博物学家，在外出的旅途中热衷于观察周围的景色。他对皇家图书馆进行了大规模的扩建，还亲自整理了藏书目录，这是莫卧儿帝国第一位亲自做这件事情的皇帝。在古吉拉特邦和葡萄牙人统治的果阿邦，都有代理人专门负责采购来自欧洲的手工艺精品，尤其是钟表，他还收集了一批野生动物，建起了一座了不起的小型皇家野生动物园，其中最引人注目的是一只北美火鸡、一匹来自阿比西尼亚的斑马和一只红毛猩猩。他亲笔撰写的回忆录都是帝国主义者宣传品中的杰作。

此外，每逢星期四的夜晚，皇室都要在奢华的花园里举办酒会，席间所有人都可以随心所欲地饮酒、服用毒品。从波斯宫廷开始，饮用葡萄酒的传统已经延续了几个世纪，莫卧儿人希望自己的表现也差不多如此精致，但是除了葡萄酒，他们还有饮用烈性酒的习惯。根据文献记载，他们会在一杯杯的葡萄酒或烈性酒中溶入鸦片。但愿这些酒不是那种"绵羊酒、鹿酒、山羊酒"。据东印度公司的一名代理人所述，在古吉拉特邦的港口城市苏拉特，人们就在制作这样的酒，想要什么酒，他们就往蒸馏器里掺入一点某种动物的"酒精"。[8]1621 年，贾汗吉尔那位"忠心耿耿的老奴"——皇家麻醉品的库管员——去世了，贾汗吉尔任命两个人接替了那个职位，一个人负责管理葡萄酒，另一个人负责管理鸦片。[9]贾汗吉尔的胃口很好，大约就在任命新的酒精和鸦片库管员的时候，他留下了一份记录，其中提到从 11 岁的生日直至 50 岁的生日，他几乎每天都要打猎，亲眼看着 28532 只动物"被杀死"，其中有 17000 多只是他亲手杀死的，包括各种飞禽、山羊、绵羊和鹿，此外还有 86 头狮子和 10 条鳄鱼。[10]

1617 年，在英国多次派出大使出访莫卧儿帝国后，贾汗吉尔授予了东印度公司一揽子贸易特许权，其中就包括从事鸦片贸易的权利。早在 1613 年 1 月，东印度公司就在位于古吉拉特海岸的苏拉特建起了一座仓库，或者说是一座工厂，以抵御葡萄牙人的入侵。托马斯·罗爵士于 1615 年来到莫卧儿，为了确保东印度公司的利益，他在贾汗吉尔的宫廷里过了三年整日饮酒、伺候贾汗吉尔的日子。对于那些对东方奇观感兴趣的读者来说，1625 年出版的多卷本《珀切斯游记》（又名《珀切斯朝圣者书》）堪称同类作品中的典范，这套丛书收录了罗对其在莫卧儿宫廷时光的描述。罗对贾汗吉尔的日常生活的描述非同寻常，其中提到，在一次出行期间，国王有 600 头大象、1 万多匹马随行，而且它们都身着光彩夺目得超乎想象的服饰。罗发现自己不得不骑上马才能从拥挤的人群中脱身。贾汗吉尔也裹着羽毛包头巾，头巾的一侧镶着一颗"跟核桃一样大"的红宝石，另一侧镶着一颗同样大的钻石，正面则是"一颗雄鹿造型的祖母绿，但是尺寸大得多"。他的"脖子上挂着一条极其上等的珍珠项链，三串一模一样的珍珠，我从没见过这么非凡的项

121

链，他的肘部戴着镶钻石的臂环"。[11]有趣的是，贾汗吉尔的御用珠宝匠是一个荷兰人。罗还开心地注意到，这位皇帝的手套来自英国。但是，即使只是记录一下这样的着装过程都会让人筋疲力尽，日复一日地做这件事情肯定会令人生厌，所以不难想象，在穿衣打扮的过程中，贾汗吉尔经常"在玩"，要不就"睡着了"。罗在文中经常提到贾汗吉尔的女人，以及他跟她们待在一起的时间有多长。尽管这个欧洲人对皇帝后宫的描写不太浪漫，但是这位皇帝在女人堆里流连忘返的画面还是非常打动人的。事实上，后宫里不乏强悍的女性，如努尔·贾汗，在丈夫出游期间，她为自己建造了一座又一座私人宫殿，还插手莫卧儿帝国的贸易活动。在葡萄牙人劫持了莫卧儿皇帝阿克巴（贾汗吉尔的父亲）的母亲哈米达·巴努·贝金（玛丽亚）的一艘船之后，莫卧儿帝国的女性就倾向于和英国商人做生意，而不再是和葡萄牙人做生意了。被劫持的"拉希米"号运载的就是用来出口的香料、鸦片和纺织品。努尔·贾汗最终得到了"英国货物保护人"的称号，这个称号表明了她在莫卧儿帝国和英国人的贸易往来中占据着多么重要的位置。因此，对于莫卧儿帝国同托马斯·罗爵士的谈判，她不太可能置身事外。[12]

　　1627 年，贾汗吉尔在克什米尔，当时他正在出游途中，但是几十年的醉酒生活已经让他的身体羸弱不堪了。这时候，有关他及其宫廷的传说已经流传到了西方世界，这些传说将给后世留下一笔巨大的财富。在吸食鸦片的莫卧儿人中，贾汗吉尔是最有名的一个，有关其宫廷的文献记载对欧洲读者尤其重要。相比之下，当时在哈布斯堡帝国和西欧的其他国家里，鸦片仍然被大多数人视为一种充满异域情调的舶来品。西方世界对来自不同帝国的鸦片生产片区分得很清楚，对于哪一种鸦片是最好的、应该如何食用的问题，人们还产生了争论。在英格兰，人们仍然普遍认为土耳其的鸦片是效力最强大的，也是最容易获得的，但是埃及的鸦片是最上等的，这个国家即将发生的一些变化将永远改变鸦片在西方世界的消费状况。

"没有它，医学就会存在缺陷。"
——托马斯·西德纳姆，《对急性病的病史及治疗所做的医学观察》（1676）

1603 年，莎士比亚让笔下的恶棍伊阿古对痛苦的奥赛罗备受煎熬的心境做了一番描述，其间他提到一个经典的药方，"无论是罂粟、曼陀罗，还是世上所有使人昏昏沉沉的糖浆，都不能让你获得昨天晚上你曾享受的酣眠"。[13]正如《奥赛罗》所描述的那样，当时英格兰正肆虐着又一场瘟疫，作为文艺复兴时期席卷整个欧洲、势不可挡的人文主义浪潮的组成部分，医学再次引起了人们的极大兴趣。哲学家和政治家弗兰西斯·培根（1561—1626）呼吁社会找到一种更具有实证性的方法来改善人类的生存境况，他希望世界能够通过这个不断产生大发现的时代获益。他出版于 1620 年的杰作《新工具》的扉页上面印着一幅画，画面中，一艘从地中海出发前往大西洋的船正行驶在赫拉克勒斯之柱①一带。在近似医学专著的《生死史》一书中，培根针对鸦片提出的见解毫无新意，但是这些见解充满了人道主义色彩，产生了广泛的影响，而且他真诚地希望这部著作能为大众带来益处，希望"通过它，高级医师们的思想水

① 赫拉克勒斯之柱，指直布罗陀海峡两端带有神迹色彩的两根柱石，北面的一块是仍属英国殖民地的直布罗陀巨岩，南面一块岩石的所在位置尚无定论，但是比较公认的一种说法是位于休达的雅科山，也有观点认为是位于摩洛哥的摩西山。

平能有一定的提高”。[14]

　　在伦敦，医生常常成为人们取笑的对象，人们认为他们更喜欢搞理论工作，而不是动手实践，将大部分病人交给兼职医生的理发师、药剂师和产婆们摆布，更多的时候病人都落到了庸医的手中。伦敦的医生基本上分为两个阵营，即盖伦的阵营和巴拉塞尔苏的阵营。盖伦的治疗方法基于草药和整体医学，而巴拉塞尔苏倾向于用炼金术以及特定的方法来治疗病人。在伦敦的皇家内科医学院举行的辩论中，巴拉塞尔苏的追随者受到了盖伦派的蔑视，在后者看来，巴拉塞尔苏的身上带着一股浮士德那样的硫黄气息。不过，在其他人中间，巴拉塞尔苏的看法仍然能够引起共鸣。

　　在 17 世纪，伦敦是一个重要的知识中心，尤其在医学领域。当时，无论是国内还是海外，英国都处在战争时期，但生活水平的全面提高，意味着教育、艺术和科学逐渐成为社会优先考虑的事情，就像以前的其他知识中心一样。在地球仪、望远镜、显微镜和气压计等仪器的帮助下，人们变得更加独立自主，开始对以前的教条提出质疑。来自各个领域的杰出人才催生了各种各样的化学实验和科学实验，尤其像威廉·哈维这样伟大的博学家，他发现了循环系统的工作原理，他的学说启发了天文学家及建筑师克里斯托弗·雷恩、哲学家约翰·洛克和博物学家、发明家罗伯特·虎克等人。与这些学者同时代的托马斯·西德纳姆，1624 年出生在英国多塞特郡的一个军人家庭，由于英国内战（1642—1651），他在牛津大学的时间缩短了，直到 1676 年他才在剑桥大学彭布罗克学院获得医学博士学位。但是，从 1663 年开始，他就被授予了在伦敦行医的执照。在这几十年里，各个领域都取得了令人叹为观止的进步。1657 年，克里斯托弗·雷恩进行了一项对医学史的未来至关重要的实验——首次在一条狗的身上实施了静脉注射。

雷恩的工作得到了英裔爱尔兰化学家罗伯特·波义耳的帮助。波义耳出身于富裕家庭，为了实验的方便，1655—1656 年，他一直住在牛津的药剂师聚居区。他当年居住过的公寓，如今已经成了伦敦大学学院的一部分。当时年仅 24 岁的雷恩与波义耳等人坐在一起，讨论着毒药的作用原理。就在讨论的过程中，雷恩突然告诉大家，他知道如何将液体输送到活体动物的血液中。他们找来一条狗，叫来几名助手将狗固定在桌子上，雷恩先后用了一把手术刀、一支削尖的鹅毛笔和一只动物膀胱对狗实施了注射。后来，他在文章中写道："我通过静脉给一条活狗注射了葡萄酒和麦芽酒，注射量很大，最后它彻底醉了，但很快它就尿出来了。"[15]他接着写到自己用同样的方法，"测试了鸦片、司格蒙旋花和其他一些东西的效果"。在被注射了鸦片和白葡萄酒的混合物之后，这条狗仍旧活了下来，因为实验人员迫使它站起来，不停地活动，它在花园里跑来跑去，最终药效消失了。

一旦找到机会，波义耳、雷恩和朋友们就会继续进行这样的实验，雷恩几乎毫不怀疑这些实验对人类也同样有效，尤其是"罪犯"。从 1660 年开始，像他们这样的研究者就开始将自己的发现提交给刚刚在伦敦成立的英国皇家学会，这个组织汇集了当时伦敦最优秀的人才。学会成员撰写的一份记录就提到了雷恩和波义耳对静脉注射的研究，"因此产生了很多新的实验，主要是输血方面的实验"。[16]

英国国王查理二世复辟，皇家学会成立，伦敦市中心一带成了知识分子的聚集地，伦敦因此在很短的时间里在很多方面都取得了快速发展，尤其是西德纳姆在雷恩和波义耳进行静脉注射实验的同时期所埋头从事的工作。西德纳姆治疗过形形色色的病人，这些病人患有各种不同的病症，他坚信跟踪观察住院患者的做法具有重要的价值。他住在蓓尔美尔街上，工作的地方也在这里，住所隔壁是药剂师马尔萨斯先生，后者经营着一间名叫"杵和臼"（Pestle & Mortar）的药房。像西德纳姆这样的医生越来越精于利用古老的药方以及来自新大陆的药物（如吐根和奎宁）来研制新药。与中国的情况一样，当时新的食物品种陆续来到了欧洲，如土豆、水稻和玉米，这就为当地劳动人口的增长创造了条件，尽管一些食物也带来了疾病，如玉米带来的糙皮病。西德纳姆大力提倡使用鸦片治疗许多的普通疾病，他认为"在全能的上帝赐予人类缓解痛苦的所有良药中，没有一种能像鸦片一样包治百病，而且功效强大"。然而，就在西德纳姆正式开始行医仅仅两年的时候，瘟疫和大火带来的双重恐怖促使他和家人逃到了乡下。在那里，他开始记录自己的研究成果，其中的许多成果现在都被认为具有开启现代临床医学时代的意义。例如，他承认痛风患者大多"有着不良的生活方式，酗酒成性、挥霍无度"，他还建议人们进行大量的运动，例如骑马，以保持精神健康。[17]因此，他被誉为"英国的希波克拉底"。然而，西德纳姆在有生之年并没有得到大多数医疗机构的尊重。他针对发烧、痛风和关节炎等疾病撰写的医学著作很理性，但违背了人们普遍接受的常识。此外，他似乎始终不属于伦敦医生中的精英阶层，尽管他从未过过真正的穷日子。

　　但是，在创制一种新的鸦片制品的工作上，西德纳姆产生了极大的影响力，他之所以能够针对发烧的问题撰写出一批开创性的著作，无疑是得到了鸦片研究的帮助。从盖伦到巴拉塞尔苏，再到习惯吸食鸦片的波斯人，服用鸦片制成的药丸已经有很长的历史，西德纳姆也尝试用这种药丸来研制一种改良药品。药丸经常会让服用者产生胃痉挛和恶心的症状，而且服用的剂量主要取决于药剂师的技术。与得卫尔以及雷恩调制的白葡萄酒混合物一样，人们在服用鸦片的时候经常会喝一点酒，这么做是为了掩盖鸦片的苦味，加强迷醉感，同时也是为了促进消化，因为酒精本身也常常被人们当作一种药物。

酒精对鸦片乳液也有影响，能够增强服用者对鸦片乳液的感觉。西德纳姆无疑做了充分的实验，因此终于发现了雪利酒的用途。雪利酒是一种经过强化处理的优质葡萄酒，西德纳姆的药方中就用到了它："鸦片，2盎司；藏红花，1盎司；捣烂的肉桂和丁香，各1打兰；雪利酒，1品脱。混合，浸泡15天后过滤。20滴相当于1格令①鸦片的药效。"[18]

巴拉塞尔苏始终对自己的"长生不老石"的配方秘而不宣，西德纳姆则与他不同。为了帮助自己的同胞，西德纳姆在1667年公开了自己掌握的知识。他的药方一举获得了成功。这种药物具有古老的解毒糖浆所具有的各种积极成分，如藏红花、肉桂和丁香，因此非常昂贵，但是它被浸泡在雪利酒中，因此远比以前的同类药物容易服用，对胃部的刺激也没有那么强烈。到了17世纪后期，药剂师和鸦片供应都远比以前更可靠了，因此西德纳姆研制的这种药品的剂量几乎实现了标准化，非常便于在药房出售。对于马尔萨斯先生这样的药剂师来说，这种药品比较容易配制，而且不像药丸那么耗费时间。作为一种能够快速让人昏睡、退烧，同时还能对肠胃

127

---

　　① 历史上使用过的一种重量计量单位，最早1格令在英国的定义为一粒大麦的重量。

和各种感官起到镇静作用的止痛药，西德纳姆的鸦片酊配方迅速在法国和西欧传播开来。

　　从这时起，西方和东方在服用鸦片的方式上就分道扬镳了。西方将一直选择最快捷的方式；在东方，像波斯和中国这些鸦片的最大消费国，始终固守鸦片丸和鸦片烟的形式。显然，吸烟所具有的社交功能对东方的男性非常有吸引力，鸦片丸则非常便于服用，他们世世代代都已经习惯了这种形式，农村地区尤其如此。在随处找得到药剂师、鸦片供应也不受限制的西方世界，对于日益增长的城市人口来说，拿上一个半品脱的瓶子去买一剂鸦片酊放在家里的药品柜，是一件很简单的事情，因为服药时是以滴为计量单位的，所以不太容易对孩子用药过量。西德纳姆研制出了新的配方，马尔萨斯先生根据配方配制出了新的鸦片酊，从此西方世界在服用鸦片方面进入了一个新的时代。整个欧洲的药剂师们通过发明这些新药获得了新的声望，令人惊叹的巧合是，就在西德纳姆向社会公布新配方不到一年的时候，巴伐利亚药剂师弗雷德里克·雅各布·默克在德国的达姆施塔特买下了天使药房，开创了一个制药王朝，现在这家公司已经跻身全球最大的公司行列。

　　西德纳姆在技术和时间上的付出非常慷慨，在公布鸦片酊配方将近 10 年后，他参与的一项研究就证明了这一点。既是医生又是哲学家的约翰·洛克（1632—1704）和西德纳姆几乎是同时代的人，两人也是朋友，由于对政治和学术活动的兴趣越来越浓厚，洛克最终放弃了医生这个职业，但是他掌握了全面充分的医学知识。1676 年，洛克在欧洲发表了一篇有关三叉神经痛的报告，这是欧洲第一篇已知的同类论文。这种给患者带来极大痛苦的疾病通常被称为"痛性痉挛"，在接下来的一个半世纪里，鸦片的滥用问题始终和这种疾病如影随形。诺森伯兰伯爵夫人患有严重的口腔和面部神经痛，她的丈夫当时任英国驻法国大使。法国的医生甚至拔掉了她的两颗牙齿，可是仍然没有治好她的神经痛。这是法国医生的最后一搏，结果很糟糕，诺森伯兰伯爵夫人几乎患上了永久性的神经痛。于是，他们找来了洛克，想让他看看是否还有什么补救措施。洛克致信给包括西德纳姆在内的同行们，在信中详细描述了诺森伯兰伯爵夫人的病情，并请求他们提供一些建议。西德纳姆的鸦片酊虽然大获成功，可是当时他的想法在医疗机构中并不太受欢迎。他在回信中阐明了自己会采用的治疗方法，并且补充了一句，"如果她是我命中注定要看顾的一位穷人（因为我治不好富人，除非死后我成了权威）"。[19]从洛克的信中可以清楚地看出他非常尊敬西德纳姆，也十分重视他的意见，其中自然包括有关内服鸦片制剂和给病变部位敷用鸦片酊的意见。从洛克的信中还可以看出，诺森伯兰伯爵夫人当时有多么痛苦，以及她多么迅速地就对这种能够极大缓解疼痛的药物产生了依赖。对于诺森伯兰伯爵夫人的病情，洛克和西德纳姆还讨论过其他一些治疗手段，但是除了天仙子胺，大部分治疗手段对神经痛的疗效都不比用来服药的迷迭香水或紫罗兰糖浆强多少。

129

在洛克遗赠给社会的浩繁著作中，他对治疗伯爵夫人的记述只占了一条脚注的位置，但在人类使用鸦片类药物治疗神经系统疾病的历史上，却具有里程碑的意义。鸦片酊以及含有鸦片酊成分的各种药物，迅速成了治疗神经痛以及几乎所有神经疾病的标准药物。

相比洛克，西德纳姆或许认为虽然在有生之年自己的影响力很有限，但是最终会产生巨大的影响力。虽然他向外界公布了鸦片酊配方的秘密，因此任何一名药剂师都有可能配制出这种药剂，但是他依然是专利药诞生过程中的一位关键人物。在整个 18 世纪和 19

世纪，他研制的鸦片酊一直是鸦片剂消费领域的基石。

　　在蓓尔美尔街的住所里，西德纳姆招收了一名学生。这名学生叫托马斯·多弗，出生于1660年，曾在牛津和剑桥接受教育。在多弗感染天花的时候，西德纳姆用当时的先进疗法对他进行过治疗。这种方法就是将病人关在一个空气清新、通风良好的房间里，并且帮助病人"降温"，用来降温的药品中就包括含有鸦片成分的药物，这种药物能让病人出汗，同时还能让病人平静下来。康复后，多弗结了婚，回到了沃里克郡，帮忙照看患病的父亲的农场，他希望自己能继续在当地行医。1696年父亲去世后，多弗又搬到了布里斯托尔。他追随西德纳姆的脚步，在新建的圣彼得医院当起了义务医生，这所医院专门收治穷苦患者。在布里斯托尔生活的12年里，多弗的诊所生意兴隆，同时他也一直在为穷苦患者看病。他有着非凡的职业道德，这也许是他从西德纳姆身上学到的另一个优点。他留下的工作记录显示，在一次斑疹伤寒大流行期间，他每天要接诊25名患者，休息的时候也就是在咖啡馆里和一名医生、一名药剂师见见面，交换一下意见。在职业压力如此巨大的一段时间里，他们三个人依然坚持会面，这表明他们之间的合作有多么重要。就像西德纳姆和马尔萨斯的关系一样，医生与药剂师之间的工作关系不只是礼节性的职业交往，它还是一种密切的合作伙伴关系，需要双方都具备高水平的知识，对彼此有着高度的信任。

　　在17世纪晚期，药剂师行业发生了巨大的变化。人们手头的钱比以前多了，买得起原先买不起的一些"奢侈"商品了，自行治疗成了越来越多人日常生活的一部分。和现在的情况一样，药品只能经过值得信赖的零售商出售，优秀的药剂师在社会中享有尊贵的地位，他们和每季度举办的各种展销会上的巡回庸医有着天壤之别。在许多方面，他们的生意比医生们的更可靠，也更安全，后者工作结果的好坏往往取决于运气，而不是他们的能力。正如弗兰西斯·培根所观察到的，有些病人可能压根就治不好，"因此，很多时候江湖骗子会受到重视，而品德高尚的人却经受着考验"。[20]不过，药剂师的生意要稳定得多，通常他们的工作中心都在于慢性病的长期治疗，但是医生和药剂师这两个集团之间的竞争还是非常激烈的，塞缪尔·加斯博士于 1696 年在皇家内科医学院发表的讲话就证实了这一点：

> 医学本身是病态的。在所有最有用的学科中，唯独这门学科不知道如何自救，而这个国家遭受的痛苦更多来源于冒牌货医生，而不是各种疾病……有这样的从业者，他骑着自己那匹黑白相间的马，在街头给人们拔牙；另一个从业者非常乐于助人，以至于他会在自己的家里接待傻瓜，一忙就是几个钟头；还有一个从业者会将尿壶仔细观察一番，如果没有发现患病的迹象，那他就成功了……一伙伙的江湖郎中并不是用武器给患者造成了创伤，他们用的是比任何武器都更危险的灵丹妙药。[21]

加斯讥讽的"灵丹妙药"，指的是在伦敦某些街道上开业的药材商和药剂师店铺里出售的药品。他的这次讲话是在呼吁皇家内科医师学会将制药工作和配药工作纳入医生的职责范围，使这些工作脱离药剂师的控制，他还建议以成本价向穷人出售药品。加斯试图对药品管理工作进行改革，早期的这次尝试看上去是一次有利于患者的积极尝试，但同时也意味着一场地盘之争。1698 年，在圣保罗大教堂附近的大学学院，伦敦药房开业了，在一个有两间咨询室并且有一名随时提供服务的药剂师的"实验室"里，"无论是化学制剂还是草本制剂，所有的药品都是用最好的药物制成的，剂量也达到了所能想象到的最精确的水平"。药剂师公司无意做出让步，这家药店已经立下誓言，"谨遵我们公正真诚的本心，服务公众，为公众提供我们开给穷人的药品，费用低于他们的生活条件所能承受的水平"。[22]两家药店展开了激烈的竞争，一度还发生了暴力事件，当时一名身穿天鹅绒外套的医生和他的朋友走进伦敦药房，袭击了两名穿着蓝色围裙的药剂师学徒。

伦敦药房对医生和药品制造商做了明确的划分，也是医学和药品制造商之间斗争的一个完美例子。从此，药品质量进入了公共领域，而不再只是一个单纯的商业问题。

在意大利、法国与荷兰，药剂师公司的店铺率先发展成了高级的零售店，提供包括药品展示和精美包装在内的购物体验。到 17 世纪晚期，在伦敦开业的各类零售商中，只有药剂师们会把将近 40％的资金投在商店设备和配件方面。制药设备方面的确需要大量的投资，比如蒸馏器，但是这个数据仍然表明药剂师们在商品展示方面也花费了大量的资金。伦敦药剂师约翰·阿诺德的店铺财产清单上列出了 117 只玻璃杯、295 个药罐和其他罐子——这些瓶瓶罐罐让我们不禁想起了今天的老式药铺——另外还有 183 个盒子和桶子。[23]药店的内部都经过精心的设计，外观和功能达到了平衡，店铺大多有两个房间，比较昂贵或者危险的物品可以存放在里间，如果有需要的话，也能保证顾客的隐私。药剂师们的商店成了异国情调的代名词，有些店铺里摆放着鳄鱼或者蛇的标本，有些店铺里用罐子装着奇奇怪怪的生物。在 1633 年的 4 月和 6 月，伦敦药剂师托马斯·约翰逊在药铺的橱窗里展示了一些香蕉，这是迄今所知的最早出现在英格兰的香蕉。这些药店的外观设计旨在对顾客产生吸引力，这一切都是西德纳姆和多弗这样的医生再熟悉不过的舞台布景。多弗对腐败的药剂师深恶痛绝，尤其是那些没有从医生那里获得处方就随意开药的药剂师。医生和药剂师之间的关系处于微妙的平衡状态。显然，西德纳姆和马尔萨斯保持着密切的合作关系，而马尔萨斯原本应该在蓓尔美尔街的"杵和臼"药房里亲自制作鸦片酊。但是，总体而言，医生们认为自己比药剂师更有资质，在没有处方的情况下，任何一名药剂师都不应当给病人配药。这是一场旷日持久、经常令人感到头疼的争论。

与此同时，到 1702 年的时候，多弗已经赚够去一趟西印度群岛的钱了。1708 年，他决定给"公爵"号和"公爵夫人"号投入一大笔钱，这两艘船将于第二年年末从布里斯托尔出发，进行一场环球航行。这是一次非凡的旅行。1710 年 2 月 1 日，他们从智利海岸动身，继续航行。启航的地点靠近胡安·费尔南德斯群岛，据说这片群岛无人居住，可就在启航的时候，船上的人看到其中一座岛屿上有灯光，这个岛屿叫作马斯地岛（意为"靠近陆地"）。多弗率领一支先遣队去小岛上查看情况，在那里他们找到了苏格兰私掠船船长亚历山大·塞尔柯克，四年前他漂流到了这座小岛上，身边只有一把火枪、一柄小斧头、一把刀、一口锅、一本《圣经》和几件衣服。后来，塞尔柯克成了丹尼尔·笛福创作《鲁滨孙漂流记》的灵感来源之一。最终，塞尔柯克跟着多弗一行的船只返回了英国。

后来，在厄瓜多尔的海岸地区，探险队与当地人发生了一场交战，战斗结束后，他们染上了瘟疫，这对多弗来说是一个决定性的时刻。作为随船医疗队的负责人，他利用从西德纳姆那里学来的方法对 180 名水手进行了治疗，死亡人数不超过 13 人。船上的医生

133

们都"牢骚满腹",他们告诉多弗船上根本没有足够的药品治疗这么多的病人,尽管此前多弗一直坚信在出发的时候船上带了足够的药物。[24]1711 年,多弗回到了英格兰,他原先的投资已经翻了一番,他终于有钱过上比较悠闲的生活了。

西德纳姆的鸦片酊配方已经在欧洲和美洲传播开来,各种新的鸦片酊也问世了。主要在荷兰西部的莱顿工作的化学家雅各布·勒·莫特就研制出了一种新的鸦片酊,这种鸦片酊的效力要小得多,成分包括蜂蜜、甘草、茴香、樟脑、鞑靼盐(碳酸钾)和本杰明花以及鸦片。在 1721 年的伦敦药品目录上,它的名称是"哮喘万灵丹",不过它通常被人们当作一种止痛药。莫特的鸦片酊迅速成为千家万户药柜里的常备药,人们用它来治疗咳嗽和哮喘——正如其官方名称所暗示的那样——还用它来缓解腹泻,安抚不安分的或者正在长牙的孩子。

134   1729 年,多弗出版了其最著名的作品《古代医生留给国家的遗产》,这部著作大获成功。这既是一本内容丰富的家庭医学手册,又是一则为作者进行宣传的奇异广告,虽然在对各种疾病和治疗方法的描述上有很多不准确的地方,但它依然是一本值得一读的书,先后出版了 8 个版本。尽管这本书存在着很多缺陷,但是有关药理学的内容质量上乘,破除了当时流行的一些有关药物的神话,尤其是所谓的"特效药"。从本质上而言,医学界的这个传统就是在某种疾病和某种药物之间建立关联,后者要么与前者有些相近之处,要么就有着跟前者一样的名称,例如治疗肝脏疾病的"地钱"(liverwort)。① 多弗认为这些治疗方法毫无道理可言,其中就包括一

————————

① 在英文中,liver 有"肝脏"的意思,"wort"在中世纪英语中指的是"植物"。

种古老的炼金术护身符。这种护身符其实就是一块肠胃结石，比较富裕的阶层都习惯长期佩戴，据说它具有预防胆结石和肾结石的功效。多弗称这种护身符"就是石化的病变物质，都是从世上最肮脏的一些动物的肚子、胆囊或者膀胱里切下来的"。[25]他对解毒糖浆和万应解毒剂，或者各种"百无一用的发明"都不屑一顾。不过，他的确很推崇汞。他建议人们摄入大量的汞，以治疗从哮喘到寄生虫引起的各种疾病。他的这一观点招致了医学界的愤慨，也给他带来了"水银医生"的绰号。但是，最重要的是，《古代医生留给国家的遗产》介绍了一个药方，在接下来的两个世纪里，这个药方和鸦片酊、止痛药都成了最受欢迎的药品：

> 取鸦片 1 盎司，盐硝（硝酸钾）和硫酸钾各 4 盎司，吐根 1 盎司，甘草 1 盎司。将盐硝和硫酸钾放入滚烫的白中，用勺子搅拌至充分燃烧。再将其磨成十分精细的粉末。然后削一些鸦片，也将其磨成粉末，并与其他粉末混合。服用 40—60 格令，或用一杯白葡萄酒调制的牛乳酒服下 70 格令，即可入睡。裹住身体，至出汗时服下 1 夸脱或 3 品脱牛乳酒。不出两三个小时，病人即可彻底消除疼痛。[26]

与西德纳姆一样，多弗也把自己的配方贡献了出来；有所不同的是，这种药很快就以他的名字被命名了。"多弗粉"一直被当作包治百病的万灵药，直到第二次世界大战结束。在被俘的意大利军队的医药箱里，常常能找到大量的多弗粉，直到 1994 年，这种药品才在印度被禁止使用。凭借《古代医生留给国家的遗产》的成功，再加上海盗式的海上冒险经历，托马斯·多弗过上了衣食无忧的生活。他在退休后，直到 1742 年逝世，一直和朋友罗伯特·特雷西生活在一起，《古代医生留给国家的遗产》一书就是献给后者的。

新的醉酒文化

"生活就是一粒药丸，不镀上一层金子，我们谁也咽不下去。然而，对于穷人来说，我们却乐于剥掉它。"[27]

——詹姆斯·鲍斯威尔

在托马斯·多弗逝世的时候，英国的"金酒热"正值顶峰时期。1660 年斯图亚特王朝复辟后，荷兰的金酒（杜松子酒）被引进到了英国，这让伦敦的酒徒们第一次接触到了烈性酒。英国自古以来就是一个啤酒消费国，但是英国人也渴望喝到欧洲大陆的烈酒，如白兰地，可是威廉三世国王在 1689 年的时候对这类进口酒下了禁令，议会又在 1690 年通过一项法案，"鼓励从玉米中蒸馏白兰地和各种烈酒"。[28]干金酒（未兑水的金酒）的酒精浓度可以达到 140％，有关金酒导致中风和失明的事件并不少见。劣质谷物做不了面包，但是可以酿造出金酒，所以农民们热衷于酿造金酒，英国政府也全心全意地促进本土的制酒业。但是，很快英国就出现了一场严重的危机。伦敦的绝大部分劳动人口是个体临时工，其中包括裁缝这样的半熟练工人，他们忙起来就忙得要死，闲起来也闲得要死。金酒如此容易致醉，价格又变得如此低廉，一拿到工钱就沉溺在金酒中的人最终沦落到再也找不到工作的地步。原先依赖营养丰富的啤酒和麦芽酒的劳动人口正在用烈酒毁掉自己，有一篇论文对两者进行了比较，描述了金酒造成的宿醉所产生的各种影响：

> 看哪，他的眼球深陷在空洞的眼窝里，
> 他的健康和睡眠被灼烧的酒精剥夺了……
> 他的肝脏甚至让血液变得像玻璃一样，
> 他原本充满自然药物的五脏六腑被清空了，
> 火蜥蜴都能在他的肠道里繁殖[29]。

金酒供应充足，而且商店不需要许可证就能出售金酒，因此私人场所也可以出售金酒。这样一来，男男女女就可以一起畅饮金酒了，结果人们就变得百无禁忌。曾经就发生过这样一起案件，女仆简·安德鲁斯在负责管理威廉·伯德在肯辛顿的住所期间，去了出售金酒的酒馆喝酒，结果喝醉了，她邀请三个一起喝酒的老顾客跟她一起回到了雇主的房子里，并且"向他们提议，他们应该睡在一起"，结果他们真的这样做了。[30]这种行为对统治阶级构成了威胁，因为它有失体统，这是统治阶级无法容忍的，尤其还发生在他们自己的家里。因此，统治阶级对金酒消费采取了一系列限制措施，这些措施就是在1729—1751年的"金酒热"顶峰时期，英国议会通过的五项基本无效的法案。

由于许多重要的因素，"金酒热"与鸦片和其他麻醉品的消费趋势之间存在着一定的联系。金酒本身并不一定会让人上瘾，而且喝起来常常不会给人带来愉悦感，但是它满足了由于离开土地、迁移到大大小小的城镇（主要是伦敦）而生活压抑的工人阶级的需要，尤其是满足了庆祝不用工作的短暂间歇的需要。金酒的酒劲很大，这就意味着大多数人能快速地喝醉，而且还是在公开场合。如此公开放荡的饮酒作乐行为，令当时的统治阶级感到极为不安。贵族和政客们也喝酒，但是他们认为喝酒应当是一件私密的事情。在这个问题上，他们分成了两派：是穷苦的劳动阶层拿到的工资太高，所以他们才有钱纵情买醉？还是他们纵情买醉给国家的经济带来了好处？

当时的作家对越来越奢侈的生活进行了探讨，其中大部分都带着哀叹的口气。来自新世界、欧洲和亚洲的商品不断涌入英国，而不再只有王室才能享受到这些东西。新兴的中产阶级现在喝上了茶、咖啡，用上了丝绸和象牙，以及鸦片、龙涎香和其他各种昂贵的产品。尽管保守派中间存在着相互矛盾的意见，但还是有许多人想起了老普林尼对丝绸所做的抨击。丹尼尔·笛福对英国的制酒业表示了支持，他认为国内的消费具有积极作用。1705 年，哲学家及古典经济学家伯纳德·曼德维尔发表了诗作《隆隆作响的蜂巢，又名，恶棍变成了老实人》，这时金酒已经在伦敦流行起来了。他在诗中指出，尽管人们对个人的恶习和这种消费需求抱怨不断，但这些正是凝聚社会的因素。在蜂巢里，如果"它们的心中充满了诚实"，许多蜜蜂就会死去，幸存的蜜蜂也会变得迟钝，生产力也会下降。曼德维尔断言，"光凭美德，任何一个国家都无法存活下来，无法保持光鲜亮丽的形象"。[31]许多作家都意识到了国家越来越依赖于城市人口，不管他们多么贫穷，国家都可以对他们的消费活动征税。对于这样的辩论，"金酒热"堪称是一个完美的例子，在早期围绕工人阶级成瘾问题产生的各种社会危机中，有关这场危机的史料是最翔实的。

当然，对出入考文特花园（位于伦敦中心地带）的一家家金酒馆的男男女女而言，中产阶级在面对没完没了的奢侈品宣传册时所经历的煎熬，就像贾汗吉尔和莫卧儿宫廷里的酒鬼一样毫无意义。金酒能让他们逃避日常生活中的苦难，治愈他们的生活。很快，伦敦的大街小巷到处都是酩酊大醉的人，事态已经发展到了失控的地步。一些政治宣传读物对这种现象进行了严厉的抨击，"临时工、男仆和女仆、普通士兵甚至儿童，这些地位比较低下的国民——尽管他们也是有用的——受到了诱惑，尝了尝这种东西，结果就喜欢上了，并且认可了这种东西"，因为伦敦的工人阶级"经常以一种令理智之人深恶痛绝的面貌出现在我们的街头"。[32]

政治家兼作家查尔斯·戴维南特最初曾对金酒产业表示支持，但是后来他意识到，金酒"在老百姓中间日益流行了起来，假以时日，它的受欢迎程度有可能就会像鸦片在土耳其人中间那样——许多人正是将东方人口不足的问题归因于此"。[33]政治家和经济学家永远在为人口下降的问题感到担忧，人口下降就意味着劳动力和可调动的兵力的减少，以及税收的下降。但是，对人们被金酒所控制以及劳动人口因此大量减少的担心并不是如此抽象和宏观的。考虑到金酒的消费和生产主要集中在伦敦，那么这个数字就令人感到担忧了。在1700年的英格兰和威尔士，金酒的总消费量约为123万加仑；到了1714年，这个数字上升到每年将近200万加仑；在1745年和1751年，这个数字分别达到了640万加仑和705万加仑。所以，在"金酒热"结束的时候，达到了全国每人每年一加仑。[34]

坐落在伦敦西区的原野圣吉尔教堂里的爱尔兰人很快就"缴械投降"了，随之就产生了遗弃家庭、儿童营养不良和卖淫等令人震惊的现象。犯罪活动也随之增加，其中大部分都与醉酒后的暴力事件和盗窃活动有关。社会动荡、女性流离失所、街头随处可见酩酊

139

大醉的酒徒，在这种现实的触动下，伦敦的新兴中产阶级和政府都开始为改变社会现状而采取行动。一些新的组织积极地行动起来，例如，1689 年（即《蒸馏法》颁布的前一年）成立的基督教知识促进会，在人群中发放小册子，与身处不幸的人进行接触。其他一些组织则表现得不那么积极，如风化改良会，它们只想逮住行为不端的人，以便对他们进行起诉。

到 18 世纪 30 年代，伦敦的情况已经发展到令人绝望的地步。一起特殊的事件震惊了这座城市，甚至整个国家，改革者和政府都受到了刺激。朱迪思·德弗尔是一名捻丝工，她的工作就是将丝纤维捻成线。德弗尔非常贪恋金酒，去上班的时候经常是一副疲惫不堪的模样，但是在其他方面她看起来都还算正常。德弗尔有一个两岁多的女儿，名叫玛丽，小姑娘已经和父亲没有联系了，母亲又非常缺钱。由于这个原因，或许还有母亲酗酒的缘故，玛丽一直住在教区的济贫院里。在一个星期天，德弗尔来济贫院接女儿出去玩，当时她已经是一脸的倦容。关于她是否知道玛丽在那个星期穿上了一套新衣服的问题，外界已经无从得知了。当时，德弗尔让女儿在外面待的时间已经超过了规定的时间，她带着女儿去了伦敦东区的红砖巷（布里克巷）后面的田里，用一块麻布勒死了女儿。事后，德弗尔坚称自己得到了一个名叫"苏吉"的女人的协助。她们扒光了玛丽的衣服，将尸体丢在了一条水沟里，然后把玛丽的衣服拿到一个商人那里，"把衣服和衣服里的撑条卖了一先令，把衬裙和袜子也卖了一点钱。我们把钱分了，一起喝了四分之一品脱的金酒"。[35]直到被判处死刑，德弗尔依然坚称是苏吉逼她杀死了自己的女儿。德弗尔的母亲在法庭上表示，"她从来没有神志清醒的时候，总是在四处游荡"。[36]作家亨利·菲尔丁是考文特花园的治安官，负责监督处理过很多醉酒案件，他坚信金酒本身就是许多罪行的罪魁祸首，"因为畅饮……能够彻底消除人的恐惧感和羞耻感，让人们有胆量做尽邪恶绝望的勾当"。[37]1754 年，患有痛风和水肿的菲尔丁在里斯本逝世，或许很多人都知道，他的死亡原因是酒精中毒。

　　德弗尔事件变得臭名昭著，它包含了当时社会所恐惧的各种因素：一个道德败坏的女人，酗酒，一个容易受到伤害并且最终被谋杀的孩子。男人在街上纵情豪饮是一回事，这种事情没有什么稀奇的，但是女人贪杯就另当别论了。在"金酒热"时期，改革者一直受到杀婴事件的困扰，喝金酒的女性所生的"瘦弱、矮小……干瘪、一副老相"的孩子也在困扰着他们。[38]看到大街上的这些孩子"露宿街头，有些还活着，有些则已经死了，有些则奄奄一息"，一个名叫托马斯·科拉姆的男人深受触动。科拉姆曾经就是一个弃儿，后来过了一段艰难的水手生活。[39]在 18 世纪 20 年代和 30 年代，科拉姆一直在为开办伦敦的育婴院筹措资金，他希望这家慈善机构能够收容流落街头的一些婴儿。最终，他成功了，这主要得归功于萨默塞特公爵夫人和威廉·霍加斯这样的知名活动家。1741 年 3 月25 日，即育婴院开放的第一天，提交申请的妇女远远超过了育婴院的承受能力，"很难想象还有比这更打动人心的场景"。[40]

　　在那几十年里，与"金酒热"造成的骇人听闻的破坏相比，鸦片及其衍生品一直不太为社会所关注。在这个时期，鸦片已经是一种公认的药物了，而且在规模较大的城市得到了广泛使用，但是在各种资料文献中却找不到多少有关鸦片的评论。对中央刑事法院（坐落在伦敦老贝利街，故被昵称为"老贝利"）的记录研究显示，鸦片和鸦片酊都被当作毒药，用来实施谋杀或者抢劫，但是在"金酒热"持续的数年间，这类案件发生了不到 12 起。在其中两起案件中，罪犯本身就有着吸食鸦片的习惯。其中一起是发生在东印度公司办公场所的抢劫案，罪犯托马斯·亚伯兰原先是公司的雇员，显然已经对鸦片上瘾。他企图偷走 1100 畿尼及其他各种财务，但是没有成功。当被问及为什么犯下这起罪行时，亚伯兰辩称自己当时神志不清，还请来了医生和药剂师证明这个事实。当克朗普医生被问及这名病人在"精神不适"的情况下服用了多少鸦片时，医生回答道，"超过了他会开给该病人的或者任何人会服用的剂量，因为这样的剂量有可能会对人造成伤害"。[41]另一名罪犯是理查德·蒙哥马利，此人"在哈克尼区附近的一条普通马路上"犯下了一起拦路抢劫案。在抢劫之后，他还跟一名同伙一起去吃了饭，然后打开了一扇上下推拉的窗户，"他本来要从窗户里钻出来，说自己得去和印第安人打一仗"，"他又说自己要吸点鸦片，因为他又想去另一个世界转一圈"。蒙哥马利的律师承认："这个家族患有精神失常的遗传病……为了证实这种说法，科利尔·森先生对检察官大大方方地承认了这一点，他的妻子也终于知道了自己的丈夫来自怎样的家庭（因为'蒙哥马利'是编造出来的姓氏），知道了家里几个人智力比较低下的事实……陪审团最终做出了裁决，判定他精神不健全。"[42]

因此，在提交中央刑事法院的全部案件中，鸦片类药物导致的案件只占了极小的比例，而在同一年，醉酒引起的案件在全部案件中占到了 1.5％。1751 年，"金酒热"达到了顶峰，就在这一年，威廉·霍加斯发表了著名的版画作品《啤酒街》和《金酒巷》，这两幅风俗画形成了鲜明的对比，前者描绘了衣着干净、身体健硕的市民喝啤酒的开心场面，后者描绘的则是堕落的老妪和酒鬼。为了抑制市民对金酒的需求，同年颁布的《金酒法》大幅提高了金酒的价格，并且试图清除规模较小的酒馆。然而，金酒的消费水平已经太高了，仅靠这些措施不太可能起到预期的效果。但是，社会的变化以及改革者的影响，共同促成了这段出现在局部地区的灾难性酗酒历史的结束。从根本上而言，触发这场"金酒热"的因素是显而易见的，其中包括 1689 年法案的通过，但是终结这场热潮的因素就没有那么明显。世界各地的各种社会都会周期性地出现这种集体成瘾的现象，但是就像瘟疫一样，这种现象最终会趋于缓和，而导致其缓和的原因却基本不为人们所知。在 18 世纪晚期，英国贵族中出现的狂热的"赌瘾"就是这种现象的一个缩影。

从 17 世纪中叶开始，人们就尝试着通过诗歌和布道的形式让世人知道依赖一种物质的感觉，这种物质就是酒精，并且试图理解酒瘾这种现象。但是，直到"金酒热"，全社会才开始愿意去了解酗酒现象的核心问题，以及所有成瘾现象的核心问题。亨利·菲尔丁坚信，真正有罪的往往不是喝酒的人，而是酒本身。从菲尔丁到相当多的政府官员，以及参与这场运动的贵族和艺术家，所有人都越来越倾向于解决那些陷入绝境的人的需求，而导致他们陷入绝境的正是所谓的"醉酒"问题。

从《忧郁的解剖》到新经验主义：
18 世纪显微镜下的鸦片

在"金酒热"持续的那些年里，社会不仅对醉酒问题的态度发生了改变，而且对人类情感的态度总体都发生了改变。在 17 世纪，被认为与身体感官有关的东西，越来越多地意味着对整个世界的感知。1621 年，牛津大学的学者罗伯特·伯顿（1577—1640）写出了有史以来第一部专门探讨精神健康问题的著作。在那个年代，《忧郁的解剖——它是什么：忧郁症的种类、成因、症状、征兆以及几种治疗方法》一书具有重要的启示意义，它在接下来的一个半世纪里一直颇有影响力。伯顿从个人的角度出发（但是他使用了化名），在书中写道，"我在写忧郁的问题，由于忙于写作，我躲过了忧郁"，在他看来，"没有什么能比懒散更容易导致忧郁了"。[43] 这本书涉猎广泛，既是一部医学教科书，又是一部哲学专著，其中涉及了现代心理健康最关心的问题。他对失眠及其伴生问题的探讨"始终充满了关怀、恐惧和悲伤"，能够引起读者的共鸣。在接下来的岁月里，他的论述不断地被许多作家引用着。伯顿坚信，失眠患者必须"立即得到帮助，要尽一切办法获得睡眠，有时候睡眠就足够治愈患者了，而无须服用其他任何药物"。为了帮助失眠患者入睡，他推荐了"罂粟"的基本成分，以及"曼德拉草、天仙子和大麻籽"，或者他称之为"鸦片制剂"的更复杂的药物。接着，他针对各种问题做了说明，比如如何服用这些调制的药物，应当吃哪些食物，甚至应当以怎样的姿势躺在床上，他推荐的睡姿"或许能让世上最忧郁的人入睡"。[44]

伯顿的这部著作十分冗长，里面不乏重复性的内容，但是对于现在被称为临床抑郁症的精神状态，书中收录了足够多的敏锐观点，因此对于接下来两个世纪的读者和作家来说，在有关精神健康问题的专著中，这部著作始终是最有影响力的。通过伯顿提供的各种复杂的治疗方法也不难看出，即使在他写作的那个年代，许多人仍然在几乎不间断地自行用药，乡下的穷人用煮熟的大麻籽治疗失眠，绅士们在家里将水蛭和鸦片敷在耳朵后。伯顿的这部著作含蓄地表明，精神健康、精神痛苦和鸦片制剂的使用之间存在着直接的联系。在启蒙运动刚刚开始的 18 世纪，《忧郁的解剖》成了这类绅士的标准读物。塞缪尔·约翰逊（1709—1784）是他那个时代最有天赋的一个英国人，他一生都在与抑郁症以及酗酒问题作斗争，他曾说，《忧郁的解剖》"是唯一一本曾促使他比希望的时间提早两个小时起床的书"。[45]

　　在约翰逊拜读伯顿这部著作的时候，欧洲已经发生了巨变。国与国之间的边界被重新划定，奥斯曼帝国和莫卧儿帝国正在日渐衰落，萨非王朝也结束了。持续不断、毫无结果的战争耗尽了这几个帝国的资源，摧毁了它们的边境地区。欧洲与伊朗、埃及和叙利亚的贸易往来正在逐渐减少，与伊斯坦布尔和巴尔干地区的贸易往来则出现了显著的增长。在英国，虽然白色的埃及底比斯鸦片仍然属于上品，但是主要的鸦片供应方已经变成了土耳其，而不再是波斯。来自土耳其的鸦片"呈扁平状或者蛋糕状，外面裹着树叶，里面通常是一小包一小包的（酸模叶）。这种鸦片有一股浓烈的特殊气味，味道比较苦涩，令人作呕，长时间咀嚼还会产生一点辛辣的味道。它的颜色呈红棕色或浅黄褐色"。[46]

　　土耳其的鸦片甚至中国的茶叶、也门的咖啡等基本生活用品，随处都能买到，成了许多人的新的生活方式。到了 18 世纪中叶，不仅消费生活变得复杂了，精神生活也具有了一种新的重要价值。伏尔泰和让-雅克·卢梭这样的哲学家都在针对宽容和公民权利的问题著书立说，他们的作品得到了广泛传播；科学已经坚定地走向了以经验为依托的理性主义。1753 年，杰出的瑞典植物学家卡尔·冯·林奈将鸦片罂粟划进了罂粟属和罂粟种，并用一根别针在一个罂粟果上数出了超过 32000 粒种子。林奈发明的分类方法现在被称为"双名命名法",这种分类方法在 18 世纪下半叶对自然科学产生了革命性的影响,迫使各学科的科学家们以一种相似的模式对自己的研究进行系统整理,这种模式远胜于他们以前使用的各种个人方法和一些古怪的方法。

通过古老的手册、药剂师的店铺——也越来越多地通过鸦片酊、止痛药和多弗粉——鸦片几乎在每个家庭里都占据了一席之地。政府一心扑在蒸馏酒和"金酒热"带来的灾难上,这就意味着很少有人会注意到药品界的这种可靠的备用品。进入一个出版和小册子盛行的时代后,社会上终于开始出现一些不同的声音。在整个 18 世纪,一系列有关鸦片的著作问世了,这表明医学界对鸦片的态度有所改变了。其中很多作品都是在爱丁堡大学工作或者在那里接受过教育的人撰写的,在 18 世纪后半叶,这所大学培养出了全世界最杰出的一批医学学者。

不过,在此之前威尔士医生约翰·琼斯首先写了一篇论文,并被收录在了《鸦片揭示的秘密》(1700)中。琼斯针对鸦片产生的效果提出的见解清晰而准确,并且表明罂粟种植在当时已经扩大到了多大范围。他偏爱埃及鸦片是因为这种药片靠近赤道,他认为那里更热,所以鸦片的效力和质量都胜过英格兰和德国"生产"的。就连"地中海边上的朗格多克(原法国南部一省)"出产的鸦片,都比英格兰和德国的更强效。[47]他针对长期服用鸦片会产生的效果——"在老酒鬼身上看得到的"所有症状——所发表的观点,表明了滥用鸦片制剂存在的各种危险,但是他丝毫没有道德评判的意味,对鸦片的总体看法也是积极的。对于鸦片对感官产生作用的过程,他首先观察到了一种穿越的感觉,也就是一种离开平凡世界的梦幻般的感觉,这种感觉和毒品对人的精神产生的效果非常接近:

"因此，在一定距离，别针落入一口铜锅的声响，听上去就像枪炮、铃铛之类的声音，在空谷里比在平原上更清晰、更悠远。"[48]

这本书的结尾有些古怪，最后一章讲的都是鸦片的外用方法。在最后，琼斯简明扼要地指出，"如果将鸦片敷于会阴部，令人兴奋的碳酸铵成分就能激发性欲"。在这之后，他写了一段祷词，向威廉·哈维在循环系统方面的重大发现致以敬意。[49]

与琼斯等作家针对鸦片提出的有用而古怪的建议相反，在"金酒热"过后出现的文章和专著开始对鸦片存在的危险提出警告。1742 年，也就是多弗逝世的那一年，爱丁堡的植物学和药物学教授查尔斯·奥尔斯顿发表了《有关鸦片的论文》，这是有史以来人类第一次对鸦片进行的药理学研究，其中一些研究是奥尔斯顿用自己种植的罂粟进行的。奥尔斯顿确信，鸦片能直接对神经产生作用，而不是通过"稀释"血液产生作用。不过，直到一个世纪后，他的这一观点才得到证实。

1753 年，同样在爱丁堡大学工作的全科医生乔治·杨（1692—1757）发表了一篇关于鸦片制剂的论文，他在文中提出了警告："每个人都知道大剂量的鸦片酊会致人死亡，所以我无须提醒大家注意这一点；但是，很少有人认为它是一种慢性毒药，可事实的确如此。"[50]奇怪的是，杨反对给极度疼痛的患者服用鸦片制剂，如肾结石患者，病人会对他的这种观点心存感激，这是值得怀疑的。但是他在文中也通情达理地表示，患者的确需要服用适量的鸦片制剂，而且他还在自己身上进行了大量试验。在当时，他对孕妇和儿童进行的研究也是最清晰的。对于孕妇的晨吐现象，他摒弃了体液观点，认为这种现象是"子宫出现的某种变化造成的，现在我们还无法解释这种变化，但是这种变化似乎对整个神经系统产生了影响"。[51]他建议产妇在分娩时使用鸦片酊，不过他建议用量必须控制在减轻疼痛但是不会对母体产生抑制作用的范围内。对于处在断奶阶段的婴儿，他也建议服用少量鸦片，但不能"将其当作一种解药，被他们慈爱的母亲和各种果冻蜜饯一起喂给他们"。[52]

147　1763 年，伦敦东南部格林尼治医院的药剂师约翰·阿韦斯特出版了一本论述"鸦片作为一种毒药的作用效果"的小册子。鸦片作为一种毒药显然不是什么新鲜事，从古代到中央刑事法院的记录，人们都曾使用鸦片，后来又使用鸦片酊来麻醉或毒害他们的受害者。但是，阿韦斯特在开篇就指出："先生们，我之所以写下这篇论文是受到了一种欲望的诱惑，这种欲望要求我对一个迄今为止尚未得到重视，最多只能说有过一些模模糊糊研究的问题发表一些见解。"[53]

无疑，这位药剂师认为，鸦片"最初是用来驱散心灵的焦虑、痛苦和不安的，这种用途看起来和欧洲人极其需要的致醉性饮料产生的效果没什么不同"。他断言鸦片在英国"没有得到普遍使用"，也不应该得到普遍使用，人们一旦熟悉了这种药物，就会失去"阻止他们体验这种药物的巨大效力所必需的恐惧和谨慎，因为这种药物具有很多特性，如果人人都对其有所了解的话，我们就会习惯使用这种药物，就会对它产生大量需求，甚至超过土耳其人对它的需求，事实必然会证明了解这种药物将给整个社会造成不幸的结果"。[54]接下来，他介绍了一些治愈过量服药的患者的案例，他的描述表明鸦片制剂的滥用现象比他最初指出的更为普遍，泻药和催吐药中都含有鸦片成分，在帮助病人保持清醒和维持活动能力的时候，也会用到鸦片制剂。在给一个 18 个月大的用药过量的女婴进行治疗后，阿韦斯特还对托儿所提出了告诫，因为托儿所通常会让

孩子们服用含有罂粟成分的糖浆，例如"戈弗雷氏露酒，这种制剂
含有鸦片，它的使用应当受到严格限制，研制者的初衷绝对不包括
这样的用途"。[55]在18世纪末的时候，戈弗雷氏露酒已经成了美国最
受欢迎的专利药之一，并且在全世界得到了普及，这种状况一直持
续到20世纪70年代。

阿韦斯特这本充满警示故事、朴实无华的著作，显示出伦敦的
医务工作者对鸦片制剂服用过量的情况非常了解。直到最近，我们
的医疗工作者针对服药过量的治疗方法与阿韦斯特那个时代仍没有
太大的区别。这本书很有价值，尽管其中包含的实践知识不无瑕
疵，但是它显然是个人经验的结晶，表述方式也非常实用和严谨。
随着启蒙运动的发展、知识分子视野的拓宽，这种经验主义的精神
在18世纪下半叶变得越来越普遍。

在爱丁堡大学工作的约翰·利（1755—1796）是一位来自美国
弗吉尼亚州的医生。1785年，利针对鸦片的问题写了一篇开创性的
论文，他借这篇论文向乔治·华盛顿表示了致敬。这篇论文获得了
爱丁堡大学颁发的"哈维奖"，在次年发表后受到了广泛好评。在
谈及鸦片模糊不清的起源问题时，利指出："对于这种宝贵的药物
及其价值最初是如何被发现的问题，迄今为止还没有一位作家向世
界做出令人满意的解释。因此，许多人都依靠自己的想象试图对这
个问题做出回答，结果却只是提出了一堆五花八门的徒劳的猜想来
填补这个自古以来一直令人神往的空白。"[56]利在志愿者、动物和自
己的身上进行了许多实验，他在早期的实验室条件下对这些实验进
行了细致的观察，在实验过程中，他经常用到爱丁堡的"商店里常
见的粗制鸦片"，这种鸦片的效力估计只有伦敦药房出售的鸦片的
三分之一，对于自己研制的所有配方，他都更偏爱这种粗制鸦片。

在一项实验中，利提取出了鸦片精油，并说服一名健康男子服下了15 滴精油，服用的过程"有些困难"，结果这名男子"产生了剧烈的呕吐，以至于我不敢再进行这类实验了"。[57] 然而，这并没有阻止他进行其他的实验，例如，"我把一定量的浓溶液灌入了一只兔子的直肠"、一只狗的"阴道"，给青少年用药，以测试他们的耐受性。他至少承认自己设计这些实验是为了"摆脱虚假的光鲜外表"。[58]

爱丁堡大学在这段时期里对欧洲医学的发展产生了显著的影响，尽管其中一部分影响不像约翰·利的经验主义研究那么以事实为依托。与利同时代的约翰·布朗博士提出了一套被称为"布朗氏保健法"的理论，这套理论的核心因素是刺激——所有疾病都是过度刺激或者刺激不足造成的。处于兴奋状态的人需要服用催吐剂和泻药，无精打采的人需要鸦片和丰盛的食物。"布朗氏保健法"几乎就是彻头彻尾的江湖骗术，但是在德国和意大利极受欢迎，其影响力持续了数十年，不过这个谎言最终还是被戳穿了。

在爱尔兰的利莫瑞克大学工作的爱尔兰医生塞缪尔·克朗普曾是约翰·利在爱丁堡大学的同学，他对鸦片有着理智的看法。他在1793 年出版的著作《鸦片的性质和特性研究》的开篇写道："有一点似乎很奇怪，与这种非凡的药物有关的每一种情况几乎都受到了争议……然而，最新的经验似乎已经明确了它的生产和配制方法，从而消除了这些方面存在的一切差异。"[59] 这种说法基本符合事实，尤其是考虑到克朗普这样的人所做的努力。克朗普曾经将鸦片溶液注射进自己的皮肤、眼睛和阴茎里，还将一些鸦片磨成粉末，供自己用鼻子吸食。他通过这样的亲身体验获得的观察结果，基本上就是"火辣感和疼痛感"，随即又产生了麻木感，他断定鸦片在治疗淋病方面毫无用处。克朗普用冷静的笔调描述自己刮下了手腕处的皮肤，检查了眼睛和尿道，以及在吸入鸦片粉末后总是想打喷嚏，这些描述非常克制，令人钦佩。不幸的是，他也同样克制地描述了自己"将一只刚被绞死的狗的胸腔打开来"，并将鸦片乳直接涂抹在它的心包膜上的过程，鸦片乳使狗的心脏复苏了"大约一分钟"。他用狗、兔子和青蛙做了进一步的实验，并且做了全面的描述，其中不仅包括对戒断症状的描述，而且还有如何用鸦片制剂治疗从天花到风湿病等各种疾病，他还讲述了自己对一名流产女性进行治疗的过程。对于"躁狂症"，他表示："恐怕我们对这种疾病的病理知识掌握得非常有限，以至于大部分实践工作都只能依靠经验。"[60]

　　约翰·利和塞缪尔·克朗普都是富有天赋的作家及科学家，他们关于鸦片制剂的著作是所有先驱著作中最准确、最实用的。1786年利回到美国，他在婚后成了一位著名的——即使算不上杰出的话——彩票经理，最终他在40岁那年就去世了。克朗普则在29岁的时候突然离世，生前他凭借着关于爱尔兰就业和经济问题的著作，获得了爱尔兰皇家学院颁发的奖项。科学界的这种重大损失对爱丁堡大学和利莫瑞克大学的狗、兔子、青蛙来说，不啻为一种解脱。

"这种可恶的疾病"：美国和英国的早期成瘾理论

　　在美国独立战争结束后不久，美国和英国的医生即使没有实现合作，也至少在很多方面十分相似，但是这种相似性并没有什么不同寻常的，而且在有关成瘾问题的早期研究中尤为突出。在18世纪40年代和50年代，这两个国家都出现了大量致力于自我完善的中产阶级，许多受过教育的家庭在大西洋两岸都有亲人，两国之间有着相互交织的商业利益和密切的私人联系。在伦敦的旅馆和酒馆里进行的关于美国战争的辩论中，人们往往投票支持立即实现和平的主张，即使这样的和平会让英国失去殖民地。在这个阶段，两国之间的信息交流和商品交换已经非常成熟，许多英国的商业机构都在美国东海岸开设了办事处，或者经常与那里的办事处互通往来。美国早期的许多报纸都会刊登这些办事处远在伦敦的公司发来的货物，或者它们从伦敦订购的货物的广告。1761 年 11 月 26 日，查尔斯敦的查尔斯·拉塞尔在《波士顿新闻通讯》上刊登了一则广告，宣称"在他位于渡口附近、三架起重机对面的盖伦脑袋指示牌所在的店铺里，新款麻醉剂、药品、化学药物和草本药物"应有尽有，这些药物都来自伦敦，其中包括贝特曼公司和斯劳顿公司的滴剂，洛克耶公司、霍普斯公司和安德森公司的药丸，英国奥伊尔公司和达菲公司的万灵丹。[61] 这些药物在当时被称为专利药，质量参差不齐。贝特曼公司的胸肌滴剂其实就是老式的止痛剂，"贝特曼医生"这个人根本就不存在。洛克耶公司的药丸据称含有阳光，推销这种药丸的人是萨瑟克区的江湖医生莱昂内尔·洛克耶。

美国人不仅喜欢专利成药，而且还用更为简易的方式消费着鸦片。出生于法国的 J. 赫克特·圣约翰·德·克雷维格游历过美国东海岸，写下了一部名为《美国农民信札》的回忆录，他在书中对当时还是边疆地区的生活以及美国人独立自主、自给自足的信条进行了探讨。提到楠塔基特岛的时候，他写道："当地妇女中间盛行着一种习俗，我对此感到非常惊讶，完全不知道该如何解释……这么多年来，她们已经完全接受了亚洲人的一种习惯——每天早上服用一剂鸦片。这种习俗已经根深蒂固了，如果不这样放纵自己，她们都不知道该如何过日子了。"[62]

　　除了专利药品和鸦片，早期美国人的酒类消费水平接近100年前英国人的水平，来自西印度群岛的朗姆酒是一种受欢迎的烈酒，但是最受欢迎的还是低度啤酒和苹果酒，人们几乎每餐都要喝这些酒。拓荒者不断向玉米地带（美国中部的玉米主产区）迁移，就像欧洲谷物过剩催生出"金酒热"一样，拓荒者在农业种植方面的成功，意味着中西部地区的美国人开始利用剩余的粮食作物制作威士忌，然后将其运回东部地区。从18世纪70年代晚期开始，烈性酒的消费量出现了显著的上升，随之产生的酒精成瘾问题也是如此。东海岸的神职人员首先拿起了笔，提醒人们注意这种令人担忧的现象。这批神职人员中包括废奴主义者及贵格会教徒安东尼·贝尼泽特（1713—1785），他在1774年写下了《已经显现的强大毁灭者》一书，对当时宾夕法尼亚州愈演愈烈的酗酒问题进行了探讨，在那里"一滴之后就是一杯，一杯之后又是一杯，到最后就不再有量的概念了"。[63]

　　贝尼泽特的学生及朋友、美国开国元勋本杰明·拉什也同样对酗酒问题感到担忧，他认为不只是酗酒问题越来越严重，而且疾病的蔓延速度也加快了。1784年，拉什出版了《烈酒对人的身心的影响研究》，在人类了解酒精中毒问题的过程中，这部著作具有里程碑的性质，也开创了酒精中毒的疾病理论——"这种可恶的疾病（根据这个名称它应当被称为'疾病'）……"[64]拉什提出，这种疾病应该由医生在正确的环境下进行适当的治疗。这部著作的严肃性被开头的几页掩盖了，拉什在这几页里展示了一份自己绘制的表格，他在各种饮料同它们对人的性情、外表和行为造成的影响以及各种结果之间建立了联系。例如，低度啤酒会让人"平静"，苹果酒会让人感到"愉悦",朗姆酒则会让人变得"易怒",白兰地会使人"打架和参加赛马",金酒会促使人犯下"伪证罪"。如果在早上和晚上持续饮用金酒一段时间,结果就只能是"入室盗窃"和"死亡"。[65]

153　　4年后,即1788年7月4日,拉什带领17000名市民参加了独立日游行,在游行结束的时候,他们用啤酒和苹果酒进行了庆祝,没有人饮用烈酒。然而,颇具讽刺意味又十分可悲的是,拉什和贝尼泽特亲眼看着他们的朋友尼斯贝特牧师(他将家人从苏格兰的蒙特罗斯接到了美国)的儿子汤姆深陷在了不可救药的酒精中毒状态中。在经历了包括债务、失败的水手生涯等一系列不幸之后,在纽约的时候,汤姆"一言不发"地从一个朋友那里走掉了,当时他喝醉了,十分迷茫,还受了伤。他拖着沉重的脚步回了家,在家里待了几个星期。在刚刚入冬的时候,他划着独木舟在宽阔的萨斯奎哈纳河上顺流而下,回到家的时候他的状态已经惨不忍睹,最终他被送进了宾夕法尼亚医院。[66]1804年,这样的压力夺走了他父亲的生命;几个月后,汤姆也随父亲进了坟墓,临死前他仍然住在宾夕法尼亚医院里,已经精神失常、面目全非了。1810年,拉什继续坚持着反对烈酒的运动,他还制定了一项"为醉汉提供避难所的计划,这种避难所名为'清醒屋'"。他是美国第一个提出这种特殊关爱工作的人。

　　在制定出"清醒屋"计划的时候,拉什撰写的一些小册子已经卖了成千上万册。就在汤姆和他饱受煎熬的父亲去世的那一年,刚刚从弗利特监狱退休的英国医生托马斯·特罗特发表了《醉酒及其对人体造成的影响的医学、哲学及化学分析》。

　　特罗特和之前几乎所有的研究者都不一样,他的研究只涉及醉酒问题本身，而不涉及宗教和道德问题。他的研究对象是"暴露在大街小巷和高速公路上、躺在狗窝里的醉汉……任其毁灭，得不到丝毫的怜悯和帮助，仿佛他们犯了不可饶恕的罪行，别人一碰他们的身体就会被传染似的"。他断言，这种程度的醉酒现象是不分阶级的，"在社会各个阶层和各种地位的人群中都能看到这种情况"。特罗特从一开始就清楚地表明了自己的立场："从医学角度而言，严格地说，我认为醉酒是一种疾病。"这位狱医还认为，对酒精的依赖与对大麻和鸦片的依赖在本质上是相似的。他在文章中写道："鸦片产生的效果几乎跟烈酒产生的效果是一样的"，"众所周知，许多美丽的农村女性都随身携带鸦片酊，她们在情绪低落的时候经常会服用这种药物"。[67]

154

特罗特的这篇文章充满了人道主义精神，这虽然不是第一篇将持续酗酒称作一种疾病的文章，却是第一篇不加任何评判地分析这种问题，并且将其与其他类型的滥用问题相提并论的文章。这篇论文在美国得到了广泛转载，当时美国社会正深陷在对威士忌的狂热中，这篇文章对呼吁禁酒的人士和医生们产生了启发，促使他们从此开始推动后来被称为"戒酒"的运动。

另一种形式的实验法：浪漫主义

在经验主义和科学思想盛行的一个新时代，作为欧洲最伟大的文学运动之一的浪漫主义运动成熟了。怀旧、叛逆、理智和大胆的浪漫主义运动，是社会对无休止的战争、生活节奏的剧烈变化，以及18世纪后半叶不断出现的各种发明创造和大发现做出的反应。

在爱丁堡医学派的成员中，最终对浪漫主义运动的主要成员产生影响的，是行为古怪、喜欢自行治疗、提出了维持"兴奋性"和体验刺激理论的约翰·布朗，这或许是不可避免的事情。布朗的学生及助手、颇有争议性的托马斯·贝多斯（1760—1808）在1802年发表了论文《海及娅①，又名道德及医学论文——对富裕的中产阶层的个人状况产生影响的因素》，率先提出了"疑病症"的概念。他的病人和朋友包括著名的浪漫主义人物托马斯·德·昆西、塞缪尔·泰勒·柯勒律治、汤姆·韦奇伍德，这些人都是鸦片成瘾者。不仅如此，除了威廉·华兹华斯，所有重要的浪漫主义诗人都尝试过鸦片制剂，即鸦片酊，有些人甚至习惯服用这类药物，这都是公认的事实。

在这个时期，鸦片酊和止痛药在英国流行了起来，各个阶层、各种收入水平的人都在服用这些药物。鸦片制剂消费量最大的是贫困的兰开夏郡、林肯郡、剑桥郡和诺福克郡的居民，除了兰开夏郡已经发展成了工业地区，其他几个郡仍然属于农村地区。在兰开夏郡，鸦片制剂的主力消费者是每天要花费很长时间照料大家庭的女性；在剑桥郡的芬兰区，男性用鸦片制剂预防在寒冷潮湿的环境中工作会产生的"严重疟疾"，缓解长时间在农田里干活带来的无聊感。在以纺纱业为主的曼彻斯特，"每逢星期六的下午，药房的柜台上摆满了剂量为一格令、两格令和三格令的药丸，为所谓的'夜间需求'做好了准备"。[68]在英格兰东部，从沃什湾以南到剑桥的广大地区，鸦片酊有着很大的市场，人们将其称为"鸦片药"或者"提神药"。沼泽地区的工人一直有种植白罂粟、用罂粟果煮茶的传

---

① 海及娅是希腊医神阿斯科利毕欧思的女儿，是掌管健康的女神。

统，喝这种茶能够驱走沼泽地的寒气，消除小孩子的胃部不适，但是在这个时期，有越来越多的人开始购买药店里出售的专利药。对于这些贫穷地区——无论是城市还是农村——的居民而言，鸦片酊比酒更便宜，全家人都用得上，而且几乎不会招致不好的名声。

对于远离这种平淡无奇的劳动生活的浪漫主义诗人而言，鸦片酊是一种不同的提神方式。或者说，至少他们最初是这么认为的。德·昆西、柯勒律治和韦奇伍德都是在十几岁的时候就开始滥用鸦片酊了，在过去的两个世纪里，鸦片制剂滥用现象的所有特征都通过他们持续终生的毒瘾得到了体现。

塞缪尔·泰勒·柯勒律治（1772—1834）从 19 岁就开始服用鸦片酊了，不过直到 10 年后，他对鸦片酊的依赖才构成问题。1797 年，柯勒律治创作出了其最伟大的三首诗作：《古舟子咏》《忽必烈汗》和《克里斯特贝尔》。众所周知，《忽必烈汗》正是鸦片所激发的一场梦的产物。柯勒律治在文章中讲述了自己"退隐到波洛克和林顿之间的一所偏僻的农舍，就在萨默塞特郡和德文郡边界上的埃克斯穆尔高地"。在那里，由于他出现了"轻微的不适"，医生给他开了一种止痛药。他坐下来看起了书，他选择的是《珀切斯游记》，书中讲述了有关莫卧儿帝国和东方魔法的传说。"……忽必烈汗命人在此地建造一座宫殿，而且还要在宫殿里建造一座壮观的花园。就这样，10 英里肥沃的土地就被一堵墙围了起来"——这句话显然受到了马可·波罗对上都的描绘的启发。读到这句话的时候，柯勒律治睡着了。经过三个小时鸦片带来的幻觉后，他醒了过来，把自己能回想起的内容都记了下来。就在他奋笔疾书的时候，从波洛克过来的一个人打断了他。等他再回到自己的书桌前，那幅景象"彻底消失了，就好像溪水里丢进了一粒石子，水面上的倒影被驱散了一样".[69]不过，在柯勒律治被那个人粗鲁地打断之前，不朽的开场白已经落在纸上了。

> 忽必烈汗下令在上都，
> 建造一座宏伟的花园，
> 圣河阿尔夫在那里流淌，
> 穿过深不可测的洞穴，
> 流入不见天日的大海。
> 十英里的沃土上，
> 建起了宫墙楼台，
> 花园里，蜿蜒的小溪波光粼粼，
> 千树万木香气袭人，繁花绽放；
> 这里的森林与群山同岁，
> 林间一片片茵茵的草木上洒满了阳光。

157　　　从这时起，柯勒律治就成了鸦片酊的忠实使用者，只是此后他再也没能像 1797 年那样高产了。他的好朋友汤姆·韦奇伍德也跟他一起开始了滥用鸦片酊的生活。汤姆的父亲是乔赛亚·韦奇伍德①，韦奇伍德家族在柯勒律治特别贫困的时候资助过他，汤姆因此一直和这位大诗人保持着友谊。汤姆身体虚弱，性格敏感，一生中的大部分时间都疾病缠身，为了治病，他试过各种药物。他很有魅力，虽然性情安静，但时常有些消沉，有时候还会陷入长时间的

---

　　① 乔赛亚·韦奇伍德是韦奇伍德瓷器的创始人，1730 年出生在英国的一个陶工世家，1759 年创立了韦奇伍德陶瓷厂，被誉为"英国陶瓷制造业之父"。

抑郁中。他用硝酸银和照相机暗箱进行的实验，成功地产生了全世界最早的一批照片。不幸的是，这批照片对光线很敏感，褪色的速度就像它们的创造者一样迅速。不过，汤姆同时也花时间尝试了大量的麻醉剂，显然他有时候会和柯勒律治一起享用这些药物，就像柯勒律治所说的那样："我们将对印度大麻进行一次公正的审判。拿一些天仙子胺药丸来，我要对鸦片、天仙子和忘忧药来一次公正的审判。顺便说一句，我一直认为荷马对忘忧药的描述就是一个有关印度大麻的谎言。"[70]

1805 年，在柯勒律治吸食鸦片的量达到顶点的时候，汤姆·韦奇伍德"衰弱悲惨的生活"走到了尽头。[71]据他的家人说，他死于中风，有关他悲惨的死状的描述其实更容易让人联想到吸毒过量的问题。他的嫂子在给妹妹艾玛的信中写道："对可怜的乔斯来说，这一天太煎熬了，亲眼看着他挣扎了 12 个小时才死去。"[72]

不难想象，浪漫主义诗人们终于开始反省自己了。另一位杰出的诗人罗伯特·骚塞对柯勒律治的自私进行过猛烈的抨击："每一个目睹过他习惯的人都知道，在很大程度上——无限大的程度上——他的动机就是自己的爱好和放纵的生活。"[73]

然而，浪漫主义者对鸦片的看法一直没有消失。用鸦片制剂治疗三叉神经痛的第一人托马斯·德·昆西（1785—1859），就曾宣称自己的创造力源于鸦片酊，"鸦片的神奇力量"才是"故事里真正的主人公"。[74]对于鸦片就是创造力的"圣洗池"这种浪漫主义观点，德·昆西发表于 1821 年的作品《一位英国鸦片食用者的自白》起到了至关重要的作用。在德·昆西漫长的一生中，他一直在使用鸦片酊，有时候剂量非常大，每当他减少用量的时候，就写不出什么作品了。在所有的浪漫主义者中，德·昆西对自己嗜好鸦片制

158

剂及其功效的事情是最坦率的。他看到过的那些幻象都令人震惊，他注意到这些幻象"大多跟建筑有关"，背景都是意大利式的风景：

> 空间感，到最后还有时间感，都受到了强烈的影响。建筑，风景，等等，都合乎比例，但是都显得那么大，以至于肉眼都容纳不下。空间膨胀了起来，大得无边无际，难以言表。然而，它带给我的不安无法企及时间的巨大扩张带给我的不安。有时候，我似乎在一个晚上就活了 70 年甚至 100 年。不，有时候我的感觉就像是一夜之间一千年过去了一样，或者说，一段远远超出人类经验限度的时间。[75]

然而，他得到的并不只有创作方面的福佑。在《自白》一书中，他还讲述了自己在 1816 年碰到的一件奇怪的事情。当时他住在英格兰湖区格拉斯米尔镇的德弗小屋，突然一个"马来人"敲响了门。德·昆西的女仆跑掉了，留下主人独自面对那个男人。德·昆西殷勤地给了那个人足够"杀死三个龙骑兵和他们的马匹"的鸦片，他看着那个人吃光了鸦片，然后就离去了。对于这件事，德·昆西的内心苦苦挣扎了很长时间，他不知道自己给这个人的鸦片是否太多了，但是"我始终没有听到有人发现马来人死掉的消息"。[76]尽管根本没有证据能证明真有这么一个马来人出现过，可是德·昆西一直为这件事情感到焦虑不安。对柯勒律治而言，阅读有关东方的故事能够让他找到灵感，德·昆西则不一样，这些故事只会给他带来噩梦：

几个月来，那个马来人始终是一个可怕的敌人。每天晚上，通过他的各种手段，我被送到了亚洲的环境中……中国或者印度斯坦……猴子、拼花地板、凤头鹦鹉盯着我，冲我咧嘴笑着，冲我叫唤个不停。我跑进了宝塔里，在塔尖上或者密室里待了几百年。我是神像，我是僧侣；我受到崇拜，我被献祭……几千年来，我活过，然后又被放进了石棺里，跟木乃伊和狮身人面像一起被埋在了永恒不灭的金字塔正中央的狭小房间里。[77]

从青春期的后期开始，德·昆西就彻底被鸦片控制了。他不想放弃鸦片，也从来没有做过这种努力。他结了婚，有了一个家庭，但是他们的生活不太稳定。他认为鸦片放大了人格的主要特征，"如果一个'喜欢谈论牛'的人有了服用鸦片的习惯，那么他很有可能就会梦到牛（如果他没有迟钝到根本不会做梦的程度）"。[78]德·昆西做着超越平凡生活的梦，同时他也是一个有些古怪的人。有一天，他的朋友约翰·威尔逊来拜访他，他穿着一件"像是看门人穿的那种灰色外套，而且那外套显然是给一个身材比他高大四倍的人做的，很有可能是他在当铺里买的"。他大吼大叫地谈论着超验主义的话题，突然外套滑落了，露出了外套里包裹的那个赤裸裸的德·昆西。德·昆西一脸严肃地说："你或许看到了我没有穿衣服。""的确如此。"威尔逊回答道。德·昆西重新将那件外套裹在身上，然后又继续聊起了刚才的话题。[79]

1834年，柯勒律治逝世了，临死前他只是一个毫无快乐可言的瘾君子，被关在他的医生位于海格特的住所里。维多利亚时代的著名哲学家托马斯·卡莱尔拜访过他，想要和他探讨超验主义，可是卡莱尔很快就感到了厌倦，因为"他就像一只被动的桶子一样坐在

160

那里，等着有人把水打进去，无论你表示同意还是不同意，迟早会让任何人都提不起兴致"。[80]德·昆西活到了74岁，生前曾戒过几次毒，但是每次时间都不长。最终，他在爱丁堡结束了因为各种纠纷、噩梦、债务和药物依赖而变得支离破碎的一生。

在摩耳甫斯的怀抱中：
弗利德里希·威廉·塞尔蒂纳

到1800年的时候，在欧洲化学家们的推动下，自然科学研究已经分化出了各种不同的现代学科。英国、法国和德国的化学家们尤其专长于有机分析学科，因为他们试图了解各种药物的作用原理。医疗行业变得越来越有组织，它和大众都在呼吁针对性更强、质量更好的药物的出现。

1804年，德·昆西开始了依赖鸦片的一生，柯勒律治的鸦片消费量已经非常大，汤姆·韦奇伍德则走上了末路。就在这一年，鸦片的历史又向前迈进了一大步。在19世纪初期，浪漫主义和自然哲学同时取得了发展，在科学生活和文学生活中发挥着重要作用。住在现在的帕德博恩郊区、年仅20岁的德国药剂师弗利德里希·威廉·亚当·塞尔蒂纳从罂粟乳胶中分离出了袂康酸，他认为这是一种具有催眠效果的物质。在第二年和第三年，他的这一发现接连被发表在了一份针对执业药剂师发行的杂志上，这就是约翰·特朗姆斯多夫编辑出版的《药剂学杂志》。在当时，塞尔蒂纳的发现成了一个哑炮，因为有机化学领域正在苦苦寻找盛行于无机化学和植物学领域的那种秩序感。塞尔蒂纳的发现无人问津，他继续进行着实验。可是，由于拿破仑入侵俄国，他的工作中断了，他不得不去艾恩贝克的一家药店工作。与此同时，巴黎的化学家阿曼德·塞奎因也在对罂粟乳胶进行研究，试图分离出其中的活性成分。尽管进行了大量的实验，但是许多化学家和药剂师其实并不清楚自己究竟在研究什么。但是，就在1804年，塞奎因向巴黎研究所报告自己从鸦片中提取到了一种植物酸和一种白色的晶体物质，这种物质可以溶于酒精，能让紫罗兰糖浆呈现淡淡的绿色。用紫罗兰糖浆进行试验是为了鉴定出碱性物质。就在同一年，法国实业家查尔斯·德罗森也获得了这种白色晶体物质，但是他对这种物质的生物碱性质一无所知。他说这种物质是一种盐，因为"我不知道该给它起什么名字才合适"。[81]1811年，塞尔蒂纳再次发表了阐述自己发现的这种物质的文章，他对查尔斯·德罗森的观点表示了认同，认为这种物质具有成盐性，或者说是能够形成盐。

1817年，塞尔蒂纳在《物理年鉴》杂志上发表了一篇文章，宣布自己已经从罂粟乳胶中发现了活性物质吗啡。[82]在实验室里，他在自己和三名志愿者的身上对这种物质进行了实验，不到45分钟，他们四个人几乎全都中毒了。幸好他们服下了充当催吐剂的醋，实验才没有出现严重事故。不过，塞蒂尔纳现在已经确信自己在鸦片中发现了活性的安眠物质。

法国的化学家约瑟夫·路易·盖-吕萨克和药物化学家皮埃尔·罗比凯一起对塞尔蒂纳的发现进行了研究，他们宣布这是人类首次发现的有机碱。塞尔蒂纳已经发现了其中的生物碱，也就是吗啡。在1810年之前，生物碱还不为人们所知；在此后不到50年的时间里，人类发现的生物碱就达到了将近80种。塞尔蒂纳的工作几乎立即就产生了深远的影响，从而使其他研究者能够在很短的时间里就发现了各种化合物，如奎宁（金鸡纳碱）和士的宁（马钱子碱），以及鸦片中存在的其他生物碱。

　　在这个时期，欧洲的商业竞争非常激烈，各种出版物一经出版就会被迅速翻译成其他语种的版本，得到广泛的传播。1821 年，伦敦的药剂师托马斯·莫森已经开始生产吗啡了。与此同时，经过 10 年的研究和实验，早已不是其前身天使药房那种规模的德国制药公司默克药房开始大规模提炼和销售吗啡。公司于 1827 年出版了一本小册子，其中收录了当时已知的所有生物碱，吗啡在书里占据了突出的位置。很快，吗啡就成了畅销货。

　　塞尔蒂纳却在拿破仑战争结束后再次陷入了困境，这一次他搬到了哈梅林。尽管他生前取得了重大发现，对 19 世纪 30 年代早期德国爆发的亚洲霍乱所做的观察也十分有价值，但是他在 1841 年去世时依然默默无闻。塞尔蒂纳被埋葬在了艾恩贝克。

　　吗啡预示着一个药品生产和消费新纪元的到来。它是一种新的、清洁的、适合这个时代的化学产品，一经问世就产生了奇迹般的效果，而且似乎没有任何副作用。先前因疼痛而腿脚不便的人们站了起来，自己从医生的办公室里走了出来。它的名字来源于一位神，可它同时也是一个恶魔。到了 19 世纪 40 年代，西方的医生们终于意识到了这种奇妙的新药存在一个可怕的问题。为了科学，为了让人们在夜里获得良好的睡眠，塞尔蒂纳在无意中释放出了一个怪物。与此同时，大英帝国正在地球的另一端制造着另一个怪物。

第五章
中国危机

印度新闻和东方纪事

在这个阶段，尽管英国和美国的鸦片主要货源地依然是土耳其和伊朗，有时还有埃及和黎凡特，而且他们还在世界的另一端尝试着小规模的种植，但是一条完全不同于传统的供应链已经建立起来。在 1757 年的普拉西战役之后，东印度公司对名下每一家工厂的贸易活动的控制都得到了巩固，最终在 1763 年彻底消除了来自法属东印度公司的挑战。得到英国政府授权的流氓为英国王室带来了巨大的利益，攫取了该国的大片土地，从而确立了英国在孟加拉的统治地位。这些流氓中就包括罗伯特·克莱武（1725—1774），此人更为世人熟知的名字是"印度的克莱武"。成年后克莱武一直沉溺于鸦片中，他第一次吸食鸦片是在年轻时的一次精神崩溃中，他于 1774 年在伦敦伯克利广场的豪宅里去世，死因很有可能就是吸食鸦片过量。在克莱武的职业生涯中，东印度公司从一伙商业冒险家彻底转变成了一个强大的官僚和军事机器，统治着数百万人。

随着公司的壮大，东印度公司招募了各阶层和各种姓的印度人加入，但是来自公司军事学院的训练有素的英国军官的地位高于任何从当地招募的士兵。

东印度公司最初只想获得土地和贸易权利，但随着印度当地统治者内讧不断，莫卧儿王朝逐渐式微，在这片四分五裂的土地上，它成了一支准政府性质的力量。既得利益刚一得到巩固，东印度公司就开始关注全球事务以促进国际贸易。到了18世纪后期，它终于找到了明确的解决方案——茶叶。

英国与中国进行的鸦片贸易主要是由于英国国内对茶叶的需求。在塞缪尔·皮普斯率先尝试了这种"中国饮料"的17世纪60年代，英国的茶叶进口量还不大，但在一个世纪后，英国人已经极其贪恋这种饮料了。1785—1787年，广州的茶叶出口量翻了两番，仅东印度公司就进口了2550万磅。[1]英国人对茶叶的胃口如此之大，结果它就像金酒一样成了一个政治问题，评论家们纷纷撰文对茶叶在国家经济中不断增长的地位展开讨论。

伦敦育婴院的院长及海洋学会的创始人乔纳斯·汉威（1712—1786）在任何问题上都有着自己的见解（他以个人名义出版了74本小册子的事实足以证明这一点），他认为茶叶对个人和经济的健康都是有害的。1756年，他出版了《论茶叶——有害于健康，阻碍工业发展，导致国家经济困顿，以及它的兴起和在这些王国里的巨大消费》，尽一切可能地对茶叶进行了抨击。茶叶就像金酒一样，不仅是劳动人民应该避免的一种奢侈品，而且它还对健康有害。从更为宽泛的意义上而言，它导致了硬通货源源不断地从不列颠群岛流出，这些钱都被用来购买茶叶了。汉威自己就不喝茶，在他看来茶就是一种毫无意义的时髦玩意儿，他强烈建议英国人戒茶，在书中他借用了别人的一句话，"极端俭省是解决公共债务增加的最佳方法"。随着英国政府不断地向越来越富有的东印度公司借债，英国的公共债务不断膨胀，作为回报，英国政府允许东印度公司继续从事茶叶贸易。[2]

在放弃白兰地之后，塞缪尔·约翰逊医生变成了"一个坚定不移、不知羞耻的茶叶爱好者，二十年来，他只用这种迷人的植物冲泡的水来冲淡自己的饮食"。他曾在《文学杂志》发表了一篇反驳文章，指出茶叶有益于健康。[3]汉威慷慨激昂地恳求同胞们："如果每年拿出 1/4 现在花在茶叶上的钱，用于发展种植园、修建公共花园、铺筑和拓宽街道、修建马路、开通河道、建造宫殿、修筑桥梁等事业……相比茶叶贸易造成的后果，我们难道不是会有所收获，不是能够为健康、快乐和长寿提供更多的保障吗？"[4]约翰逊也认可"我们的财富将远比现在更好地用于这些目的"的说法，但是他也怀着务实的态度提出了反驳，"我们还是先下决心省钱吧，在此之后，我们能轻轻松松地找到花钱的方法"。[5]

汉威还坚信，在英国每年进口的 300 万磅茶叶中，至少有 200 万磅是通过走私渠道进来的，而且以前茶叶是通过苏格兰以北的奥克尼群岛进口的，由于七年战争（1756—1763），现在大部分茶叶贸易都转移到了英格兰与爱尔兰之间的马恩岛，以及英格兰西南部的德文郡和康沃尔郡。判断一个时间点的自由贸易量，唯一的方法就是将被扣押物品的数量乘以一定的倍数。东印度公司垄断了英国进口茶叶的合法贸易，在 1724 年之后，茶叶都会先被存放在保税仓库里，直到公司缴纳了关税。对于德文郡和康沃尔郡的走私者而言，在这一时期，他们在法国可以以每磅 6 便士到 1 先令的价格买到茶叶，茶叶被运回英国后，价格就翻了 7 倍。[6]半岛沿岸地区的主要产业就是走私，这在一定程度上是 1700 年以后锡矿开采业没落造成的。茶叶和烟草一样，是理想的走私商品，它既不像白兰地那么分量沉重，又不像另一种受欢迎的走私商品丝绸那么容易被损毁。

走私在本质上是一种机会主义商业活动，而且在海上的每一个人几乎都参与了这种生意。东印度公司和荷属西印度公司的船只经常出没于法尔茅斯周边的海域或者英吉利海峡，以便船员们将自己在航行途中私下购买的商品卖出去。1763 年，有消息称三艘东印度公司的船只向当地的走私犯出售了价值 2 万英镑的走私商品，当时康沃尔郡劳动人口的年薪勉强能达到 20 英镑。[7]以这种方式出售走私商品的做法大行其道，为了阻止这种情况的发生，英国政府开始派出船只提供引航服务，引导商船通过英吉利海峡和泰晤士河。由于一系列《逗留法》的通过，在 1781 年之后政府的引航工作得到了加强。然而，英国和欧洲大陆在南部海岸进行的自由贸易太普遍了，要想彻底阻断这种贸易是不可能的。海上开始出现灵活的大型船只，这些船都装备了经过改良的索具，吃水比较浅，便于驶入小一些的港口。这些船能够装载多达 1 万加仑的烈酒或者 12 吨茶叶，这些数字足以说明贸易的规模。从利物浦的英国边境检察署博物馆的展览中可以看出，当时走私的商品中也包括鸦片，但是我们很难说清鸦片在 18 世纪的走私贸易中到底扮演了什么样的角色——如果它的确扮演了还算重要的角色。可以肯定的是，茶叶和烈性酒是英国走私贸易的支柱，而且这两种商品的市场需求只增不减。美国的需求也在不断地增长着，英裔美国人严重依赖荷兰人进口的廉价粗茶，他们不愿支付税款购买来自英国的昂贵茶叶。

美国人拒绝为"英国"茶叶缴纳税款的行为愈演愈烈，最终发展成了 1773 年的波士顿倾茶事件，当时抗议组织"自由之子"将东印度公司船上的 342 箱茶叶倒进了波士顿湾。

1784 年通过的《减税法》试图对东印度公司的垄断特权以及中国和英国之间的茶叶贸易加以约束。这项法案的出台促使该公司收购了广州以及欧洲大陆的大部分库存茶叶，此举对走私贸易起到了一定的遏制作用，但同时也抬高了广州的茶叶价格，也推高了英国茶叶的价格。然而，这非但没有降低市场需求，似乎还产生了相反的效果。1783—1792 年，广州出口了 2.85 亿磅茶叶，比前十年增加了 1 亿多磅，其中将近 60% 的茶叶都通过东印度公司进入了伦敦市场。当时，通过对茶叶贸易的垄断权，东印度公司赚取了 500 万英镑的利润。[8] 英国人最喜欢的黑茶有武夷茶、功夫茶和小种毛尖，绿茶有松萝茶和熙春茶。因许多中国茶商无法满足市场的需求，关于茶箱里装的不是茶叶，而是劣质、掺假产品的说法很快流行起来。尽管如此，英国对茶叶的需求仍然在不断地增长，到 18 世纪末，茶叶成了英国所有杂货店里的一种主营商品，英国是西方世界最大的茶叶消费国，茶叶贸易对英国经济具有极其重要的价值。

为了满足需求，英国人试图在英属印度种植中国茶叶。正如德国作家约翰·曼德尔斯洛在 17 世纪 30 年代访问印度时说过的那样，印度人当时已经开始喝茶了，但是直到 1780 年，首任印度驻孟加拉总督沃伦·黑斯廷斯才将茶树引进到不丹和孟加拉。1788 年，自然学家约瑟夫·班克斯与加尔各答国家植物园进行了书信往来，试图说服后者在当地开辟一片茶园。东印度公司自然反对任何有可能损害公司对中国茶叶市场控制的事情，但是其他人能够意识到印度茶叶具有和中国茶叶竞争的潜力。不过，直到 19 世纪 30 年代，英国人才开始有组织地进行这种尝试。

在这个时期，围绕茶的冲泡和饮用已经形成了一套复杂的文化，比如该如何加热杯子，加入牛奶和糖，应当在什么时候喝下。贝德福德公爵夫人安娜（1788—1861）是公认的下午茶传统的开创者，下午茶的时间应当在 4 点到 4 点半之间，不能超过一个小时。至于在茶水中加入来自西印度群岛的糖，这本身就是一个复杂的政治和社会问题。废奴主义者明确拒绝这种糖，诗人威廉·柯珀甚至撰写了一本引人入胜的儿童读物《黑人的抱怨》，讲述了人类围绕糖犯下的罪恶。然而，茶很快就成了上流社会和劳动阶层的基本消费品。

英国面对的困难在于，这个市场的正常运转是一项复杂的系统工程，其中涉及信贷和现金支付问题，以及东印度公司所"掌握"的跨越数千英里海域的工作。为了换取巨量的茶叶，英国不得不一直大量出口黄金，可是它的货币储备量一直处于相对短缺的状态，因此这种用黄金兑换茶叶的做法很快就不可持续了。然而，中国人对英国商品没有兴趣，英国人必须想办法弥补贸易逆差。迅速崛起的英属印度有可以同中国进行贸易的商品。印度的棉花和鸦片在中国都有很大的需求，因此东印度公司在广州实现了"公平"贸易，从此开了一场给中国带来灾难性后果的贸易交流。

在七年战争期间，英国与普鲁士、葡萄牙结成联盟，合力对抗法国和奥地利，以及后来加入战争的西班牙。在欧洲本土的战争是一场单调乏味、进展缓慢的陆战；但是，在殖民地一切都进展迅速，而且充满了捞取财富的机会。在战争爆发之初，几个老牌的欧洲强国还能为争抢大洋彼岸的新世界较量一番，到了战争结束的时候，英国已经控制了北美的东海岸地区、印度和加勒比海地区。像罗伯特·克莱武这样的年轻人追随着东印度公司最早一批职员的脚步，在公司的授意下，以保护贸易的名义发动了战争，为自己和英国谋取着利益。

1725 年，克莱武出生在英格兰什罗普郡的一个贵族家庭，他从很小的时候起就表现出了自己的个性，当时他的叔叔告诉众人："我很满意，打架（他已经沉迷于此了）让他的性格变得凶猛专横，看到任何微不足道的情形，他都会扑过去打斗一番，因此我竭尽所能地压制着这位大英雄，以便帮他培养出温顺、仁慈和耐心这些更可贵的品质。"[9]可以说，他的叔叔失败了。克莱武成了一个小流氓，组织了一帮人，在当地的集镇上收取保护费，有一次他还爬上了教堂的尖顶，令目击者一阵惊恐。不出所料，在 18 岁那年，他被父亲送上了前往马德拉斯的船，成了东印度公司的一名职员。克莱武是英国先遣队的成员，从英国出发时他还是东印度公司的一名职员，随着东印度公司在印度全境的扩张，他逐渐接受了公司的军事思维方式。在马德拉斯期间，他在工厂工作，但在新的环境下他变得抑郁和孤立，两度试图自杀，不过都失败了。1746 年，英法两军在印度再一次爆发了战争，克莱武放弃了文职工作，成了一名军人。没有多少人有资格宣称自己的一个决定就改变了历史，罗伯特·克莱武却是其中的一个。

克莱武来到马德拉斯的时候，莫卧儿帝国已经江河日下。他们没能延续早期统治者的荣耀，基础设施的缺乏致使帝国变得脆弱不堪。在众多独立领袖、纳瓦布（省级地方行政长官）以及像马拉塔人这样骁勇善战的部落不断骚扰下，莫卧儿帝国最终在 1739 年失去了德里。这场失败对莫卧儿帝国的实力造成了重创，英法两国看到了夺取权力的机会，很快就卷入了 1749 年开始的第二次卡纳蒂

克战争。这场战争给了克莱武崭露头角的机会。但是，他由于健康
出现了问题（据说是胆结石造成的），在 1750 年的时候被送到了孟
加拉休养。虽然没有了他，但战争还在继续。在孟加拉，克莱武开
始经常吸食鸦片，其余生也一直保持着这个习惯。

1751 年，克莱武在战争中建立了功勋，这一胜利打破了帝国之
间维持了将近两个世纪的平衡，形势变得对英国有利。在马德拉斯
城外进行的阿尔果德围城战中，卡纳蒂克的纳瓦布钱德·沙赫比得
到了法国军队的协助，东印度公司的英军把守着这座小城，他们面
对的敌军人数是己方的 50 倍。在纳瓦布的士兵、法国人以及身披
盔甲的战象包围下，克莱武指挥并集结了炮兵部队。经过一场仅持
续了一个小时的恶战后，这场围城战就结束了。英军名声大振，克
莱武的职业生涯也发生了转变。

1756 年，加尔各答被孟加拉军队占领，之后发生的臭名昭著的
"黑洞事件"激起了一股反印度情绪。[①] 在普拉西战役中，当时还
是上校的克莱武又一次获得了建功的机会。他贿赂了孟加拉军队中
形形色色的纳瓦布，说服他们选择退出战斗。他率领着区区 3000
名部下同大约 5 万名敌军以及一支战象队交手，结果他又打了一场
胜仗。在克莱武作为一名军事指挥官是否称职的问题上，批评家们
仍然存在着严重的分歧，但是可以肯定的是这场战役极具戏剧性。
这是一次政变，一场巨大的胜利，这场胜利让英国在印度确立了统
治地位，从而迅速将法国和荷兰逐出印度。

1762 年，克莱武被封为"普拉西的克莱武男爵"，并于 1764

------

① 加尔各答的"黑洞"是法国殖民者于 1756 年 6 月在孟加拉仓促建成的一所监
狱，用来囚禁英国俘虏，由于面积过于狭小，6 月 20 日，囚禁在这里的 146 名英国人
和印度雇佣兵中，有 123 人窒息身亡，这就是"黑洞事件"。

年被授予爵位头衔。克莱武通过钻石、祖母绿和各种宝石生意获得了巨额财富，英国则控制着印度产量最高的鸦片种植区。像罗伯特·克莱武这样被称为"纳瓦布"（此处指富翁）的英国人没有太大的兴趣留在印度，建设新的基础设施。在加勒比海地区，土地是关键因素，人们去那里是为了种植庄稼；在印度，英国人则忙着用钻石和其他宝石做着投机生意。在普拉西战役之后，克莱武完全被"成堆的金银财宝"包围了，孟加拉邦和莫卧儿帝国众多土邦主的金库"向他敞开了大门"，他想拿什么就拿什么。[10]他从这批新获得的财富中拿出了一部分，用来处理东印度公司的业务，贿赂当地的纳瓦布，同时他和其他人都从中攫取了大量的财富。在这个时期，在印度的英国"纳瓦布"几乎就是一群掠夺者，就连低级职员都能给远在家乡的爱人寄回钻石。到了 18 世纪 60 年代，克莱武在东印度公司乃至英国政府里都占据了举足轻重的地位，他的父亲扮演着中间人的角色。喜欢讽刺、一生写下大量书信的作家霍勒斯·沃波尔曾在信提道："克莱武将军的父亲一直和皮特先生在一起，他告诉后者这位天生的将军知道印度有一个地方埋藏着这样的财宝，如果政府能给他的儿子送去 40 万英镑和一定数量的船只，他的儿子就能送回足以偿还国债的钱。"[11]

从普拉西战役开始的 20 年里，所涉及的金钱数额巨大，以至于在 1772 年的时候，英国议会对克莱武以及东印度公司在印度的行动展开了一次调查。当被问及在印度期间收到了多少钱时，克莱武做出了一个著名的回答："主席先生，我对自己的克制感到惊讶。"[12]然而，到头来财富对克莱武并没有多大的意义，英国媒体对其人格的恶毒攻击使得他的病情越来越严重，情绪也越来越抑郁，他对鸦片酊的依赖也越来越强烈了。英国社会普遍对这些"纳瓦布"和他们的钻石感到反感，人们担心的不仅是他们在印度从事的腐败活动，而且担心这些新的财富一旦被用来在英国国内从事腐败活动，就有可能会对国家政策产生重要影响。这一切导致克莱武的政治抱负化成了泡影。1774年11月22日，克莱武在伯克利广场的家中打牌，突然他起身离开牌桌，去了书房。他在书房里服下了大剂量的鸦片酊，据说他用削笔刀割开了自己的喉咙，但是没有人对他的死因进行过调查。英国报纸十年如一日，不依不饶地对克莱武在印度的所作所为进行着报道，现在突然陷入了沉默。克莱武的遗体被安葬在什罗普郡的一座教堂里，这里离他的出生地不远。他的墓碑上只铭刻着一个无可争议的传说："克莱武，印度主教长①。"

英国鸦片走私者

　　克莱武在印度的努力不仅让他中饱私囊，而且还让英国控制了巴特那、贝那拉斯、比哈尔和马尔瓦等鸦片主产区。一些独立的土邦也出产着鸦片，这些生产不是为了向英国商人供货，就是为了满足非英控地区的本土消费。

　　在世界各地的许多鸦片种植区，农民并不是罂粟农业的交易方，印度的情况也是如此。种姓制度和根深蒂固的等级制度意味着印度的农民处于生产线的最底层，收入极少，因为一连串的中间商——印度的中间商都是出身高等种姓的地主——都要从中赚取利

---

　　① 主教长是某些教会（如天主教、英国国教）给予特定主教的头衔，根据各教会的不同传统，有些主教长是享有司法权的教区首席主教，有些则只是授予德高望重的老主教的荣誉称号。

润。从理论上而言，农民要自己将种植的鸦片交给东印度公司，或者说是"政府"的代理人，然而事实并非如此。种植鸦片的农民也会偷偷地经营自己的生意，很快东印度公司就习惯了这种做法。

印度国内对鸦片的需求很大，尽管比不上中国市场的巨大需求。吸鸦片，更常见的是"吃"鸦片，是男性劳工中间一种常见的消遣方式，他们用水烟袋吸食马达克（鸦片和烟草的混合物），或者用烟袋吸食禅杜（精致鸦片），类似于用蒌叶包成的粗制香烟。英国早期出版的一部有关印度北部地区贸易状况的专著就对印度的鸦片"商店"——而不是中国的大烟馆——里寻常可见的烟民吸食鸦片的景象做过描述。印度政府会对这些商店征税，尽管许多商店都在暗地里从事着非法经营，直接从农民的手中购买鸦片。和中国的情况一样，在印度吸食鸦片也是一项极具社交意义的活动。"如果在晚上 8 点左右去普尔加曼著名的马达克商店，你就会看到一间四四方方的小商店……在马路对面，你会看到一个长长的棚屋，一些吸烟者聚集在那里。他们背靠着墙坐成一长排，膝盖蜷到胸口……形形色色的人凑在一起，所有人都是一副无害、无理性、无助、昏昏沉沉的模样。"[13]

在印度，马达克和禅杜的制备都是一个漫长而乏味的过程，包括干燥乳胶、磨成粉末、蒸发和掺入其他物质，但是这样制作出来的鸦片制品是粗鸦片效力的两倍以上。而且，它还有一个优点，在吸食之后，人们还能将残留在水烟锅里的物质刮出来做成药丸，"供那些因为贫穷吸不上禅杜的人服用"。[14]

在印度，女性吸食鸦片的现象很可能不那么引人注目，而且同波斯的情况一样，女性吸食鸦片往往和自杀有关。在印度旅行的德国作家约翰·曼德尔斯洛就在坎贝目睹过印度教的撒提传统，即妻子在丈夫的火葬柴堆上自焚殉葬，那一幕令他十分动容。当时，曼德尔斯洛坐在马背上看着那名年轻的女子朝他走了过来，并将自己的一只手镯扔给了他，"她带着如此强烈的自制力和快乐来到这里，（他）非常倾向于认为她是被鸦片麻醉了"。曼德尔斯洛接住了手镯，将它保存了起来，"以纪念如此非凡的举动"。[15]

　　在 18 世纪晚期的孟加拉，供应国内市场和出口市场的鸦片都是在东印度公司的监督下，由巴特那和贝那拉斯的政府经营的大型工厂制造的。在这些工厂里，鸦片经过了仔细的检查、加工和包装，整个生产过程都达到了工业化的规模。工人先用铁制模具做出大球，然后给大球涂上鸦片糊，再用罂粟叶包裹起来，这样就制作出了一层能够经受住海上运输的坚硬外壳，而里面则是一种更柔软的乳胶。然后这些球会被装进芒果木箱中，40 枚装一箱，箱子会被密封起来，然后称重，确保装够了 116 磅的货物。之后，鸦片会被运到加尔各答的政府仓库，在拍卖会上被拍卖掉。这样的拍卖会一年要举行 4 次，看上去都有模有样，其实是一场精心策划的骗局的一部分，这一切都跟英国对中国茶叶的需求有关。

　　中国对鸦片的需求在不断地增长着，这就意味着英国终于有了一个能够与茶叶贸易相抗衡的核心产品了。问题是，到 18 世纪末期，鸦片在中国遭到了禁止。政府的禁令虽然对不断增长的鸦片消费几乎没有什么影响，但它确实意味着东印度公司必须想办法不以自己的名义将鸦片运进广州。替代方案就是加尔各答的拍卖。为英国商船签发许可证，挑选其他商船，购买鸦片并出口到广州，要么明目张胆地将船开进广州，要么将船上的货物分装到当地的中国商船上，后者通常都要途经澳门。中国政府虽然对鸦片的坏处直言不讳，但是对于广州势力强大的商行却迟迟没有做出反应。商行肆无忌惮地将鸦片运进广州，英国人为他们渴望的茶叶花费的巨额资金因此得到了一定的补偿。毕竟，生意就是生意。

在不到 20 年的时间里，鸦片贸易就成了不列颠帝国的一项主要收入来源，东印度公司迅速争取到了对这项贸易的垄断权，并在 1773—1797 年建立了牢固的垄断地位。然而，这一切并非毫无问题。英国议会虽然对鸦片贸易带来的收入表示欢迎，但是长期以来它一直对东印度公司代理人的种种行为保持着怀疑的态度。在 18 世纪 60 年代，"纳瓦布们"陆陆续续返回了伦敦，他们的到来在伦敦的政治阶层中激起了对东印度公司的强烈不信任，政府不断试图通过一系列立法和任命监督者来规范东印度公司的经营活动。然而，这种做法无济于事。在远离伦敦控制的英属印度，人们有机会一夜暴富，能够创造出这种财富的人会变得越来越独立，他们首先会忠于自己，其次是公司，最后才是英国。此外，战争虽然给东印度公司的职员带来了巨额财富，但公司却由于战争以及维护其控制地区全新的基础设施的需要而负债累累，因此公司必须想方设法把这笔钱找回来。在 18 世纪的最后 30 年里，茶叶和鸦片贸易形势喜人，所以这笔钱的来源是显而易见的。

到了 18 世纪 60 年代末期，东印度公司越来越多地利用鸦片来维持英国的饮茶习惯，这就意味着每年 11 月至第二年 3 月，土质比较优良的土地会被用来种植鸦片罂粟，而这些土地以前都被用来生产经济价值比较高的靛蓝和糖，用于种植基本粮食作物的土地也越来越少。东印度公司还对其控制的土地征税，税额不断上涨，导致人们在食物短缺时无力购买必需的食品。在 1768 年和 1769 年这两个粮食歉收的年份，东印度公司的种种做法造成了灾难性的后果。再加上税收造成的贫困，人们陷入了饥荒。在英国首任印度总督沃伦·黑斯廷斯的控制下，东印度公司继续征税，有时候还会采取暴力手段。黑斯廷斯后来在文章中提到，估计当时死了三分之一的人口，在今天看来，死亡人数应该超过了1000万。1770年的孟加拉饥荒虽然不是东印度公司造成的，但是公司的代理人和监督者的所作所为，无疑加剧了已经陷入灾难状况的局势。

仅仅三年之后，英国和东印度公司就确立了他们在鸦片贸易中的统治地位，为了达到这个目的，他们实施了侵略。在孟加拉饥荒结束后，农村地区变得人烟稀少，土匪文化滋生。为了防止鸦片在夜间流失，公司不得不对这种文化进行镇压。孟加拉的土匪并不是唯一的走私者，私掠船也在继续从马尔瓦购买劣质的鸦片，然后取道孟买将其运往中国，东印度公司对这种做法越来越恼火。马尔瓦生产商出产的鸦片过去一直流向印度尼西亚市场，现在他们却公然和东印度公司抢起了中国市场。这块位于印度西海岸南部的葡属飞地，抢走了越来越多的贸易份额。1804年，印度总督韦尔斯利勋爵（理查德·韦尔斯利）呼吁政府"彻底铲除"这块飞地。[16]

1793年，英国和东印度公司曾试图在中国走外交路线。他们派了第一代马戛尔尼伯爵乔治·马戛尔尼（1737—1806）以特使的身份出访北京，商谈设立英国驻中国大使馆以及其他许多贸易特权，比如中国南部沿海的一座岛屿供英国使用。乾隆皇帝会见了英国使团，不露声色、客客气气地接受了使团送给皇室的礼物，后来他说这些东西只适合哄小孩子。英国使团四处碰壁，并被明确告知了离开的时间。最终，马戛尔尼率领的使团无功而返。这次外交失败非常引人注目，因为它表明安居北京的清朝政府和皇帝没有兴趣向蛮夷做出让步，马戛尔尼和使团严重低估了两个国家之间存在的社会及文化差异。事后看来，这次出使活动造成了一个不幸的结果：中英两国彻底失去了建立有意义的关系的机会。然而，在当时看来，这场失败似乎只是令马戛尔尼受到了奇耻大辱，他被派往海外进行了一场狂妄地自诩为"英国外交活动"的徒劳努力。

此时，这场游戏中还存在着另一位选手，一位一直让英国人感到头疼的选手——美国。在 18 世纪 90 年代，一艘美国商船来到了东印度群岛，这艘铤而走险、善于随机应变的商船所依赖的航海工具，就只有墨卡托投影和一本教学级别的地图册。1800 年之后，这些美国商人就在中国南海水域的鸦片走私活动中发挥了重要作用。这些商船从巴尔的摩和费城出发，前往的不是印度，而是爱琴海沿岸的士麦那（今伊兹密尔），在抵达中国之前，它们常常会在巴达维亚（今雅加达）短暂停靠。美国商人发现，市场似乎对鸦片有着无穷无尽的需求。由于手头缺少足够的现金，他们不得不经常从事其他商品的交易，如海豹皮、檀香木和人参，以获得继续购进商品所需的资金。但是，将土耳其鸦片运往中国就不一样了，这门生意要容易得多。19 世纪初期，为了促进贸易，美国商人在士麦那开办了珀金斯公司，这家公司与波士顿方面关系十分紧密。到 1807 年的时候，东印度公司设在广州的特别委员会对美国人的存在越来越不满。在 1812 年英美两国爆发战争的时候，美国人决意争取跨洋贸易的权利，美国在中国南海海域的船只数量大幅度增加了。面对这种情况，东印度公司并不开心，但是也无能为力，因为美国商人都是单打独斗的"个体户"，太过零散，所以无法对他们提起诉讼。然而，1821 年秋天发生的"埃米莉"号事件改变了这一切。

1821 年 5 月，美国的"埃米莉"号商船抵达广州，准备出售船上装载的一批土耳其鸦片。船在黄埔附近停泊了 4 个月，其间，船上的商人一直在小心翼翼地出售鸦片，为了维持这种优质鸦片的价格，他们往外放货的节奏很慢。在 9 月 23 日这一天，一名水手和一名当地妇女在船上发生了争执，在此过程中，那名水手向对方砸去一只罐子，正好砸中了脑袋，导致她落进水里被淹死了。驻广州的英国领事试图说服船长贿赂死者悲伤的家属，可是后者拒绝了这个提议。中国当局要求这名水手接受审判，船长考普兰再次表示了拒绝。不仅如此，他还召集美国商人组建了一个委员会，与中国方面进行谈判。突然间，在广州的美国势力不再像以前那么零散了。最终，在"埃米莉"号上进行的审判陷入了僵局，中国对美国人的贸易活动实施了全面封锁，美国人带着货物被困在了广州，因此他们放弃了那名水手。这名水手重新接受了审判，最终被绞死。就在这个时候，一名神秘的广州男子出现了，他的手上有一本账簿，上面记载了"埃米莉"号和其他商船销售的商品情况。"埃米莉"号随即便收到了广州方面发来的订货单。

英国人警惕地关注着这一切。1784 年发生的"休斯夫人"事件，对英国先遣队也产生了同样的影响。当时，一名炮手发射了一枚礼炮，而一名中国船夫恰好划着一艘小船驶到了炮口下方，结果船夫被意外杀死了。中国当局逮捕了这名炮手，并以谋杀罪将其绞死。在广东的英国人提出了治外法权的原则，这意味着他们的所在地是不受中国当地法律约束的外国"飞地"。这种态度令中国方面非常懊恼。英国人决心保证这一原则的落实，从那时起，面对中国政府在广州的统治，英国人和美国人越来越步调一致。当然，中美两国之间的关系并没有受到任何影响。但是"埃米莉"号事件对生活在广州的西方人来说是一个转折点，从此他们就组织了起来；这起事件对中国，最终对香港地区，也产生了深远的影响。

据估计，当时美国在广州的鸦片贸易中所占的份额约为 10%，而英国以 60%—80%的份额控制着这个市场，其余的份额则属于来自世界各地的私掠船。1799 年，清朝皇帝和清政府再次呼吁全面禁止鸦片，然而鸦片贸易仍然十分猖獗，19 世纪，中国市场对鸦片的需求量一直在持续增长。1810 年，清政府重申了禁烟法令，嘉庆皇帝颁下谕旨："鸦片烟性最酷烈，食此者能骤长精神，恣其所欲，久而，遂致戕贼躯命，大为风俗人心之害，久干例禁……近闻购食者颇多，奸商牟利贩卖接踵而来。"[17]北京离广州太远，无法对那里的贸易活动产生实际影响，在情况最好的时候，中国商人和西方商人之间的关系完全属于民间交往，只是经常处于紧张状态，但是不断增长的收入平息了许多冲突。这得益于英国人和美国人在伶仃岛附近采取的贸易制度，伶仃岛位于香港岛附近的三角洲东侧，由于包括行贿、吃回扣和讨债这些环节在内的一套复杂体系，伶仃岛很快就成了西方商人眼中的完美解决方案。

　　来自西方的船只会在伶仃岛停靠，将船上的鸦片转移到一艘看上去清清白白的军需船上，然后继续将船上剩下的合法货物运往上游地区。中国商人和走私者会先在黄埔或者广州买到鸦片券，然后悄悄前往伶仃岛提货。这样一来，西方商人们就变得规矩起来，用不着再对中国官员行贿了，而中国的商人也得到了鸦片。美国人和英国人已经将生意转移到了海上。

鸦片巨人

"对于鸦片，我必须承担一切责任"[18]

　　广州弥漫着一股自由贸易的气氛，这种气氛迅速从世界各地吸

180   引来了一批体面的商人，他们都想在广州的市场上分一杯羹。威廉·渣甸和马地臣（詹姆斯·马修森）都来自苏格兰。

渣甸出生于 1784 年，在爱丁堡大学拿到了医学学位，后来在一艘东印度商船①上当起了随船医生。在东印度公司的商船上工作的苏格兰人为数众多，1777—1813 年，东印度商船上 28％的指挥官是苏格兰人。[19]没过多久，渣甸就开始从印度带回鸦片，通过这样的手段提高了自己的收入。1819 年，他自立门户，决定从事鸦片贸易。1822 年，他来到广州。

马地臣出生于 1796 年，十几岁的时候被送到加尔各答，在叔叔的贸易公司麦金托什公司上班。有一次，他忘记将一封信交给一艘离港的商船，为此他和叔叔发生了争执。此后，他去了广州，希望自己能碰碰运气。在广州，他成了一名自由代理人，专门代办来自印度的货物，其中就包括鸦片和棉花。马地臣是一个头脑聪明、做事有条理、性格开朗的人，他受到邀请，加入了广州五大贸易代理公司之一的埃里萨里洋行。在洋行的资深合伙人维尔·埃里萨里去世后，马地臣继承了洋行，占尽了天时地利。1827 年，马地臣结束了生意，这样一来，他就可以无拘无束地与渣甸家族合伙了。他们以"马格尼亚克商行"的名义经营着来自印度的货物，其中主要就是鸦片。渣甸利用自己的影响力，再加上治外法权的保护，成了丹麦的领事，这意味着他不会受制于东印度公司的规章制度。

怡和洋行很快就在广州的鸦片贸易中声名鹊起。1831 年，怡和

---

① 东印度商船是 16—19 世纪流行的一种大型帆船，专门用于欧洲和南亚之间的贸易往来。最早一批船都属于葡萄牙和荷兰，英国人的东印度商船出现于 16 世纪晚期，最终主导了这条航线上的贸易。

洋行建造了专门用来运输鸦片的快速帆船"西尔芙"号，只需 17
天又 17 个小时这艘船就能赶到澳门。① "西尔芙"号的问世开启了
鸦片运输的竞争时代。此外，由于"西尔芙"号在水上的速度和灵
活性，其受到海盗侵扰的概率要低一些。快速帆船吃水比较浅，体
积比较小，主要用于近海航行。它们的运载能力得到了优化配置，
即装载少量的出口货物和大量的核心货物，也就是鸦片。这些帆船
沿着中国的海岸线来来回回地进行着鸦片贸易，省去了应当缴纳给
广州当局的费用，在英国人看来，这笔费用纯属敲诈。

181

　　这时候，怡和洋行已经获得巨大利润。除了茶叶和鸦片，广州
和英国之间还进行着各种商品的贸易，但是广州的贸易形势仍然不
太稳定，威廉·渣甸对此抱怨连连。他曾在 1832 年说："我们现在
的处境很可悲、很愚蠢。"他指的是英国政府没有为商人提供足够
的保护，不过他承认，在面对中国不断变化的规定时，东印度公司
特别委员会是唯一一股能够保护贸易公司的商品和权利的积极力
量。[20] 1833 年，英国议会通过了《印度政府法》，剥夺了东印度公司
的一切贸易权和垄断权，使其成了一个在印度活动的纯粹的行政机
构。作为曾经的鸦片巨人，东印度公司的贸易生涯结束了。

　　然而，造成这种变化的并不是广州的竞争，而是英国的工业
革命。中部地区的新兴工业城镇生产着廉价的棉纺织品，对于这
些产品来说，印度就是一个现成的市场。但是，制造商们一心想
要开拓出更大的市场，这些人意志顽强，颇有政治头脑，他们不
断地对议会进行着游说。最终，英国政府屈服了。到了 1834 年，

────────────

　　① 实际上这艘船是英国海军勘测员罗伯特·西平斯设计、印度帕西商人拉斯土姆
吉·卡瓦斯吉定制的，后者希望这艘船能适应雨季的海上航行。怡和洋行或许是从卡
瓦斯吉的手中购得了这艘船，或者租用了它。

东印度公司已经从黄埔泊地消失了，广州成为一个开放的市场。就在当年，怡和洋行向英国派出了一批商船，这是这家公司第一次往英国运送自己的茶叶。怡和洋行快速地站稳了脚跟，不断将中国的上等茶叶运往世界各地，同时将鸦片和廉价的英国货物运回广州。

182　　　东印度公司对广州贸易的控制权被取消了，但是和许多英国人希望的不同，广州的贸易并没有立即被放开，因为中国人仍然掌握着控制权，并且一如既往地对外国人进行着抵制。英国政府委派了一名警司维持英国商人的秩序，取代了东印度公司，对于这件事情怡和洋行很难表示认同。这个阶段，在广州以外的地区从事贸易活动的英国公司有 12 家，其中包括宝顺洋行与怡和洋行，印度公司有 6 家，美国公司有 2 家，即旗昌洋行和珀金斯公司。但是，在第一次鸦片战争爆发前夕，广州贸易总量的三分之一份额属于怡和洋行。怡和洋行打出了自己的蓝底白十字旗，这是根据公司创始人的故乡苏格兰的旗帜设计的。在广州附近的水域，最显眼的商船队正是这家商行的。在海面上来来往往的快速帆船令体积庞大的老柚木船相形见绌，其中一些柚木船已经有 100 多年的历史了。

　　渣甸凭借着自己的本事得到了一个绰号，"铁头老鼠"，这既是因为他颇有经商才能，也是因为有一次他被人用棍棒击中了脑袋，当时他表现出一副无动于衷的模样。他的办公室只有一把椅子，除他之外，谁都不许坐下。

　　马地臣则负责公司的信件往来，他在写信的过程中形成了一种直截了当的揶揄风格："由于克罗克船长厌恶在安息日接受鸦片，'瞪羚'号在香港耽搁了不必要的时间。我们非常尊重恪守宗教原则的人，可是，十分虔诚的信徒恐怕不适合从事毒品交易。船长最好还是辞职吧。"[21]

据估计，到19世纪30年代末的时候，英国商人通过广州向中国销售的鸦片约为1400吨。[22]然而，事情并非一帆风顺。中国当局和许多商人仍然对鸦片保持着抵制的态度，而且他们善于欺诈，一旦看到索取贿赂的机会，就会想方设法敲诈勒索。这种情况尤其令渣甸感到恼怒。1835年，怡和洋行试图在广州和澳门之间开通"渣甸"号蒸汽快船的努力受到了中国当局的阻挠。

在一定程度上，广州的问题是中国商人中间存在的秘密结社造成的。虽然当时各地区的秘密结社有着许多不同的名称（现在也是如此），但是他们被笼统地称为"天地会"（现在被称为"三合会"）。根据有关秘密结社的传说，最初有一群和尚在福建省组织发动了一场抗议运动，对入侵的满族人进行抵抗，后者是1644年从北方入关的少数民族。后来，反抗组织遭到了出卖，人数从128人减少到5人。这5个人在18世纪60年代自称"天地会"，开始在中国各地传教，将其他反叛者召集起来。就像共济会一样，这些秘密结社在商业群体中逐渐受到欢迎，后者利用他们与所有具有一定势力的家乡保持联系，同时也与其他同行建立联系。已经对那些神秘可鄙的中国商人产生怀疑的英国人十分憎恶这些秘密结社的存在，在广州的中国人和西方人之间的关系长期以来一直缺乏透明度，现在这种状况甚至已经蔓延到了沿海地区，而这些秘密结社进一步加剧了这种状况。可是，他们又无法采取任何行动对付这些秘密结社。

根据公开的信息，设法控制了一处贸易站的"十三行"在广州创造的财富几乎超过了任何一名富豪私人持有的财富。这个组织中

有许多人都来自福建，例如潘振承、卢观恒和伍秉鉴。① 潘振承
（1714—1788）出身贫寒，早年当过水手，最远到过马尼拉，后来
回到了广州，积累起了数百万美元的财富。伍秉鉴（1769—1843）
更为成功，他把钱投给了波士顿商业银行家约翰·福布斯。随着广
州的英国人和美国人数量越来越多、势力越来越大，伍秉鉴和卢观
恒开始联手经营贸易，凭借手中巨大的财富，他们都认为自己足以
抵抗住外来蛮夷们提出的各种令人头疼的要求。但是，西方商人与
十三行商人不和的情况其实一点也不普遍，大多数问题其实都是中
国当局和政府官员造成的，他们出于本性在尽可能地为西方商人和
十三行商人制造障碍，这种行为引发了各方之间的冲突。十三行里
的一些人会定期去拜访西方商人，对他们表现得很热情。在广州生
活了很多年的美国人威廉·亨特就对十三行商人的住宅规模记忆犹
新："我们去他们的私人住宅拜访过好几次，那些住宅的规模都很
大，里面有结构奇特的花园，花园里有岩洞和湖泊，上面有雕刻着
花纹的石桥，花园里的小径上整齐地排列着五颜六色的小石子，形
成了花鸟鱼虫的图案。"[23]

　　伶仃岛繁荣了起来，这种情况令清政府感到极其愤怒，但是其
他各方对此感到满意。广州的鸦片进口量从 1800 年的 2000 箱增
加到了 1820 年的 5000 箱，到 1834 年的时候达到了 20000 箱。面对
这种情况，一位政治家曾哀叹鸦片贸易是一个"令人深感遗憾的话
题，为了换取帝国的金钱和商品而让别的国家道德堕落"。[24]然而，

---

　　① 卢观恒和伍秉鉴都出生在广东，后者的先祖是福建人，在康熙年间迁居到广
东。潘振承、卢观恒、伍秉鉴和叶上林号称"广州四大富豪"，四人均为广东十三行
商人，分别经营着同文行、广利行、怡和行和义成行。其中，伍秉鉴一度位列世界首
富，其名下的怡和行是英国东印度公司最大的债权人。

这样的哀叹无济于事。鸦片在源源不断地涌入中国。我们不妨用一个实例来说明怡和洋行这样的公司究竟赚了多少钱，当公司的老合伙人马格尼亚在1827年离开公司后，他们花了近6年的时间才计算出他的流动资产。公司的生意太多了，几乎无法将每一笔交易都忠实地记录下来。当马格尼亚的最后一批货物在1833年交割完成后，渣甸给他发去了一封信："很高兴能随信附上您的往来账目（截至6月30日）——403035西班牙银元。"[25]因此，当"渣甸"号通航澳门的提议在1835年受到阻挠后，英美商人和英国当局便试图摆脱清政府对他们的控制。

185

　　1834年，中国的鸦片进口量再创新高，达到了20000箱，英国政府派出了律劳卑勋爵（纳皮尔）和两名英国商务监督负责中英两国的贸易事宜。英国政府的本意是确保东印度公司所监管的贸易继续下去，可是律劳卑犯了一个严重的错误，他避开中国的官僚礼数，没有按照规定让公行代为转呈自己的公函，而是试图直接与两广总督取得联系。结果，他吃了闭门羹，两广总督卢坤拒绝接受他的来信。为了表明自己的态度，卢坤还下令停止与英国商人的贸易往来。律劳卑命令两艘皇家海军舰艇对珠江三角洲上的军事要塞进行炮轰。由于他感染了疟疾，一场战争才得以避免。中国当局命令这位英国人离开广州，去黄埔或者澳门，最终律劳卑就是在澳门去世的。这起事件对各方来说都是一场彻底的灾难，对英美两国的商人而言，有一点现在再清楚不过了，那就是他们必须找到一处独立、安全、能够行使治外法权的地方从事贸易活动。

　　1836年，怡和洋行首先提出在香港岛建立一个贸易殖民地，但是由于香港遍布岩石的地貌特点，其他人暂时并不倾向于这种选择。随着更多的西方商人来到广州和沿海地区做生意，中国当局和他们之间的矛盾和不满情绪不断升级。与此同时，中国各地对鸦片的需求就像滚雪球一样迅速增长着。珀金斯公司仍然把持着士麦那航线，颠地（兰斯洛特·登特）于1831年接管宝顺洋行并将公司打造成为一股强大的势力，与加尔各答几家著名的代理公司都有着密切的联系。在这个阶段，怡和洋行的地位依然是不可撼动的。至少它自己是这么认为的。

186

清廉的林则徐和第一次鸦片战争

然而，西方商人并没有想到林则徐（1785—1850）这个因素。林则徐是一位杰出的中国官员，清政府委派他打击广州和沿海地区的鸦片贸易。据估计，当时中国大陆地区有大约1200万名鸦片成瘾者，鸦片的需求如此之大，以至于中国的白银储备正以惊人的速度流向珠江地区。1839年3月，林则徐来到广州，命令商人们立即停止一切鸦片贸易，并上缴库存的鸦片。他给年轻的维多利亚女王写了一封篇幅很长、很有说服力的公开信《谕英国国王书》，讲述鸦片贸易的诸多罪恶。这封信首先在广州发表了，虽然一直没有被交到维多利亚女王的手中，但是后来被《泰晤士报》转载了。林则徐把这封信交给了"托马斯·库茨"号商船的华纳船长，后者将信寄回了英国，但是英国外交部在了解信件的内容后，拒绝接受这封信。

> 该国带去内地货物，不特自资食用，且得以分售各国，获利三倍。即不卖鸦片，而其三倍之利自在。何忍更以害人之物，恣无厌之求乎？[26]

一开始，为了公平起见，林则徐提出用茶叶和大黄补偿英国商人库存的鸦片，因为中国人非常清楚缺少了定期供应的大黄，英国人就会深受便秘的困扰。然而，林则徐的提议遭到了拒绝，结果广州被封锁，商人们被禁闭在家中，有些人还面临着断水断粮的威胁。十三行的一些商人被打入大牢，包括卢观恒和伍秉鉴在内的一些人甚至被套上了枷锁。与此同时，林则徐还在缉拿烟民，没收并销毁了数以千计的大烟具。

1839 年 4 月 6 日，时任英国驻华商务总监督的查理·义律写信给英国外交大臣帕尔姆斯顿子爵（亨利·约翰·坦普尔），信中说虽然他"很清楚这种贸易的性质"，但是针对"女王的官员和臣民以及所有在中国的外国人"的"肆无忌惮的暴力行径"，意味着"除非女王陛下的旗帜在这些海岸地区安全飘扬，否则两国政府都不会有安全和荣誉可言"。[27]在义律给帕尔姆斯顿子爵发去这些充满疯狂的胡言乱语的信件之后，广州的形势越来越令人不安了，英国方面需要扩大对其臣民的保护。义律认为，清朝皇帝的确有权阻止鸦片进口，但是英国也有权保护臣民的生命和财产。

持有大量鸦片的颠地接到了交出鸦片的命令，但是他只交出了一小部分。林则徐要求他参加一场会议，他也拒绝了，因为他知道自己有可能会被斩首，"以儆效尤"。颠地一边与林则徐进行着谈判，一边命英国人往香港岛转移。当颠地到达香港岛的时候，岛上升起了英国国旗，他宣读了一份请愿书，大意就是所有的英国臣民从今往后都将受到政府的保护，如果交出所有库存的鸦片，他们将会得到补偿。夜幕降临时，英国的商人们交出了相当于 20000 箱的存货，这些鸦片都将被销毁。林则徐从商人手中没收的鸦片多达 1300 吨，从 1839 年 6 月 3 日起，500 人花了 23 天时间在大池子里将鸦片与卤水和石灰混合,"像熬汤一样",然后将其排入虎门镇附近的海里。当时,林则徐还写了一首诗,为倾倒这样的垃圾向海神道歉。

5月,西方商人接到了永远离开中国的命令。9月,一群喝了米酒的西方水手在酒醉之后将一名中国村民殴打致死,结果引发了九龙海战。面对村民被打死一事,中国人做出的反应就是停止向外国人出售食物。在义律的指挥下,一支小型舰队从广州出发了。义律命令英国舰船向九龙周围的中国帆船开火。这场战斗在夜幕降临时就结束了,它仅有的真正意义就是那名村民的死亡,它标志着第一次鸦片战争的开始。①

当时,义律在英国人的心目中远非一位英雄。他也反对鸦片,这在英国政界和商界是众所周知的事情,许多人都怀疑他在遇到林则徐后,与这位中国官员相互勾结,或者说至少接受了后者提出的最糟糕的条件。事实也证明,义律并没有像其在香港岛英国国旗下发表讲话时所设想的那样,与英国政府进行谈判。英国政府没有兴趣支付任何赔偿,认为这是中国人的事情,因为是他们销毁了库存的鸦片。在渣甸的带领下,英国商人开始游说英国政府与中国开战。1840年春天,一支远征舰队从英国出发了。后来出任英国首相的威廉·格莱斯顿谴责英国政府的这种做法"有失公正、极其邪恶"。他本人曾试图帮助自己的妹妹戒掉鸦片瘾,可是没能成功。[28]

在接下来的一年里爆发了一系列海战,这些海战被统称为第一次鸦片战争。1840年末,林则徐被革职,并被流放到新疆,清政府

---

　　① 实际上,在西方水手将中国村民打死后,林则徐命令义律交出凶手,义律抗命拒交,于是林则徐遵照嘉庆十三年之例,采取了不准他们逗留澳门、断绝柴米食物等措施,因此义律发动了九龙海战。

认为他和义律一样未能完成任务。在英国和美国，公众对这场战争的反应不一。这场战争揭露了许多普通民众不知道的有关鸦片贸易的事实，尽管两国都支持鸦片贸易，但是反对强迫中国人吸食鸦片的呼声越来越高，尤其是向中国派驻了传教士的宗教团体。《北不列颠评论》发表了一封大意相同的信："在看到自己拯救人民的最大努力在欧洲鸦片贩子的阴谋诡计和优越的海军力量以及沿海地区官员的腐败面前付诸东流的时候，中国的政府官员以及皇帝感到了悲痛、失望和愤慨。任何一个人，但凡有一点人性，在读到这些报道的时候都会产生同样强烈的极其痛苦的感觉。"[29]

正是这种情况导致了英国和中国之间爆发的战争。在第一次鸦片战争中，英国获得了决定性的胜利，这主要是由于英国掌握了极其先进的火力技术和造船技术，例如皇家海军的第一艘铁甲舰"复仇女神"号。中国的平底帆船和小型舰艇其实与一支小型海军舰队的实力旗鼓相当，但损失惨重，大约有18000名军人丧生，而英国方面只有不到70名水手在战斗中丧生。

1842年8月29日，随着不平等条约《南京条约》的签订，第一次鸦片战争结束了，这份条约和后来签订的其他几份条约在中国与西方，特别是英国的外交关系史上发挥了很重要的作用。英国和清政府的代表在停泊于南京下关江面的"皋华丽"号上签订了条约，道光皇帝和维多利亚女王先后于当年9月和12月批准了条约。该条约的目的在于彻底消灭广州的贸易体制，从而打破公行（即广州十三行）和中国官僚对自由贸易的控制。但是，英国人并没有止步于此。除了广州，他们还希望在厦门、福州、宁波和上海增设4个通商口岸，在这些地方拥有治外法权，并对征收的关税和税收实行固定关税制度，这些事情都有待进一步的协商。清政府为林则徐销毁的鸦片支付了 600 万银圆的赔偿金，为流亡的英国商人在十三行各家商行里保留的账户支付了 300 万银圆，另外还支付了 1200 万银圆的战争赔款。清政府还将香港割让给英国王室。《南京条约》对中国人来说是一次可怕的打击，但是当时他们还没有充分意识到这份条约将会产生怎样的影响。

即使战败了，道光皇帝对英国人及其从事的贸易活动的态度依然十分明确。他曾表示自己的确无力阻止毒品流入，贪婪和堕落的人为了利益和肉欲会做出违背其意愿的事情，但是任何事情都不会诱使他将税收建立在人民的罪恶和苦难之上。[30]

年轻的维多利亚女王就像一个被宠坏的孩子，她写信告诉自己的叔叔比利时国王：“中国的生意让我们非常头疼，帕尔姆斯顿为此深受羞辱。我们本来可以得到想要的一切，要不是义律莫名其妙的怪异行为……他完全违背了自己得到的指示，竭力争取着最低条件……阿尔伯特对我得到香港岛的事情感到非常开心。”[31]

香港的诞生

“我担心香港不太适合从事贸易活动”[32]

当英国人决定把香港当作绝佳的深水港时，这座地势陡峭、岩石遍布的岛屿还没有多少人定居。1843 年，伦敦园艺学会（后更名为皇家园艺学会）派出的植物收藏家罗伯特·福琼来到香港，他称香港是“其见过的最好岛屿之一，它有 8—10 英里长，宽度不一，有些地方仅 2 英里，有些地方则有 6 英里，整座岛屿都是绝佳的泊位，毫无隐患。”[33]从东向西，最宽处有 11 英里；从北向南，宽度为 2—5 英里。在 1841 年 6 月 14 日义律举办的土地拍卖会上，怡和洋行自然率先购得了东角的土地，价格是 565 英镑。[34]后来，马地臣曾难为情地向一个特别委员会承认，或许在拍卖土地之前，他们的公司就已经开始了"一定程度"的建设。[35]

　　香港首任总督亨利·璞鼎查爵士在 1842 年看到岛上正在建造的大型仓库和行政大楼时，表示这座岛屿原本"乱七八糟地遍布着巨大的花岗岩和其他岩石……科学的应用和非凡的劳动，以及大约 10 万英镑的开支，不仅让这座岛屿能够满足巨大的商业需要，而且使其成了殖民地的荣誉和门面"。[36]直到 1844 年，怡和洋行才搬迁到香港。这时，岛上已经建起了 3.5 英亩的建筑。1845 年，植物学家罗伯特·福琼再次取道香港离开中国，香港的发展速度给他留下了深刻的印象。第二任香港总督约翰·弗兰西斯·戴维斯已经将岛屿南端的中国人聚居地更改了名称，"以前被称为小香港（即赤柱）和石排湾的地方……被更名为斯坦利和阿伯丁（香港仔）"。[37]

　　不过，怡和洋行绝不是第一家搬到香港的公司。到 1843 年底，已经有 12 家实力雄厚的英国公司在香港经营业务了，其中包括几名经营规模不如怡和洋行、经营项目五花八门的英国商人和 6 家印度公司。渣甸于次年重返香港的时候，岛上已经有大约 100 家公司了，其中半数是英国公司，四分之一为印度人和帕西人（生活在印度的拜火教徒，大部分是波斯人后裔）经营的公司。当时，美国的旗昌洋行也已经搬到岛上。这家公司之所以出名，不仅是因为它在鸦片贸易中获得了巨大的成功，而且它还雇用过小沃伦·德兰诺，即富兰克林·德拉诺·罗斯福的祖父。

　　香港的许多地名都来自这个早期阶段，这些地名反映了岛上公司的多样性。当然，岛上有渣甸街，还有一座 433 米高的渣甸山，

192

山上设有一座瞭望台，以便侦察怡和洋行进港船只的情况。怡和洋行与这座岛屿的历史、文化和景观有着无法分割的联系，甚至连背景声音也不例外，因为在东角的仓库大楼外面，有一门名为"怡和午炮"的大炮每天都会开火。为什么会发生这种情况，众说纷纭，但可以肯定的是，正午鸣炮的传统已经成了香港日常生活的一部分。在第二次世界大战期间，这门大炮曾被日本人摧毁，在占领香港后，英国皇家海军又换上了一门新的大炮。

商人们返回香港的航程发生了一个巨大的变化，现在他们乘坐的船只都以蒸汽为动力，因而不用在意中国南海和珠江三角洲地区的潮汐和风向。在这个时期，鸦片仍然是最赚钱的货物，不仅英国在香港的殖民地的成功得益于它，香港这座岛屿的繁荣也和它密切相关。不过，香港并没有立即繁荣起来。一开始，这座岛屿一直饱受劫掠和疟疾的困扰，仅 1843 年，岛上的驻军中就有将近四分之一的人因疟疾而死亡。这些人很快就被埋葬了，但是没过多久，由于岛上新建道路需要开挖地基，这些英国人的棺材被挖了出来，尸骨也被弄乱了。数年后，这些尸骨仍然被摆在路边，暴露在"粗俗的目光"之下。[38]

193　　对于如今被称为"商行"的这些大型英国商业公司及其所有者"大班"（意为大经理）来说，这些冒险和艰苦的环境是值得的。他们正在充分利用这个绝佳的港口从事贸易活动，尽管这里的气候以及早期的条件还有很多不尽如人意的地方。1844 年，殖民地时期的香港首位库政司（后来的财政司）司长罗伯特·蒙哥马利·马丁建议英国政府放弃香港岛，因为这里不适合进行一般贸易。

然而，这种想法是不成熟的。商行商人的势力以及他们在香港从事的鸦片贸易就像一块磁铁，不仅吸引着珠江三角洲和广东的中国人以及全世界的华人，而且"从英国到悉尼，世界各国的人都成群结队地涌向了天朝，形成了一个鱼龙混杂的社会"。[39]

香港广阔的港口让岛民有条件涉足航运业务，由于新成立的一家家轮船公司，例如阿普卡航运公司和铁行轮船公司（即半岛和东方蒸汽航行公司，至今仍以 P&O 公司的名义运营），船队业务成了一项主业，而不再只是怡和洋行经营的那种副业了。阿普卡航运公司成立于 1819 年，总部设在加尔各答附近，经营的业务就是将鸦片从印度运输到中国的南方；铁行轮船公司于 1847 年进入孟加拉的鸦片市场，目的就是垄断苏伊士以东的所有鸦片贸易航线。很快，这些公司的轮船就成了香港岛沿岸常见的风景了。

香港的快速殖民化不仅给这座岛屿带来了永久居民和家庭，而且还带来了船员和其他东西，例如财富。但是和人们想象的不同，本地人口并没有被外来人口所取代。如果说有什么变化，那就是不同民族之间似乎能够和睦相处了，其中也包括印度商人和土生土长的香港人。1844 年，中国的治安官员被征召入伍，他们的职责和权利相当于西方国家的警察，之所以这么做是考虑到华人社会之外的任何人都不能对香港进行有效的治理。

在第一次鸦片战争期间，有相当多的香港人成了通敌者，这也许是因为他们已经与来到这座岛屿的外国商人建立了密切的贸易关系，这种关系给他们带来的收益超过了位于珠江上游 90 英里的广州体系带给他们的好处。不出所料，最热心的一部分通敌者中就包括逐水而居的疍家人（水上人）。对于新的定居者而言，疍家人就是他们在当地最重要的联络人，这些人凭借自己的能力变得富有起来，并且很受欢迎。卢亚贵就是其中的一员，他在鸦片战争期间为英国皇家海军供应物资，作为奖励，他得到了下市场（即后来的乍畏街一带，今更名为苏杭街）的大片土地，从而一跃成了富人。后来，他被广泛怀疑与三合会、警察的贪腐甚至海盗活动有很深的牵连，但同时他也因为帮助那些"受苦受难、负债累累或心怀不满"的人而出名。[40]另一个有名的疍家人是郭松，他年轻时曾在铁行轮船公司工作，后来创建了自己的轮船公司。到 1876 年，郭松成了香港岛上的第三大纳税人，轮船业也已经成了香港贸易不可分割的一部分。1847 年，香港的荷李活道上建起了一座文武庙，这对香港岛上的中国居民来说是一个重要时刻。这座寺庙至今仍然屹立不倒，成了全香港不同背景的中国人的关注焦点。

　　香港的中国人口迅速增长着，从 1841 年的 7500 人，增长到了 1847 年和 1859 年的 22800 人和 85300 人。[41]这正是导致香港的殖民者和当地中国人关系紧张的少数几个因素之一，特别是考虑到中国人在岛上某些地区的生活条件以及丧葬习俗，或者说是明显缺乏丧葬习俗。比较贫穷的中国人习惯将濒临死亡的人放在最后的安息地，任由他们自生自灭。有时候，他们甚至会把将死之人和死人放在一起。这种习惯在 1869 年造成了一起众人皆知的丑闻，至今仍在运营的东华医院由此应运而生。后来，当中国人的病死率一直明显高于殖民者时，殖民者终于迫使当地医院接受了西方医学。

　　这些中国人中有许多人都是以建筑工人的身份来到这里的，从 1841 年开始的不到两年时间里，他们建起了可以容纳 15000 多人的住房，还建造了一座地方法院、一座监狱和一个邮局，以及无数的政府行政办公室，当地需要这些办公室处理怡和洋行之类的大公司经营的大量业务。南北行贸易随之发展起来，这是一种南亚转口贸易，转运的货物包括大米、珍珠、丝绸、草药，应有尽有。由于南北行贸易的发展，来到香港的舢板数量大幅增加。1847 年，舢板贸

易量为 8 万吨，20 年后这个数字增长到了 135 万吨。在 19 世纪 50
年代末期，香港有 53 个停泊舢板的船场。[42]中国人口快速增长着，
数量远远超过殖民者，购物和饮食文化都反映了这一点。他们同时
也是最大的纳税人，因为许多人都在投资土地。

香港整座岛屿的发展都依赖贸易和不断到来的外国人，从一开
始，服务文化和服务业就对香港有着极其重要的意义，卢亚贵、郭
松以及南北行贸易都是这种文化的代表。信贷业务在这个岛上变得
越来越重要，因此，1865 年香港成立了汇丰银行（香港上海汇丰
银行有限公司）。在开业之初，这家银行只给正在岛上蓬勃发展的
轮船公司以及内地的小型工业企业提供信贷服务，但是很快它就与
伦敦的西敏寺银行（后来并入国民西敏寺银行集团）建立了合作关
系。作为一家殖民地银行，汇丰银行拥有极其罕见的地位，能够用
本地的银圆和英镑进行结算。它能够为航运之类的新兴产业提供所
需的大量信贷，并提供稳定可靠的银行服务，这对鸦片贸易极为
有利。

汇丰银行是目前全球最大的银行，它的成功证明了香港地理位
置的关键价值。这座岛屿或许的确岩石遍布、地势陡峭、潮湿得令
人难以忍受、疾病肆虐、容易遭受台风的侵袭，但是这个"野蛮而
粗野的地方"有鸦片，依托这种商品，它迅速成长为全球最大的贸
易中心之一。[43]

第二次鸦片战争

对英国人而言，1856—1860 年的第二次鸦片战争有别于第一次

鸦片战争；对中国人而言，第二次鸦片战争完全是天朝遭受的一系
列野蛮行径中的又一次羞辱。

1856 年 10 月，英国船只"亚罗"号被海盗劫持，随后在广州
被中国政府转卖掉。广东水师登上这艘船的时候，船上悬挂着英国
国旗，广东水师降下英国国旗，带走了船员，这令当时也在船上的
船长托马斯·肯尼迪感到非常愤怒。中国人再次违反了治外法权的
原则，英国驻广州领事直接致函两广总督叶名琛（《南京条约》
后，这种做法得到了允许），要求释放船员，并为侮辱英国国旗的
行为向英方道歉。叶名琛释放了一部分船员，但是没有道歉。于
是，英国舰船向广州猛烈开火，在 10 月 29 日进入广州，美国领事
詹姆斯·基南有些不明智地在总督府挂起了美国国旗。

不出所料，谈判陷入了僵局，英国人开始经常性地对广州进行
炮轰，直到 1857 年 1 月他们返回香港。当时英国政府正忙于即将
到来的大选，对发生在珠江三角洲的事情没有流露出多少同情心，
而在当年 5 月印度爆发叛乱后，他们对此就更加毫无兴趣了。然
而，当一名法国传教士在中国大陆被处决后，法国使节让-巴蒂斯
特·路易·葛罗男爵游说法国政府采取行动。1857 年 10 月，英法
两国军队联合起来占领了广州。最终，英法联军占领这座城市长达
近 4 年的时间。

1857 年 12 月，英法联军向两广总督发出威胁，宣称如果 24 小
时之内还不释放"亚罗"号的船员，他们就将对广州实施全面轰
炸，并且要求中国方面道歉。最终，前一项要求得到了满足，后一
项要求被拒绝了。尽管如此，英法联军还是在众所周知的"亚罗"
号事件中获得了胜利。

对于在中国发生的事情，英国国内意见不一，议会经常围绕这

起事件展开辩论。约克郡西区（今西约克郡）的议员理查德·科布登记录下了自己的看法："摆在桌子上的文件无法为'亚罗'号事件后期在广州采取的暴力手段提供令人满意的依据。"⁴⁴英国下议院勉强以超过 14 票的多数票通过了反对战争的决议。在当时的大选中，"亚罗"号事件成了一个备受争议的话题，最终主战派重新执掌了大权。

1858 年 6 月，已经同美国、法国和俄罗斯结盟共同抗衡中国的英国政府提出了《天津条约》，这项条约基本上就是要让中国开放同世界其他地区的自由贸易。在随后的两年中，发生了涉及逮捕英国军官和可怕酷刑的战争和外交事件。中国南方的苦力同英法联军进行战斗，他们用锋利的竹子对抗敌人。与此同时，清政府也承受着来自中国东南部的太平天国运动带来的巨大压力，在那里，叛乱分子宣称他们可以自由地信奉自己创造的某种天主教。对于清政府而言，这是一场彻头彻尾的灾难。

当时还是《纽约每日论坛报》驻欧洲记者的卡尔·马克思撰写了一篇文章《贸易还是鸦片》，他在文章中称，天津"以牺牲合法商业为代价，成功地刺激了鸦片贸易的发展"。⁴⁵

1860 年 10 月 13 日，英法联军进入北京，之后他们洗劫并烧毁了精美恢宏的圆明园。英国人还提议将紫禁城付之一炬，但是遭到了联军的劝阻，后者认为这种做法有可能危及条约的签署。10 月24 日，在签订《北京条约》的时候，咸丰皇帝的弟弟恭亲王奕䜣批准了《天津条约》。这些条约已经经过了一定程度的修改，给中国人带来了灾难性的后果。中国不仅必须向英国和法国支付 800 万两（相当于 400 吨）白银作为赔偿，还必须开放天津为商埠，将九龙割让给英国，给予宗教自由，允许传教士在中国传教，准许英法从事"苦力贸易",即招募中国劳工输出美国。最后,鸦片贸易在中国完全合法化了。这是中国人最不希望看到的结果。11 月 14 日,俄国人强迫无能的清政府签署了一份有关海岸权利的附录,这就是《中俄北京条约》(《中俄续增条约》),俄国人得以在当年就建立了符拉迪沃斯托克(海参崴)。

英国及其盟友实现了自己的目标——迫使中国永远接受了自由贸易。内战后急需廉价劳动力的美国现在拥有了一支新的合法的奴隶大军,在香港迅速扩张领地的英国则多了一块九龙区,基督教被强加给了一个在没有基督教的情况下已经存活并繁荣了数千年的民族。不过,最重要的还是茶叶和鸦片贸易将继续下去,现在鸦片贸易已经不受任何约束、完全合法了,再也没有什么办法能遏制中国大陆地区对鸦片如饥似渴的需求了,鸦片供应也不再受到约束。中国人认为这场毁灭性的妥协既是现代中国的诞生,也是他们面对西方时遭受的最耻辱的一场失败。

在广州犯下了这样一个严重错误的两广总督叶名琛背井离乡去了加尔各答,最终在那里绝食而亡。

鸦片贸易时期的传教士

"你们往普天下去,传福音给万民听"[46]

就在中国苦力从南方大量涌出之际,鸦片和基督教传教士在不断地涌入这个曾经闭关锁国的国家。除了耶稣会,罗马天主教在早期的传教活动基本上都以失败告终了,现在仍然希望给中国人布道的主要是美国的福音派新教徒。

在此之前，已经有新教的传教士来到中国，其中尤其著名的是英国的罗伯特·马礼逊（1782—1834）。1807 年，马礼逊代表伦敦传道会（简称伦敦会）来到中国，无视东印度公司禁止英国传教士在其势力范围内开展传教活动的规定。为了规避这一点，马礼逊假称自己是美国人。[47]在 19 世纪，广州的传教士一直在使用印刷品来传播上帝的福音。马礼逊决心促进东西方在文化方面的相互理解，他出版了《圣经》的中文译本，以及一部针对英美读者的中文语法书。他还在马六甲开办了英华书院。

马礼逊以及他在广州的名义继任者美国福音传教士裨治文（以利亚·科尔曼·布里奇曼）都非常关注鸦片对人口的影响。熟练掌握了中文的裨治文能够用流利的中文上书皇帝，阐述这个问题，他特别希望看到鸦片贸易被禁绝。1832—1851 年在广州出版的刊物《中国丛报》，旨在向亚洲地区的传教士们介绍中国的历史、文化差异和时事。裨治文热情洋溢地为杂志撰写稿件，在 1836—1837 年发表了 17 篇阐述鸦片贸易的历史及现状的文章。

在许多传教士看来，第一次鸦片战争是一段充满希望的时期，因为这场贸易"遭到了致命的打击"。1839 年，林则徐在广州的那段时间，裨治文致信美国政府："这两个月来，我们这些人一直处在痛苦和恐惧中，提心吊胆地过着日子。英国、印度以及基督教世界，现在必须认识到这种'有害之物'的害处了。"[48]裨治文和林则徐交往甚好，正是裨治文在《中国丛报》上刊登了林则徐写给维多利亚女王的公开信，使信的内容在广州进行了传播。印刷品宣传在广州的贸易活动中新产生的价值不仅调动了传教士们的积极性，也激励了商人们的热情，他们纷纷开始出版自己的杂志，怡和洋行就曾购买过至少一台印刷机。社会上涌现出了一大批小册子和期刊，这些出版物都对广州和鸦片贸易的问题进行了探讨，习惯对公开传播的信息拥有绝对控制权的清政府根本无力阻止这股洪流。

随着战争的爆发，裨治文和他的同胞们——已经在广州站稳脚跟并且深深地浸淫在代理商文化中——觉得自己可以更加直言不讳地指出鸦片贸易的罪恶了。但是，他们的面前仍然存在一个重要的问题。为了在中国人面前表现出基督教徒的团结，或是出于公共关系的考虑，怡和洋行和颠地对各种传教活动都很慷慨大方。由于这种表现，裨治文在出版物里谈及鸦片问题时的措辞就没有那么激烈了，但是他并没有因此就对这个问题缄默不语。广东的传教士出版物存在的唯一问题就在于，它们都过于重视商人和传教士围绕鸦片贸易展开的辩论，而不是现实状况。毫无疑问，传教士们脚踏实地地做了一件好事，但是他们在刊物上刊登的辩论文章让这个话题只停留在了理论和神学的层面。他们出版的刊物和著作被送回了美国，美国人以前还从未见过鸦片馆，但是他们怀有虔诚的福音信仰，这些出版物对美国的公共舆论产生了强大的影响。

美国公理会差会（全称"美国公理宗海外传道部"，简称"美部会"）是一个强有力的游说团体，并且得到了同孚洋行的支持。同孚洋行是广州少数几个不参与毒品贸易的外国商行（洋行）之一，这家商行的经营种类仅限于丝绸和其他一些中国高档商品。在广州医院工作的传教士及医生伯驾（彼得·帕克）在回到美国后，向美国公理会差会讲述了鸦片对广州居民造成的诸多问题，他还前往华盛顿，"呼吁当权者关注美国对中国的关系"。[49]伯驾非常有说服力，在鸦片战争期间以及之后的美国对华政策中产生了极大的影响。从这时起，鸦片贸易这个复杂的问题逐渐简化成了最基本的"善恶"之争。

中国各地的商业发展状况参差不齐。在这个时期，农村地区已
经可以种植鸦片罂粟了，即使这种行为仍然是不合法的——虽然直
到1890年中央政府才取消了对鸦片的禁令，但此时它已经对鸦片
的生产视而不见了。在资金匮乏的农村社会，鸦片乳胶和钱一样管
用，这种以前只能依赖进口的东西如今在屋外的田间地头就能获
得。至关重要的是，对于一个急需资金的政府来说，鸦片也可以成
为税收来源。中国社会的成瘾水平在迅速上升。1839年，即第一次
鸦片战争爆发前夕，广州的鸦片进口量为2500吨，到了1880年，
这个数字上升到了6500吨。1890年，鸦片在中国的生产实现了合
法化，鸦片进口量急剧下降，但是鸦片种植和鸦片消费量都蓬勃发
展了起来，这种状况一直持续到1906年。当时，中国每年出产的
鸦片多达35000吨，据估计有25％的中国男性人口不仅吸食鸦片，
而且已经成瘾，社会各阶层都在吸食鸦片。[50]英国和美国的传教士慷
慨激昂地撰写了许多关于鸦片贸易本质的小册子，但是他们从未提
起其国内正在酝酿的危机。

202

第六章
美国病

先驱者们和专利药

"从大西洋到太平洋"[1]

北美洲与鸦片制剂打交道的历史就像它自身的历史一样，相对来说是比较短的，也充满了戏剧性，但同时又像它的幅员一样"辽阔"。由于缺乏记录，我们难以确定最早来到这里的定居者带来的究竟是鸦片酊还是鸦片，不过，可以肯定的是，如果手头没有信得过的止痛药，他们似乎不太可能熬过如此凶险的旅程。依赖约翰·克兰斯顿这样的医生似乎也不太明智，1663 年，克兰斯顿在向罗得岛州议会支付了一定的费用之后，获得了"开药和从事外科治疗"的执照。[2]实际上，在动身前往新家园之前，他们很有可能从"在盖伦脑袋指示牌下经营店铺的拉塞尔先生"之类的人那里买到了一些药品。

来到美国的医生都拥有著名的国际医学院的学位，但是美国一直没有自己的正规医学教育机构，直到费城学院和纽约国王学院分别于 1765 年和 1767 年成立，这种情况才有所改变。以欧洲模式为基础的这两所学校迅速成为美国医学教育的中心，为一个处于不断发展中的国家培养了一批务实、渊博的医生，尽管他们非常年轻，只有 22 岁。

纳撒尼尔·查普曼 1780 年出生在弗吉尼亚州，先后在爱丁堡大学和费城学院学习，他在费城学院期间的老师是本杰明·拉什。后来，查普曼成了费城学院药物学专业的负责人，他认为，鸦片对于医生来说是一种必不可少的药物，"在一定的条件下，很少会有它发挥不了效力的情感问题或者身体疾病，无论是单独服用，还是和其他物质一起服用"[3]。

正如更早一些的萨迪厄斯·贝茨医生在发表于 1778 年的《康涅狄格杂志》上的文章所提到的，美国一直存在着鸦片短缺的问题："医生就不应当对鸦片这种东西有所需求……任何一种替代品都填补不了它的短缺。"[4] 为了保证稳定的鸦片供应，贝茨甚至种植了一些罂粟。

康涅狄格州尤其容易爆发天花和其他疾病，从 1798 年开始在莱姆县行医的维恩·乌特利医生，是第一个向美国人介绍接种疫苗概念的人，他就曾建议人们像 1812 年斑疹伤寒病肆虐的时候那样自由使用鸦片。但在更广大的农村地区，鸦片似乎更难获得。伊莱亚斯·P. 福德姆是一名英国移民，最初在印第安纳波利斯当土地测量员，他记录下了自己在弗吉尼亚州的切萨皮克旅行的经历，大约就在那段时间里，"发烧和疟疾在这里十分常见。几次来到这里，我都把手头的树皮和鸦片酊统统给了别人。他们打发一名黑奴穿过 5 英里的树林，再坐着独木舟走上 5 英里的水路，就只为搞到一两药剂。"[5]

在康涅狄格州爆发疫情的那一年，托马斯·杰斐逊在蒙蒂塞洛的花圃里种植了白罂粟，如果需要的话，他应该不存在鸦片短缺的问题。但是，在登门拜访这座庄园的客人中间，并非人人都会对这些罂粟大加赞美："有少量一些植株的花朵十分美丽，但是它们有一股难闻的气味，而且花期很短，所以它们不受重视。"[6]

205　　无论是否存在杰斐逊这种用来装点花园、气味难闻的鸦片罂粟，早期的美国所依赖的都是专利药品，在很长一段时间里来自英国的药品尤其受欢迎，例如拉塞尔先生进口的那些药品。18 世纪，欧洲的奢侈品消费和生活水平都有了很大的提高，但是对于许多移民到美国的人，尤其是那些定居在北美大陆腹地的人，日常生活跟奢侈品毫无关系。对于那些手头拮据、时间紧迫的移民而言，专利药物为他们全家治病提供了一种便捷的途径。在 1750 年以后，英国专利药的广告就开始经常出现在美国东海岸的小报上，这表明专利药越来越容易买到了。在美国，最早出现在广告中的商品就包括专利药。

　　随着 1775 年美国独立战争的爆发，药品供应停止了，直到战争结束专利药才重新出现，但是数量有了大幅度的减少。美国的革命派提出美国拥有自己的人民所需要的一切，应当对来自英国的商品进行抵制，这种观念令当时中国奉行的闭关锁国政策都相形见绌。但是，美国人民仍然希望使用自己信赖的英国品牌，这时被称为"江湖药制造商"的美国商人填补了这个空缺。1824 年，一本只有 12 页的小册子问世了，这本名为《八种专利药的配方》的小册子被美国第一家专业制药机构，成立于 1821 年的费城药学院采用了。书中提到的 8 种专利药都是英国的药品，其中包括著名的戈弗雷氏露酒。

　　大量的美国人都生活在极其典型的农村地区，很少或根本得不到医疗保健服务，因此他们一直依赖一些偏方和土方。许多人都在使用汤姆逊疗法，这种整体治疗方法是信仰上帝一位论（不承认三位一体）的养猪农户塞缪尔·汤姆逊在19世纪上半叶发明的。汤姆逊自幼生活在偏远地区，年轻时接受过一位擅长使用植物的根和草药治病的医生的治疗，那位医生用植物治好了他溃烂的脚踝伤，这个经历增强了他对植物疗法的信念。1822年，汤姆逊出版了 206 《新健康指南，又名，植物家庭医生》，并且开始在新罕布什尔州行医，尽管他的影响力远远超出了该州的范围，因为他的治疗方法似乎十分适合生活在荒郊野外的人们，这些人很容易找到各种植物，但是难以找到要价昂贵的医生。1839年，俄亥俄州的《植物医学记录者》甚至激动地宣称切罗基族人已经放弃了他们古老的植物疗法，采用了汤姆逊疗法，尽管这种情况似乎不太可能出现。汤姆逊疗法经常遭到专业医学人士的嘲笑，由于汤姆逊的农户出身以及对他大获成功的事实的嫉妒，医学界经常会产生有关阶层问题的争论。然而，汤姆逊对19世纪早期美国人对待医学的态度产生了很大的影响——简单、所谓的安全，而且廉价。

　　这是边疆地区更强烈的个人主义的一个特点，也是对教育和高水平的蔑视。汤姆逊的自我治疗方法——因此具有自力更生的特质——具有一种特殊的吸引力。专利药品也是如此，它们被当作一种安全、便于家庭使用的药品销售着，药瓶上也越来越多地出现了令人感到安慰的图片和文字。就像英国的专利药一样，现在在美国大规模生产的这些自制药品大多也含有鸦片。（在美国开始参与中国的鸦片贸易的同时，美国国内的鸦片短缺问题似乎得到了缓解。）在美国本土制造的药品中，最著名的就是温斯洛夫人舒缓糖浆。据说，缅因州班戈市的柯蒂斯和珀金斯公司出售的这款专利药，是夏洛特·温斯洛夫人在19世纪30年代发明的，但是没有证据证明这位夫人的存在。这种糖浆每液盎司中含有超过60毫克的吗啡，尽管如此，它还是被直接推销给了那些焦虑的母亲。就像戈弗雷氏露酒一样，这种糖浆还被推荐给正在长牙的儿童，以"迅速"缓解"小儿患者的痛苦"，"从而助其安静地自然入眠"。还宣称这种糖浆可以缓解胃肠胀气、腹泻，在这些病症得到缓解之后，孩子一觉醒来后会变得"十分聪明"了。[7]

温斯洛夫人舒缓糖浆是在19世纪30年代问世的，当时广告业在美国刚刚起步，柯蒂斯和珀金斯公司充分利用了广告的功效，它的每一则广告上都有漂亮放松的母亲和脸蛋圆润、喜气洋洋的孩子形象。许多江湖药制造商都看到了这个新兴的充满活力的广告市场的潜力。由于厂商和市场之间的距离，邮购业务在不断地增长。男人们离开土地进了工厂，留下妻子在家里照看孩子。这些女人整日忙个不停，同时又会产生无聊感，很快温斯洛夫人舒缓糖浆就不再只是孩子们的专用药了。正如罗得岛州普罗维登斯市的卫生局局长在1873年所报告的，这种糖浆在医学界臭名昭著，因为它造成了大量婴儿的死亡：

> 3月份中毒的死者是一名因为服用了一剂温斯洛夫人舒缓糖浆而身亡的孩子。长期以来，很多医生都知道这种药物的镇静作用就是来源于某种形式的鸦片，而且鸦片的含量非常大，因此种药物绝对是一种危险的江湖药。毫无疑问，每年有相当数量的死亡病例都应该被标注上"温斯洛夫人舒缓糖浆"的名字。[8]

　　艾尔樱桃胸肺糖浆也是一种原产于美国的危险的江湖药。詹姆斯·库克·艾尔是 19 世纪美国的成功人物之一，1818 年他出生在康涅狄格州，曾就读于宾夕法尼亚大学医学院。但是，艾尔从未行医，而是在马萨诸塞州的洛厄尔从事复方药物的生产销售工作。在 22 岁那一年，他从叔叔那里借了 2486.61 美元，买下了一家药店，不出 3 年他就把这笔钱还给了叔叔。他的成功并不来自他销售的药物，而是他编辑整理和大范围发行的年鉴，以及大笔的广告费，据说他在广告方面投入了 14 万美元。艾尔的年鉴骄傲地宣称其目标读者是"农民、农场主、机修工以及所有家庭"。这份年鉴印刷了大约 500 万册，并且出版了英文、法文、德文、葡萄牙文和西班牙文等版本。在艾尔推销的产品中，最受欢迎的有他宣称能够净化血液的墨西哥菝葜饮料（沙士饮料），一种同样无效的艾尔秀发活力水，含有金鸡纳树皮成分、对疟疾有疗效的疟疾灵，以及每瓶含有 3 克吗啡的樱桃胸肺糖浆。在 1857 年出版的年鉴中，樱桃胸肺糖浆的条目写道："凡是有能力提供的安慰、鼓励和支持，都应当尽力提供。人应当保持愉快的心情，远离令人沮丧的忧虑。勇气有助于我们克服困难。"[9]

　　艾尔很清楚樱桃胸肺糖浆既是一种治疗疾病的药物，同时也是一种治疗情绪的药物。在一则没有注明日期、十分吸引人的黑白广告中，一个身着礼拜日盛装、戴着一顶帽子的小女孩拿着一把勺子往一只大瓶子里伸去，配图文字写道："地地道道的急救药。"这种糖浆非常受欢迎，艾尔靠它赚了 2000 万美元。

　　艾尔不是美国的第一个庸医，也不是最后一个，但他是最成功的一个。他的年鉴本身就是一则上乘的广告，对疲惫不堪、孤独无助的农民，忧心忡忡的家庭主妇及工厂工人非常有效。艾尔还将江湖药的生意提升到了工业化的水平，对邮购业务进行了完善，为许多追随他的人树立了榜样，尽管很少有人能像他那样迅速取得成功。艾尔凭借这部朴实无华的年鉴和令人感到安慰的广告，成了新兴美国中产阶级的完美选择，他与当时猖獗的、狂吠的、杂耍表演式的万灵丹推销员们相距十万八千里。然而，艾尔似乎是全美唯一一个樱桃胸肺糖浆无法治愈的人。"焦虑和忧虑导致他的大脑出现了问题，在去世前的一段时间里，他住进了一家精神病院。"[10]1878年7月3日，艾尔在医院去世了。

在艾尔去世的时候，美国的医药广告业务发展到了顶峰。从19世纪50年代开始，广告公司在费城、波士顿、芝加哥，特别是在曼哈顿下城如雨后春笋般涌现出来。广告业突然变成了一个大生意，广告内容也从小女孩和健康规矩的母亲组成的讨人喜欢的画面，变成了穿着轻薄的晨衣懒洋洋地躺在床上的女人和咯咯傻笑的孩子，画面的色彩十分艳丽，又或是醒目的新型农机具的商品目录。无论从哪个方面而言，美国看上去都更为光明、更有前途了，现在它正在发展成一个消费力很强的国度。

吗啡成瘾的兴起

吗啡的分离在商业上取得了巨大的成功，可悲的是，对弗里德里希·威廉·塞特纳来说并非如此。很快，吗啡就出现在了欧洲和美国市场上，其中大多数是粉末状的产品。这个时期的吗啡产品尚不完善，但是医生们都知道皮下注射吗啡溶液这种做法造成的损害最小，对病人来说极其可取，能够防止"皮下细胞组织为了腾出空间容纳微量的吗啡溶液而被普通探针撕裂"的情况。[11]

皮下注射针头的发明解决了这个问题。注射器早就出现了，盖伦就曾使用注射器给脑血管注射液体，达·芬奇也曾用注射器往尸体的血管里注射蜡液。这些注射器都没有针头，被用于冲洗伤口或者给难以触及的地方敷药。这样的注射器尽管粗糙但有效，是医生必备的医疗器械。大约在 1600 年的时候，活跃在文艺复兴末期的荷兰医生们创造了"注射"（inject）这个术语，意思是"打进去"，他们曾尝试使用管子和膀胱系统进行输血。1657 年，克里斯托弗·雷恩就用一个动物的膀胱将鸦片注入了狗的静脉。18 世纪初，曾师从皇家医生的法国外科医生多米尼克·阿内尔（1679—1730）开始对注射器进行改良。1713 年，他开始发表文章介绍自己设计的小型注射器，他用这种注射器来治疗眼病。"阿内尔注射器"一经问世就得到了认可，它的出现开启了皮下注射革命，尽管阿内尔本人从未使用过配有针头的注射器。[12]

在 18 世纪，医生们一直不断地对注射器进行着改良，注射器得到了更广泛的使用，但是制造行业还没有发明出一种能够穿透真皮进行注射的中空针头。从 19 世纪 20 年代开始，医生们最常见的给药方式就是在患者的皮肤上切开一个小口子，然后掀开一块皮瓣，通常医生们用的是套管针和小刀，然后在皮瓣上撒上药粉。这种做法显然会对身体局部造成刺激，从而带来局部感染的危险，或者由于血液中毒而引发全身性感染。但是，相比鸦片，吗啡粉具有很大的优势，因为患者不用将其吞服，这样一来就避免了恶心和痉挛的问题，也不会遭受烟气的熏呛，只要通过一两处小切口它就能够对全身产生作用。这种用药方法最早出现在法国，随即就在欧洲和美国流行了起来，尤其是在治疗神经痛方面，例如约翰·洛克遇

210

到的情况。

到了 19 世纪中叶，制造商们生产的针头已经十分精细了，能够刺破皮肤，将药物输送进人体里。这种新式针头得到了广大科学家和医生的接受，有三个人在这方面走在了前列，其中两位是爱尔兰人弗兰西斯·瑞恩德（1801—1861）和苏格兰人亚历山大·伍德（1817—1884）。瑞恩德大概在 1844 年发明了我们今天所熟悉的皮下注射器，但是他的保密工作做得非常好，直到 1855 年伍德在《爱丁堡医学和外科杂志》上发表了论文《通过向患处直接涂抹鸦片治疗神经痛的新方法》后，他才向外界公开了自己的发明。[13] 瑞恩德和伍德都在使用皮下注射吗啡的方法缓解患者的疼痛，瑞恩德还为一名患有神经痛的女性进行过治疗。第三位是里昂的查尔斯·加布里埃尔·普拉瓦兹（1791—1853），他也是皮下注射器的早期开发者之一，他设计的针头成了欧洲的标准针头。

对于哪位医生最先使用现代的皮下注射器的问题存在着很多争议，不过，很可能当时有许多医生都在做着类似的尝试，只是他们没有将自己的发明公之于众，或是没有获得名声。而上述三个人之所以名扬后世，是因为他们立即将自己的新发明投入了使用。1863 年，伦敦的外科医生查尔斯·亨特（1835—1878）首次使用了"hypodermic"这个术语，意思是"皮下的"，当时制造商已经在大规模生产这种医疗器械了。亨特意识到向血液中注射药物就意味着不必在患病的部位进行注射，这种注射方法对患有神经痛、脑袋受不了碰触——更不用说注射了——的患者尤其有帮助。

在皮下注射针头的发展过程中，疼痛理论占据着核心位置。神经痛早已为世人所熟知，但是直到 1800 年前后才终于受到了广泛的讨论，当时它被称为一种"现代疾病"，因为它是一种没有明确的治疗方法和诱发原因的神经问题。在神经痛患者发病的时候，头部、下颚和牙齿这几个部位产生的疼痛几乎令他们无法忍受，有些患者甚至因此选择了自杀。因此，伍德等人试图找到一种方法来减轻神经痛患者的痛苦，这似乎是很自然的事。通过皮下注射吗啡治疗原因不明的疼痛的方法，一经问世就取得了成功，《英国医学杂志》等颇有声誉的医学出版物在早期刊登的一些关键性论文，都提到了用皮下注射吗啡治疗神经痛的方法。

皮下注射器在许多方面都具有很大的优势。在最早接受这种治疗的病人中，有许多人都发现皮下注射吗啡会立竿见影地产生奇迹般的效果。与患者的经验同样重要的是，皮下注射器能让医生有效地控制给药的剂量。医生首先对患者实施一定程度的术前准备和手术过程，随即吗啡这种神奇的药物就被这种小巧又相对简单的器械送进他们的体内，症状随之得到了缓解。

1857 年，美国的福代斯·巴克公司开始在美国制造医疗器械，19 世纪中叶全球最好的医疗器械都是在这个国家生产制造的。很快，挑剔的买家就能买到配有黄金针头和绿色盒子的皮下注射器了，但是并非每一位医学专家都相信皮下注射是一种正确的给药方法，尤其是对于吗啡溶液。英国、美国和德国的监管机构都针对这种新的治疗手段发出了警告，在美国呼吁人们谨慎使用这种治疗手段的人群中，就包括罗伯特·巴塞洛医生，他还撰写了一本关于如何安全使用皮下注射器的手册，他在书中告诫人们"不应该忽视通过注射特定物质传播疾病的可能性"[14]。

然而，当时的社会认为，只有通过口服的方式人们才会对吗啡或者鸦片酊成瘾，因为这种方式能够刺激食欲，而在皮下注射药物的方式似乎能够彻底解决这个问题："在需要长期持续使用吗啡的情况下，如果采用注射鸦片剂的方法，患者就能避免形成对鸦片的依赖。"[15]

因此，在最初的几年里，医生们认为皮下注射不会导致患者对吗啡产生耐受性。然而，很快他们犯的这个错误就显现了出来。社会对这种有效的新式给药方法的需求非常大，因此没过多久医生们便开始讨论应当对皮下注射吗啡采取措施。首先，医生们建议"在任何情况下都不应当教患者使用注射器"。[16]对于一部分医生而言，这个问题一直是症结所在，他们在治疗中上阶层患者尤其是女性患者时，会让护理人员或者患者的丈夫负责给患者给药或者进行治疗。

不仅如此，德国医生菲利克斯·冯·尼迈耶还指出，医生们在过度使用吗啡："我知道很多医生在出诊时，口袋里从来都会装着普拉瓦兹注射器和吗啡溶液，而且回来的时候通常吗啡瓶都空了。"[17]

缺乏适当的消毒处理和在肮脏的条件下进行注射的问题也变得越来越突出。一位医生在描述出现在他办公室里的一名吗啡成瘾者时写道："整个腹部和下肢表面布满了变色的斑点……注射的痕迹。看上去就像一头花豹。四年来，他平均每天要注射三四次——不知不觉总共被戳了五六千次！右腿又红又肿，我还发现有一块皮下脓肿从膝盖一直延伸到了脚踝，占腿部周长的一半。"[18]尼迈耶在一本有关实用医学的手册中也提到了皮下注射吗啡成瘾的危害："在注射吗啡一段时间之后……病人就会产生自己绝对需要这种注射的感觉。"[19]

在皮下注射器问世不到20年后，医学界就认识到了这个新发明具有的潜在危害，在此之前他们一直认为它是19世纪最重要的发明之一。"毫不夸张地说,这种滥用现象日渐成为一种极大的罪恶,医学界应该充分意识到滥用的严重程度及其危害性。"罗伯特·巴塞洛在其手册中写道。他的这本手册不仅对医生有用,对自行给药的患者也有帮助。[20]

皮下注射吗啡能立即缓解疼痛,这是医生和患者以前都不曾见识过的情况。只需用针扎一下,患者就能够摆脱疼痛,尤其是慢性疼痛。但是,皮下注射器的双重性质已经和它里面的吗啡一样明显了。到 1880 年的时候,欧洲和美国的医生们都已经意识到,"没有任何一种治疗方法能像皮下注射吗啡一样,对人类来说既是一种极大的恩赐,同时又是一种极大的诅咒"。[21]

214

内　战

"医生,你的意思不是说他肯定会死吧?"[22]

1861—1865 年的南北战争让冲向未来的美国暂时停下了脚步。路易莎·梅·奥尔科特围绕着自己在华盛顿特区乔治敦的联合医院做夜间护士时的经历写了一本《医院速写》,她在这本书里记录下了大量来到这间医院的病人的英勇表现,这些人都受到了当时新发明的大炮和火器的重创。其中尤其感人的是约翰的故事,这位来自弗吉尼亚州的铁匠相貌英俊,虽然中了枪,但看上去仍是一副毫发无损的模样。奥尔科特向外科医生询问约翰的命运:"这个可怜的小伙子不会失忆,也不会过得太轻松,他的脊背受伤了,他只能那样躺着,否则就会窒息……这将是一场艰苦而漫长的斗争。"书中没有提到约翰的痛苦是否得到了缓解,只提到了上帝、清洁工作和爱。在之前的部分里，奥尔科特提到了"乙醚的仁慈魔法"，但是在约翰的故事里没有出现这个细节。最终，约翰被安葬在了称为"政府土地"的无名氏墓地里。[23]

南北战争的现实就是，受伤士兵的死亡可能性是第一次世界大战的 8 倍，死于疾病的可能性更是高达 10 倍。[24]据估计，在这场战争中有 62 万人死亡，占男性人口的 2%，其中超过一半的人都是在被监禁或者住院期间病亡的。内战期间最早出现的一批野战医院就是一些帐篷医院，甚至是露天医院，但是很快医院就搬进了被征用的房屋或者任何一座能够容纳下数量惊人的伤亡人员的建筑物。美国作家沃尔特·惠特曼在弗吉尼亚州弗雷德里克斯堡的战斗结束后，曾去探望那里的一所战地医院，"在一棵离屋子不到 10 码的树底下，我看到了一堆被截掉的脚、腿、胳膊、手等，装了整整一马车。附近还摆着几具尸体，每具尸体上都盖着棕色的毛毯。"[25]

内战期间使用的新医疗技术意味着失去四肢和骨折都是常见的损伤。伤员一到野战医院，外科医生或者助手首先要做的就是用止血带为他们止血。医院会提供饮用水，此外，正如联邦军的医生 W·W. 基恩回忆的那样，"吗啡粉可以随意服用，用小刀分发（直接洒在伤口上），在让处于痛苦中的人获得吗啡带来的神圣慰藉时，医护人员无须担心吗啡的剂量是否精确"。[26]伤员们还经常能得到威士忌。

在内战期间，吗啡粉一直被大量地使用着。在一次战斗中，由于时间极其紧迫，联邦军的一名外科医生不得不在马背上为伤员进行诊断，他将吗啡倒在自己的手上，让士兵们直接从他的手掌上舔吗啡。当时，医学的发展还没有赶上人类用重型火炮给彼此造成的各种伤害的程度，对于被截肢或者中枪的伤员而言，最能指望的就是随时供应的吗啡粉、吗啡丸或者鸦片膏。这些药物也都有助于治疗肆虐在军营和战地医院里的可怕的痢疾。对军医而言，治疗发烧的奎宁和用来麻醉病人的氯仿同样至关重要。

　　北方联邦军的各种装备几乎全都远胜于南方邦联军，后者往往只能通过走私的渠道搞到鸦片之类的药品。田纳西州一个师部的首席外科医生约翰·S. 凯恩曾经承认，他们在战场上"经常处于透支状态"。[27]北方军则不然，仅 1865 年他们就发放了将近 1000 万片鸦片药片和 284.1 万盎司其他类型的鸦片制剂。到战争结束时，北方军向大约 1.1 万名外科医生发放了 2093 支注射器。不过，真正使用过这种器械的医生可能没有这么多，毕竟在混乱不堪的战地医院里使用注射器可能很不现实，因为抽取溶液要求医生的手必须十分稳当，而要想确保剂量的准确，医生还必须集中注意力。[28]

　　地板上的钻孔（用于容纳从截断的肢体和手术过程中流出的大量血液），坏疽，拥挤不堪的环境，一幕幕痛苦和绝望的景象，内战期间医院里的这一切一定令人感到惊骇。

　　在内战结束后的几年里，美国各地的医生注意到在他们治疗的患者中，吗啡成瘾者人数出现了显著的增长，而且他们中的许多人都有一个共同点——是退伍军人。有许多人的截肢手术做得很快，而且因为手术医生技术拙劣，他们的伤口愈合得很糟糕，令人痛苦不堪，他们显然需要缓解疼痛。但是，也有一些人根本没有明显的创伤，例如 1876 年出版《吃鸦片的生活——一部简传》的匿名作家。此人于 1861 年加入北方军，当时他年仅 16 岁。一开始，他是一名鼓手，但是很快他就扛起了枪。1863 年，在他参加的第二场战役奇克莫加战役中，他被敌军俘虏了，被迫一路走到了弗吉尼亚州的里士满。他先是和 5000 人一起被关在条件恶劣的丹维尔监狱，接着又被转移到了一座可怕的战俘营，这座战俘营就坐落在佐治亚州的小村庄安德森维尔。① 后来，他又被转移了一次，最终在 1865 年 2 月双方交换俘房的时候被释放了。他受到了联邦军医生的照料，由于他患有失眠症，医生让他服用了一种安眠药。回到家后，他出现了胃痉挛和持续的头痛，最终他去看了医生，医生很热心地给他注射了吗啡。吗啡虽然奇迹般地治愈了他的疾病，却让他陷入了药物成瘾的"悲惨境地"。

　　这个故事并不罕见，它反映了许多内战退伍军人显然经历过的情绪困境。直到 1919 年，在路易斯安那州什里夫波特的吗啡维持治疗诊所里，医生们还在为一名 82 岁的内战老兵进行治疗，他在头部中枪后接受了吗啡治疗，并一直持续至今。[29]

　　这样的故事难以计数，吗啡成瘾历来被人们称为"军队病"，这种说法不仅显示了战争期间使用的麻醉剂数量之巨，而且还指出了皮下注射器第一次得到应用的事实。我们并不清楚"军队病"这种说法具体是在什么时候出现的，可以肯定的是它出现在 20 世纪早期，当时美国正在努力证明禁止鸦片是一种正确的选择。1914 年，耶鲁大学的历史学家珍妮特·马克斯在一篇关于"美国的麻醉品诅咒"的论文中第一次提到这个问题，她在文中问道："你们知道吗？面对麻醉品成瘾的问题，经历过南北战争的美国老家族几乎没有一个是清白的；你们知道吗？它之所以被称为'军队病'，就是因为这种情况非常普遍。"[30]

────────────

　　① 安德森维尔监狱，又被称为萨姆特营，是南北战争期间的一座南方战俘营，位于美国佐治亚州的西南部，建于 1864 年，在南北战争期间有 12000 多名士兵死在这座臭名昭著的邦联监狱里。其所在地现已成为一个专门为美国退伍军人设立的国家公墓。

看到这些病人的普通医生当然会产生同情，许多人尤其关心退伍军人是否能靠着适当的养老金继续维持对麻醉品的依赖。医生托马斯·克罗瑟斯在有关药物成瘾的著作中也表达了这种关切："由于战争中的危险经历而产生的诸多痛苦和困难往往会导致个体产生疾病，神经和大脑变得不稳定，体力虚弱，使用吗啡的习惯正是这种原因造成的损害的一种外在表现，养老保险局应当认识到吗啡成瘾是其自然而然的结果。"[31]

"医生"彭伯顿也是一名经历过南北战争的老兵，他参加的是南方邦联军，不过关于他是否染上了鸦片瘾尚无定论。彭伯顿在佐治亚州的雅典战役中负过伤，后来他成了一名化学家，在亚特兰大工作。为了阻止人们饮用烈酒，他用可乐果和可卡因发明了一种饮料，这就是今天我们所熟知的可口可乐。[32]

长期以来，社会上一直流传着一种神秘的说法：联邦军和邦联军遣散了一大批染上毒瘾的军人，人数估计在 10 万—30 万之间。一些人辩称，不存在所谓挥之不去的战后使用吗啡的习惯，更不用说大量士兵对吗啡成瘾了。但当时发放的吗啡药片（很可能用于自行给药）数量之多，足以表明情况并非如此。约翰逊岛监狱厕所里扔下的吗啡瓶数量也同样能说明问题，它们不是仅仅出现在医院区内。此外，直到 19 世纪 70 年代早期，医生们才发现了皮下注射器和吗啡成瘾之间的联系，而他们自己往往都非常擅长使用针头，或者对成瘾问题非常了解。从现有的资料来看，这些染上毒瘾的军人似乎在离开军队后养成了服用鸦片的习惯，或者保持着对吗啡的依赖。正如贺拉斯·B. 戴在 1868 年出版的《鸦片习惯》一书中指出的那样，"熬过了一场场战役的身负重伤、精疲力竭的幸存者，从敌军监狱里释放出来身染疾病的残疾士兵……他们中间的很多人都

218

发现鸦片能让他们暂时从痛苦中解脱出来"。[33]

　　1860 年 5 月，即战争爆发的前一年，声誉卓著的医生老奥利弗·温德尔·霍姆斯在马萨诸塞州医学学会的一次演讲中，提到了医生给患者开药的剂量过于随意的问题。当时，他指出美国人"用药过量"，这是关于这种说法留下的最早记录之一。霍姆斯问道："一个素来喜欢划船、骑马，让男孩们驾船出海、出去疯跑、出去战斗，喜欢打败其他所有生灵的民族，怎么可能满足于'英雄'活动以外的其他任何活动呢？为了 90 格令的硫酸奎宁，星条旗就能飘扬起来，一看到一口 3 打兰的甘汞，美洲鹰就会高兴得尖叫起来，这是何等的奇妙啊！"[34]

欢迎来到大埠

　　"coolie"这个词来源于汉语的"苦力"一词，翻译过来就是"有力的力量"，因为这些人一贯从事的都是体力劳动。在第二次鸦片战争结束后，这些工人坐上了开往美国的商船，他们大多是契约劳工，将出卖劳动力得来的钱留给家人，移民到别的国家一段时间，而且通常是相当长的一段时间。在 19 世纪中叶，苦力们的主要目的地是秘鲁、美国和澳大利亚，在离开家乡多长时间的问题上，其中很多人都受到了欺骗。还有许多人是被绑架来的，他们会被关进巴拉坑里，或者说是拘禁中心，直到船只准备起航。这些苦力的死亡率很高——虽然没有可信的数据——所有人都面临着在旅途中丧生的可能。

　　他们的主要入境地点是位于美国西海岸的旧金山，他们将其称为"大埠"。在最早一批中国移民中的大部分人来到加州的时候，加州的淘金热已经开始，移民们在矿区或者旧金山的大型建筑公司里都能找到工作。旧金山的唐人街是美国西海岸出现的第一条也是最重要的一条唐人街，在19世纪50年代就已经非常成熟了，当时这条街上有30多家百货商店、十几家药店、几家餐馆和药铺，还有3家寄宿公寓。在旧金山，这条街已经被当作一个特殊区域了，中国人有权在这里拥有土地，因此在中国人的眼中，它是一个明显适合定居的地方，也是一个能让他们获得安慰和家庭纽带的地方。移民人口的增长速度非常快，在1849年的时候旧金山还只有325名中国人，到了1852年这里的中国人已经有25000人了。[35]造成这种状况的一个原因是，这个时期能自由离开中国的普通劳工购买了太平洋邮轮公司的船票。很快，中国人的数量就占到了加州总人口的10%，其中一些人还开始向美国东部迁移，除了矿业城镇，有些人还在其他类型的定居点找到了工作，不过还是有许多人留在了西海岸。

　　对于中国人的存在，美国的媒体和美国人几乎不约而同地表示了不满。尽管这些中国人是被迫离开自己的国家的，或是在武力的逼迫下，或是出于经济上的需要，但是这个事实对美国人来说无关紧要，那些逼迫中国劳工离开故土的人又反过来对他们的入境提出了指责。其中一个问题就是唐人街，这条街道在旧金山这座以白人为主的大型聚居区形成了一种格格不入的存在。另一个问题就是文化障碍本身带来的困难。还有一个问题在于，中国劳工同时也带来了他们在漫长的一天结束后的主要放松方式——鸦片。

　　很快，旧金山就出现了鸦片馆，这种现象引发了各种社会和政治问题。在鸦片馆里，"异教徒中国人和被上帝遗弃的男男女女横七竖八地混在一起，昏昏欲睡，那景象令人作呕。那里充满了放荡、淫逸、肮脏、可恶的疾病，以及放荡生活导致的精神错乱、困苦、贫穷、渎神、污言秽语和死亡。还有地狱，敞开大门接受腐烂的众人的地狱也在那里"。[36]

　　这类作品的作者针对中国人各种令人厌恶的习惯和吸食鸦片的害处做了大量的论述，例如在 1870 年出版了著作的 B・E. 劳埃德，劳埃德在同一本书里还用一页半的篇幅描述了鸦片馆里的景象。而马克·吐温在《苦行记》（1872）中所做的描述则没有那么多淫秽的细节：

221

　　　　吸大烟是一种令人不舒服的行为，而且还需要随时注意。床上摆着一盏灯，吸烟者的嘴里叼着一根长长的烟管，将一颗鸦片丸放在一根铁丝的末端，将其支在火上，然后把它塞进烟斗里，就像基督徒用油灰填满一个洞一样。接着，他把烟锅放在手上，吸了起来——熬煮这种药物的过程、汁液在烟管里汩汩作响的声音，这一切甚至都能让雕像感到反胃。[37]

　　为了阻止中国移民将鸦片带进美国或者将鸦片卖给白人，美国人尝试采取了各种手段，但是都没有成功。中国人的这种习惯根深蒂固，他们会通过一切必要的渠道搞到这种药物。尽管很多人携带鸦片进入了旧金山，但是他们不太可能冒险离开中国人社区。这个时期，美国社会已经开始受到麻醉品以及相伴而生的一些问题的控制了，美国人认为导致这些社会问题的根源正是鸦片。这种看法忽略了一个事实，即在吸食鸦片的中国人里，很少有人会放弃大烟管而改用其他方式来获得同样的麻醉效果，大多数中国人仍倾向于保持一个稳定的吸食习惯，既不需要增加剂量，也不偏离常轨。这种吸食习惯与吗啡截然相反，吗啡的使用者会产生耐受性，因此会渴望增加剂量。当时，人们已经知道了这些事实，但是对于其中的化学原理还不清楚。

同样被反复提及的还有中国妓女，以及女性中国移民从事卖淫活动的比例，她们在唐人街的各个街道上闭门而坐，外人只能窥见她们的脸。唐人街有毒品、女人、酒精和赌博，所以长期以来水手和白人劳工经常会光顾这种地方，因此在劳埃德这样的美国中产阶级的心目中，这种地方就更显不堪了。到了 19 世纪的后期，白人青年男女开始出入鸦片馆吸烟，旧金山和纽约当局收到了大量投诉。1880 年，旧金山当局试图控制这个问题，他们绘制了一张详细的地图，标记出了唐人街 15 条街区内的每一家鸦片馆和妓院。这一措施在解决问题方面的效果如何值得怀疑，但是它通过一种有趣的方式显示出了旧金山尖锐的种族分隔状况。1869 年，第一条横贯美国大陆的铁路建成，结束工作的工人们回到了旧金山，这导致当地的人口激增，社会各个方面都危机四伏。"因此，在旧金山，最高水平的美国文明和基督教的丰碑，距离一个亵渎神灵的异教徒种族聚居区只有一步之遥。"劳埃德愤怒地抱怨道。[38]

造成这种状况的一个原因，就在于美国花了一个多世纪的时间来强调家人、家庭和家庭生活的重要性，广告业的蓬勃发展有赖于对妻子和母亲形象的塑造，或是父亲下班回家受到可爱的孩子迎接的画面的描绘。这些都是中国移民所没有的。无论是出于自愿还是迫不得已，他们都离开了自己的家庭，来到美国赚钱。他们不得不独自生活，或者住在寄宿公寓里，他们都住在同一个区域，因为他们无法融入当地人的社会，同胞带来的熟悉感能让他们获得慰藉，同时也是因为他们当初就被安置在了这些地方——这才是最主要的原因。最早来到这里的中国女性，大部分人不是妓女，就是跟鸦片馆有关，或者两者兼而有之。她们是陌生人，她们的文化也是陌生的。毒品文化是她们日常生活的重要组成部分。从表面上看，这些都是事实，但在本质上，美国人之所以憎恨中国移民还是经济方面的原因。在 19 世纪 40 年代中国移民来到西海岸的时候，美国面临着严重的劳动力短缺问题，但随着淘金热、军人复员返乡以及随后的铁路建设，情况发生了变化。不过，铁路建设是个例外，因为几乎没有白人愿意从事建造铁路所需的体力劳动，铁路公司的老板们都清楚这一点。

　　1865 年，加利福尼亚的中央太平洋铁路公司雇用了 50 名中国工人，对于这批工人，公司的负责人说过："事实证明，他们的工作量几乎与白人男性相当，而且更加可靠。"到了 1867 年，这家公司雇用的中国工人达到了 12000 名，占公司全部劳动力的 90%。[39] 这条正在建设的横贯美国大陆的铁路意味着铁路西线沿线出现了很多唐人街，无论其规模有多小，美国中西部地区的媒体在报道中宣称，中国男性正在从当地白人女性手中抢走洗衣服的工作，媒体还对他们的生活状况及其极为廉价的劳动力做了报道——如此廉价的劳动力不会给当地的经济带来好处。正如劳埃德所说的："他们非常清楚如何利用每一分钱延长生命，他们成功地做到了这一点，这令美国人感到惊讶和不可思议。"[40] 考虑到他们拿到的工资有多么微薄，就能明白他们或许根本别无选择。

　　对于美国反华运动的领导人而言，另一个突出的棘手问题是，这些中国人都是单身男性，他们能够承受如此廉价的生活和工作。

这也是事实，因为美国不允许中国人携带妻子或家人入境，除非他们是有钱人，而且即使单身也不能保证他们就一定能获准移民美国。单身男性，还意味着对家庭的威胁，尤其是当他们聚集在一起的时候，比如在鸦片馆里，有人发现年轻的白人女性开始进出鸦片馆了。旧金山监事会终于在 1875 年通过了一项禁止吸食鸦片的法案。尽管如此，美国的反华情绪还是愈演愈烈。亨利·格林在 1879 年创作的种族主义戏剧《中国人必须滚蛋——四幕闹剧》就准确地表达了这种情绪："要不了多久，白人就没钱了，中国佬有了大把的钱。中国工人很便宜，活很多；白人工人很贵，没活干——嗯哼？……白人真是大傻瓜，养着老婆和孩子，花掉了很多钱；中国佬没有老婆孩子，存了很多钱。要不了多久，加利福尼亚就再也找不到白人工人了，只剩下中国佬——嗯哼？"[41]

今天，加利福尼亚州被认为是美国最自由的几个州之一，但是在 1858 年，这个州的立法机构制定了一项法律，认定中国人和蒙古人进入该州属于非法行为，虽然这项法律被最高法院驳回了。在南北战争过后，美国的经济出现了衰退，中国人遭到了更多的辱骂。种族主义劳工领袖丹尼斯·卡尼发表了长篇激昂的反对华人的演讲，在加州煽动强烈的反华情绪，最终在 1878 年再次采取行动驱逐中国人的过程中，他和他领导的劳工组织"加利福尼亚工人党"起到了作用。不过，当时的总统拉瑟福德·伯查德·海斯拒绝接受他们提出的排华法案。因此，加州通过了一项法案，这意味着加州可以允许任何它想要的人进入，并在 1882 年强行通过了《排华法案》。这项法案虽然于 1943 年被废除了，但直到 2014 年加州才呼吁国会为当初通过这项法案道歉。

"特里克茜!"※:南达科他州的戴德伍德

在 19 世纪晚期,鸦片制剂不仅经常出现在美国东西海岸,随着工人沿着铁路不断迁移,进入一座座矿业小镇,鸦片制剂也来到了内陆地区。此外,控制鸦片交易和吸食鸦片的也不只有中国人。1875 年的冬天,即淘金热结束的时候,在两条 2.5 英里长的岩石露头① 之间的一条满是枯木的峡谷里,南达科他州的矿业小镇戴德伍德被建了起来,"它位于地球上最后一座也是最富饶的一座金矿的中心"。[42]在一年前,传奇军官乔治·阿姆斯特朗·卡斯特在南达科他州发现了金矿,当时有许多人想试着开采这座金矿。1876 年初,查利·阿特带领一个马车队来到了这个新的定居点,随他们一道而来的是臭名昭著的赌鬼"胡子夫人"和其他一些人,这些人打定主意要在这个基本就是一个大型营地的地方开始新的生活。

从一开始,戴德伍德就有一个小规模的华人社区。根据人口普查,在 1880 年的时候,这座小镇大约有 5000 名矿工、商人和城镇居民,其中有 116 名中国人。不过,考古学的证据表明,当时中国人的数量远远超过了这个数字,大约有 400 人。[43]他们在主街的边缘

　　※ 在美国家庭影院频道播出的备受好评的连续剧《戴德伍德》(又名《朽木》,2004—2006 年播出)中,人们常常会听到妓院老板阿尔·斯韦伦根在召唤自己的心腹、妓女特里克茜。在剧中,特里克茜最终摆脱了斯韦伦根的剥削,找到了工作,也找到了伴侣,像她这样的女孩屈指可数。后来,她还戒掉了鸦片。

　　① 露头是地下岩体、地层和矿床等露出地表的部分,根据来源可以分为天然露头与人工露头两种。

建起了一条唐人街，建造了一些必要的基础设施，以便容纳一大群年龄在16—86岁之间的男性，其中包括一座用作寺庙和聚会场所的香堂。艾斯特林·贝内特是戴德伍德最早的居民，也经历了这个小镇最繁荣的阶段，她还是法官的女儿。她对这座中国庙宇做过一番描述："它被刷成了棕色，上面点缀着一些小小的红色装饰，有的地方尖尖的，有的地方四四方方，造型和所在的位置都那么出人意料……他们从不允许我们进去。即使在一个街区之外，也能闻到一股奇特而迷人的熏香味道。"[44]

　　1877年4月7日，艾尔·萨尔森根拥有的多彩宝石剧院开门营业了。在他手下工作的玛莎·简·伯克——最为人们熟知的名字是"灾星"简——既是一位舞蹈演员，又是一个老鸨，她住在唐人街。萨尔森根不仅拥有酒吧和妓院，还经营着镇上的鸦片贸易。导致这种奇怪的角色转换的原因有三个：萨尔森根本身就是一名职业皮条客和毒品贩子；他通过查理·阿特及其兄弟史蒂夫垄断了供应链；另外，最近的华人社区以及潜在的供应源在300英里外的怀俄明州。

　　在华人社区享有很高地位的中国杂货店"荣记"也参与了鸦片生意，在最初的几年里，该店至少因此被罚过一次款，估计是为了逼它退出这一贸易。荣记老板黄费礼（Fee Lee Wong，音译）在华人社区的主要竞争对手是另一位杂货商大李（Hi Kee，音译），两个人很少交谈，他们都被怀疑是相互竞争的三合会组织的头目。[45]在7月4日这一天，他们举办了一场灭火比赛，两家杂货店的雇员要用水管拉着消防马车穿过街道，跑到终点。在戴德伍德非常引人注目的是，中国人会参加美国人和基督徒的庆祝活动，后者也会参加中国人的庆祝活动，其中包括中国新年。当地的医生会受邀参加中国人的葬礼，还会带上勺子参加守灵仪式，因为不会使用筷子。荣记杂货店的广告——其中包括上等的中国丝巾——底部还有这样的修饰："欢迎美国人以及中国人前来检查我的商品。"[46]曾在教会学校学过英语的黄费礼曾在一个结婚蛋糕上写道："上帝创造了世界，但是黄创造了这个蛋糕。"[47]

在 1883 年 11 月时，戴德伍德有三个鸦片窝点，考古证据证实了这一点。21 世纪初期，在当地一处已经挖掘了 4 年的遗址里，考古人员发现了烟斗、烟锅和全套用具，还找到了一些瓶子，其中包括产自美国和中国的专利药瓶子，以及"啤酒、葡萄酒、香槟、威士忌、金酒、白兰地、苏打水、矿泉水以及苏打汽水"的瓶子。[48]在其中一家鸦片馆里，一管鸦片的费用为 20 美分，只要花上 1 美元，顾客就能随心所欲地抽，直到睡着为止。艾斯特林·贝内特说过，包括她父亲在内的司法部门对戴德伍德的鸦片贸易不感兴趣。"要是中国佬想抽大烟，谁会在乎呢？他们很少会为其他事情惹出乱子。"[49]

唯一关心附近社区和鸦片消费情况的似乎只有报纸，报社经常派记者到戴德伍德去做报道或者寻找新的角度。1878 年 5 月 6 日，《黑山每日时报》在报道中宣称："中国人的大烟馆每周要从当地的流通现金中抽走数千美元。落进他们金库的每一块钱都被盐腌过了。应当采取措施铲除这些店铺。它们不仅吞噬了我们大部分的流动资金，而且打击和摧毁了我们大部分公民的意志。吸食鸦片比喝威士忌更邪恶。"

在这样的压力下，达科他领地最终在 1878 年通过了一项法律，规定拥有鸦片馆或者买卖鸦片都属于非法行为。然而，实际情况并没有多大的改变。真正激起民愤的是几篇关于戴德伍德几名妓女自杀未遂的报道。据当地媒体报道，海蒂·刘易斯（艾尔·萨尔森根的情妇）、艾玛·沃思和伊娃·罗宾逊这三名与艾尔·萨尔森根有关的女性，都曾试图用鸦片结束自己的生命。

　　尽管新闻界一直对戴德伍德的事情穷追不舍，但最终还是没能对这座小镇产生多大的影响。美国人和中国人结成紧密联盟无疑并不是戴德伍德独有的现象，只不过它的历史以一种充满细节的独特方式被记录了下来，因为老西部的很多著名人物都曾经在这座小镇出现——或者不曾出现——就像1876年在那里被杀死的"狂野比尔"比尔·西考克，当时这个小镇才刚刚起步。查理·阿特、塞斯·布洛克、艾尔·萨尔森根和"灾星"简都和聚居在下主街的华人有所交往，住在那里的中国人喜欢面包师鲍勃·豪制作的美式白面包，所以豪就在中国人的正餐时间烤面包。[50]这种程度的种族融合与美国沿海地区的反华情绪有着天壤之别，在那里麻醉品正在迅速地被妖魔化，因此中国人也受到了相同的对待。处于文明边缘的生活将迥然不同的群体聚集在了一起，无论好坏，鸦片贸易都成了他们公认的生活现实。

　　1904年11月15日，艾尔·萨尔森根被发现死于丹佛，死前他的头部遭到了某种钝器的一次重击。

从淘金热到黄金药

　　在19世纪80年代之前，戴德伍德和许多类似的地方还没有相关的法律，但在宾夕法尼亚、纽约、伦敦和欧洲大陆的一些城市，从19世纪中叶开始就尝试着为医疗行业制定规范了。1858年，英国通过了《医疗改革法案》，试图确保医生都有行医执照，1868 年通过的《药房法》则意味着这两门学科终于被分开了。《药房法》具有特别重要的意义，它禁止药店在没有医生处方的情况下销售某些药物。在这部法律出台后，鸦片制剂造成的死亡率立即出现了显著的下降，从 1868 年的百万分之 6.4 下降到了 1869 年的百万分之 4.5。更为重要的是，5 岁以下儿童的死亡率从 1863—1867 年的百万分之 20.5 下降到了 1871 年的百万分之 12.7。由于大部分专利药都去除了鸦片成分，这个数字在 19 世纪 80 年代继续降至百万分之 7 左右。[51]

然而，鸦片成瘾者的数量在不断增加。英国和美国医学界的领军人物在研究工作中都开始对这个群体给予特别的关注，他们试图找出这个群体的人口统计学特征，更重要的是，试图找出他们成瘾的原因。

阿隆佐·卡尔金斯博士是一位麻醉品专家，他在 1871 年的时候对 360 个鸦片制剂成瘾者的案例研究进行了整理，断定许多"整日无所事事、懒洋洋地躺在软绵绵的安乐椅上"等着时间流逝的富有女性，最容易成为鸦片制剂成瘾的牺牲品。[52]另一位医生还指出："由于子宫和卵巢的并发症而染上这种习惯的女性人数，超过了由于其他各种疾病染上这种习惯的女性人数总和。"[53]在《美国的神经症——其成因和后果》一书中，神经病学家乔治·米勒·比尔德指出："根据一般的规律，身体组织越紧张，就越容易受到兴奋剂和麻醉剂的影响……女性比男性更容易紧张，身体组织更精致，因此对大多数兴奋剂更为敏感。"[54]更糟糕的是，美国妇科学会主席盖拉德·托马斯吐露了自己的秘密："归根结底缓解疼痛的方法就两个字——鸦片。这种神圣的药物让其他所有止痛药都黯然失色……你可以轻而易举地教会她们吸食鸦片，医护人员基本上把握住这一点就行了。"[55]甚至还有人认为，真正的罪魁祸首是教育，莱斯利·基利博士就认同这种观点。

随着越来越多的吸毒案例的出现，以及服用鸦片酊缓解经期疼痛的女性开始注射吗啡，上述这些观点似乎变得越来越傲慢和危险了。

皮下注射器的发明具有极大的开创性，它的存在促使一直争吵不休的英国医学界团结了起来，医学界都渴望立法机构通过《药房法》，将吗啡注射的控制权交还给医生。1856 年，托马斯·德·昆西重新出版了《一位英国鸦片食用者的自白》，并且向英国医学界发出了挑战——他们对吸食鸦片的真实感受一无所知，因此他们没有资格来监管这些事情。詹姆斯·拉塞尔和弗兰西斯·安斯蒂两名医生对德·昆西进行了谴责，安斯蒂尤其对自行注射的问题做出了驳斥。但是，眼看相关法律即将出台，大多数医生无意再参与这场争论。

随着大量问题的出现，尤其是比较富裕的病人出现了更多的相关问题，医学界在接下来的 20 年里不断加强了对皮下注射器和吗啡所具有的潜力和危害的研究，尽管搞到吗啡明显不是一件容易的事情。美国医生哈里·哈贝尔·凯恩对鸦片和大麻进行了大量研究，在 1883 年还亲自尝试了大麻，并且将自己的感受记录了下来。他言辞激烈地批评德·昆西"给后世子孙留下了一大堆巧妙的谎言"，让他们受到麻醉品的奴役。[56]阿隆佐·卡尔金斯也对德·昆西进行了抨击，他认为医生最了解情况。

大多数专业的医疗从业者坚信，30 多岁的女性最容易出现滥用鸦片制剂的问题，家庭妇女尤其容易受到伤害。因此，1883 年，当

230

杰出的美国医生 J·B. 马丁森宣称，美国的大部分医生都是吗啡吸食者，且有 30％—40％的人已经对吗啡成瘾时，大西洋两岸医学界的声誉受到了相当大的冲击。[57]后来的一项研究证实了这一点，这项研究对不同国家的成瘾者进行了评估，其中医生占了 40％，医生的妻子占了 10％。在这场新爆发的有关麻醉品成瘾和治疗方法的辩论中，英国和美国刚刚形成的专业医学群体看起来就像是一群伪君子。

在这场辩论的过程中，莱斯利·基利医生回到了伊利诺伊州的德怀特，在那里他开了一家疗养院，以每天 160 美元的价格给"醉酒者"出售滋补药物，其中就包括他的"黄金药"。他给顾客注射的药剂中，包括一种马钱子碱和硼酸溶液，其中还含有生物碱阿托品。基利研究所获得了巨大的成功。

第三部分　海洛因

第七章
一种新型毒瘾， 禁毒和黑帮的兴起

毒瘾与成瘾治疗的诞生

当麻醉品在 19 世纪 70 年代开始对美国产生全面影响的时候，鸦片史在大西洋彼岸帕丁顿车站附近的一个研究实验室里翻开了下一章。1851 年投入使用、建筑宏伟的伦敦圣玛丽医院是维多利亚时期公共卫生和社会进步的一座丰碑，这家医院和基于"基督教以及上流社会价值观"开展工作的附属医学院，都坐落在一个以卖淫业、流浪人员和大量移民人口而闻名的贫困地区。最初，圣玛丽医院和医学院招收了大约 40 名学生，教授的课程包括基础科学、医学和外科学以及药物学，或者说是早期的药理学。1928 年，就在这所医学院里，度假回来的研究员亚历山大·弗莱明发现之前被他忽视的一个培养皿中滋生了大量的青霉菌，该发现使得学校备受外界的赞誉。然而，也是在这所医学院里，查尔斯·罗姆利·阿尔德·赖特（1844—1894）在 1874 年首次合成了海洛因，当时他在化学家奥古斯都·马西森（1831—1870）的手下工作。

234　　　　马西森从 1862 年开始在圣玛丽医学院工作，他的研究方向是鸦片中的生物碱成分。后来，年轻的物理学家及化学家阿尔德·赖特也加入了他的研究，赖特主要研究的是可待因和吗啡。马西森和赖特一直在寻找一种不像吗啡那么容易让人成瘾的止痛药。

　　马西森曾在海德堡师从罗伯特·本生，圣玛丽医学院的实验设备里就包括本生灯（本生研制的实验煤气灯）。马西森和赖特的实验似乎就像他们在试管内密封强效的化学物质，然后用本生灯加热试管一样危险，但是他们研制出了一系列化合物，其中就包括阿扑吗啡，直到现在人们还在使用这种化合物帮助吃了有毒物质的狗呕吐。1870 年，39 岁的马西森因"神经紧张"而自杀，留下同事独自继续进行研究。赖特继续进行着生物碱的实验，尤其是用一种被称为"乙酰化"的化学实验。乙酰化是一种化学方法，就是将乙酰基转移到化合物中，用以代替一个活跃的氢原子的过程，每当有人对这一过程的工作原理进行最基本的解释时，他们总会先用"极其复杂"来形容。其实，物理方法并不复杂，乙酰化能够增强生物碱化合物的效力，马西森之前就已经发现了这一点。

　　赖特使用的主要设备就是一些试管和一盏本生灯，因此人们经常误以为他只是将吗啡煮沸，最终得到海洛因这个产物。实际上，赖特在 1874 年通过乙酰化方法从吗啡碱中"煮"出了二乙酰吗啡（海洛因）。从吗啡碱中提取二乙酰吗啡的物理过程不太复杂，尽管这种方法要求精确度、娴熟的实验技能和一定程度的耐心。从这时起，人们就一直在使用赖特用过的方法制造着合法或者非法的二乙

235　酰吗啡，唯一的区别就在于生产的规模。研究实验室可以随意订购到高等级的大块吗啡碱，赖特将其分成小块，有时候他只是用锤子将其敲碎或者碾碎。他将小块的吗啡碱慢慢加热，去除其中的水

分，然后将其放入一个钢制的大缸中，再加入乙酸酐。吗啡碱乙酸酐的反应过程会释放一种恶臭的气体，当反应结束时，再往缸中加入水，将剩余的乙酸酐转化为无害的乙酸。赖特用氯仿将这个阶段产生的杂质去除，然后用碳酸钠中和乙酸。接着就是这个提纯过程的第二个危险部分了，在这个阶段混合物有可能会被"煮沸"，并且爆炸，直到今天这种危险依然存在。赖特不断使用石蕊试纸，以确保酸性成分彻底消失。然后，他将得到的沉淀物进行干燥处理，这样就得到可以直接使用的二乙酰吗啡了。

赖特将自己的研究成果交给了伦敦的医生 F·M. 皮尔斯，让后者在一条狗和一只兔子的身上进行试验，同时还试验了可待因，他和马西森以前就这么做过。但皮尔斯没能用标准的吗啡进行对比试验，因此无从得知二乙酰吗啡的效果究竟比吗啡更强还是更弱，二乙酰吗啡因此被当作失败的研究产品放弃了。赖特回到自己的实验室继续进行研究。

就在同一年，即 1874 年，贵格会成员主导的一个协会将总部设在了威斯敏斯特的国王街，毗邻印度事务部①和议会大厦。这个协会的名称颇为动听——"盎格鲁—东方禁止鸦片贸易协会"，该协会旨在游说政府停止向中国出售鸦片，并希望政府能够立法禁止这种贸易。在此之前，这个由商人组成的协会组织严密，但是成员比较分散，这些商人认为英国政府对通过鸦片贸易"蓄意造成亚洲人民的堕落"的情况负有责任。他们明确提出了在全大英帝国范围内禁止鸦片贸易这条底线，其实他们更希望游说越来越多的传教士

① 又名印度事务办公室，英属印度时期大英帝国的政府部门，对英属印度政府负责，由印度事务大臣领导。

236 来改变亚洲人民的信仰。他们的注意力几乎完全集中在中国，而不是印度，因为印度人总体上不认为吸食鸦片的习惯有什么问题，而且印度人已经和传教士文化有了充分的接触。

在 19 世纪 70 年代和 80 年代，这些"改良团体"的目标明显转向了推动立法工作。这些团体在很大程度上都以禁酒运动为蓝本，它们一直是倡导禁止使用麻醉品的先锋。早在 1853 年，随着以禁酒为目标的英国联盟在曼彻斯特成立，英国的禁酒运动就走上了立法的道路。受 1851 年美国缅因州立法机关的启发，英国联盟提出了自己的目标——"呼吁和引导开明的舆论，促使政府立即全面禁止所有酒类饮料的非法买卖"。[1]

在 19 世纪末期，英国和美国的中产阶级对社会秩序和麻醉品产生了强烈的感情，这一点怎么评价都不为过。财富和生活水平的不断提高，催生了一个新的社会阶层，对于这个阶层而言，维持一种持续不断、舒适稳定的生活状态就是一切，令他们感到惶恐的是，大大小小的城镇和大城市里的工薪阶层在领到薪水时大肆庆祝所造成的社会混乱，而不是酗酒现象对社会造成的长期破坏性影响。面对工人阶层的这种状态，他们找到的对策就是努力将自己生活中存在的控制感和秩序扩大到更广泛的社会中去。这些社会改良运动也遭到了一些人的诋毁，功利主义哲学家约翰·斯图尔特·穆勒就曾在出版于 1859 年的著作《论自由》中，对英国联盟和整个禁酒运动进行了抨击："由于这项法律不切实际的本质，一些已采纳该法律的州都将其废除了，其中就包括缅因州。但是，我们这个国家已经开始了一次尝试，许多自诩慈善家的人满怀热情地对其进行着控诉，以鼓动国家通过一部类似的法律。"[2]

237 穆勒认为，任何商品的交易都是社会的自然延伸，但是他的观点与那些鼓吹通过政治手段强制实现乌托邦——而非经过个人选择实现乌托邦——的思想家们背道而驰。城市化和工业革命所带来的社会变化，既导致了某些社会问题的集中化，同时也使这些问题在社会上变得更加突出，因此解决这些问题的需要就变得更加迫切了。1879 年，英国议会通过了《习惯性酗酒者法》。尽管该法案在很大程度上是失败了，因为它要求病人必须接受长达一年的强制性康复治疗，并有能力支付这一年的治疗费用，但是它解决了一个根本问题——自愿入院接受治疗和寻求帮助的愿望。

《习惯性酗酒者法》意味着社会开始对成瘾行为有了真正的理解。在 1833 年写信给《波士顿医学杂志》的西格远远领先于那个时代，尽管他在其他方面都默默无闻。西格在信中写道："先生，我在昨天的《北安普敦信使报》上读到了您的杂志上刊登的一篇有关服用鸦片的文章，在这篇文章中，您承认自己并不清楚这种致命行为的补救办法，您请求所有熟悉这件事情的人说出他们的对策。我认为这种行为基本上就是一种真实而复杂的疾病。"很快，19 世纪 70 年代的医生和社会评论家们就得出了类似的结论。[3] 他们分化成了两个阵营，其中一方认为成瘾不仅意味着"身体的退化，而且道德感也会退化"；另一方则认为，成瘾既是个体体内更为严重的失调现象所表现出来的一种症状，同时也是造成这种现象的原因。[4] 直到今天，这两个阵营依然存在于社会和立法领域。

在美国，社会围绕着吗啡成瘾和酒精展开的争论聚焦于女性的成瘾问题及其对社会造成的危害，而英国和欧洲的关注焦点则主要集中在劳动阶层身上——无论男性还是女性。欧洲的工业革命给人们的生活方式带来了极大的改变，鸦片制剂成了大众毒品，且与人们的工作生活息息相关，当时美国社会还未出现这样的变化。英国社会需要理解劳动人民的职能和他们的这种嗜好之间的关系，正是这种需要——而不是妓女、一贫如洗的人和那些遭受战争伤害的人追求麻木状态的需要——导致了大西洋西岸的欧洲在面对成瘾问题时，采取了一种截然不同的方法。

1884 年，一群英国人创办了醉酒研究及治疗协会，这些积极分子意识到了理解成瘾问题的必要性，"我们非常清楚许多罪恶都来自过度饮酒，可是对于个体开始酗酒以及养成酗酒习惯的过程，我们几乎一无所知"。[5]这个协会基本上是一个压力集团，其目的就在于促使政府认识到《习惯性酗酒者法》的不足之处。在 4 月 25 日举行的协会创立大会上，诺曼·桑克斯·克尔发表了讲话，这次讲话的开场白十分与众不同，他开门见山地提出了成瘾研究的核心问题，指出"体质和性格"、精神上和心理上的"易感性"、"环境"以及"遗传偏好"都是研究的关键。[6]

就在同一年，克尔在赫特福德郡的里克曼斯沃斯主持了一项名为"达尔林普戒酒所"的研究工作，戒酒所"环境优美，就坐落在科尔恩河畔，有 16 个床位"。[7]德比郡和苏格兰也有几所康复中心，伦敦的肯宁顿也有一所专门治疗女性成瘾问题的康复中心，但是达尔林普戒酒所得到了相当丰厚的资金，组织管理井然有序。

在 19 世纪晚期的英国，克尔是首屈一指的治疗成瘾问题的医生，他倡导完全戒除所有麻醉品。他是英国医学会下属的酗酒者立法委员会的主席，这个委员会是英国医学会的游说机构，曾在 1888 年成功说服议会通过了《酗酒者法》。在这场激烈的政治运动中，英国议会还在前一年对《卡车法》进行了修正，修正后的法案禁止工人接受以酒类饮料的形式支付的报酬。《酗酒者法》正是对《习惯性酗酒者法》做出的修正，"酗酒者"既指酗酒者，同时也包括吸毒者，并且该法案允许康复中心强制扣留病人。克尔对毒瘾戒断领域的贡献是不可否认的，1890 年，他在挪威的克里斯蒂安尼亚（奥斯陆的旧称）发表了一次演讲，就是在这次演讲中，他创造了"麻醉剂癖"（narcomania）一词。[8]

　　客气地说，克尔的言谈举止完全是维多利亚时代的做派。他恪守规则，用一些不恰当的词语称呼那些在他看来存在道德缺陷的人，除了美食，尤其是甲鱼汤，他终生节制对其他物质的欲望，这些习惯都让他显得有些傲慢浮华，甚至令人反感。然而，他最上乘的作品反映了他对成瘾问题的本质理解：

　　　　这些英雄般的人物与他们一代又一代的仇敌——这个敌人之所以比他们更强大，是因为它一直在他们的胸膛里过着危险的生活——进行着持续不断的、最终总是他们获胜的斗争，这种斗争在我的脑海中呈现为一种如此光荣的冲突，一种如此庄严的景象，它应该能够促使画家和雕塑家付出最大的努力。[9]

拜耳公司

"天生的强烈好奇心和两个炉灶"[10]

　　克尔在挪威发表演讲的同一年，苏格兰的两名医生向位于斯特兰德街 429 号的英国医学会总部提交了一份报告，阐述了他们在青蛙和更不幸的兔子身上使用二乙酰吗啡的结果，二乙酰吗啡对脊髓和呼吸系统产生了作用。这项研究虽然很有趣，但是医生们和英国医学会似乎都认为它没有什么特殊价值，他们再一次错过了能够让

240

他们宣称是英国"发明"了二乙酰吗啡的机会。

查尔斯·阿尔德·赖特继续在圣玛丽医院进行着研究，不过他已经将研究方向转向了樟脑的乙酰化，他希望制造出效力更强的肥皂，毫无疑问他是一个十分坚强的人。除此以外，他还进行着烟花实验。赖特和马西森一样英年早逝，死于 1894 年，死因是糖尿病并发症。

1897 年，化学研究员海因里希·德雷瑟在一家名为"拜耳"的德国公司找到了一份工作。拜耳公司于 1863 年 8 月 1 日在埃尔伯费尔德成立，最初只是一家专门生产染料的公司，但很快就将业务扩大到了制药领域。正如公司在官方网站上自豪宣称的那样，这家公司"创立于 19 世纪初，拥有巨大的潜力"。[11]但是，当时应该没有人知道这家公司的潜力究竟有多大。

关于德雷瑟，世人最容易犯的错误就是将发明海洛因的事情归于他身上。当时，德雷瑟是一个研发团队的负责人，这支队伍中还有化学家亚瑟·艾兴格林和费利克斯·霍夫曼，他们都与爱丁堡和伦敦保持着联系，也都满怀兴趣地关注着这两个地方和其他一些地方的研究状况。

艾兴格林尤其突出，他和德雷瑟一样，十分精明，善于利用团队实现自己的目的，可以说他是海洛因诞生过程中的一位关键人物。在 1897 年的那两个星期里，究竟是他还是霍夫曼率先合成了海洛因，接着又用水杨酸合成了阿司匹林，这个问题至今仍然存在争议，但可以肯定的是，当时艾兴格林是一名高级化学家，而霍夫曼还是一名技术员。艾兴格林是一位当之无愧的名人、一位多产的科学家，拥有 47 项专利。他一生最著名的成就是发明了一种蛋白银，这种蛋白银以"普他葛"的名称在市场上销售，在半个世纪的时间里人们一直用这种药物治疗淋病，直到青霉素问世。在取得了 1897 年的重大发现后不久，艾兴格林离开了拜耳公司，准备开办自己的公司。1933 年，纳粹党上台，身为犹太人的艾兴格林虽然生意兴隆，但是不得不招募一名雅利安合伙人。5 年后，他被迫卖掉了公司。1944 年，77 岁的他被关进了距离布拉格 40 英里的特莱西恩施塔特（特雷津）纳粹集中营。在集中营里，他致信拜耳公司，详细介绍了自己对阿司匹林的研究工作，希望得到公司的帮助。阿司匹林是当时世界上最成功的药物之一。拜耳公司毫不犹豫地将这封信收进了档案库，却将公司有史以来最成功的化学研究员留在了集中营。没过多久，艾兴格林被释放了。1949 年，他平静地离开了人世，享年 82 岁。然而，在官方历史记录中，艾兴格林在阿司匹林和海洛因诞生过程中应有的地位，被霍夫曼和德雷瑟取代了，现在他已经很少被人提及了。

关于这两种药物，当时人们认为阿司匹林是最危险的，这主要是因为服用这种药物存在胃出血的风险。就这样，在短短两周的时间里，他们三个人创造了世界上最成功的合法药物和最成功的非法药物。

在开展动物实验之前，德雷瑟首先在自己身上和拜耳公司的一些员工身上对这两种药物进行了测试。德雷瑟一生取得了很多成就，但是由于他率先在制药行业开展大规模的动物实验而留下了骂名。此外，他在 1898 年发表了两篇论文，这两篇论文足以确定他和海洛因的早期发展之间存在的联系。其中一篇是关于衍生物的药理学问题，另一篇是关于"某些吗啡衍生物对呼吸的影响"，这篇文章尤其显示了在对海洛因进行的实验中，他一直在寻找一种能够治疗晚期肺病特别是当时肆虐的结核病的药物。[12] 对患者的研究表明，海洛因的确能够让患者停止咳嗽，让他们平静下来，作为一种镇静剂，它还有助于患者获得良好的睡眠——海洛因的治疗效果看起来就是奇迹。更美妙的是，患者们喜欢它，几乎所有人都会要求继续接受治疗。德雷瑟追随 19 世纪后期掀起的这股"英雄般的"药物的热潮，将拜耳公司的二乙酰吗啡制剂命名为"二醋吗啡"，并且给它设计了一个品牌名，这就是"海洛因"①。他为海洛因申请了专利，该申请在第二年被批准了。

就在拜耳公司的研究团队研制出海洛因的同一年，为达姆施塔特的默克公司工作的约瑟夫·冯·梅林也生产出了海洛因，这表明在 19 世纪后期这些重要的工业化学家的实验工作有多么紧张，他们之间的竞争有多么激烈。但是，梅林认为吗啡的其他衍生物在治疗肺病方面的效果应该更理想，所以他的研究团队忽略了海洛因。他在《默克报告》上发表了一篇文章，阐述了这个问题，直到后来他才意识到自己当初做的这个决定是错误的。

海洛因取得了巨大的成功，到 1900 年，已经被销售到了欧洲和美国各地。结核病患者和其他晚期肺病患者虽然无法宣称自己彻底被治愈了，但至少他们的症状明显减轻了，而且见效非常快。他们感觉很好。

一开始，市面上的海洛因制剂主要有两种，一种是艾兴格林和霍夫曼合成的纯海洛因（$C_{21}H_{23}NO_5$），这是一种带有苦味的白色晶状粉末，可溶于酒精，或者与糖混合后制成药片出售。[13] 1899 年，市面上出现了盐酸海洛因（$C_{21}H_{24}CLNO_5$），这是一种在制造过程的最后阶段加入盐酸得到的海洛因制剂，这种化合物可溶于水。时至

---

① 海洛因的英文名称"Heroin"近似"heroic"，后者意为"英雄般的"。

今日，很多吸食海洛因的人最先接触的海洛因制剂仍然是这两种，它们的使用方式是由各自的特性所决定的。

纯海洛因具有很强的挥发性，熔点较低，为 173 摄氏度，因此更适合以抽烟的方式服用。盐酸海洛因作为一种"盐"，具有更稳定的优点，但是熔点较高，在 243—244 摄氏度之间，并且会在高温下分解，而不是释放出强烈的致人麻醉的纯二醋吗啡蒸气。但是，它可溶于水，因此更适合注射、口服或者用鼻子吸食，它能够非常快速地通过黏膜组织。

海洛因在人体内几乎可以立即转化为吗啡，在刚刚服下时的感觉要强烈得多，因此它更受患者们的欢迎。在早期推广海洛因的时候，销售者也将目光完全瞄准了患有严重肺病的人，这些患者往往会一直服用药物，直到死亡，所以直到海洛因的消费者扩大到普通人群后，成瘾问题才显现出来。海洛因药片的价格低廉得离谱，并且易于制作，药店以 100 片一包的包装销售着这些药片，一些药片还加入了玫瑰水，外面包裹着巧克力糖衣。市场上销售的一种止咳糖浆，被标榜为"适合味觉最挑剔的成年人或者味觉最变化无常的儿童"。我个人最喜欢的是图卢赫拉斯糖浆的设计：每剂含有 20 毫克海洛因、150 毫克大麻、吐酒石、氯仿和酒精，当然还有哥伦比亚的图卢糖浆。大西洋两岸的医学杂志上很快就出现了关心这个问题的医生们的来信，可是，妖怪已经从魔瓶里出来了，或者说，至少已经从成千上万名药剂师货架上的数百万只瓶子里出来了。很快，商店和商品目录上出现了大量类似最早的舒缓糖浆的专利药，其中大部分作为咳嗽药在出售，这些药物含有海洛因、士的宁、奎宁和萜二醇的混合物，萜二醇是当时很受欢迎的祛痰药。由于海洛因本身具有的苦味，几乎所有的海洛因制剂中都含有大量的糖。

1900 年，拜耳公司开始在美国通过邮购的方式销售海洛因、盐
酸海洛因和阿司匹林，样品可以从位于纽约市斯通街的拜耳公司零
售店获取。同样的广告也介绍了艾兴格林发明的普他葛，以及各种
驱虫药和一种治疗痔疮的药物。数个世纪以来，人类的基本疾病似
乎没有太大的变化。

海洛因的问世恰好赶上了人类历史的一个关键时刻。在之前的
20 多年里，人们基本上一直忽视它的存在，但是对其潜力的发掘却
恰逢其时，从而保证了它在全世界的成功。当时世界各地发生的一
系列重要事件，为海洛因进入医学研究的前沿阵地创造了适宜的条
件，同时也迫使海洛因转入地下，从而催生了一种前所未有的新型
有组织犯罪活动。

美菲战争与布伦特主教

就在拜耳公司的海洛因进入国际市场的同时，即 1899—1902
年，美国卷入了与菲律宾的战争。现在看来，这场战争似乎只是一
场升级的酒吧斗殴而已，十分荒谬，但是它给菲律宾人民、美国的
毒品政策以及国际鸦片贸易都造成了严重的后果。

当时，古巴正在进行摆脱西班牙统治的独立战争，这是一场旷
日持久、令人厌倦的战争，双方时而小打小闹，时而大动干戈。普
通的美国人都已经极度厌倦自己的战争和随之而来的大萧条，无意
卷入又一场战争，尤其是一场外国战争。为了摆出一副保护自身利
益的姿态，1898 年 1 月底，美国在哈瓦那部署了实力相当弱的"缅
因"号军舰。"缅因"号已经在造船厂待了很长时间，到它下水

时，造船技术已经取得了巨大的进步。2 月 15 日，由于一次内部爆炸，"缅因"号沉没了，258 名船员丧生。

"缅因"号的神秘沉没在美国各地引起了一股愤怒的浪潮，报纸上的报道充斥着关于这艘船沉没过程以及原因的欺骗性故事——水雷！间谍！破坏！——以及西班牙对古巴人民实施的暴行。4 月 19 日，国会通过了支持古巴独立的联合决议案，宣称美国将向古巴派驻一支部队，等西班牙军队一撤走，美国就会立即撤回这支部队，这份以科罗拉多州参议员亨利·摩尔·泰勒名字命名的修正案宣称，"古巴岛现在是而且理应是自由和独立的"。[14] 1898 年 4 月 20—21 日，美国向西班牙宣战。

直到今天，外界仍然不清楚美国加入美西战争的真正动机。有人坚持认为，这是约瑟夫·普利策和威廉·伦道夫·赫斯特的报业帝国之间宣传战的产物。也有人指出，美国原本就打算从西班牙的手中抢走这座岛屿，在此之前他们尝试过收购，但是没能得手。战争很少是由单一因素促成的，不过，美国与西班牙之间的这场战争倒是带来了一些意想不到的显著后果。"泰勒修正案"规定，西班牙撤军后古巴不会被美国占领，但是并未提及西班牙在菲律宾、波多黎各和关岛的殖民地。美国随即入侵了古巴、菲律宾和波多黎各，西班牙于 1898 年 7 月 17 日认输了。

一艘美国军舰前往关岛，并在进入港口的时候鸣枪示警，当地人还认为这是美国人在向他们致以令人愉快的问候。当时，美西之间爆发战争的消息还没有传到这座位于太平洋上的小小前哨基地，美国人将消息告诉了当地人，驻守在那里的西班牙士兵立即接受了现实，整个行动没有引起太大的风波。

然而，菲律宾人不会让事情如此顺利。在西班牙统治的 300 多年里，菲律宾人已经形成复杂的社会结构，也出现了一个庞大的讲西班牙语的中产阶层。他们接触了欧洲的思想，但仍然坚定地保持着自己的东方地理属性。尤其值得一提的是，他们和中国人之间强大的贸易文化可以追溯到 10 世纪，两者之间存在着多层次的互动，既有简单的商贸交往，也有异族通婚。此外，祖辈来自中国各地——尤其是福建和广东——的菲律宾人还具有不同的阶层特征和特有的名称。从西班牙人统治菲律宾时起，中国人就不断地在当地制造着麻烦，特别是在贸易方面，他们受到了西班牙统治者的特别关注。一开始，他们当过海盗，接着变成了狡猾的商人，后来又成了普通商人。西班牙人通常用"桑利"称呼纯中国血统的人，用"混血桑利"来指称具有中国血统的混血儿。在数个世纪的时间里，这些华裔菲律宾人简单地认为自己就是菲律宾人，他们擅长建筑、农业、食品工业等手工行业，有些人还向西班牙人、英国人和美国人等外来者放债，但是他们和真正的菲律宾人有所不同。这个群体非常有用，他们像以前一样继续和中国保持着贸易往来。19 世纪，随着中国移民社群的形成，越来越多的中国人来到菲律宾，在当地政府看来，他们的存在成了一个社会问题。当然，他们也带来了中国人特有的习惯——鸦片。

1815 年，西班牙与墨西哥的帆船贸易被终止；1821 年，墨西哥宣布独立。在 250 年里一直来往于马尼拉和阿卡普尔科的大型帆船突然间成了过去式，在几个世纪的贸易交往中，墨西哥得到了芒果、大米、水牛、丝绸、茶叶和烟花，菲律宾得到了鳄梨、番石榴、木瓜和菠萝，最重要的是白银。在短短几年的时间里，西班牙就从文艺复兴时期的海上巨人变成了一个深陷财政困境的国家。到 1843 年，波旁家族统治的西班牙政府意识到，鸦片贸易不仅有利可

图，而且吸食鸦片的习惯主要局限于华人和华裔菲律宾人。西班牙
政府极度想要促进菲律宾的经济发展，安抚华人，因此拍卖了鸦片
贸易的垄断经营权。

菲律宾的情况所产生的影响得到了扩大，因为这些变化不仅吸
引来了中国移民和商人，许多欧洲商人和企业也看到了与这个在帆
船时代崛起的国家合作（或者说是剥削后者）的机会。英国和美国
的企业，以及经常与这些企业携手合作的个体商人已经在东方牢牢
地占据了统治地位，现在他们正在以惊人的速度进行着创新，为了
赚钱，他们热衷于在世界各地开展合作，而菲律宾恰好提供了一个
绝佳的机会。科尔公司和韦斯公司这两家著名的英国公司经营的商
品包括酒类饮料、刀具和梳子，以及烟草、盐和精油，但是这些商
品都来自英国殖民地。西班牙也允许英国商人参与菲律宾的食糖贸
易，作为回报，他们得到了英国工业革命初期开发的新技术——磨
坊的蒸汽动力技术和锻铁技术，这些技术都极大地提高了菲律宾的
农业水平。

富有的中国商人受制于政府的政策。自古以来，圣费尔南多的
奥凯撒利亚，即丝绸市场，就是奢侈品的主要交易市场。当地政府
允许中国人在这里卸货，并将货物存放在这里，在销售货物期间商
人可以一直住在当地，但是这一切并不是无偿的。到 1756 年的时
候，圣费尔南多的商业限制已经变得令人厌烦。唐·费尔南多·米
耶尔·诺列加表示自己可以捐出一大笔钱来建造一座新的交易中
心，作为回报，他和子孙后代将永远有权获得交易中心产生的利
润。1758 年 7 月 15 日，他的提议被接受了。结果，新的奥凯撒利
亚却演变成了一场混乱不堪、犯罪活动滋生的灾难。这里不仅满是
赌场、暴徒和带有"鸦片卧榻"的房舍，而且在很短的时间里就被

烧毁了两次。[15]菲律宾政府开始将这种崩溃堕落的现象同中国人以及吸食鸦片的活动联系起来，在 1810 年市场第一次失火之后，西班牙国王于 1814 年 12 月 1 日颁布敕令，批准了禁止吸食鸦片的法律。这份敕令颇为有趣，因为它在禁烟问题上采取了"三振出局"的原则：第一次被捕，判处 15 天监禁；第二次被捕，判处 30 天监禁；第三次被捕，判处 4 年苦役。意图贩卖毒品的人一旦被捕，将立即被判处 6 年苦役。[16]然而，在 1828 年，菲律宾政府发生了惊人的转变，放开了鸦片种植。他们意识到东南亚其他国家的政府都通过将吸食鸦片置于政府的监管之下而获得了收入，而自己却错失了这笔收入，尤其是那些有着大量中国移民的国家。

中国的农业工人是菲律宾社会的重要组成部分，放开鸦片种植不仅能够促进经济的发展，同时也能够在更为偏远的地区建立一套社会娱乐体系。1835 年，华人社区要求菲律宾政府建立一个生产高品质鸦片的制烟中心，并且要求中心附设一个吸食鸦片的场所。但是，菲律宾本地出产的鸦片远不能满足市场的需求，这种状况就导致了 1843 年鸦片贸易垄断经营权的拍卖。

菲律宾的鸦片进口、制造和吸烟文化都迅速实现了高度的组织化，这一现象表明鸦片文化在当地有多么根深蒂固。针对鸦片贸易设计的税收制度十分详细，结构严密，似乎对极其轻微的违法行为都能发挥作用。经营酒馆的西班牙人路易斯·维拉斯奎兹就曾不满地表示，自己在阿尔汉布拉的酒馆受到了当地一家鸦片馆散发出的臭气的摧残，结果鸦片馆的主人就收到了一份要求其清理烟囱的指示。不出 24 小时，鸦片馆的烟囱就被清理干净了，社区的秩序又恢复了。

关于吸食鸦片的文化和菲律宾的法律，有两个问题很关键：第一，按照规定，华人不得在家中以及政府批准之外的地方吸食鸦片；第二，西班牙人和菲律宾人不得进入鸦片馆。赌博和饮酒也被禁止了，鸦片馆只能在深夜营业，这样一来吸食鸦片的习惯对工作日的影响就会被降到最低。

1867 年的记录显示，62 艘船只从中国、英国和德国商人那里购买了 13027 千克鸦片，从中可以看出当时菲律宾的鸦片贸易达到了怎样的规模。[17]

随着时间的推移，争取菲律宾独立的斗争引起的社会骚动事件越来越多。精明老练的菲律宾中产阶级希望建立一个进步自主的国家，他们认为西班牙已经是一个依仗昔日辉煌的衰落国家。

1896 年 8 月，革命开始了。28 岁的艾米利奥·阿奎纳多是一个头脑理智的革命者，从 1897 年 3 月 23 日开始成为革命的领袖。次年 8 月，菲律宾仍然处于混乱中，美国入侵并占领了马尼拉。这个情况非同寻常，刚刚摆脱了数个世纪殖民统治的菲律宾现在似乎又被另一个入侵的国家占领了，而这个国家根本不知道作为一个殖民国家应该做些什么。与美国后来的军事部署相比，美国对菲律宾开展的军事行动规模并不大，最高峰时不超过 7 万人，后来也不过 4 万人。当时，菲律宾群岛的人口超过 750 万，[18] 它分散而又规模庞大的贸易社群既脆弱又有能力颠覆殖民统治。此外，这些年轻美国士兵的父母都目睹过一场陆地战争，他们在成长的过程中已经熟练掌握了枪支的使用，现在在他们又有了充足的弹药。相比之下，菲律宾的军队可以说是一无所有，其中有三分之二的人在战斗中用的还是传统的波洛刀（大砍刀），他们被美国骑兵座下的高头大马吓坏了。

1898 年 12 月 10 日，根据《巴黎条约》，西班牙以 2000 万美元的价格将菲律宾移交给美国。在谈判的过程中，美西双方都丝毫没有征求过阿奎纳多及其领导的革命队伍的意见。但是，阿奎纳多的队伍没有被吓倒，他们继续激励着菲律宾同胞，告诉人们菲律宾需要独立，必须独立。阿奎纳多同时也深信，有必要继续维持鸦片馆的生意，尤其是考虑到在新政府成立初期，鸦片馆将会为政府带来宝贵的收入。

从签订《巴黎条约》到美菲战争爆发，美国和菲律宾之间有过一段风平浪静的时期，美国总统威廉·麦金莱于 1898 年 12 月 21 日发表了一份毫无吸引力的声明，这就是后来被称为"亲善同化宣言"的声明。从理论上而言，这份声明的目的在于安抚菲律宾人，"竭尽全力确保他们享有充分的个人权利和自由，这是自由人民留下的遗产，同时还将向他们证明美国的使命是亲善同化，用正义和正确的温和统治取代专制统治"。[19]

在确保自由人民充分享有个人权利和自由方面，美国在此之前的记录很难令菲律宾人感到安慰，就更不用说"亲善同化宣言"了。敌对活动几乎被美国控制了，直到 1899 年 2 月 4 日晚上，一名美国人枪杀了一名菲律宾哨兵，这就是"圣胡安事件"。正是这起事件引发了美菲战争。

阿奎纳多逃走了，小规模的冲突在那一年的夏天持续不断。但在 8 月 7 日，菲律宾将权力移交给了一个新的殖民统治者，只有一些著名的游击战士仍在继续战斗。

在鸦片贸易方面，美菲战争给美国带来了一个独一无二的难题。美国国内正面临着严重的吗啡成瘾问题，已经到了失控的地步，与此同时，它却控制着一个拥有极其复杂和根深蒂固的鸦片文化的国家，而且对美国来说至关重要的是，这是一种中国的鸦片文化。美国人对中国移民及其各种嗜好的敌意早已通过《排华法案》写入了宪法，然而现在他们却控制着中国人经营的活跃的殖民地鸦片贸易。无论从政治还是道德的角度而言，美国都陷入了困境。

然而，金钱是实实在在的东西，在美国占领期间，马尼拉的税收收入持续增长着，在最初的 4 年里就翻了两番。[20]尽管国际关系存在着问题，但是美国挥霍无度的资本主义文化还是将越来越多的中国移民送到了菲律宾。这种情况与美国宣称的理想背道而驰。

除了这些强有力结合起来的因素，各个殖民帝国还认为应当为自己的原始罪状披上一件文明的外衣。在当时的东南亚地区，主要的殖民大国就是法国、荷兰、英国和新加入的美国，法国人把自己的责任称为"文明使命"；荷兰人的说法比较务实，称为"道德事业"；英国人使用的术语则是"白人的负担"；而美国尚未创造出一个术语来描述自己强加的"义务"。

野心勃勃的美国人、菲律宾圣公会主教查尔斯·布伦特向美国政府揭示了鸦片贸易的全球范围，他认为没有各国之间的合作，谁都无法控制这项贸易。随即一系列会议被组织起来，其巅峰就是于 1909 年召开的上海会议（史称"万国禁烟会"）。代表美国利益的布伦特与美国鸦片专员及反麻醉剂的狂热分子汉密尔顿·赖特一起，在各国试图控制鸦片贸易的初期发挥了突出的作用。就像传教士伯驾在两次鸦片战争中发挥了重要的作用一样，这也是宗教参与美国外交政策的一个重要时刻，从那以后宗教就一直在美国的外交政策中发挥着重要作用。对于上海会议的组织召开及其后果，布伦特的成功都发挥了很大作用。在两次鸦片战争结束后，世界发生了改变，大不列颠辉煌不再，这个帝国正在逐渐萎缩下去。

哈里森和沃尔斯特德

"吸食鸦片和吗啡的习惯已经成了对一个国家的诅咒，要想继续在世界各国中占据重要地位，继续保持较高的智力和道德标准，我们就应当在一定程度上制止这些恶习。"[21]

——汉密尔顿·赖特，1911

1909 年 2 月 1 日，由美国提议并"得到奥匈帝国、中国、法国、德国、英国、意大利、日本、荷兰、波斯、葡萄牙、俄罗斯和暹罗同意"的国际鸦片委员会召开会议，讨论如何处理鸦片问题，无论是各国各自面对的问题，还是共同面对的问题。[22]美国还提议对所有"生产、进口、制造、合成、经营、分配、销售、分销和赠送鸦片或古柯叶及其盐类化合物、衍生物或制剂"的人征收特种税。[23]

美国还禁止在会议期间吸食鸦片，试图通过此举在与中国的公共关系方面抢占先机。在 1909 年 2 月 9 日召开的会议上，《禁止吸食鸦片法》生效了。事实上，这项新的法案与美国在 1875 年通过的专门针对旧金山华人的禁烟法案大同小异，但是 1909 年的法案促使吸食鸦片的白人青年转向了海洛因，而华人则一如既往地吸食着鸦片，只是现在这种行为又成了违法行为。

詹姆斯·马丁就是一个典型的例子，他是一个吸食鸦片的白人青年，后来因为 1909 年法案转而开始吸食海洛因。1908 年，马丁在科尼岛的一家剧场工作，每个星期大约吸食 4 美元的鸦片，但由于这部法案的出台，他的"跳罐"（can of hop）涨到了 50 美元，他无力承担这笔开支。于是，他将目光转向了廉价的替代品吗啡，后来又用上了更便宜的海洛因。[24]

在上海，汉密尔顿·赖特和查尔斯·布伦特这对组合即使没有多少魅力，也一定非常具有说服力，他们都坚定地进行着禁毒斗争，也坚信自己从事的事业是正义的。赖特说过的许多话都符合事实，他将责任主要归咎于专利药的制造商和大肆开着处方的医生们。1906 年通过的《纯净食品和药品法》或许已经在非处方药品名单中删除了鸦片制剂，但是吗啡、海洛因和皮下注射用具仍然能以极低的价格被自由购买。

上海会议的成果基本只是一系列建议，尽管中国确实提出了对已经染上毒瘾的人提供支持，同时防止没有毒瘾的人染上毒瘾的提议。这次会议催生了与会国于 1912 年在荷兰海牙签署的《国际鸦片公约》。对于英国而言，这肯定是一段有些令人尴尬的插曲，毕竟它的三家大型制药公司——惠芬父子公司、T&H 史密斯公司和 J·F.麦克法伦有限公司——都在直接向中国出口海洛因。麦克法伦公司的产品显然是中国吗啡使用者们的首选："中国人按磅购买着吗啡，而且一定是麦克法伦公司的，他们也肯定会将吗啡装在原装的磅重瓶子里。"[25]更令英国感到尴尬的是，9 年后惠芬父子公司因为走私活动而被吊销了营业执照。

上海会议的成果就是所有"缔约国应竭尽全力对所有制造、进口、销售、分销和出口吗啡、可卡因及其盐类制剂的个体及其进行加工和交易的场所加以控制或创造控制的条件"。[26]

美国比大多数缔约国都更迅速地采取了行动，这在一定程度上是由于大西洋两岸一些组织的煽动，例如盎格鲁—东方禁止鸦片贸易协会。《纽约时报》也刊登了一系列出于种族主义目的的文章，这些文章都旨在利用和煽动美国社会中蔓延的与可卡因有关的反黑人情绪，从而争取到南方人接受《禁止吸食鸦片法》。该报纸刊登过关于"黑人"吸食可卡因的报道，文章的作者是马里兰州的爱德华·亨廷顿·威廉姆斯。1914 年 2 月 18 日的一篇报道写道：

> 一个迄今为止不曾显示出丝毫攻击性的黑人……在吸食可卡因之后出现的激动情绪中"发狂了"，他试图刺伤一名店主，此时此刻他正在"痛殴"自己的多名家人……警察局局长知道自己要么将此人击毙，要么就等着被对方打死，因此他拔出自己的左轮手枪，将枪口架在了那个黑人的胸口上，然后开了枪。按照这名警官的说法，当时他"打算立即将他击毙"。可是，挨了一枪后，那个黑人甚至都没有摇晃一下。现在，警官的手枪里只剩下三发子弹了，他可能需要这些子弹来制止更多的罪犯。因此，他省下了子弹，"用警棍将其击毙了"。

所有的报道都涉及暴力情节，其中绝大部分描述了一种在可卡因的作用下力量大到难以制止的愤怒黑人形象。1914 年 12 月 17 日，美国通过了《哈里森麻醉品税法》（以提案人弗兰西斯·哈里森的名字命名）和《鸦片和古柯叶贸易限制法》，这些报道在这两项法案通过的过程中起到了很大的作用。经过一系列的修正案，这两部法案最终于 1922 年被合并为《琼斯—米勒法》（《麻醉品进出口法》），成为一部全面禁止毒品的法案。1919 年，最高法院禁止为吸毒者提供生活费。1925 年，又在日内瓦召开了一次会议，修订了海牙会议做出的裁决，国际联盟将支持并监督缔约国执行裁决。

255

在美国采取行动后，英国紧随其后，于 1920 年颁布了《危险药品法案》。在接下来的几十年里，国际联盟缔约国和其他几个国家也纷纷颁布了类似的法律。只有土耳其是一个明显的例外。

几乎在一夜之间，国际毒品网络转入了地下，在这个过程中，有两个因素起到了重要的作用：传教士们的不懈呼吁，美国派遣年轻的士兵去海外作战。医学界继续使用着海洛因，但是开始将其称为"医用二醋吗啡"，"海洛因"一词则被用来指称非法产品。然而，美国的情况是个例外，在美国这两个术语经常被混淆。

从逻辑上而言，《哈里森麻醉品税法》和《全国禁酒法》（也被称为《沃尔斯泰德法》，以负责监督实施该法案的委员会主席安德鲁·沃尔斯泰德的名字命名，该法案让关于禁酒的宪法第十八修正案得以生效）是美国"进步时期"（19 世纪末到 1920 年）革除陋习运动的自然组成部分。从表面上看，这是一件好事，在世纪之交对社会进行一场大扫除。然而，这些法律的现实环境却大相径庭。在莱斯利·基利发明了荒谬的"黄金药"之后，美国在劳伦斯·科尔布博士的带领下在成瘾研究方面走在了世界前列。科尔布博士是美国公共卫生局下属的一家实验医院的负责人，这家位于肯塔基州莱克星顿的医院专门治疗药物成瘾者。然而，现在美国却开始陆续关闭公共卫生服务机构了。在 20 世纪 20 年代初期，"瘾君子"一词已经被收进美国字典，当时这个词被用来指称数量不断增长的年轻男性成瘾者，这些人常常在曼哈顿街头寻找着废弃的破铜烂铁，然后将破烂卖给布鲁克林区的工场，这样就能有钱让自己吸上一顿。就在这个时期，纽约第一家也是最好的一家公立诊所关门了。成瘾研究被交给了约翰·戴维森·洛克菲勒领导的社会卫生局等机构，这些机构将成瘾视为犯罪学的一部分，在 20 世纪 20 年代，它们的步调日益与联邦政府的毒品政策保持一致。当时的社会在努力清除卖淫现象，结果越来越多的女性走出了女性主导的妓院，转而在大街小巷为皮条客打起了工。在《哈里森麻醉品税法》颁布之后，这些男性皮条客做起了毒品生意，因为毒品便宜，容易让人上瘾，而上瘾的女人更容易控制。就这样，海洛因和卖淫活动之间形成了难以斩断的联系。就在国会通过《哈里森麻醉品税法》的当天，费城医院的鸦片成瘾科无奈地拒绝了数十名等待住院接受治疗的患者。

颁布《哈里森麻醉品税法》的另一个用意，就是为禁酒铺平道路。《沃尔斯泰德法》的通过为美国禁酒运动提振了精神，同时也令遍及美国和墨西哥各地的有组织犯罪分子们感到高兴。

根据美国联邦调查局的定义，有组织犯罪就是"任何具有某种正式结构，以通过非法活动获取金钱为首要目标的组织。这些组织通过实施或者威胁实施暴力行为、腐蚀公职人员、贪污或勒索等手段来维持其地位，它们大多能对其所在地或者所在区域的人民或全国人民产生重要影响"。[27]这个定义过于简化了全球性有组织犯罪的复杂性质，低估了规模最大和势力最强的一些犯罪团伙的部族性和专业性。这些组织往往黑白通吃，拥有极其庞大的网络，经营范围不仅限于麻醉品，还包括人口贩卖、军火走私和政治腐败。世界各地的有组织犯罪的结构都与其发源国一样具有个性，正如它在 20 世纪初刚刚出现时的那样。在 20 世纪，随着时间的推移，犯罪集团的成员逐渐成了对经济和政治变化最先作出反应的一批人，世界各地的情况都是如此。在回顾其中一些帮派的历史时，最令人印象深刻的就是它们的适应性和行动速度。有组织犯罪在任何社会都是一个庞大的等级体系，任何国家的任何一个执法机构或是任何一位政治家都不愿承认它们的规模竟如此之大。在这个等级体系中，位于顶端的正是海洛因。

锡那罗亚的崛起

从地理和环境的角度而言，墨西哥是最适宜对《哈里森麻醉品税法》和《沃尔斯泰德法》做出反应的地方。墨西哥与美国有着1989英里的边境线，在历史上（现在也是如此）和毒品生产关系最密切的几个州分别是下加利福尼亚、索诺拉、奇瓦瓦、锡那罗亚和纳亚里特。

在锡那罗亚的巴迪拉瓜托地区，当地人在墨西卡利、提华纳以及美国的亚利桑那州出售着农产品，他们通过这些地区与加利福尼亚州保持着密切的联系。由于受 19 世纪末期来到这里的华人的影响，锡那罗亚至少从 1886 年起就开始种植罂粟了，据说当时这些华人搭乘的船只被美国拒之门外。就像世界上的每一个鸦片种植区，坐落在高山上的一个个墨西哥村庄，位置偏僻但关系紧密，家家户户都在一起劳作。在墨西哥国内，吸毒行为尤其是吸食鸦片的行为，是不被允许的。墨西哥人认为，大麻主要用于医疗而不是娱乐。在 19 世纪末至 20 世纪初，作为一种补充收入，无论如何都是必要的旅程逐渐变成了一种全职工作，之后又变成了"王朝企业"（dynastic businesses）。与几乎所有生产毒品的拉美国家不同，墨西哥的毒贩们不参与政治，他们认为参与政治是有风险的，但是他们与政府官员和警察都保持着交往。毕竟，所有人都在以不同的方式参与这个行业，这正是墨西哥贩毒集团和家族企业的头目们长盛不

258

衰的原因。不过，在这个阶段这些犯罪集团还没有被称为"卡特尔"，直到 20 世纪下半叶，人们才开始使用这一称呼。

墨西哥有着大量进口大烟的历史，但是墨西哥国内的市场很有限，因此美国的官员们认为进口到墨西哥的鸦片随后就会和本地种植的大麻经过下加利福尼亚，沿着美国的西海岸一路北上。可是，墨西哥的边境线太长了，漏洞很多，美国毫无办法对边境进行控制，而墨西哥的国内毒品市场又微不足道。士兵们抽大麻，华人吸鸦片，艺术家和中产阶级吸食可卡因和有待提纯的吗啡。墨西哥国内没有多少赚钱的空间，北方的市场需求又那么大，尤其是对鸦片的需求。面对这种情况，锡那罗亚人非常开心，他们甚至创造了一个词用来专门指称毒贩——戈梅罗（割胶工）。[28]

随着 1909 年《禁止吸食鸦片法》的颁布，美国对墨西哥鸦片的需求量超过了以往任何时候。在《哈里森麻醉品税法》颁布后，对吗啡和海洛因的需求随即也出现了。罂粟种植业迅速蔓延到了墨西哥的其他州，尤其是在贝努斯提阿诺·卡朗萨总统于 1916 年下令停止鸦片进口，又在 1920 年禁止大麻种植之后，情况愈演愈烈。卡朗萨之所以禁止大麻种植，其实是为了安抚美国禁毒运动的情绪，这项禁令对墨西哥的大麻文化影响甚微。但是，在 1920 年的时候墨西哥政府同时还禁止了鸦片、鸦片衍生物以及可卡因的种植和交易，一旦被抓到，就有可能面临 7 年的监禁。次年，发起了一场坚定的反贩毒运动的墨西哥报纸《至上报》告诉读者，一名携带了 1 千克海洛因的男子被捕，该男子声称这些海洛因只是为了满足个人需要，在缴纳了一笔罚金后他被释放了。奇怪的是，被捕的时候这个人是从美国来到墨西哥而不是从墨西哥前往美国。

在边境地区，许多美国酿酒商都移居到了墨西哥，他们已经见识禁酒令很长时间了，在美国于 1919 年颁布了《沃尔斯泰德法》之后，他们又面临着彻底失去生计的可能。这些人给墨西哥带来了酿造方面的知识、技能和就业机会。他们和美国有着合法的联系，因此有理由来往于两个国家之间。

《哈里森麻醉品税法》的一系列修正案加强了对有关鸦片的禁令，在此背景下，美国政府于 1922 年组建了联邦麻醉品管制局，对鸦片制剂和古柯的进出口贸易进行监管。国务院和财政部里有一批志同道合的人，他们认为《哈里森麻醉品税法》不足以解决美国的鸦片制剂和可卡因问题，他们关心的是从源头切断毒品供应。在一定程度上，这些部门一直与墨西哥方面保持着合作，试图切断进入美国的几条主要毒品运输路线，然而随着《哈里森麻醉品税法》的极端版本的实施，美国国内很快就出现了一个巨大的黑市，一个墨西哥毒贩准备开发的市场。

所有这一切都发生在墨西哥革命期间，这就为毒贩们利用动乱的时局和政府当局的疏忽创造了极其便利的条件。美国当局对边境地区进行了一次次突袭，突袭行动主要集中在下加利福尼亚州，这些突袭行动是一项越来越有利可图的贸易遭遇的主要阻力。然而，边境线上仍有数百英里的地方存在漏洞，便于毒贩带着货物入境。

美国的禁令导致了对毒品需求的激增，毒品比大量液体更便于隐藏和运输，而且毒品并非全是非法的，因此人们能搞到什么就吸食什么。酿酒业极大地推动了已经破产的墨西哥经济的发展，跨境走私酒类饮料和毒品的生意也起到了同样的作用。南太平洋铁路公司的报贩们会处理小批货物，将这些货物运送到加利福尼亚，很快墨西哥的毒贩们就赚了大钱，开始投资航空运输业。在早期的贩毒者中，名气最大的是恩里克·费尔南德斯·普埃尔塔，即"华雷斯城的阿尔·卡彭"，在 20 世纪 20 年代，他在华雷斯四处走动的时候身边经常有警察陪伴，那时候他还没有被人枪杀。[29]航空运输业利润丰厚，没过多久锡那罗亚就出现了几十个规模不大、位置偏僻的简易机场。禁酒令只持续了 13 年，但在这段时间里，从简单的进出口走私业务，到大规模的生产、提炼和贩运业务，一套全新的毒品产业基础设施被建立了起来，参与者大把大把地赚着美元。在这个时期，暴力活动相对受到了遏制。暴力事件也主要是警察和毒贩之间的对峙，而且发生在郊区一带。

就有组织犯罪而言，墨西哥的麻醉品卡特尔文化相对来说比较年轻，但是由于半个世纪内发生的一系列事件——一场造就了有效但腐败的军事基础设施的战争，中国人的到来，一场革命，以及最大的邻国宣布禁止毒品和酒类饮料——它取得了巨大的成功。

颇有讽刺意味的是，1878 年，墨西哥城在整个美洲率先实行了鸦片制剂管制措施，只有凭医生开出的处方才能得到吗啡。

青年土耳其党

可以说，土耳其是全世界有组织犯罪历史最悠久的国家之一，犯罪组织主要建立在走私活动的基础上，其历史可以追溯到早期奥斯曼帝国的强盗团伙，后来先后以乡村宪兵、警察部队和解散的苏丹近卫军的面目出现。此外，自古以来，土耳其人就有很强的季节流动性，因此犯罪活动与这种漂泊不定的生活方式有关。在第一次巴尔干战争期间，发生在马其顿的种族清洗（1912—1913）加剧了土耳其人的这种迁徙生活状态。这种将近 50 万人迁移到一个现有人口所剩无几的地方的做法导致了争权夺利和争取安全的斗争。阿尔巴尼亚人、车臣人和拉兹穆斯林①群体都与犯罪活动有着密切的关系，拉兹穆斯林在伊斯坦布尔的海洛因贸易活动中占有突出的地位。1913 年，青年土耳其党建立了独裁政权，政府不允许这些族群形成民族聚居区，而是要求他们与当地人混居，而且人口比例不得超过 10％。[30]尽管如此，在难民危机期间，也就是在第一次世界大战期间最无法无天的一段日子里，暴力事件和普通犯罪活动还是日趋失控了，因为土耳其的许多民族之间都发生了冲突。控制稀缺资源或是保护现有的走私活动的需要，是促使土耳其人结成团伙，在必要时还会使用暴力手段的强大动机。

1923 年，土耳其共和国宣告成立，由于拒绝参加凡尔赛和海牙谈判，鸦片生产在土耳其仍然属于合法生意。很快，土耳其就成了海牙会议之后欧洲最重要的鸦片供应商，产品质量也是最上乘的。土耳其境内有着绵延数英里专门从事吗啡和海洛因生产的基础设施和工厂。在安卡拉方面考虑对《海牙公约》进行讨论之前，土耳其共和国的第一任总统穆斯塔法·凯末尔（后来土耳其议会授予他"阿塔图克"这个姓氏，即"土耳其国父"之意）试图利用这个优势来确保对吗啡市场的控制权，现在这个市场已经变得极其有利可图了。新成立的联邦麻醉品局（1930）的第一任局长哈里·安斯林格代表美国向土耳其施压，他表示他们知道土耳其当权者正在通过鸦片走私获利，从而暗示土耳其的有组织犯罪是在上层而非底层，全面禁止毒品能够让土耳其人民相信该政权是正直诚实的。最终，在 1932 年的圣诞节，凯末尔宣布土耳其将遵守《海牙公约》，将土

262

---

① 生活在土耳其境内的格鲁吉亚穆斯林的一支。

耳其的鸦片种植面积减少到仅仅能够满足医用需求量的程度。土耳其加入了禁毒联盟，美国在检查了土耳其关闭的制毒工厂后对结果表示满意，然而土耳其的非法海洛因产量似乎没有变化，这无疑是因为"土耳其存在着数百家——而不是数十家——完全不受干涉的肆无忌惮的小型地下制毒工厂"。[31]

事实上，那个时期利用这些植物最出名的人并不是土耳其人，而是一个希腊人，他利用土耳其的犯罪网络建立了当时规模最大的麻醉品帝国。伊莱亚斯（伊利）·埃利奥普洛斯1894年出生在希腊东南部的港口城市比雷埃夫斯的一个特权家庭，1943年，他和弟弟乔治、亚大纳西在纽约受到指控，罪名是他们在1931年向新泽西州的霍博肯走私了价值200万美元的吗啡。早在1927年的时候，埃利奥普洛斯兄弟就一直在寻找新的投资地，当时国际联盟在限制全球鸦片供应方面所做的努力给他们留下了深刻的印象。在去过巴黎和天津之后，他们"断定麻醉品生意前景光明，极其有利可图"。[32]

埃利奥普洛斯兄弟在巴黎组建了贩毒组织，该组织"在全球单一国家的鸦片、吗啡和海洛因非法贸易中占据了最大的份额"。[33]那是在相关法律措施还没有严厉到他们不得不前往土耳其之前。在巴黎，他们发现这不是一个绅士游戏，在这个行业里偷窃和出卖行为横生。一名希腊船运代理人就曾对他们进行勒索，强迫他们使用他的服务。这名代理人告诉埃利奥普洛斯兄弟，他和他的公司是"联盟的线人"。为了适应这种新的做生意方式，埃利奥普洛斯兄弟曾在一笔涉及1000磅吗啡的交易中，试图向一名美国经销商收取双倍的费用。结果，他们自食其果，进入霍博肯的货物被扣押了。埃利奥普洛斯兄弟受够了这样的损失，他们将资金从鸦片制剂生意中抽了出来，投进了黄金和铝土矿的开采生意中。他们犯下的最大错误就是去了纽约，当时他们以为自己能受到时效法规的保护。结果，他们受到了审判，并且被定了罪，这一幕令美国联邦检察官们感到非常开心。可是，在埃利奥普洛斯兄弟提起上诉后，法院发现起诉时间已经过期，就这样埃利奥普洛斯兄弟又被释放了。他们回到希腊继续经营家族生意，现在他们经营的主要是军火生意。

上海的青帮

从事鸦片贸易总是会黑白通吃，但是没有一个地方的鸦片贸易能像上海这样有着独特的风格。这座城市有着美丽的西式建筑、高级的俱乐部和精致的聚会。在 1910 年之前的上海鸦片贸易中——无论是合法的还是非法的——势力最大的鸦片商人是出生在中国的犹太商人爱德华·艾萨克·埃兹拉。埃兹拉出生于 1883 年，17 岁的时候就通过建筑生意和后来参与的酒店生意发了财，不过真正让他大发横财的还是鸦片生意。1913 年，他成为上海鸦片联合企业的主席，积累了大约 2000 万美元的合法资产。如果不是因为一个女人的努力，他原本可以和弟弟犹大、艾萨克一起走私非法鸦片到旧金山，从而赚到更多的财富。这个女人就是美国著名的密码破译员伊丽莎白·史密斯·弗里德曼（她的名字是母亲起的，她的母亲很不希望人们用"伊丽莎"来称呼她）。1892 年弗里德曼出生在印第安纳州，获得了英国文学学位。毕业后，她在河岸实验室的密码中心找到了第一份工作，在那里她遇到了未来的丈夫，就在这个时期她对秘写技术产生了兴趣。在很年轻的时候，弗里德曼就开始为美国政府工作了，负责拦截和破译与毒品有关的信息，在后来的禁酒

264

时期，她的负责范围又扩大到了涉及贩卖朗姆酒的信息。很快，弗里德曼就对埃兹拉兄弟的贩毒生意有了了解，后者在贩卖毒品时使用的通信方式越来越复杂。凭着破译密码的能力，弗里德曼揭开了埃兹拉兄弟经营的非法业务，埃兹拉兄弟的问题得以暴露。弗里德曼在打破美国和加拿大的其他一些贩毒团伙方面取得了辉煌的成就，后来成了国际货币基金组织的安全顾问。埃兹拉被捕后，出卖了生意伙伴及贩毒同伙保罗·伊普，从而获得了豁免权。但是，由于弟弟犹大嗜好赌博，埃兹拉还是退出了上海的公众生活。埃兹拉是一名非常成功的商人，最终在 38 岁时死于脑出血，他的身亡为上海青帮的崛起扫清了障碍。

　　如前文所述，三合会指的是一场政治运动，同时也是一批秘密社团和犯罪团伙的总称。在 20 世纪 20 年代末和 30 年代的上海，这些组织深深地卷入了当时的政治运动中，它们对青帮的成功起到了关键作用。1910—1930 年，上海的人口增长了两倍，达到了 300 多万，许多缺少一技之长的工人和青帮社团成员纷纷涌入上海，由此导致了诈骗、勒索和其他一切有利可图的事情层出不穷。事实上，青帮是许多犯罪团伙共用的名字，内部的竞争非常激烈。在控制上海的税收方面，对法租界一带的海洛因供应的控制权至关重要。黄金荣、杜月笙和张晓林（后更名为"张啸林"）三个人联手掌控了这门生意，他们以此控制青帮里的其他帮派。为了实现这个目标，他们决定扶植刚刚上台的国民党新政权。魅力十足的杜月笙和国民党的代表见了面，提出只要他们的鸦片供应系统不受干扰，他就会让其他的青帮成员恪守规矩。此外，他们还担心由于政府太穷，因此有可能会试图以官方身份垄断鸦片生意。而国民政府要想这么做，就必须和青帮达成协议。

随之而来的是一场权力斗争，国民政府多次要求贷款，但是都遭到了三鑫公司（黄金荣、杜月笙和张晓林使用的官方商号）的拒绝，因为国民政府无法提供安全保障。国民政府于是威胁要切断青帮的鸦片供应。到1933年，三鑫公司逐步控制并完善了长江流域的大部分鸦片生意。

由于时局动荡，作为青帮头面人物的杜月笙必须与层出不穷的军阀和政客保持良好的关系。在法租界做生意，这在一定程度上为青帮提供了保护，他们把经营范围扩大到了赌博业，生意十分兴隆。这时，巴黎当局已经得知三鑫公司的势力发展到了怎样的程度，他们认为有必要清除这家公司在法租界的势力以及有组织的犯罪。因此，1932年青帮又回到了国民政府控制的地盘上。

1931年"九一八"事变发生后，日军入侵中国东北地区。日军的入侵破坏了上海的稳定，为日本在鸦片生意中的对手青帮创造了机会。这时资产阶级里的一些人物接管了上海，直到时局平稳下来。几个月之后，他们给国民政府发去一封电报，要求政府允许针对局势建言献策。在这样的混乱局面中，青帮蓬勃发展了起来。

在赈济和援助东北难民的过程中，三鑫公司发挥了突出作用。凭借着这些慈善工作的机会，他们大肆进行着敲诈勒索、挪用公款的勾当。后来，迫于法国当局要求他们停止鸦片生意的巨大压力，杜月笙决定试着将鸦片销售合法化。他申请举行鸦片拍卖会，作为回报，国民政府可以得到300万元的回扣。他还申请成立上海保安团，以保护青帮的船运货物。[34]国民政府同意了他的要求，三鑫公司不复存在了，杜月笙的生意成了合法生意。

杜月笙与国民党这个代表资产阶级利益的组织密切合作，现在这个组织在政治上拥有了很大的发言权。杜月笙没有选择自己的两位生意伙伴，而是任命了两名代表，一名负责和工会打交道，另一名负责参加政治和社会活动。通过这些举动，他控制了海员工会和漕运工会，并且建立了庞大的人脉。接着，他组建了恒社，这是一个为政治家、政府领导和商界服务的精英网络。在财政部长和上海市长的配合下，杜月笙实现了自己的目标，拥有了鸦片贸易的垄断经营权，同时他还保住了上海市地方协会会员的资格。

科西嘉黑手党

法国贩毒网是另一个利用土耳其海洛因的网络，控制这个网络的是保罗·博纳文图尔·卡蓬、弗朗索瓦·斯皮里托和安托万·盖里尼领导的科西嘉黑手党。从20世纪20年代开始，他们控制了马赛长达20年的时间，改变了这座城市有组织犯罪的面貌。斯皮里托1900年出生在马赛，他原来的名字并没有那么浪漫，叫查尔斯·亨利·法西亚。他一生都是一个半文盲，第一份工作就是跨大西洋的毒品走私，曾两度在波士顿被定罪，第二次获罪是因为用美国的"埃克塞特"号邮轮走私了55磅鸦片。[35]

20世纪20年代末期，斯皮里托和卡蓬在开罗开了一家法国妓院，回到马赛后，他们继续经营着同样的生意，最终对马赛的卖淫行业进行了洗牌。1931年，他们与马赛副市长西蒙·萨比亚尼达成协议，后者将卡蓬的兄弟任命为市体育场主管，还让卡蓬的各种同伙在市政府担任了职务。作为回报，卡蓬打着法西斯主义的旗号组织了暴力的街头抗议活动，以支持萨比亚尼的政治立场。发展到最后，他的手下在一次码头工人发动的真正的法西斯骚乱中向工人们开了火。这样一来，他们得寻找新的机会了。

《哈里森麻醉品税法》和《沃尔斯泰德法》为美国的有组织犯罪提供了新的动力，惯于诈骗的犹太人阿诺德·罗斯坦以纽约为大本营，牢牢地控制了美国东海岸的毒品生意。1928 年，罗斯坦被枪杀，这个市场一下子开放了。在 20 世纪 30 年代早期，卡蓬和斯皮里托开办了一家海洛因实验室，后来在西班牙内战期间还做起了军火生意。

1940 年，德国人来到马赛，侵略者需要一些线人向他们报告抵抗运动的情况。卡蓬和斯皮里托非常乐意帮这个忙，他们向德国人提供了一份附带详细情况的名单。一年后，抵抗组织炸掉了卡蓬乘坐的一列火车，斯皮里托逃到了美国。后来，斯皮里托回到法国的土伦，经营一家餐馆，同时继续做着海洛因的生意。这份生意还被传给了下一代。

卡蓬和斯皮里托不是忠诚的抵抗组织成员，但是他们手下的杀手盖里尼兄弟却和他们不一样。安托万·盖里尼是为英美情报机构效力的特工，他将英国特工藏在自己经营的夜总会的地下室里。由于为抵抗运动做出的贡献，他的弟弟巴特莱米获得了法国荣誉军团勋章。战争结束后，马赛一片混乱，美国中央情报局插手推翻了共产党政权，让盖里尼家族以及跟他们有所往来的社会党人在接下来的 20 年里一直执掌法国的大权。

1947 年，法国不但没有从战后的满目疮痍中恢复过来，法国人民甚至还陷入了前所未有的贫困，法国共产党在全国各地组织了一场又一场工人罢工。成立不久的美国中央情报局开始每年向社会党支付 100 万美元，以帮助社会党向选民推销自己指挥攻击共产主义的工作。对美国而言，最重要的是不能让共产党取得对马赛的控制权，这是法国的第二大城市，也是最大的港口。美国中央情报局向马赛派去了一支"心理战队伍"，与科西嘉黑手党和盖里尼兄弟联手破坏马赛码头的总罢工。罢工持续了一个月，美国中央情报局运来了食物，威胁说如果码头工人不卸下这批食物，他们就把食物撤走。罢工失败了，而盖里尼家族则与美国中央情报局建立了牢固的联系。盖里尼家族贩卖的是用土耳其鸦片提炼的高纯度海洛因，从那时起，他们就一直是加拿大和美国市场在马赛的主要供货商，美国中央情报局和法国的情报机构在有需要时就会起用他们。

对于盖里尼家族而言，从那时起直到 1965 年，美国的市场需求一直在不断增长，这个科西嘉家族最终在马赛拥有了 20 多家实验室。盖里尼兄弟坚持着一条原则，禁止其他科西嘉人在法国境内从事海洛因生意。

1967 年，盖里尼家族的故事结束了。由于积怨已久，马塞尔·弗兰西斯科控制的弗兰西斯科辛迪加在马赛的一座加油站枪杀了盖里尼，巴特莱米因为替哥哥报仇而入狱 20 年。

纽约五大"科萨·诺斯特拉"家族

在所有涉及海洛因生意的意大利犯罪组织中，最有名的大概就是科萨·诺斯特拉（字面意思是"我们的事业"，实际意思为"我们的家庭"），以及卡拉布里亚的光荣会和那不勒斯的卡莫拉。科萨·诺斯特拉在纽约经营的海洛因生意一度占到美国海洛因交易总量的 90％，自 1931 年起，这个黑手党就由博南诺、科伦坡、甘比诺、吉诺维斯和卢切斯五大家族组成。

这些家族都起源于西西里岛，由自称"老板中的老板"的萨瓦尔多·马兰扎诺组织在一起。马兰扎诺的下级分别是五大家族的老板（capofamiglia）、老板的助手（sotto capo）、顾问（consigliere）、部门经理（caporegime）、步兵（soldato），最后还有生意伙伴，后者可以帮所有人跑腿。在那个年代，这种等级结构是西西里黑手党所特有的，在纽约五大家族稳步崛起的过程中，这种军事化的组织结构发挥了重要作用。五大家族的经商风格也源自西西里岛，这种传统最早出现于 19 世纪，当时西西里岛上出现了第一个真正的黑手党。

从 1812 年开始，西西里岛上的封建制度结束了，人民得以获得小块的土地，这就意味着当地人拥有了现代意义上的财产权。没有了大庄园的保护，同时又仅靠资源稀缺的贫瘠土地维持生计，在这种情况下西西里人很容易受到一个个暴力团伙的袭击。由于整个岛上只有大约 350 名警察，所以这些犯罪团伙可以肆无忌惮地打家劫舍。因此，对于地主和市民而言，最好的选择还是付钱给一些信得过的小群暴徒，让后者保护他们的财产和土地，后者还可以为他们的生意提供保护，赶走即将到来的竞争，即所谓的"卡特尔保护"。这就是西西里黑手党在早期的两项最重要的生意。黑手党中的许多人都有过给大片领地当武装警卫的经历，所以他们不仅习惯使用枪支，而且还是跟贵族阶层有所交往的职业保安，凭着这些优势，他们在被介绍给新的焦虑不安的地主雇主时就有了一定的身份。但是，直到 19 世纪末期，西西里黑手党还没有形成较为正式的组织。

西西里议会意识到了有组织犯罪日益加剧的问题，因此下令开展两项调查，这就是 1876 年的《邦法迪尼报告》和 1881—1886 年的《达米亚尼报告》。邦法迪尼发现，"黑手党并不是一个已形成固定形式或者特殊结构的组织，也不是一个拥有暂时性目标或者精确目标的临时性犯罪团伙……它没有领导人"。[36]报告还提到黑手党成员以一种名为"科舍"（即家族）的形式进行活动，这种团伙具有很强的领地意识。

271　　　　在这两份报告中，《达米亚尼报告》更有趣一些，它指出黑手党已经进入商业领域，主要是西西里的柑橘市场。1753 年，苏格兰外科医生詹姆斯·林德首次发现柑橘类水果具有治疗坏血病的功效。由于这个发现，到 18 世纪末期，航运业对柑橘类水果的需求出现了激增。西西里在柑橘市场中占据着主导地位，因此在封建制度结束后，那些突然有条件供应大量橙子和柠檬的人就赚到了一笔可观的财富。

　　　　这种情况没有逃过刚刚萌芽的黑手党分子的注意，他们开始聚集在出产最优质柠檬的城镇或者村庄，为当地人提供服务，以防柠檬被偷盗。拥有土地的人几乎完全不信任政府提供的保护，就这样，黑手党的另一个关键因素出现了，这就是私人信托业务。

　　　　《达米亚尼报告》的发布表明黑手党已经在生产柑橘类水果的城镇和村庄扎下了根。没过多久，西西里岛开始向美国出口价值数百万美元的柑橘，其中大部分都要在纽约中转，因此黑手党开始和纽约有了联系。在 1898 年和 1904 年，美国市场上的进口柠檬全部来自西西里岛，而在 1903 年，进口酸橙也都来自西西里岛。[37]通过纽约进口到美国的不只是西西里岛的柠檬、酸橙和柑橘，同时到来的还有西西里岛的黑手党，他们很快就在纽约市场上占据了主导地位。武装警卫和收取保护费的业务已经渗透进了商业领域。到 20 世纪的第二个十年，西西里岛的黑手党势力已经非常强大了，法西斯党的领导人贝尼托·墨索里尼甚至在 1924 年时对黑手党进行了一次镇压，迫使岛上的许多黑手党成员逃到了纽约和美国的其他地方，在这些地方他们已经建立起了家族集团。许多纽约的黑手党人是在《哈里森麻醉品税法》创造了美国市场对麻醉品的需求的几年内就来到了这里，他们很快就意识到了这门生意多么有利可图，尽管由于西西里的"荣誉社会"法规，许多老一辈的黑手党成员都不会参与毒品和卖淫生意。当时，美国东海岸的海洛因和私酒交易在很大程度上处于犹太黑帮的控制下，犹太黑帮的总头目是绰号"黑帮会计师"的迈耶·兰斯基和一个同样来自西西里岛的年轻人"幸运小子"查尔斯·卢西亚诺。卢西亚诺9岁时来到美国，与吉诺维斯家族交往密切，"荣誉社会"的观念对他的影响没有那么大。1930—1931年，美国黑手党内部爆发了一场战争，在争斗中有60人丧生。当时，形势对卢西亚诺极为有利，他很有可能成为吉诺维斯家族的老板。就在这场内讧爆发之前，黑手党于1929年5月在大西洋城举行了一次会议。卢西亚诺已经和犹太黑帮，尤其是迈耶·兰斯基建立了密切的交往，在这次会议上，他和兰斯基以及美国其他一些臭名昭著的黑帮成员——如阿尔·卡彭和巴格斯·西格尔——聚在一起，组建了全国性犯罪集团，对美国市场进行了瓜分。在次年发生的大屠杀之后，意大利裔美国黑手党成立了一个所谓的委员会，以加强几大家族之间的联系，强迫各个家族在内部建立等级结构。黑手党由五个家族联合控制，另外还与芝加哥的阿尔·卡彭以及布法利诺犯罪家族保持着联系。

卢西亚诺开始对卖淫从业者收取保护费，恫吓一些不入流的皮条客退出这个行业，强行接管他们手底下的女孩。他发现一旦对海洛因上瘾，女孩们就会变得更加听话。就这样，他经营起了卖淫业务。被他当作副业的卖淫业务的增长十分迅速，5年后，他在纽约控制了 200 家妓院和 1200 多名妓女，这些妓院和妓女每年能为他带来大约 1000 万美元的收入。[38]

与此同时，卢西亚诺在海洛因的交易中也逐渐占据了主导地位。犹太黑帮贩卖的基本上是来自中国的高级海洛因，这些海洛因是技术娴熟的制毒工在上海或者天津制造的，可以用鼻子吸食。但是，西西里人开始与马赛的科西嘉人以及埃利奥普洛斯兄弟建立联系，到 20 世纪 30 年代后期，尽管卢西亚诺仍然控制着这座城市大部分的街头分销生意，但是海洛因的纯度已经出现了大幅的下降，这个变化导致使用皮下注射针头的人一下子多了起来。正如一名毒贩抱怨的那样："犹太人是生意人，你想要什么，他们就给你什么……后来，那些意大利佬开始插手这门生意了……这些狗娘养的太贪了，能把一分钱掰成几瓣用。"[39]

这时候，联邦政府的一些机构被动员起来，要对这些犯罪集团的成员采取行动了。1936 年，坚决反对黑手党的地区检察官托马斯·E. 杜威拿到了能够证明卢西亚诺从事贩毒和强迫卖淫的证据，这些证据足以将卢西亚诺关进监狱。卢西亚诺选择了后一项罪名，1936 年 6 月 7 日，他被判 62 项强迫卖淫罪名成立，他手下的 3 名妓女作证指控了他。最终，卢西亚诺被判在州立监狱里服刑 30—50 年。

在西西里岛，黑手党也受到了一次沉重的打击。20 世纪 20 年代，墨索里尼在访问西西里岛西部地区时，受到当地黑手党头目的冒犯，因此再次与黑手党开战。逮捕和刑讯成了家常便饭，到卢西亚诺被捕时，西西里岛上只有一些山村里还有残余的黑手党成员。

就像马赛的科西嘉黑手党一样，在第二次世界大战期间，西西里黑手党的救世主出现了。当时，纽约水域的一些船只遭到破坏，海军情报局决定介入。但是，他们无法打入那里组织严密的工会和黑帮网络，在最初招募黑手党的计划失败后，他们将目光转向了正在纽约州北部的监狱里服刑的卢西亚诺。

　　海军情报局也听说了当时被传得沸沸扬扬的消息，据说盟军将入侵西西里岛，这就是计划于 1943 年执行的"哈士奇"行动。这场行动的目的是在欧洲建立一座美军基地，为意大利战役做好准备，但是盟军希望在此之前能赢得当地人的支持，获得情报。有人提出卢西亚诺正是实现这两个目标的最佳人选。中央情报局的前身战略情报局对共产党在意大利的崛起越来越警觉，一直在向意大利抵抗组织战士空投武器的美军也减少了对他们的帮助。卢西亚诺的人脉帮助战略情报局通过维托·吉诺维斯渗透进了西西里和那不勒斯。吉诺维斯是一名黑手党成员，为了逃避纽约的法律，他于 1937 年逃到了那不勒斯。吉诺维斯为盟军工作，其身份被含糊地称为"翻译"，同时他还在意大利南部各地做着军用武器的黑市生意。战争结束后，黑手党不仅恢复了势力，而且往往与美国的情报机构保持着友好的交往。在西西里岛，盟军的轰炸导致 14000 人无家可归，黑手党得以在建筑行业站稳脚跟，很快他们的建筑业务就像柠檬一样出口到了纽约。

　　1946 年，作为美国送给卢西亚诺的"分手礼物"，他被驱逐到了意大利，此后再也没有回到美国。卢西亚诺被赶出美国，导致了一个海洛因贩运帝国的诞生，而且是有史以来全球最大的海洛因贩运帝国之一。在美国，黑手党经营的大型毒品生意几近崩溃，而美国政府又加强了对边境地区的管控，因此海洛因的消费量和成瘾人数开始急剧下降，最低潮的时候可能降至 2 万人。然而，在 20 年后的海洛因走私热潮中，成瘾者的人数高达 15 万人，这次热潮的出现主要是由卡彭经营的法国贩毒网和卢西亚诺的海洛因贩运帝国推动的。[40]

　　卢西亚诺被美国当局弃用了 10 年，在这段时间里，他利用有权有势的麻醉品贩子及贝鲁特的社会名流萨米·埃尔·库里，经由贝鲁特从土耳其进口鸦片。一开始，卢西亚诺还在自己沿着西西里岛沿岸建造的几座实验室里提炼海洛因，但是后来他就比较依赖马赛的化学家们制造的质量更好的产品了。卢西亚诺团伙与梅耶·兰斯基联手经营毒品生意，并在美国的海洛因市场中占据了主导地位，直到 1962 年卢西亚诺在那不勒斯机场去世。兰斯基负责管理财务，并指挥一部分海洛因经由古巴（卢西亚诺和兰斯基在 1946年秘密前往古巴组建了这条航线，兰斯基说过那一次他们还观看了弗兰克·辛纳屈的演出）和加勒比海地区进入美国。那不勒斯仍然深受海洛因的困扰，这座城市的海洛因买卖现在被势力强大的卡莫拉黑手党控制着。这个黑手党在二战后重新得势的过程非同寻常，在他们决心与激进的左翼政治作斗争的时候，美国同他们沆瀣一气，从而对他们的发展起到了促进作用。然而，美国为此付出了惨重的代价，许许多多的美国人染上了毒瘾。

　　《哈里森麻醉品税法》的出台给世界各地的非法市场创造了需求量，这个非法市场又催生了许多有组织犯罪的故事，以上只是其中的几个例子，这意味着在 1914 年之后鸦片制剂与武器贩运、人口贩运以及越来越多的政府勾结犯罪活动的现象紧密地结合在了一起。一部本应让这个世界变得黑白分明的法案，却让这个世界越来越分裂成一个个的灰色地带，里面充斥着从腐败的政客、黑帮老大到街头皮条客等各种身份的人物。《海牙公约》的签署国一度不得不低声下气地哀求那些没有在这份公约上签字的国家派出军队参战，灰色地带最多的时候就莫过于这一刻了。

第八章
从索姆河到西贡

第一次世界大战

"战争对医学做出的贡献大于对其他任何人的贡献。尽管 战争很可怕，但事实的确如此。"[1]

——玛丽·梅里特·克劳福德，第一次世界大战期间美国医院的外科医生

可以肯定地说，对于第一次世界大战向医疗工作提出的需求，英国及其盟友毫无心理准备。当 1914 年 7 月 28 日战争爆发时，《哈里森麻醉品税法》已经开始发挥效力了，不过直到 12 月这部法案才被通过。随着药品供应的减少，药品价格立即开始飙升。在之前的 20 年里，欧洲一直依赖德国供应最高等级的医疗产品，其中主要就是拜耳公司和默克公司。现在，欧洲失去了这个选择，英国发现自己处境可悲，面对这种情况竟然毫无准备。而且，这还不仅仅是物资供应的问题。被德国用来推动火箭发动机的过氧化氢同时

也是一种能够为小创伤杀菌的消毒剂，这种化合物通常都是从美国进口的，在奥匈帝国对塞尔维亚宣战的四五个星期后，它的价格就上涨了75％。[2]这与其说是制药公司在发战争财，不如说是它们在公然地趁火打劫。

277

在一战初期的第一次马恩河战役中（9月5—12日），总共有200万人参战，双方阵亡人数占参战总人数的近四分之一。最终，为胜利欢呼的是英法联军，但随之而来的是长达4年的堑壕战。一开始，伤员被人用马车或者骡车拉下战场，抬上火车，送到最近的镇子上。但在马恩河，这种原始的救治系统不堪重负，志愿去前线的美国医生哈维·库欣在日记中写道，当时"组织混乱，条件令人震惊。其中一辆火车把大约500名重伤员丢得到处都是，任凭他们躺在铁轨中间淋雨，而且他们的身上没有任何覆盖物"。[3]

美国大使迈伦·T. 赫里克召集了一群朋友，他们开车将伤员送到了位于巴黎的美国医院。第一趟，他们找到了34名伤员，之后他们又赶了回去，尽力挽救更多的伤员。到1915年，规模不大的志愿者团队美国战地服务团开始为法国军队驾驶救护车，这是第一次世界大战期间出现的一项革命性创新。

然而，战地医院里的情况几乎没有丝毫好转。哈维·库欣沮丧地看到一名同事努力为战场上下来的伤员们包扎伤口："德赫利医生做了一些敷料——我觉得他做得很差劲——取下粘连的纱布时会造成不必要的疼痛和出血。看到这些可怜的小伙子真是太可怕、太糟糕了，有一个小伙子连呻吟都没有呻吟一声，可是他把被单咬破了一个洞。"[4]这一幕发生在1915年4月，当时英国及其盟友逐渐意识到《哈里森麻醉品税法》让他们陷入了一个极其困难的境地，他们没有取之不竭的吗啡和海洛因，而这些东西对于如此规模的陆战中出现的大量伤亡人员来说都是必需品。没有人预料到这场堑壕战会持续这么长时间，而这些药品的库存又如此短缺。到了开战的第二年，就连一些基本药品的价格都飙升到了"战前价格的20多倍"，[5]例如，有可能略微缓解伤情的阿司匹林。

279

库欣在1915年4月的日记中继续写道："当我们回到救护车上时，周围充满了有关德国人在周四释放窒息性气体的传说，但是很难听到一个反映真实情况的说法。一大团压得很低的绿色烟雾乘着东风从德国人的战壕那边涌了过来，烟雾的顶部呈黄色。"库欣描述的正是德国人开始使用芥子气的一幕。芥子气会导致严重的烧伤，还会对眼睛和肺部造成伤害。"烟雾令人窒息，有人觉得闻起来有些像乙醚或者硫黄，有人觉得闻起来就像成千上万根硫黄火柴在燃烧……（人们）爬出战壕试图逃离这股烟雾，结果不是窒息了，就是中弹了。"[6]

德国化学家新发明的芥子气在一场场战役中造成了可怕的后果，一战的战场上出现了许多科学技术领域的创新成果，自动武器、芥子气、火焰喷射器和坦克只是其中的一小部分。许多更可怕的创伤都是炮火造成的，库欣就记述了救治一名年轻战士的一幕，那名战士的脊髓被炮弹碎片切断了。在药品库存不断减少的情况下，枪伤、烧伤和其他类似的创伤必然会带来许多难题。就在库欣写下这篇日记的当月，据报道土耳其鸦片的库存量已经很紧张了，在市场上以"飞涨的价格"出售着。[7]英国政府认为印度和中国的鸦片质量都不够高，无法成功地转化为吗啡，因此他们试图购买伊朗的鸦片。

与此同时，对德国大量生产的其他药物的需求也日益迫切起来。用于治疗梅毒的撒尔佛散（即砷凡纳明）已经买不到了，德国

279

的注册商标都已经被吊销，与此同时英国的制药公司正忙着赶制仿制品。很快，英国的仿制品就以"卡西万"的商标名称问世了，这些药片被迅速运往前线。

在自己的专业领域为战争做出贡献的不只有宝威这样的大型英国制药公司，英国的 40 所大学和技术学院纷纷响应号召，对五花八门的德国药品和化学产品进行着研究，试图找到它们的活性成分。本科生、研究生和教职员工"心甘情愿地"开展着工作。[8]

在这场战争中，医生、护士、担架手等一批志愿医疗人员起到了至关重要的作用。战场上没有医护人员，任何人都不准帮助身边倒下的战友，他们只会听到继续前进的命令。一位名叫汤姆的担架员还记得，在阿拉斯（法国北部城市）的时候，他看着战友们爬出壕沟，"一大拨接着一大拨地整整齐齐地走向死神的魔爪"。[9]只要有可能，伤员就必须自己走，否则就只能等着担架员的帮助，担架员会对伤员进行一些基本的护理，然后将他们抬到急救站，或者等待救护车的到来。从前线到约定的地点可能有 1—4 英里的距离，而且往往还是无法通行的路段。担架员们随身带着最少量的止痛药，他们奉行的一条重要原则就是担架不能摇晃，也不能放下。做到这一点往往并不容易，因为"我们不得不走在那些阵亡士兵的尸体上，以免自己掉进水里，深陷在烂泥里，（导致伤员）从担架上掉下去"。[10]

到 1917 年时，医疗条件终于有了很大的改善，但是吗啡的供应量仍然很少。不过，倒是没有少到仅限于患病的人类使用的地步。在加里波利战役中，杰克·麦克雷和他的狗温迪被同一枚炮弹击中了腿部，他们被一起送进了救护站。温迪得到了一张医疗卡，医院为它包扎了伤口，从此以后麦克雷和它就形影不离了。他们俩或许有点过于难舍难分了，当主人工作的时候，温迪就在医疗帐篷外哀号，攻击任何没有穿卡其布军装的人。有一天，温迪中毒了，²⁸⁰在它经受了两天的痛苦后，杰克和哈维·库欣给它"注射了两三次吗啡"，对它实施了安乐死。温迪被安葬在了一所古老的耶稣会学院的院子里，部队为它举行了最高规格的葬礼。[11]

一战期间，对腿部创伤的治疗取得了很大的进步。在战争的第一年，大腿骨折的士兵中有80％的人死亡，由于罗伯特·琼斯把叔叔发明的托马斯夹板带到了战场，伤员们的大腿得到了拉伸，接着又接受了牵引治疗，到1916年，80％的伤员都活了下来。

值得注意的还有杀菌和麻醉领域的创新。在堑壕战中，痢疾和其他肠胃疾病都很常见，当人们生活在齐腿深的水中时，一道抓伤就有可能迅速恶化为血液中毒。在青霉素问世之前，由于人们对感染已经有了更多的认识，再加上战场上有条件随意使用煤焦油制成的杀菌剂，因此伤员及时康复的机会就增大了。战场上使用的麻醉剂有一氧化二氮、乙醚和氯仿，加之在战争期间，这些药品的运输方法得到了极大的改进，因此病人死在手术台上的概率极大地降低了。而且在一战期间，英国是氯仿的主要生产国。第一次投入使用的创新技术还有战地输血技术，皮下注射针头的设计和韧性也得到了显著的改进，装在金属盒里的带有刻度的玻璃注射器能够保证剂量的准确性和注射的安全性，并且还有便于更换的针头。此外，截至1917年底，美国福特汽车厂制造了2350辆新设计的救护车，并将其运往了法国。[12]

当1918年战争接近尾声的时候，英国找到了新的鸦片货源，供货方是伊朗，但是英国方面也不确定这些鸦片真正的货源地究竟²⁸¹是哪里。英国已经进行了4年的战争，人员伤亡数达到了1914年时难以想象的规模，在这种情况下，他们对鸦片的质量似乎已经没有太高的要求了。现在，德国也面临着短缺的问题，他们短缺的不是化学药品和合成药品，因为这些物资还在大量地生产着，他们短缺的大部分是植物制剂。有证据表明，在此期间德国人曾试着种植罂粟。[13]

关于一战期间的药品短缺问题，药剂师们得出的结论是同盟国对救治伤员的医疗条件的准备严重不足，各种药品的储备也严重不足。但是，早早决定吊销所有的德国医疗商标，英国各所大学里的化学家们自愿提供帮助，大量资金被投入合成药物的开发上，这些做法意味着到 1917 年时，战场上的大部分医疗需求都已能够得到满足。尽管如此，同盟国还是面临着和德国一样的问题，鸦片制剂仍然是一种短缺物资。

随着 1918 年 11 月停战协议的签署，哈维·库欣的参战经历结束了。他回到了自己的祖国美国，利用其在战争期间发明的技术，开始进行神经外科的治疗。此外，他发现了一种现在被称为"库欣病"的疾病，还获得了普利策奖，成为"神经外科学之父"。在法国度过的最后一段日子给了他极大的慰藉，"在下面的农家院子里，公鸡打着鸣，珍珠鸡和鹅咯咯地叫着，猪呼噜呼噜地哼哼着，小猎犬兴奋地叫唤着"，但是他也承认自己会怀念那场战争以及那场战争给予他的学习机会，"在平民生活中不会出现这样的机缘巧合——没有能与之相比的激励因素"。[14]

第一次世界大战也许只是数量意义上的"大战"，双方合计大约有 1800 万人死亡，2300 万人受伤。虽说没有一个国家能为如此旷日持久的大屠杀做好准备，但是这并不妨碍我们对鸦片问题进行一下深究——归根结底，相关禁令是否对供应产生了重大影响，或者说，不使用印度和中国鸦片的决定是否明智。关于鸦片短缺的问题当时没有留下多少文献资料，据说有关药理学研究的大部分文献资料在仅仅21年后爆发的第二次世界大战中被用来造纸了。

不过，还是有一些记录幸存下来，例如，林肯郡军团第一营的士兵丹尼尔·斯威尼描述自己在索姆河战役中幸存下来的日记："在这些地方，成百上千从未做过祈祷的人做着祈祷……我浑身湿透了，没有大衣，没有防水布……我待在一处没有遮挡的掩体中，你知道我做了什么吗？我坐下来哭了起来。"[15]

第二次世界大战

"我们将橙子皮缝了起来，因为人们认为橙子皮可以代替人肉，看上去很逼真。至少，我们学会了如何正确地穿针，还能把橙子皮的边缘缝合在一起，即使两片皮不太匹配。"[16]

第一次世界大战和第二次世界大战在战地医疗护理方面最大的区别就是卫生员（战地医疗兵）。与一战中的情况一样，二战期间美国在医疗护理方面的工作也非常认真负责。肯塔基州和田纳西州的边界上建立了坎贝尔营地（1950年更名为坎贝尔堡），在营地里卫生员们接受了高标准的训练，尽管他们用的是橙子皮。在救护车和个人用品方面，他们装备非常精良。一个典型的医疗包里装备有酒石酸吗啡注射器、碘酒棉签、氨吸入剂、绷带和胶带、安全别针、止血带，以及无数其他种类的消毒剂和凝血剂，在坎贝尔营地，教官会对这些用品进行充分的讲解。一名卫生员就曾在文章中写道："我们了解了应该先治疗哪种损伤、如何止血、如何缝合和

283

保护受伤的组织，以及如何注射吗啡和输血。"[17] 与通常的看法相反的是，在二战中，除了伞兵团，普通士兵都不会随身携带吗啡，而伞兵团的士兵也只会携带一剂吗啡。

战场之外的情况也有所不同。在 1939 年 9 月 1 日二战爆发之前，温斯顿·丘吉尔代表英国与代表美国的美国军方就一直在囤积医疗用品，他们都汲取了一战的经验教训。美国军方甚至还编写了一本手册，对他们打算如何确保各个战区——如太平洋战区——的医疗补给做了说明。他们计划建起可以运转 5 年或者"能够满足紧急时期"需要的生产设施，以时间较短者为准。[18] 英国也制订了类似的计划，只是投入没有那么大。

医学领域的进步是惊人的。1928 年，英国微生物学家亚历山大·弗莱明在很偶然的情况下发现了青霉素，尽管他的研究成果遗失了 10 年的时间，但是牛津大学的一群学生后来再次发现了青霉素。在 1941 年的一次研讨会上，他们展示了对青霉素进行的实验。美国辉瑞公司的代表也参加了这场研讨会，在 1941—1944 年的战争期间，辉瑞公司对青霉素进行了试验，并开始了大规模的生产。

一战期间在奥地利获得专利，但不曾被投入使用的磺胺是一种抗菌粉末，即磺胺粉，它在被喷洒到伤口上后能够立即止住伤口感染。青霉素、磺胺、吗啡，都是二战期间的主要药物。

在两次世界大战期间，德国的药物生产经历了一段黄金期。1926 年，德国成了欧洲最大的吗啡生产国，也是全球最大的海洛因生产国。1925—1930 年，德国的制药公司生产了 90626 千克吗啡，占全球总产量的 41％以上。[19] 1862 年首次提炼出可卡因的制药业巨头默克公司，成了全球鸦片制剂和可卡因生意中的领头羊，纳粹政府甚至专门为这两种药品成立了一个专家政策小组，即"鸦片和可卡因部"。与欧洲其他国家和美国一样，德国在 20 世纪上半叶对鸦片和可卡因采取了极其严厉的态度，但是对合成毒品却保持着相当宽松的态度，这大概是因为毒品公司的创新速度超过了四分五裂的魏玛共和国的立法速度。

这些药物绝大多数是兴奋剂。为法本公司开发出苯丙胺的弗里茨·豪斯柴尔德博士，对这种药物在 1936 年柏林奥运会上对运动员产生的影响印象深刻。1929 年，安非他命被首次合成，当时它只是一种治疗哮喘的药物，后来成了一种非常受欢迎的兴奋剂。豪斯柴尔德想要研制一种更好的安非他命药物，结果他合成了一种高纯度的甲基苯丙胺，他将这种药物命名为"柏飞丁"。1937 年，柏飞丁被投入市场后，旋即在德国各地走俏起来。但是，在战争时期，柏飞丁片剂发挥了另一种非常有效的功能，服用者在减轻疲劳的同时还增强了好斗性。在执行飞行任务时，空勤人员都会随身带着柏飞丁，这种药物逐渐被人们称为"斯图卡药片"（斯图卡是德军的俯冲轰炸机）。当时的媒体上出现了一些报道，称德国伞兵"服用了大量药物，无所畏惧，狂暴无比"。[20]在闪电战期间，德军对甲基苯丙胺的使用达到了顶峰，当时国防军在 3 个月的时间里发放了 3500 万片 3 毫克的甲基苯丙胺药片。

在盟军于 1944 年 6 月 6 日开始诺曼底登陆的这一天，英国担架员兼卫生员汤姆·奥尼恩斯或许希望自己随身带着一些甲基苯丙胺，他曾回忆自己当时坐着一辆水陆两栖车赶去海滩："我带上了所有的医疗用品，一副担架，还有 600 发机关枪子弹和 2 发迫击炮炮弹。走在下坡的匝道上时，硫磺岛上的这些东西全都横冲直撞地冲向了海滩……我们拼命挣扎着。"[21]

285

当时，为了避免上一次战争给战士们带来的那种可怕心理后果，英国政府正在士兵中间进行广泛的抑郁和疲劳测试。他们对安非他命尤其是柏飞丁非常感兴趣。服用兴奋剂的飞行人员的数量在不断地增长着，对这种情况感到担忧的皇家空军进行了各种远程轰炸试验，在试验过程中同时使用了安非他命和甲基苯丙胺，结果发现飞行员对前者的反应稍微好一些，在服用安非他命后，他们的自我感觉更舒适。1942 年末，皇家空军给每一位执行轰炸任务的机组人员都配发了 2 粒 5 毫克的苯丙胺药片。就在当年，英军开始全面使用安非他命了，不过海军始终没有采取这种做法。

一战结束后，吗啡和海洛因供不应求，人们进行了大规模的试验，试图找到一种强效但不会让人上瘾的止痛药。1939 年，法本公司的奥托·艾斯莱布发现了比吗啡的药效轻一些的杜冷丁（哌替啶），很快法本公司就开始批量生产杜冷丁。然而，人们随后就发现这种药物和吗啡一样容易让人上瘾。1937—1939 年，赫斯特公司的化学家古斯塔夫·埃尔哈特和马克斯·博克穆尔为了同一个目标努力着，他们的目标就是合成美沙酮。后来由于战争，美沙酮没能立即得到太多的测试和开发，但它在 1947 年被批准在美国使用。

在前一次战争中，盟军经历了药品短缺的问题，这一次他们的补给不仅十分充足，而且还实现了一个重大突破——西来注射器。施贵宝公司发明的西来注射器为密封包，注射器配一剂吗啡，还带有一个精细的小针头。该公司在 20 世纪 20 年代开发出了用于糖尿病患者的注射器，最初针管里装的是半格令胰岛素，由于体积小、无菌和一次性使用这三个特点，这种注射器特别适用于战争。在给伤员进行注射后，针管会被别在伤员的衣领或者衣服上，等他们被送到医疗后送站①时，就不会发生用药过量的意外了。

然而，并不是每个人都希望减轻疼痛。麻醉师亨利·毕阙参加了 1944 年的安齐奥战役，他就注意到有四分之三的伤员在面对止痛药的时候会表示拒绝，而且他们都会宣称自己感觉不到太大的疼痛，甚至彻底感觉不到疼痛。后来，毕阙对手术后的男性患者进行了调查，结果发现 83％的患者表示感到疼痛，要求使用止痛药。他在记录中写道，似乎"痛苦的强度在很大程度上取决于疼痛对病人意味着什么"，"伤口的严重程度与患者的痛感之间关系不大（即使说不上毫无关系）"。[22]这就是现在所说的"安齐奥效应"（即"安慰剂效应"）。

但是，还是有许多人需要大量的吗啡，而且和一战的情况不同，在一战期间，只有毫无希望的人才能得到足够量的吗啡。有一次，一名医生注意到，"我沮丧地安排给他注射大剂量的吗啡，以减轻他的痛苦，并指示担架员将他放在一个角落里等死"。[23]第二天早上，这名医生过来查看时，看到那名士兵熬了一夜竟活了下来，而且康复了。

美国在 1941 年 12 月加入战争之前，一边继续以官方的名义要求墨西哥停止种植罂粟，一边做着大量的准备工作，以确保不会出现吗啡短缺的问题："财政部和本部门（国务院）都认为墨西哥境内的非法罂粟生产以及近来出现的增产趋势对我国人民的健康构成了威胁。墨西哥正在取代已经无法继续供应鸦片的远东地区，看来它正在迅速成为流入美国的鸦片的主要来源地。"[24]然而，美国缉毒

---

① 在战争期间按规定将伤病员从火线送往后方医疗机构，实施分级救治的活动，即"就地施救"的意思。

287　局的爱德华·希斯"担心由于世界处于战争状态，我们的鸦片或者吗啡供应将被切断。所以，我们需要在自己跟前找到一个货源"。[25] 美国政府与墨西哥达成协议，将西马德雷山脉开辟成罂粟种植区，美国甚至要派遣顾问帮助当地人民种植罂粟。"锡那罗亚的山里满是来自两个国家的非官方指导人员，他们教当地人如何种植罂粟。"[26]战后，美国恢复了优势地位，继续向墨西哥施压，要求后者停止生产海洛因。然而，这时海洛因生产在锡那罗亚的山区已经根深蒂固，而且这项产业的一部分发展资金还是美国的战争机器提供的。

对于坎贝尔营地的那名卫生员而言，德国的达豪集中营被解放后不久，他的战争就结束了。他在日记中提到，1945 年 4 月 26 日，"一群衣衫褴褛的陌生人逐渐落在了第 12 师的后面……走近后，我们看到他们都十分虚弱，几乎都是一副皮包骨的模样。说话时他们的声音很高，几乎就像鸟叫一样。他们的身上什么东西都没带。他们几乎都不能正常地走路了。天气很冷，可是他们身上只穿着单薄的破衣烂衫"。就在两个星期之前，这名卫生员参加了对一架被击落的侦察机的救援工作，炮弹刚好击中侦察员座位后面的部位。这名卫生员对侦察员"胸部的伤口"进行了治疗，他尽可能地用凡士林绷带包住伤口，并对飞行员严重的头部创伤进行了治疗。这种情况是他在过去一年里的家常便饭。快到达豪集中营的时候，他看到一股烟雾："就在几分钟前，德国守卫把一群俘虏赶进了一座兵营，然后放了一把火。"[27]德国士兵不仅在消灭囚犯，同时还在销毁有关达豪集中营里发生的所有事情的证据，其中就包括在未征得对方同288　意的情况下对囚犯进行的医学实验。在达豪集中营工作的医生们尤其擅长研发针对免疫系统的药物，他们的目标是消灭疟疾、斑疹伤寒和伤寒等疾病。

　　纳粹医生们在位于波兰南部的臭名昭著的奥斯威辛集中营里进行的工作是最恐怖的。奥斯威辛三号集中营，也就是众所周知的莫诺维茨集中营是隶属于法本公司工厂的一个劳动营，这家工厂是一家生产汽油和橡胶的巨型工厂。法本公司的医生们对新药品进行过一些强制性的医学实验，这些实验的目的是观察不同种族的个体是否会产生不同的反应，在接受测试的药物中，有一些是治疗性药物，有一些则是生物武器。在奥斯威辛集中营，约瑟夫·门格勒医生对1500对双胞胎进行了基因实验，这个研究项目的规模大得惊人，法本公司的雇员也参与了这项工作，尤其是弗里茨·特尔·米尔博士。米尔参与了莫诺维茨集中营的设计规划工作，也参与了这些药物实验。法本公司旗下的其他公司承担了这些药物的外部实验工作，例如拜耳勒沃库森公司，这家公司曾经"订购"了数百名囚犯接受测试，其中许多都是女性。拜耳公司不得不为使用这些女性支付一笔钱，公司还与集中营的负责人讨价还价了一番，他们认为200马克的价格太高，提出只能支付170马克。这150名女性将接受一种新型"安眠药"的测试。拜耳公司证实他们的确收到过这批人类"货物"，"尽管她们很憔悴，但是我们认为她们还是令人满意的"。[28]后来，拜耳公司报告说这批女性都死了。这些药物测试惨无人道、难以置信，然而更加令人难以置信的是，法本公司的24名雇员于1948年7月30日在纽伦堡接受了审判，但是在1956年，服刑仅两年的弗里茨·特尔·米尔博士被任命为拜耳公司的主席。法本集团在战争期间的所作所为是制药业发展到一个极端的典型例子，在纽伦堡审判期间，美国首席检察官泰尔弗德·泰勒在宣读起诉书的时候，首先对法本集团进行了一番谴责，指出他们的"目的在于将德国变成一个军事机器，将其打造成一个可怕的毁灭引擎，好让德国能够通过野蛮的威胁——如果有必要的话，还会通过战争——将自己的意志和统治权强加给欧洲，然后还会强加给欧洲以外的其他国家。被告都以主要参与者的身份积极地参与了这场傲慢、罪大恶极的冒险"。[29]

通过坎贝尔营地的卫生员对达豪集中营所做的描述，我们也能对这些集中营的情况略窥一斑，相比对战争、鲜血和胸口上的伤口所做的描述，他在记述达豪集中营的景象时显然更为慷慨激昂，在面对集中营真正恐怖的景象时，他只说了一句："面对这一切，我们毫无准备。"[30]

朝　鲜

"战争颇具讽刺意味的一点就在于，人类越是通过技术、战术和心理操纵来增强自己伤害人类的能力，就越是需要提高为数量不断增长的受害者提供急救的能力。"[31]

不幸的是，对于许多在第二次世界大战中服役的年轻人而言，在 1950 年 6 月被应召入伍、前往朝鲜的日子距离他们并不遥远。从 1910 年到第二次世界大战结束，朝鲜半岛一直处于日本的统治之下，朝鲜在 20 世纪 20 年代成了一个鸦片主产区。远东国际军事法庭认定，在 1931 年发生"九一八"事变的时候，朝鲜是"鸦片和麻醉品的主要来源地"。[32]此外，法庭还认为朝鲜移民在中国的毒品贩运活动中扮演了重要角色，尤其是在东北地区，但是同日本公

民一样，由于治外法权，朝鲜人免受中国当局的起诉。在还是日本 290
殖民地的时候，朝鲜境内就已经形成严重的毒品问题。按照日本人
的规定，在朝鲜吸食鸦片就像在日本一样，也将受到惩罚，但是朝
鲜的成瘾者可以逐渐减少剂量，直至彻底戒毒，这种规定一直持续
到了1914年鸦片被全面禁止。与所有的禁令一样，这项禁令似乎
导致了问题的恶化。日本允许自己的药剂师在平壤发放替代鸦片的
吗啡注射液，但这种做法却培养出了另一种类型的瘾君子。1924
年，朝鲜报纸《东亚日报》在报道中称，仅在首尔一地就有4000
人通过这种方式染上了吗啡瘾。[33]到1930年12月，按照规定所有成
瘾者都必须被记录在册，然而成瘾问题仍然处于失控状态。1934
年，朝鲜预防药物滥用协会成立了。

朝鲜的罂粟种植最早是为了应对第一次世界大战的爆发在全球
造成的鸦片短缺问题，但是日本发现中国的东北地区就是一个现成
的鸦片市场，他们在这里垄断了鸦片和麻醉品交易。在制造出150
万名瘾君子后，市场对朝鲜鸦片的需求就变得十分巨大了。（日本
是全世界仅有的几个国内海洛因市场几乎为零的国家之一，安非他
命远比海洛因受欢迎。）

1945年8月，苏联解放了北纬38度以北的朝鲜半岛，日本人
退出了朝鲜半岛。苏联人禁止了罂粟种植，并规劝当地的农民恢复
粮食和农作物的生产，但是收效不大。美军撤到了朝鲜半岛南部，
从而导致半岛分裂成两个各自为政的地区。4年后，即1949年10
月1日，毛泽东宣布中华人民共和国成立。

迄今为止，在世界各国的领导人中，只有毛泽东成功根除了罂
粟种植业和鸦片贸易，他在上台后的几年内就实现了这一目标。然
而，罂粟种植并没有彻底消失，只是被转移到了别的地方。国民党 291

军队里的一支穆斯林残余部队进入了缅甸，躲藏在缅甸掸邦的丛林中。在这些地方，佤族人和阿卡人将种植鸦片当作一种谋生手段的历史即使没有数千年，至少也已经有数百年了。和日本人一样，在佤族人中间几乎不存在鸦片成瘾的问题，尽管为了药用价值他们会种植鸦片。国民党的这支残余部队占领了鸦片田，扩大了生产，并且与泰国总理屏·春哈旺将军结成了商业联盟，后者在二战后控制了泰国的鸦片贸易。这支国民党部队以掸邦为起点，着手建立一个通往泰国的交通网络。这并不是一个简单的任务，进出掸邦的道路很少，仅有的一些道路一到雨季往往会被冲毁，所以要保证货物的正常运输并不容易。这支国民党余部对毛泽东及其领导的中国共产党构成了很大的困扰，因此在 1950—1953 年的朝鲜战争期间，美国中央情报局通过其控制的海上补给公司为这支部队提供了价值约3500 万美元的装备。[34]中情局通过参与这支国民党余部的活动获得了一个很实际的好处——鸦片本身就是一种货币，在面对马赛的科西嘉黑手党时中情局并不需要这个好处。资助远东地区的秘密反共行动并不是一件容易的事情，但是就像在古老的银三角地区一样，鸦片为中情局提供了现成的信用额度。

1950 年 6 月，朝鲜人民军越过"三八"线进入韩国，开始了一场公开的战争。两天后，即 6 月 27 日，联合国授权派遣"联合国军"抵御朝鲜的"入侵"。

当时，韩国的大部分军队是美国军队，这些部队组成了第八集团军，他们得到了大韩民国国军、英联邦军队和其他联合国部队的协助。为来自各国的士兵提供医疗支持的是陆军移动外科医院。这支队伍通过一部电视剧而名扬世界，剧中的主角是艾伦·艾尔达饰演的厌世的"鹰眼"以及同样疲惫不堪的同伴们。在现实中，陆军移动外科医院中的大部分人都非常年轻。"或许太年轻了",作家理查德·胡克在自己的作品中写道。正是在这部作品的启发下,影视工作者们拍摄出了相关的电影和电视剧。来自克利夫兰的奥托·阿佩尔是一名颇有天赋的外科医生,他是这支医疗队伍中的首席外科医生,当时他只有 28 岁,他的妻子和三个年幼的孩子都被留在了老家。队伍中的许多外科医生都只有不到三年的从医经验。

美军在朝鲜伤亡惨重,官方统计的死亡人数为 33629 人,受伤人数为 103284 人。尽管这些数字十分惊人,但是与两次世界大战相比,美军在朝鲜战场上死亡的人数还是要低得多。在一战和二战中,美军死亡人数分别占参战总人数的 8.5％和 4％,在朝鲜战场上这个比例是 2.5％。[35]不过,要是没有陆军移动外科医院,最后这个数字可能会高得多。陆军移动外科医院的概念是在 1945 年构想出来的,它的功能就是前线和战地医院之间的过渡机制。

与陆军的战地医院相比,陆军移动外科医院的核心队伍,或者说辅助服务队的规模非常小,由一名首席外科医师、一名助理外科医师、一名麻醉师、一名外科护士和两名现役技师组成。一名飞行员和一名卫生员用摇摇欲坠的小型"贝尔"直升机将伤员从前线送到辅助服务队的医疗站,伤员就被放在担架或者安装在直升机两侧的滑橇上。这种做法有一个缺点,在飞行的过程中伤员无法得到救治,但它的优点是伤员被紧紧地绑在飞机上,不能动弹。回到辅助服务队的医疗站后,医生们会对伤员进行处理,如果有必要,还会实施手术,然后伤员才会被转移到规模较大的军队医院。辅助服务队的生活条件非常艰苦,他们大多住在温差极大的山区,为了和战斗部队同进退,他们常常在一个月内就得搬几次家,必须准备好帐篷,随时做好 6 个小时之内就能开拔的准备。此外,在疯狂地忙碌上一段时间后，他们往往又会经历一段漫长而单调的时光。对于一支陆军移动外科医院队伍而言，在一个月内治疗 3000 多名病人的情况并不罕见。[36]奥托·阿佩尔在第一次执行任务的时候，刚一赶到地方，就立即不间断地做了 80 个小时的手术，在给妻子的一封信中，他说即便从此再也不做手术了，他也不在乎。但是，和以前的野战医院不同的是，如果能被成功地交到一支陆军移动外科医院医疗队的手上，那么伤员将有 97％的存活率。美军远东地区司令部迅速高效地建起了一座血库，在实现如此高的存活率方面，这座血库起到了至关重要的作用，因为很多伤员都带有炮弹造成的恐怖创伤，有些人甚至失去了整个臀部。尽管如此，相比二战，截肢率还是下降了三分之二，其原因就在于结扎技术的改进，医生们不再像以前那样直接对动脉进行结扎，然后将受伤的肢体切除。

在朝鲜战争中，没有出现过鸦片制剂短缺的情况。军方甚至派了一名专家参加美沙酮与吗啡的对比试验，试验结果"良好"。[37]然而，现在军方面对的是部队中使用毒品的问题。军方依然只发放少量的安非他命，但同时大量供应着海洛因和大麻，因此根本没有办法管制战士们对这些药物的使用。而且，海洛因很便宜，"65 毫克的价格在 80—90 美分之间"，外科医生艾伯特·考德雷认为，海洛因被当作了一种社交工具，"就像饮酒现象一样寻常可见"。[38]吸毒成瘾的情况更多地出现在远离前线、无事可做的部队中，就像在休整期里性病会在部队里流行起来一样。在驻守港口城市一带的部队中，一些军官报告说，他们的队伍中有大约一半的人在吸毒，尤其是海洛因。正是在朝鲜战争期间，第一次有人提到了将安非他命与海洛因掺在一起进行静脉注射的做法。有些人就死于吸毒过量。由于艰苦的战斗条件，部队里出现了大量自残的情况，在新西兰的部队里，这种情况一度泛滥成流行病的程度，伤员中有75％的伤口是自己造成的。[39]

1953年7月27日，朝鲜战争结束了。双方签署了《停战协定》，联合国军、美军和英联邦军队撤出了朝鲜半岛。"医学是战争中唯一的胜利者"，在所有的战争中，最符合这句格言的莫过于朝鲜战争。年轻的陆军移动外科医院队伍在血管重建、人工肾在手术中的应用以及结扎技术等方面取得了非凡的进步和成就。他们还研究了冷热对人体的影响，正是从朝鲜战争开始，我们有了轻便的防护服和耐寒装备。他们对抗凝剂肝素和镇静剂戊巴比妥钠进行了测试。他们还留下了一批全面翔实的记录，为医学界得到当时最优质的战场数据比较创造了条件。这样的例子还有很多。

至今，朝鲜仍然坚称自己打赢了那场战争。

越　　南

"美国的头号公敌就是药物滥用。"[40]

——理查德·尼克松

越南战争是美国历时最长的一场战争，从1955年11月1日一直持续到1975年4月30日西贡陷落（西贡解放）。与朝鲜的情况一样，越南战争也是南北双方之间的一场战争，苏联和中国支持北方（越南民主共和国），美国及其盟友韩国、澳大利亚和泰国支持南方（越南共和国）。

在南方，共产主义团体越南共产党想要重新统一越南，他们用

295　地雷、饵雷和狙击手同美国及其盟友进行着游击战，攻击主要集中在丛林中。对于平均年龄只有 22 岁的步兵部队而言，精神压力再加上气候造成的生理压力令人筋疲力尽。在越南，对他们提供支援的不是陆军移动外科医院，而是全装备移动医疗队，这种医疗队就是带有充气病房以及可扩展的放射科、实验室、药房和其他区域的帐篷医院。这场战争是在越南南部进行的丛林战，"前线"不像在朝鲜时那样明确，所以谁都不知道医院应该建在哪里。全装备移动医疗队正好解决了这个问题，此外，被称为"休伊"的 UH‐1D 大型直升机一次能够运载 6—8 名伤员，平均撤离时间为 35 分钟。高速导弹造成的创伤很常见，有烧伤，也有其他损伤。在越南战争期间，治疗方法有所创新，相比朝鲜战争，死亡人数下降了 50％。[41]到 1968 年，空军每个月都能撤出 6000 多名伤员。

　　电影和媒体往往都在不断固化人们对越战期间美军士兵吸毒的印象，将他们描述为一副被海洛因和大麻搞得兴奋难耐的形象。这种印象在很大程度上源于美国国会在 1971 年收到的一份报告，这份报告描述了在越南服役的士兵药物成瘾的程度。报告称在越南服役的美军中，有 15％的人染上了毒瘾，尤其是海洛因。媒体随即就开始大肆报道这个问题，当时的总统尼克松组建了一个新的部门——预防毒品滥用特别行动办公室，并召开了一场新闻发布会，在发布会上宣布将不惜一切代价地对毒品贸易发动一场"新的攻势"。

　　然而，在这场新闻发布会上没有提到的是，在制造一个新的世界海洛因摇篮的过程中，美国究竟发挥了怎样的作用，这个摇篮就是助理国务卿马歇尔·格林在同一周举行的另一场新闻发布会上提到的"金三角"。他所说的"三角"指的是老挝、缅甸和泰国边境

296　地区的一块三角形地带，到 1968—1969 年的时候，这里每年能收

获 1000 吨生鸦片，生鸦片被提炼成吗啡碱，提炼工作主要在老挝境内完成，然后吗啡碱通过中国香港被直接出口到欧洲或美国。用这种吗啡碱提炼出来的海洛因被称为"3 号"，这是一种粗大的低纯度海洛因，看上去有点像被敲碎的糖块，这种海洛因是用来吸食的。"4 号"海洛因指的是白色粉末状的纯净的高等级阿富汗海洛因，这种海洛因是用来调制注射剂的。在 1969 年末和 1970 年，来自中国香港的中国制毒者被带到了美国，他们试图通过化学方法对"金三角"出产的廉价的"3 号"海洛因进行改造，使其接近阿富汗海洛因的品质。这种海洛因随后被运到了越南南部，显然是要卖给驻守在那里的现役军人。这种海洛因一被送到目的地就变得炙手可热起来，许多部队都报告说士兵吸食这种海洛因的比例和成瘾率都很高。在越南，许多无聊又焦虑的士兵都会求助于这种装在干净的小药瓶里、每瓶售价大约 3 美元的海洛因来缓解压力。

发生在 1968 年 3 月 16 日的美莱村大屠杀让围绕着毒品产生的论战变得更加白热化。美军士兵在美莱村杀害了将近 500 名老年男性以及妇女和儿童，在美国国内同胞关于参战美军士兵的印象的形成过程中，这场屠杀起到了至关重要的作用。美军随军摄影师罗恩·黑伯利拍下了大屠杀的场面，但是直到他退伍后，这些照片才于 1969 年得以发表。当时，美国当权者已经对现役军人中间盛行的麻醉品热感到了恐慌，而这批记录了强奸女性受害者并肢解其尸体的照片更是激起了人们的愤慨。

对于美莱村大屠杀，多年来出现过许多不同的解释，其中包括集体疯狂论（至少有 30 名士兵参与了屠杀）、滥用毒品论或者吸毒论。事实上，发生美莱村大屠杀时，驻越美军中间还没有爆发海洛因危机；此外，美国政府低估了在充满敌意的陌生环境中进行一场旷日持久的游击战给军人造成的精神压力。

然而，在朝鲜战争结束后，向中国国民党提供资助的美国中央情报局认为自己有必要在东南亚地区建立一个交通枢纽。中情局选择了老挝，这个地方便于让毒贩将缅甸和泰国的鸦片提炼成吗啡出口。美国航空公司在老挝开展了长达19年的中情局秘密行动，在中情局被披露的所有秘密行动中，这是历时最长的一次。根据一些可信的指控，中情局在那些年里不断地将海洛因和吗啡运出老挝，用这些毒品为他们在东南亚地区开展的工作提供资金，不过中情局否认了这种指控。但是，有一个事实是无法回避的，他们不仅去了老挝，还利用美国航空公司作为掩护，与老挝的苗族人有所交往，对后者来说鸦片就是硬通货。因此，尽管尼克松总统于1971年6月17日对"金三角"进行了宣战，但是这个地区的形成很可能有美国的"功劳"。

就在尼克松对"金三角"宣战的时候，美国刚刚开始新一轮的海洛因热潮，这似乎不太可能是一个巧合。当时，国际旅行和海洋运输业都出现了巨大的增长，"金三角"地区也已经崛起，再加上亚洲犯罪团伙十分积极地瞄准了西方客户开展行动，海洛因运往西方就变得更加容易，也更加有利可图了。这一切为弗兰克·卢卡斯这样的人在越南建立毒品帝国创造了绝佳的机会。卢卡斯1930年出生在美国的北卡罗来纳州，他小时候曾亲眼看着12岁的表哥因为看了一名白人女子几眼就被"三K"党杀害了。后来，卢卡斯声称正是这件事情促使小小年纪的他过了一段违法犯罪的日子。后来，出于对性命的担心，他离开家乡，去了纽约。在纽约，他碰到了一个令人印象深刻的罪犯，并在那人手底下工作了10年，这个人就是绰号"瘤子"的埃尔斯沃斯·约翰逊。在约翰逊于1968年去世后，卢卡斯决定冒一次险。当时，纽约的海洛因生意是由意大利黑手党，也就是哈莱姆区的卢切斯家族和一个由 7 名非裔美国人组成的组织"委员会"，以及绰号为"不可接触先生"的毒贩尼基·巴恩斯经营的。1978 年 1 月，"不可接触先生"被接触了——他被逮捕了，但是在此之前他拥有一份惊人的职业记录，他的手里掌控着美国东海岸地区和加拿大的大部分生意。另一个来自北卡罗来纳的毒贩弗兰克·马修斯靠着在南美洲结识的一些朋友赚了一大笔钱，他将大量的可卡因和棕色海洛因带进了美国。受到这两名毒贩的启发，弗兰克·卢卡斯也有了自己的抱负。他知道如果不绕过黑手党，自己就没有机会参与哈莱姆的海洛因市场，于是他决定去一趟曼谷。在曼谷的一家酒吧里，他碰到了"艾克"莱斯利·阿特金森。阿特金森也来自北卡罗来纳，与卢卡斯是远房亲戚。他原先是美国陆军的一名中士，与驻守越南和曼谷的美军士兵交往密切。通过自己经营的"杰克的美国之星"酒吧，他接触到了一个名叫鲁柴·鲁比瓦特的华裔泰国人，后者认识在"金三角"做海洛因生意的人。于是阿特金森和卢卡斯绕过纽约的意大利家族，开始直接从制造商那里购买海洛因。他们雇了回国的美军士兵为其运送海洛因，这些人通常会经过北卡罗来纳州的布拉格堡。他们还有一些不那么清醒的运毒人，就是死去的军人，他们把毒品藏在了后者的棺材里。

信奉马克思主义的黑人权利组织黑豹党的纽约支部或许一直在盯着卢卡斯。1970 年，纽约支部发表了一篇关于海洛因正在蹂躏哈莱姆黑人社会的文章："毒瘾是一种可怕的恶性病症，它正在毁掉这个资本主义系统的社会结构。"[42]然而，对卢卡斯而言，这个系统非常成功，美国大兵——无论是活着的还是死掉的——让他成了一个极其富有的人，他拥有占地几千英亩的牧场，无数的私人房产和投资房产，还有开曼群岛银行账户里的数百万美元。但垮台的一天终究还是到来了。1975 年 1 月，卢卡斯在新泽西州蒂内克市的家中被逮捕。后来，他被判处 70 年监禁，不过只服了 5 年刑，他就获得了终身假释。三年后，他又因毒品交易被捕入狱，这一次他服了 7 年刑。他的资产不是被没收就是被败光了，他的传记作者马尔·雅各布森还记得他"住在一套破旧的廉租房里，开着一辆更破旧的 1979 年产的凯迪拉克，车的变速器都坏了"。[43] 在全盛时期，弗兰克·卢卡斯就是美国东海岸和"金三角"海洛因交易之间的直接联系，与世界各地的合作伙伴建立了商业联系。

在越南，美国政府启动了一项海洛因检测计划，只有证明没有毒瘾的美国士兵才能获准回国。很多人都以为在越南的美国军人都已经变成了野蛮的瘾君子，然而检测结果却出乎所有人的意料，为了回家，几乎所有军人都立即放弃了毒品。在接下来的一年时间里，政府对他们进行了监测，结果发现大多数人都没有复吸。有关美国大兵在越南丛林中疯狂吸食毒品的猜测没能得到证实，但是，毫无疑问成千上万的年轻人在战争中遭受了心理创伤。

年轻的美国士兵菲利普·卡普托从大学毕业后就直接奔赴战场，服了三年兵役。回到美国后，他意识到自己闭着眼睛都能拆卸 M16 步枪，可是他对平民生活却一无所知。越南战争带走了一代美国男孩，只教会了他们如何面对战争。"我怀着一种奇怪的感觉回到家，我觉得自己比当时已经 51 岁的父亲都要老。"[44]

当尼克松总统在 1971 年发表有关毒品问题的讲话时，美国所担心的是一支瘾君子大军要回来了。然而，可悲同时又颇有讽刺意味的是，很有可能美国人当时正忙着在国内制造一支瘾君子大军。在打响禁毒战争之前，越南战争是美国输掉的唯一一场战争。

第九章
阿富汗

"那里不存在快乐这回事。不存在和平、舒服、休息或者安逸这种事情……生活从始至终都是一件严肃的事情，那些扮演传话者的孩子，从婴儿时期就学会了说长道短和钩心斗角。"[1]

——莉莉娅斯·汉密尔顿，埃米尔阿卜杜·拉赫曼汗的私人医生

全世界没有几个国家能像阿富汗那样尚未受到现代化的影响。如果活到今天，马可·波罗依然认得出巴达赫尚的"世界屋脊"，800年来这里几乎毫无改变。要想知道阿富汗是如何发展成了全球90％的海洛因的生产国以及为什么会这样，我们首先必须对这片"残酷、美丽和野蛮的土地"的历史有所了解。[2]在伊斯兰黄金时代，这里出现的一个个王朝，例如曾在人类历史进入第一个千年的时候统治这个地方的伽色尼王朝，将阿富汗建设成了穆斯林世界的中心，一度有400名诗人和900名学者在这里安家。位于阿富汗西南部的古城波斯特（今拉什卡尔加）有一座避暑庄园，这座庄园同时

也是一所军事学院，而"波斯特"这个名字的意思正是"士兵之地"。在阿富汗人民的心中，那个文学、科学和音乐获得巨大发展的时期是一段十分浪漫的历史，尽管现在的阿富汗是一个识字率极低的社会。

302   蒙古人造成的破坏，尤其是对伊斯兰文化和学习中心赫拉特的摧毁，导致阿富汗回到了农业社会，此后的数百年里阿富汗就一直维持着这种状况，直至今天。阿富汗境内生活着 20 多个民族，其中包括普什图族、塔吉克族、哈扎拉族和游牧民族的库奇人。各民族之间存在着激烈的斗争，但同时他们也坚定不移地在"阿富汗人"这个身份下团结了起来。阿富汗的两种官方语言是普什图语和达里语，后者是一种波斯方言。阿富汗人几乎全是穆斯林，他们为自己的信仰感到自豪，但是在几个大城市之外，大部分村庄还保持着佛教和已经被伊斯兰教取代的琐罗亚斯德教留下的一些民间传统。他们依赖草药和植物疗法，使用罂粟的历史长达上千年。孩子们喝着用收割完乳胶之后的罂粟壳和开水冲泡的罂粟茶，男人们经常在面颊和牙龈之间贴着一小片罂粟壳，女人们坐在地毯上打谷子的时候要吃罂粟乳胶，以缓解背部疼痛，她们似乎都意识不到其中的苦味。作为一种草药，罂粟是阿富汗人日常生活中不可或缺的一部分。罂粟种植户主要集中在阿富汗的山区，在各种条件的综合作用下，那里生长的罂粟能够产生一种效力极其强大的生物碱，这种罂粟甚至比埃及罂粟更优质。在罂粟产区，人们会用罂粟花瓣将压成饼状的鸦片包起来，在上面打上各自的特殊标记，然后赶着驴或者骡子将鸦片运到附近的集镇上，就像农妇将自己做的黄油送到市场上去一样。在 20 世纪 70 年代之前，阿富汗出产的大部分鸦片都流入了伊朗的黑市。在伊朗国王于 1955 年颁布禁令之后，鸦片交易在伊朗就成了非法交易。

阿富汗人觉得自己被一座巨大的磨盘碾压着，北面是苏联，东面和南面是巴基斯坦，西面是伊朗。不过，入侵阿富汗是一件痛苦而愚蠢的差事，英国、苏联和美国都已经意识到了这一点。在阿富汗，人际关系完全基于血缘关系，遵循着父权制村庄的模式，私人交往和商业交易中都没有透明度可言，这个国家被认为是全世界最腐败的国家之一。[3]阿富汗90％以上的人口是自给自足的农民，这一数字与一个世纪前的状况相比没有变化。在罂粟成为出口商品之前的数世纪里，这个国家的主要出口产品一直是卡拉库耳大尾羊的羊毛和羊皮。

阿富汗与欧洲国家之间的交往最早开始于1798年法国入侵埃及，拿破仑决心恢复法国在印度的势力，这就意味着法国人要取道阿富汗。在此之前，俄国于1734年入侵哈萨克斯坦已经引起了阿富汗的警觉，阿富汗人看到来自北方的威胁正在日益逼近。在拿破仑战争期间，法国鼓励波斯人与自己的俄国邻居交战，从而导致了原本就摩擦不断的波斯和俄国两国关系破裂。从17世纪晚期开始，法国对这个地区产生了影响，因此阿富汗人接受了一些法国思想，包括有关大革命的浪漫主义观念。直到1815年拿破仑在滑铁卢战争中战败，他对东方怀有的野心骤然缩减，法国对这个地区的影响才消失。

19世纪是阿富汗历史上的一个关键时期，在此期间阿富汗原本可以走向现代化，然而在英国和俄国帝国主义的逼迫下，它最终进一步退回到了根深蒂固的农业社会。在19世纪初与锡克教徒进行的一系列不间断的战役中，阿富汗失去了领土，也失去了声誉。1826年，多斯特·穆罕默德汗自封为埃米尔，决意阻止锡克教徒侵占阿富汗的东部地区。他向英属印度总督奥克兰伯爵乔治·艾登（1836—1842 在任）提出申请，请求后者协助解决阿富汗与锡克教徒之间的纠纷。奥克兰干脆地回答道，英国政府奉行不干涉独立国家内政的原则，而且倾向于维持英国与锡克教徒之间的盟友关系。与此同时，波斯人在试图夺回位于阿富汗西部的赫拉特省，现在他们还得到了俄国的支持。作为回应，奥克兰于 1838 年召集了印度河军队①，并向波斯明确表示波斯入侵阿富汗对英属印度构成了威胁。波斯人撤退了，但是英国认为多斯特·穆罕默德汗太难打交道。于是，英国人入侵喀布尔，扶植了一个傀儡君主舒贾。事后看来，这是一个巨大的错误。

英国人认为这么做既可以保护印度，也能够阻止俄国进入波斯湾和印度洋的温水港，早在一个多世纪前彼得大帝（1682—1725）就在觊觎这些港口了，他的这种渴望助长了俄国对无休止扩张的贪婪妄想。英国已经充分建立起了对印度的鸦片贸易，它不希望俄国人出现在波斯湾湾口和古吉拉特海岸之间的沿海地区。

1839 年，印度河军队入侵阿富汗。在阿富汗部落面前，这支由 25000 名英国士兵和锡克教徒组成的队伍遭受了惨重损失。就在两年前，阿富汗人设法在兴都库什山脉的开伯尔山口阻止了锡克教徒的进攻，现在，面对眼前这支试图进入他们国家的大军，他们也毫不客气。英国人坚信自己能够成功地入侵阿富汗，因此他们随军带上了妻子和孩子。在喀布尔，英国军队经历了阿富汗的严冬，同时还要忍受着威廉·埃尔芬斯通无能——即使他是出于好意——的领

---

① 印度河军队由来自孟加拉的一支军队和来自孟买的一支英国军队组成。此外，东印度公司也组建了自己的军团，还有 2 个印度骑兵团和 12 个印度步兵团。

导。在 1841—1842 年的那个冬天，阿富汗人发动了起义，埃尔芬斯通被迫与阿富汗人进行谈判，希望安全前往英国设在贾拉拉巴德的驻防区。对于阿富汗人特有的阳奉阴违的做派，英国人缺乏认识，他们带着妻子和孩子开始撤退，结果在甘达马克山口遭到了大肆屠杀，幸存者寥寥无几。一些妇女和儿童活着逃到了贾拉拉巴德，但是到达目的地的士兵就只有威廉·布莱登一个人，其他人都被阿富汗部落吸纳了，例如沃伯顿上尉的妻子就嫁给了俘虏她的人，许多幸存下来的儿童被当地人领养了。这是一场可悲而惨重的失败，造成这场悲剧的正是英国人的狂妄自大。

305

然而，这并没有阻止英国在 1878 年再次入侵阿富汗。同样地，这次入侵在表面上也是为了保护英属印度免受俄国的伤害。1879 年签订的《甘达马克条约》使阿富汗成了英国的保护国，喀布尔敞开大门，接受了一支使团的到来。对使团开放的事情在阿富汗人看来仍然是一种奇耻大辱。使团只存活了不到两个月的时间，就被怒火中烧的赫拉特部落成员屠杀了。英国又一次入侵了阿富汗，这一次他们赶走了埃米尔，将多斯特·穆罕默德汗的孙子阿卜杜尔·拉赫曼汗（1844—1901）扶上了王位，这位君主后来被誉为"铁人埃米尔"。

对于阿卜杜尔·拉赫曼汗来说，"铁人埃米尔"这个美名可以说是实至名归。拉赫曼汗认为自己的首要任务就是"整饬数以百计的小酋长、掠夺者、强盗和杀手"，[4]他建造了许多基础设施，这些设施至今仍然在阿富汗发挥着主导作用。拉赫曼汗是一位邪恶、阴险、控制欲极强、冷酷无情的暴君，但是他创立了分管教育、公共事业、邮政和通信、医药、公共档案的政府部门，以及财政委员会和贸易委员会，这些事情在以前已经超越了极其封建、观念落后的

部落人民的认知范围。但是，对于拉赫曼汗而言，真正的权力来源
是阿富汗的军队，他通过这支军队对阿富汗人民实施着绝对控制，
同时还通过间谍活动对人民的一举一动进行监视，在人民中间制造
着对彼此的敌对情绪。拉赫曼汗是一个非同寻常的人，少年时期曾
接受过英裔印度人威廉·坎贝尔在军事战术方面的训练。坎贝尔原
先是锡克帝国的创始人及首任君主兰奇达手下的锡克军队里的一名
士兵，在舒贾被多斯特·穆罕默德汗流放后，他转变了阵营，加入
了支持舒贾的战斗。1834 年，在坎大哈负伤后，坎贝尔再次转变阵
营，加入了多斯特·穆罕默德汗领导的阿富汗军队，职位几乎相当
于最高统帅。坎贝尔皈依了伊斯兰教，为了表示忠心，他改名为
"谢尔·穆罕默德汗将军"。在英国人把舒贾当作自己的傀儡扶上王
位后，坎贝尔放弃了自己的职位，又开始为舒贾效力。当多斯特·
穆罕默德汗回到喀布尔时，坎贝尔已经清楚地证明了自己的价值，
穆罕默德汗允许他继续留在阿富汗军队担任将军。坎贝尔和其他阿
富汗人一样狡猾聪明，他给年轻的阿卜杜尔·拉赫曼汗留下了深刻
的印象，后者一直毫不动摇地用统治军队的方式统治着国家。但
是，令人吃惊的是，他在某些问题上非常开明，例如，镇压压迫人
民的宗教领袖，聘请英国女医生莉莉娅斯·汉密尔顿作为自己的私
人医生，他的后宫医疗顾问则是凯特·戴利夫人。此外，他还聘请
了英国医生约翰·格雷，工程师派恩、斯图尔特和米德尔顿，以及
著名的采矿工程师阿瑟·柯林斯。

　　然而，他也延续了阿富汗的一项悠久传统，对阿富汗中部的哈
扎拉人进行种族灭绝。与伊拉克的雅兹迪族人（信奉雅兹迪教的库
尔德人）遭受迫害的情况一样，哈扎拉人遭受的迫害也建立在一种
令人费解的部落等级制度的基础之上，在数个世纪里，这种部落等

级制度迫使哈扎拉人一直处于阿富汗社会的底层，以至于现在对他们施加的任何形式的侮辱都不会令人感到奇怪，就连在其他方面都很理智的莉莉娅斯·汉密尔顿也曾对哈扎拉人做过一番令人难忘的描述，"体宽敦实、个头矮小、面如满月，头似粗糙的子弹"，[5]他们吃得"比驴子都便宜，但是几乎可以运载同样多的货物"，所以他们经常遭到绑架，沦为奴隶。[6]

有两个历史性的事件都清晰地体现了"铁人埃米尔"的统治风格：一件就是俄国在1885年占领阿富汗北部边境一座堡垒的"潘杰德事件"；另一件是1893年阿富汗和巴基斯坦的边界线"杜兰德线"的划定。

在发生"潘杰德事件"的时候，英国和俄国正在围绕着阿富汗西北部的边界问题进行着谈判，俄国占领了潘杰德堡，杀死了900名阿富汗人，俄军方面只死了11个人。"铁人埃米尔"当时正在拉瓦尔品第（巴基斯坦东北部）与英国人会面，为了避免俄国和英国围绕着他的国家发生争执，他决定将俄国的这次行为认定为一场小冲突，而不是侵略行为，英国人退出了战争。然而，为了维持和平，英国人割让了潘杰德堡，而不是像他们在《甘达马克条约》中承诺的那样支持阿富汗对抗俄国。目睹英国人的表现，埃米尔对他们的承诺彻底失去了信心。

1893年，时任英属印度政府外务大臣的莫蒂默·杜兰德爵士负责划定阿富汗和巴基斯坦之间的边界，结果英国和阿富汗的关系遭到了进一步的削弱。这条边界线长达1510英里，其中800英里经过了勘测，但是边界线穿过了一片被西方视为无人区的山区地带。这片山区基本上不适宜人类居住，而且大部分地段都无法通行，所以这里被认为是一段天然的边界。然而，这片山区径直穿过了分布在边境地区的几个普什图部落的势力范围和游牧民族的交通路线。迄今为止，阿富汗始终不承认这条边界线，事实上这条边界线存在很多漏洞。大部分阿富汗人至今依然认为杜兰德线和其他东西一样，完全是英国人强加给他们的。

"铁人埃米尔"于 1901 年去世，他的儿子哈比布拉继承了王位，同时也继承了父亲最优秀的品质。哈比布拉是阿富汗历史上最具有自由主义思想的领导人之一，曾经尝试着为阿富汗引进现代医学。1919 年，他在一次狩猎旅行中被暗杀了。就在当年，哈比布拉的第三个儿子阿曼努拉成为埃米尔（后来成为国王），阿富汗设法从英国人的手中夺回了外交事务的控制权。阿曼努拉继承了父亲的衣钵，试图带领阿富汗实现现代化。他在喀布尔开办了男女同校的学校，鼓励喀布尔人穿上西装，他还娶了自由派政治家马哈茂德·塔尔齐的女儿为妻。塔尔齐在 1911 年出版了阿富汗的第一份报纸，以政治和时事内容为主的《光明新闻》。然而，在保守派的压力下，塔尔齐被迫远走他乡。在巴黎期间，他在阿富汗和法国城市里的自由派之间建立起了牢固的联系。阿曼努拉深受岳父的影响，他和妻子索拉娅·塔尔齐王后对欧洲进行了访问，带回了许多关于如何改变国家的思想。然而，阿曼努拉的这些现代思想非常不受欢迎，喀布尔的一些报纸说国王和王后给阿富汗带回了一台用尸体制造肥皂的机器。

塔尔齐建议女婿利用英国和苏联之间的竞争获得双方的援助资金，随即苏联就开始向阿富汗提供援助资金，同时还提供了 13 架飞机，以及飞行员、机械师、运输专家和电报员。1925—1926 年，苏联在赫拉特、喀布尔、坎大哈和马扎里沙里夫之间铺设了电话线，到 1928 年，从莫斯科经塔什干飞往喀布尔已经成为现实。

阿曼努拉的改革超出了保守派的接受范围，1929 年初，他的统治被推翻，不过反对派允许他选择退位，最终他和妻子移居到了瑞士。在一场斗争之后，穆罕默德·纳迪尔（1883—1933）继承了王位。纳迪尔原先是阿富汗军队里的一名将军，他也主张阿富汗实现现代化，但是他的举措比阿曼努拉隐蔽得多，而且他对宗教领袖进行了安抚。在纳迪尔的成就中，影响最持久的就是他启动的公路交通网的建设，包括穿越兴都库什山脉的大北路。1933 年 6 月，阿富汗大使，即未来的阿富汗首相穆罕默德·达乌德的父亲在访问柏林时被学生赛义德·凯末尔暗杀，后者指责他是亲英派。9 月，学校教师穆罕默德·阿齐姆进入英国驻喀布尔大使馆，杀死了 3 个人——一个英国人，一个印度人和一个阿富汗人。接着，在 11 月 8 日这一天，纳迪尔到一所高中参加颁奖典礼时，被一个年仅 15 岁的哈扎拉人学生阿卜杜勒·哈利克暗杀。哈利克被处死了，"警卫人员对他进行了一番酷刑折磨，割掉了他的舌头，挖掉了他的眼睛，然后士兵们用刺刀将他杀死了，他的家人和朋友被迫观看了行刑过程"。[7]

在纳迪尔之后，继承王位的是他的儿子穆罕默德·查希尔（1914—2007），查希尔成了阿富汗的末代国王。在蒙彼利埃大学完成教育之后，彬彬有礼、充满魅力、能说一口流利法语的查希尔决心实现阿富汗的现代化。1934 年，阿富汗加入国际联盟，并得到了美国的正式承认。查希尔曾请求美国和苏联为阿富汗提供经济援助和专家建议。他还给后人留下了一笔永恒的遗产，这就是赫尔曼德大坝工程，他建造这个工程的初衷是让赫尔曼德河谷重新焕发生机。

赫尔曼德河谷计划

赫尔曼德河谷管理局成立于 1952 年 12 月 4 日。赫尔曼德省位于阿富汗的中南部，南部与巴基斯坦接壤，是阿富汗最大、最长的一个省，也是最大的鸦片产地。赫尔曼德省的北部是令人望而生畏的巴格兰山脉，南部是达什特玛格，也就是"死亡沙漠"。赫尔曼德河是阿富汗境内最长的河流，发源于喀布尔以西大约 50 英里的兴都库什山脉，全长 710 英里，最终流入伊朗境内的锡斯坦盆地。这条河蕴藏着巨大的能量，纳迪尔决心建造一系列水坝，对这条河流加以利用，用河水进行灌溉，实现水力发电。

纳迪尔和阿富汗政府聘请了美国的莫里森·努森公司，这家公司曾建造过胡佛水坝。赫尔曼德大坝工程于 1946 年启动，1952 年 12 月 4 日竣工。在次年 9 月发生的一场不流血的政变中，穆罕默德·达乌德成了阿富汗首相。达乌德执政 10 年，与查希尔一样，他也属于进步派，支持妇女权利。他对巴基斯坦采取的咄咄逼人的政策，促使后者在 1961 年关闭了边境，结果导致阿富汗对苏联的物资（如石油）供应依赖变得更加严重。第二次世界大战结束后，苏联一直在阿富汗的北部地区寻找石油和矿藏，并且试图赢得当地人的支持。然而，阿富汗人在 20 世纪 30 年代目睹过苏联人在大草原上围捕啮齿动物（以消灭鼠疫）的景象，因此对苏联人的到来产生了强烈的怀疑。面对美国在阿富汗南部地区正在进行的庞大工程，苏联在 1953 年出资铺设了喀布尔的道路，希望通过此举清楚地表明自己的善意。

阿尔干达卜大坝和卡亚基大坝于 1953 年竣工，这两项工程规模巨大，仅卡亚基大坝就有 32 千米长。修复后的灌溉渠非常有效，以至于收割庄稼时，一度出现了劳动力不足的问题。从 1954 年起，政府开始往拉什卡尔加郊外的新村庄迁置农业劳动力。在第一阶段，达乌德安排不同的部落混居在一起，试图让这些部落实现和平共处。然而，部落之间很快就发生了冲突，此后这些新建的村庄就因民族问题而分崩离析了。

阿富汗人没有意识到赫尔曼德河谷在提供有效灌溉的同时，也极大地提高了土地的盐分，土地的生产力出现了下滑。英国旅行作家艾瑞克·纽比在《漫步兴都库什》一书中，提到了自己当年在赫尔曼德省的小镇格列斯克与一位老人所做的一番交谈："美国大坝的下面全是盐。他们用不着费力去找，现在大伙得永远吃哈马克（盐）了。"[8]

1955 年，苏联向阿富汗提供了 1 亿美元的借款，这笔钱将被用于当地的发展；1956 年，美国建起了坎大哈机场，逐渐发展起了阿里亚纳阿富汗航空公司。达乌德意识到外国援助的领地色彩越来越浓，于是他开始让苏联人为南部地区开展的项目掏钱，让美国人负责支付北部地区的项目费用，从而破坏了这两个国家试图插手阿富汗某一地区事务的打算。他还鼓励阿富汗人进一步接受自由思想，在 20 世纪 60 年代，喀布尔尤其经历了西方化的过程，佩戴面纱成了个人选择，一些女性甚至穿起了迷你裙，尽管人数也许不像今天的互联网所暗示的那么多。喀布尔还出现了强大的学生文化，在这里读书的许多学生后来去美国完成了研究生阶段的学习，当时美国左翼运动的力量正在逐步壮大。

趁着堂弟及妹夫查希尔因健康问题出国的时候，达乌德于 1973

年 7 月 17 日夺取了政权。（现在，纳迪尔作为颁布了 1964 年宪法的阿富汗领导人而被后人铭记，这部宪法促进了阿富汗普选权和妇女权利的发展。）但是，达乌德并没有自封为国王，而是宣布成立阿富汗共和国，并任命自己为总统。他和分布在边境两侧的普什图人之间一直存在矛盾，后者不愿接受强加给他们的"杜兰德线"，现在他们提出了独立的要求。达乌德意识到随着左翼思想在 20 世纪 60 年代和 70 年代的不断传播，苏联人在阿富汗北部地区对当地人尤其是年轻人的影响越来越大。1977 年，达乌德前往莫斯科同列昂尼德·勃列日涅夫见了面，表达了自己对苏联在阿富汗北部的影响力的不满。面对达乌德的抱怨，苏联领导人表示阿富汗最好加入苏联集团，这样才能确保中亚地区的安全。他还警告达乌德，在阿富汗北部有太多的"北约"专家，苏联认为这些专家都很可疑。达乌德对勃列日涅夫的看法讥讽了一番，然后便离去了。回到喀布尔后，他做出了一系列的部署，削弱了阿富汗与苏联之间的联系，同时增强了阿富汗与伊朗、沙特阿拉伯和西方的联系。一年后，阿富汗军队和警察部队接受了埃及——而不是苏联——的训练，这令勃列日涅夫大为恼火。

　　1978 年 4 月，在一位社会主义理论家的葬礼上，3000 人赶来聆听了阿富汗人民民主党的几位领导人的讲话，发表讲话的人中包括曾经是记者，后来选择从政的努尔·穆罕默德·塔拉基。达乌德下令逮捕他们，但是塔拉基逃到了苏联。4 月 28 日，喀布尔机场附近的军营发生了哗变，在接下来的几天里军队集结了起来。最终，达乌德和包括孙子在内的 28 名家庭成员被共产党人杀害，他们的尸体被丢到了喀布尔城郊的两处乱葬岗。2008 年，他们的遗体才被发现。

"四月革命"过后，努尔·穆罕默德·塔拉基及其领导的人民民主党的人民派执掌了阿富汗政权，党内的反对派旗帜派很快就失势了。1979 年 9 月，哈菲佐拉·阿明推翻了塔拉基的领导，并处决了塔拉基。人民民主党完全模仿苏联国旗的样式设计了新的阿富汗国旗，只不过底色换成了绿色。人民民主党还对高利贷活动颁布了禁令，对于每年依靠"色拉姆"信贷系统种植庄稼的农民来说，这成了一场灾难。农业生产出现了下滑，而人民民主党却认为真正的问题在于土地所有权。后来，为了解决这个问题，他们结束了封建制度，对农田重新进行了分配，让每个人都拥有了土地。这种措施听上去就没有可行性，事实也的确如此。就在阿富汗人围绕着谁得到的土地最好的问题争执不下之际，阿富汗的粮食减产问题变得更加严重了。粮食短缺，再加上人民民主党一边宣布赋予妇女权利，一边在政治和社会两方面实行着匪夷所思的压迫统治，面对这些情况，苏联认为入侵阿富汗的时机已经成熟。

313

俄国人来了：苏联的阿富汗（1979—1989）

1979 年的平安夜，勃列日涅夫对第四十集团军进行了部署。这支苏联军队在抵达喀布尔后，杀死了哈菲佐拉·阿明，任命效忠苏联的巴布拉克·卡尔迈勒为国家最高领导人。作为全球穆斯林国家联盟的伊斯兰会议组织对苏联的行动进行了谴责，并要求苏联"立即、紧急和无条件撤军"。[9]联合国反对干预此事。超过 500 万名阿富汗人逃往巴基斯坦和伊朗，阿富汗的抵抗组织得到了大量援助。在这些援助中，有一部分是美国通过中央情报局的"飓风"行动提供的，还有一部分来自海湾国家和个别富豪，例如乌萨马·本·拉登，他于 1979 年离开大学，出资创办了一所训练营，对逃到巴基斯坦的阿富汗游击队员，即穆贾希丁（Mujahideen）进行训练。"Mujahideen" 是 "mujahid" 的复数形式，这个词表示"战士"的意思。当阿富汗起义者第一次采用这个名字称呼自己的组织时，这个词就具有了"为崇高的目标而奋斗"的含义，也就是"圣战者"的意思。这个伊斯兰词汇的变形是阿富汗战争的一个突出特点，在一定程度上反映出一个事实，在现代阿富汗，生存在本质上是不确定并且日趋暴力的。

在这个阶段，穆斯林游击队被视为英雄。罗纳德·里根总统将"哥伦比亚"号航天飞机献给了"阿富汗人民"，他将他们的斗争称为"人类的最高愿望"。[10]穆斯林游击队主要在农村地区进行着游击战，这个国家的大部分地区仍然处于苏联的控制之外，苏联人控制着城市和公路网络，通过空袭的方式，对他们怀疑窝藏着叛军的村庄进行无休止的惩罚。武器装备源源不断地从西方尤其是美国运抵阿富汗，以支持抵抗组织的活动。

苏联人还对灌溉渠和公路网实施了轰炸，赫尔曼德省和其他农业省份的农民再也无法将农产品运往市场，一段严重的经济衰退期开始了。苏联在很短的时间里就剥夺了阿富汗农民养家糊口的能力。阿富汗有名的水果西瓜、桃子、石榴和杏子，被卡在破破烂烂的公路上或者检查站里，在卡车上等着腐烂。卖不出去阿月浑子果（开心果）和枣子，种植者就买不到足够的粮食来养活一大家子人，阿富汗的家庭通常至少有 15 口人。这样一来，原先种植罂粟的农户就扩大了种植面积，因为鸦片乳胶可以无限期地储存起来，而且能够换来阿富汗人急需的现金。

阿富汗农业活动的一个方面是苏联人所不熟悉的。在阿富汗的高原地区，罂粟是主要的作物，但同时还存在着足够的自给性农业活动，在赫尔曼德省的基础设施触及不到的地区，灌溉水源都是由坎儿井提供的。这些河道位于地表之下，沿着土地的天然走向流动着，人们沿着河道两侧凿出了灌溉田地的水渠。从表面上看，坎儿井系统就像一座座巨大的鼹鼠丘，农民们爬进去，挖出进入河道的淤泥或石块。否则，它们就会彻底被隐藏起来。当地人通过"哈沙"（hashar）系统对坎儿井进行着维护，按照这种传统，如果一块农田得到了坎儿井的灌溉，拥有这块农田的农民每年就要花上几天的时间清理水渠里的淤泥和垃圾。在地形复杂的地方种植罂粟的时候，坎儿井尤其有用，并且避免了美国建造的规模更大、更显眼的水渠所遭受的破坏。

对于在苏联占领时期留在祖国的阿富汗人而言，生活毫无希望，尤其是农村社区，那里的苏联军队射杀牲口、破坏农机具。城市里的生活也好不到哪里去，1987 年，在苏联人的共同努力下，坎大哈的居民从 20 多万人减少到了不足 2.5 万人，城市的大部分地区被夷为平地。至于阿富汗的农田里和路边埋有多少地雷，没有人知道准确的数字，红十字会估计这个数字在 1500 万枚左右，并且预测这个国家将永远无法彻底清除这批地雷。迄今为止，已经有成千上万的阿富汗人被炸死或者被炸成重伤。一旦被揭发，同情共产主义的阿富汗人就会被处以石刑（被乱石砸死），"圣战者"组织在阿富汗得到了极其广泛的支持，考虑到阿富汗人曾经遭受的苦难，这些现象或许并不令人感到惊讶。

就像 1841 年冬天阿富汗部落击败威廉·埃尔芬斯通率领的军队一样，尽管面对着在数量上远远超过自己的坦克和大炮，穆斯林游击队还是打败了苏联军队。早在 1983 年，最迟不超过 1985 年，在米哈伊尔·戈尔巴乔夫的支持下，苏联人就知道自己已经输掉了这场战争，并开始寻找出路了。他们开始将打击"圣战者"组织的责任转嫁给阿富汗军队，那些支持"圣战者"的国家，如美国、沙特阿拉伯和巴基斯坦，都看到了机会，他们进一步增加了对阿富汗反政府武装的援助。西方国家青睐充满魅力的艾哈迈德·沙阿·马苏德领导的军队，由于在抵抗苏联人的过程中表现出的军事才能，这个来自塔吉克族的逊尼派穆斯林得到了"潘杰希尔雄狮"的美名。乌萨马·本·拉登意识到了苏联正在逐渐退出阿富汗，于是他在 1988 年创建了"基地"组织。

在接下来的三年里，苏联人开始从阿富汗缓慢撤退了。可悲的是，事情并不会一帆风顺。苏联人留下了一个共产主义傀儡政府，面对来自阿富汗部落的势不可当的仇恨情绪，这个政府完全是靠着苏联提供的大炮才得以继续控制阿富汗的城市中心地区。在西方国家的支持下，马苏德在北方站稳了脚跟，拥有了一批忠实的追随者。

1991 年，苏联开始解体，阿富汗人民民主党政府从苏联手中得到的援助逐渐减少，最终变得十分微薄。缺少食物或燃料补给，军队就无法继续运转下去。就在这一年，各方达成了一项权力共享协议，即《白沙瓦协定》。唯一一名不接受这份协定的"圣战者"就是臭名昭著的"喀布尔屠夫"古勒卜丁·希克马蒂亚尔，他想独自统治阿富汗。无论从哪种意义上说，希克马蒂亚尔都是一个激进分子，他得到了巴基斯坦三军情报局的资助，是阿富汗近代史上一个极具争议性的人物。希克马蒂亚尔与马苏德之间的竞争是在苏联统治阿富汗的末期出现的，是决定阿富汗未来命运的因素之一。

苏联从阿富汗撤军，共产主义的威胁不再迫在眉睫，在这种情况下，美国对阿富汗局势的兴趣减弱了。在阿富汗的农村地区，赫尔曼德省的共产党省长宣布，凡是愿意与穆斯林游击队战斗的 10 人或 10 人以上的团体都属于警察队伍，这项政策催生了数百个规模极小的警察民兵组织，这些组织实际上与反叛民兵组织没有什么区别。在四面楚歌的赫尔曼德省居民看来，两者难以区分。

日渐式微的共产主义政府提出的诸如此类的要求，助长了阿富汗军阀的崛起。在一个部落主义盛行、匪祸连连、生活水平最差（除了最贫穷的非洲国家）的国家里，政府对私人军队的接纳正是阿富汗许多投机取巧的暴徒和帮派建立自己的小帝国的前提条件。与此同时，在 20 世纪 80 年代，巴基斯坦在海洛因的消耗量和成瘾人口方面都出现了激增的趋势，这就为阿富汗新发展起来的应急经济作物提供了出路。沿两国边境线的一些偏远地区散布着一座座的海洛因提炼厂，形成了一个价格低廉、购买方便的供货渠道。巴基斯坦三军情报局的一些成员和阿富汗毒贩一起参与了这项交易，结果导致巴基斯坦的海洛因成瘾者人数从 20 世纪 80 年代估计的 5000 人增长到了 1985 年的 100 多万人。因此，在 20 世纪 90 年代初期，更多的农民将更多的土地投入了罂粟种植业，军阀会对农民进行勒索，逼迫后者交出一部分收成，或者彻底控制全部收成。许多农民在经济方面受制于人，别无选择，而且没过多久他们就得向不止一个民兵组织纳贡了。这些民兵组织腐败堕落的恶名激怒了许多人，但是由于他们对暴力手段的嗜好，阿富汗人民被他们牢牢地控制住了。习惯于混乱局面的阿富汗正在被这样的混乱所淹没。面对这种状况，一群年轻的普什图学生，即"塔利班"，以及他们严厉的独

317

眼毛拉穆罕默德·奥马尔挺身而出，他们的出现似乎能够解决阿富汗的现实问题。

"万物非主，唯有真主；穆罕默德是真主的使者"[11]

在巴基斯坦接受训练的不只有"圣战者"。苏联在巴基斯坦制造了许多孤儿，很多阿富汗家庭都把孩子送到边境另一侧的巴基斯坦，让他们远离危险。成千上万的男孩进入巴基斯坦北部难民营开办的伊斯兰学校。在这些严格的宗教学校中，有许多都得到了沙特阿拉伯王室的资助，这是费萨尔国王的梦想留下的遗产，这位沙特阿拉伯国王渴望将自己信奉的伊斯兰教，即瓦哈比教派传遍整个伊斯兰世界。瓦哈比教派出现于 18 世纪，是一个追求原始教义、按照字面意思解释教义的伊斯兰教派，类似活跃于 16 世纪晚期和 17 世纪的新教清教主义。这个教派的整个世界观是虚无主义的，伊斯兰学校里的生活基本上就只是吃饭、睡觉和死记硬背《古兰经》。在传统的阿富汗社会里，在家里维持纪律的责任属于女性，父亲扮演的角色则是在看到孩子做出不端行为时纵容他们，或者至少会表现出一副漠不关心的态度。伊斯兰学校里没有女性，对于许多没有父母的男孩而言，他们的生活中根本就不存在任何女性，这就意味着他们在长大成人的过程中缺乏和女性的接触，他们只懂得瓦哈比教派的宗教观点。他们贫瘠的情感生活以及这种完全由年轻男性组成的社会，最终在 1994 年 10 月 12 日催生了一种狂热的原教旨主义，就连比较保守的阿富汗人都对此感到惊讶。

斯平布尔达克（意为"白色沙漠"）是坎大哈省位于"杜兰

德线"上的一座巨大的卡车停靠站。表面上看，这是一处合法的货物交换点，也是卡车司机们的休息站，他们一旦上路，通常会连续开上 24 小时的车。然而，这座停靠站也是阿富汗最大的走私中心之一，在这里进行交易的两种主要商品就是无线电设备和麻醉品。当初被苏联人拆除的电话线就被丢在路边，当地人把电话线收集起来，卖掉了其中的电线（至今，阿富汗依然更依赖无线电，而不是固定电话）。

在阿富汗，卡车司机主要是普什图人，他们受够了被军阀抢劫和勒索的生活，因此以普什图人为主的塔利班最早出现在斯平布尔达克，并且在几乎没有遇到抵抗的情况下迅速占领了这里，也就不太令人感到惊讶了。接着，塔利班迅速向坎大哈推进，征服坎大哈的过程比较困难，但是这座城市最终还是沦陷了，而塔利班也没有遭受多少损失。

塔利班随即就开始推行他们对沙里亚法（伊斯兰教法）的理解。根据沙里亚法的规定，妇女不得接受教育，也不得参加工作，而且必须身着布卡罩袍，将自己从头到脚遮得严严实实。在此之前，公共部门里有四分之一的职位是由妇女担任，禁止妇女工作就意味着行政部门濒临崩溃。只要见到电视机，塔利班就会将其捣毁，他们还禁止了所有的体育运动。只要有条件，所有男性都必须蓄起长须。1996 年，他们彻底控制了坎大哈，还立即对哈扎拉人开展了一系列精心策划的屠杀，烧毁了数以千计的房屋和成千上万亩农田，杀死了牲口。他们同时也成功地镇压了军阀，他们通常采取的手段就是将这些军阀杀死，不过他们宣称这么做是为了伊斯兰教和阿富汗。颇具讽刺意味的是，这些年轻人中的许多人以前从未在阿富汗生活过，他们一直以难民的身份生活在巴基斯坦。

319

在阿富汗，苏联人从未对城市以外的地区实现过真正的控制，塔利班的情况则不同，到 1997 年，他们已经控制了阿富汗 85%—90% 的土地，毛拉奥马尔被任命为埃米尔。[12]就在当年，塔利班的中央银行普什塔尼塔贾拉提银行开始对农民的利润征收 10% 的源头税，鸦片商人则必须为每一笔交易缴纳 2.5% 的税金。禁止妇女接受教育的政策带来了大量的免费劳动力，保证了鸦片生产的持续繁荣。罂粟种植从山区转移到了平原地区，塔利班尤其鼓励赫尔曼德省和楠格哈尔省的农民将自己的土地用于罂粟种植，以抵付一笔 10% 的合理税金，即"天课"①。这笔税金也为他们及其农场换来了保护。许多农民都目睹过以前的政府走向崩溃的过程和苏联统治时期的恐怖景象，对他们而言，10% 的税金似乎并不算多。正如小农场主瓦利所说："塔利班给我们带来了安全，这样我们就可以踏踏实实地种植罂粟了。我得用罂粟的收成来养活全家 14 口人。"[13]每年，瓦利可以通过 45 千克生鸦片胶赚到 1300 美元，这足以让他摆脱绝对贫困的生活状态。这些农民并不一定认同塔利班对《古兰经》所做的极其严格的解释，但是他们中间的许多人都过上了稳定的生活，重新变得富足了。这与外界对塔利班统治下的阿富汗的生活状况的预期大相径庭，正如联合国前秘书长科菲·安南所说的那样："在一个拥有 2000 万人口的国家里，5 万名武装分子把全国人民当作了人质。"[14]塔利班还任命了自己的缉毒主管阿卜杜勒·拉希德，这项人事任命进一步巩固了他们独特的世界观。拉希德负责彻底根除哈希什（一种用大麻制成的麻醉品），因为阿富汗人和穆斯

① 天课（意为"涤净"）是伊斯兰教的五大宗教信条之一。伊斯兰教法规定，凡有合法收入的穆斯林家庭，都必须抽取家庭年度纯收入的 2.5% 用于赈济穷人或需要救助的人。又称"济贫税"。

林在消费这种麻醉品。"我们允许鸦片的存在，因为消费鸦片的是西方的卡菲尔（异教徒），而不是穆斯林和阿富汗人。"[15]

在阿富汗北部地区，艾哈迈德·沙阿·马苏德建立了比较温和的"北方联盟"组织，以抗议塔利班的占领。"北方联盟"成了阿富汗事实上的政府，因为除此以外，阿富汗别无可行的选择。

在鸦片生产方面，阿富汗开始年复一年地打破各项纪录，只有在2000—2001年的时候鸦片的增产速度减缓了一次，当时毛拉奥马尔颁布了一项禁令，要求农民开垦土地，宣布罂粟"不符合伊斯兰精神"。然而，到了2002年的耕种季节时，毛拉奥马尔的态度又有所缓和了，外界普遍怀疑他之所以颁布这道禁令，并不是出于精神和良知方面的考虑，而是为了确保罂粟不会在市场上泛滥。位于阿富汗东北部的巴达赫尚省是马可·波罗笔下的罂粟的故乡，这里的罂粟种植业一直处于停滞状态。在毛拉奥马尔的禁令失效后，阿富汗的罂粟产量继续急剧攀升，2006—2007年，据估计全世界90％以上的海洛因是阿富汗供应的，这个国家用于种植罂粟的土地面积超过了整个拉丁美洲种植古柯的土地总面积。外界的一些组织出于善意，一直试图通过可替代的方式减少阿富汗的罂粟种植量，例如，英国人就曾在20世纪90年代末为阿富汗的罂粟种植户提供补偿，结果为了获得更多的补偿，当地农民反而扩大了罂粟种植面积。

321

随着罂粟总产量的逐年上升，到2007年底，阿富汗显然已经形成了分裂的局面，而且是在很多方面都形成了分裂。在北方地区，尽管存在着贫困和诸多现实问题，鸦片生产却始终处于较低的水平和停滞状态，或者说一直在不断减产，联合国认为是"领导能力、激励措施和安全保障措施使得农民放弃了鸦片"。[16]1991年，苏联解体成 15 个国家，俄罗斯对阿富汗的威胁立即削弱了。阿富汗开放了边境，这就为本地的毒贩提供了将产品运往北方的便利条件。俄罗斯国内的海洛因问题相对来说一直不太严重，但在苏联解体后的 18 个月里，俄罗斯的海洛因成瘾者数量增长了 8 倍。1995—2001 年，新出现的艾滋病感染者每年都要翻一番，肝炎和耐药性结核病的情况也是如此，这一切恰好与塔利班的毒品输出保持了一致的步调。据估计，目前俄罗斯有 130 万名海洛因成瘾者。[17]这是阿富汗对俄罗斯的报复。

在阿富汗的西南部地区，尽管当地收入水平较高，鸦片种植却达到了前所未有的水平。"杜兰德线"穿过一片又一片全球种植密度最高的罂粟田，在 2007 年的时候，阿富汗 70％的罂粟种植田集中在边境地区，全国一半以上的罂粟收成来自赫尔曼德省。

美国入侵阿富汗

2001 年 10 月 7 日，美国和英国入侵阿富汗，以报复塔利班发动的"9·11"袭击，而且他们还怀疑阿富汗窝藏了乌萨马·本·拉登，而塔利班就在此前的两个季度里全面禁止了鸦片种植。西方军队成功击败了塔利班，然而他们不仅卷入了一场战争，而且陷入了一场危机。在阿富汗，人们没有能力养活自己的孩子，也没有能力获得医疗服务，因为他们已经连续两个季度没有收入了。他们中的许多人都背上了塔利班毒贩的沉重债务，陷入了绝望的境地。联合国毒品和犯罪问题办公室的研究主任桑迪普·查瓦拉曾表示："从毒品管制的角度来看，这是一次前所未有的胜利；但是从人道主义的角度来看，这是一场重大的灾难。"[18]此外，由于供应短缺，为了保证供应，毒贩们开始对海洛因掺假，而海洛因纯度的下降又导致了伊朗和爱沙尼亚大量的吸毒者死亡。

2001年底，在波恩举行的一次会议上，英国被授予监督阿富汗禁毒工作的职责。然而，从2001年开始，阿富汗的罂粟生产反而变得繁荣起来。"北约"士兵根除罂粟的行动不仅导致阿富汗农民与入侵者之间产生敌意，而且造成了当地生活条件的恶化。而且，从长远来看他们的行动并不成功，因为阿富汗的罂粟种植始终处于不断的增长中。塔利班政权改善了道路状况，"北约"的干预又提高了基础设施水平。塔利班和"基地"组织的许多成员始终没有被抓获，因为他们的身份还无法确认，他们还在继续从事着鸦片贸易。阿富汗现在仍是全球最大的大麻供应国。[19]

联合国毒品和犯罪问题办公室提交的报告清楚地表明，"北约"组织的行动是徒劳的："2007年，阿富汗种植了19.3万公顷罂粟，比上一年增长了17%……因此，阿富汗的鸦片产量已经达到了一个惊人的新水平，比两年前的产量增长了一倍。"[20]而"北约"试图根除的罂粟田的总面积为19047公顷，从那时起，根除罂粟的努力就从未停止过。阿富汗罂粟种植面积的激增令美国感到惊恐，因此美国针对2008年春的收获季制定了一套喷洒清除方案，其中用到的喷雾制剂包括橙剂（化学制剂）和绿剂（生物制剂）。美国在越南战争期间就使用过这些毒剂，在2000年清除哥伦比亚的古柯田时也使用过，这两种毒剂都造成了严重的健康问题，尤其是在儿童的身上。不过，最终美国还是没有对阿富汗使用这些毒剂。

外界一直试图为阿富汗提供各种替代发展方案，例如，2008—2012年在赫尔曼德省推行的"粮食区"计划，这个项目鼓励当地人使用温室种植全年可种植的作物，以维持家庭生计，项目还鼓励种植小麦、藏红花、黑孜然和甘草。不过，这个项目只取得了有限的成功，而且所谓的成功或许只是因为它给阿富汗的村民们带来了"一些里程碑性质的事件和一些关键绩效指标"。[21]联合国毒品和犯罪问题办公室 2014 年提交的报告显示，阿富汗至少有 22.4 万公顷的土地被用于种植罂粟，比上一年增长了 7％，而根除的罂粟田面积却下降了 63％。阿富汗海洛因的源头价格和出口产品的质量也出现了下降的趋势，2014 年海洛因的纯度降至 52％。[22]这种情况导致毒贩在将海洛因送到终端客户的手上之前，首先要对海洛因进行掺假，这样才能保证海洛因的效力足以吸引住吸毒者。1959 年，保罗·杨森在比利时的贝尔瑟首次研制出了人工合成的阿片类药物芬太尼，这是一种非常强效的药物，据估计其药效是海洛因的 50 倍。目前，在毒贩们都在使用的掺假药物中，芬太尼是最危险的一种。

从那时起，在各种因素的作用下——转基因罂粟的问世、对灌溉和农业技术的投资以及气候的变化——阿富汗农民每年都能种出更多的罂粟。由于种植能力的增强，2016 年阿富汗出产的鸦片总吨数比 2015 年增长了 43％，尽管耕种面积有所减少。这些数字令人震惊。[23]

与此同时，北约部队仍然在与叛乱分子进行着战斗。2014 年，来自西方的军队几乎全部撤离了阿富汗，只有赫尔曼德省还驻扎着一些部队。巴斯营地是英国陆军的一个空军基地，位于赫尔曼德省首府拉什卡尔加的西北部，是同类基地中最大的一座，能够容纳32000 名工作人员，而且还配有一所完全由帐篷组成但是设备齐全的野战医院。

2006—2014 年，巴斯营地赢得了"世界领先的野战医院的国际声誉。侵略行动中一些最激烈的战斗就发生在巴斯营地所在的这个省"。[24]巴斯营地是一个雄心勃勃的计划，它诞生在一场大规模军事行动的过程中，它的出现标志着自海湾战争以来战地医学领域的一次改良。海湾战争期间，军队依靠的还是陆军流动外科医院系统，在这场战争期间，战地医学取得的许多发展都对巴斯营地的成功做出了贡献，但是最后一支陆军流动外科医疗队212队也于2006年退役了，现在战场上的伤亡人员都依赖装备齐全的悍马车队，车队中还包括前沿外科手术队。

从那时起，参加海湾战争和阿富汗战争的医疗人员在平民创伤治疗方面不断做出着突出的贡献，尤其是在治疗车祸、烧伤和枪伤患者方面。在战地医院里，75％的病例都是简易爆炸装置造成的创伤，这促使医疗人员在截肢技术以及术前和术后护理方面都取得了进步。伤员在受伤后一个小时内（这段时间被称为"黄金时间"），如果能得到足够的止痛药和治疗，与各种损伤相伴而生的创伤后应激障碍水平就能够得到大幅度的降低。为此，战地医疗人员在治疗重伤员的时候会用到芬太尼棒棒糖。芬太尼棒棒糖几乎在一瞬间就能发挥出减轻疼痛的效力，同静脉注射的阿片类药物不同，如果服用者陷入昏迷或者出现下巴松弛的情况，小棍子会导致棒棒糖从服用者的口中滑脱。有趣的是，对于这种情况，英国和美国的医生有着不同的解决办法，美国医生会用胶带将棒棒糖上的小棍子固定在病人的拇指上，这样棒棒糖就不会丢失或者掉落了，但是它肯定会从病人的口中滑脱，这样就避免了服药过量的问题。

325

巴斯营地在治疗遭受严重创伤的儿童患者方面也取得了长足的进步，营地医院收治过85名儿童，这些孩子的平均年龄为8岁，其中有53人的伤势都和战争有关，大约一半的人是因简易爆炸装置受伤的，其余的病例大多是在家里或者是车祸造成的烧伤。[25]一些平民把伤势较轻、无须住院治疗的孩子也送到了这所营地医院，出于写作这本书的需要，我对营地的一名外科医生进行了采访，他告诉我，赫尔曼德省的儿童对止痛药，尤其是鸦片制剂有着很高的耐受力。看来，在阿富汗没有谁能躲过罂粟的毒害。

关于这一点，存在着一个令人厌恶的事实：在全球两个最主要的罂粟种植中心，正是西方的干预和需求创造出了这样一个拒绝被摧毁的产业。而且，阿富汗至今都没有出现实现和平的迹象。塔利班分子相信自己将继承第二个黄金时代——一个由尘土和灾难构成的黄金时代，这个组织与罂粟种植业之间存在着复杂而动荡的关系，但是他们需要这笔钱来资助其战争。现在，他们的竞争对手"伊斯兰国"组织（伊拉克和叙利亚"伊斯兰国"，也被称为"伊拉克和黎凡特伊斯兰国"组织，在阿拉伯语中为"达伊什"）无情地对被占领地区的农民征收着赋税。这两个组织都是西方国家进行干涉的产物，他们都清楚自己手中控制的这项非法产业有多么重要。联合国试图根除阿富汗的罂粟种植业，结果事与愿违——在战争、粮食短缺和时局动荡的时期，鸦片的产量只增不减。有人走私和贩卖海洛因或许是为了发财，但有人种植罂粟只是为了生存。

326 "伊斯兰国"是一个逊尼派穆斯林组织，他们遵循沙特阿拉伯信奉的瓦哈比教派的原教旨主义。瓦哈比教派于 18 世纪出现在阿拉伯半岛，是极端保守的宗教领袖穆罕默德·伊本·阿布多·瓦哈比创建的，他渴望恢复从前恪守清规戒律的哈里发们经历的辉煌时代，在那个时代伊斯兰帝国的版图甚至扩张到了西班牙。"伊斯兰国"组织的许多高层官员都曾是萨达姆·侯赛因领导的伊拉克军队的军官。2014 年，他们形成了一个协调一致的组织，开始占领主要补给线附近的城镇，这是他们从塔利班身上汲取的教训，并继续推进以巩固自己对伊拉克和叙利亚边境地区的控制。"伊斯兰国"是历史上最富有的恐怖组织之一，就在组建一年之后，他们占领的十几座油田每天估计能带来 100 多万美元的收入。[26]不仅如此，他们还在倒卖从伊拉克和叙利亚的军事基地盗窃来的武器。此外，他们还经营着毒品生意。这也是从塔利班那里学到的。2008 年，当时的美国缉毒局局长曾将塔利班与鸦片种植者和走私者之间的密切关系，同哥伦比亚革命武装力量参与尼加拉瓜的可卡因交易的行为相提并论。"伊斯兰国"组织似乎一心想要复制哥伦比亚革命武装力量的成功先例。运到欧洲的大部分可卡因在跨越大西洋时都穿过了北纬 10 度沿线的水域，也就是所谓的"10 号高速路"。在过去的 10 年里，马里和尼日尔的局势都因为内斗而变得动荡不安，这就为"基地"组织在当地的分支组织通过这些国家走私可卡因创造了更便利的条件。如今，非洲的伊斯兰组织"博科圣地"已经控制了这些国家古老的贸易通道，将毒品走私与强奸、绑架活动结合了起来，为了控制毒品和资金的进出，他们不择手段。在东边，"伊斯兰国"组织正试图建造自己的"10 号高速路"，也就是所谓的"南线"。通往北方的陆路交通变得越来越不通畅，尤其是在欧洲边境关闭的情况下，海路就成了最好的选择。

　　北非和埃及一直是可卡因和海洛因进入欧洲的大门，尤其是对驼队穿过沙特阿拉伯送到那里的阿富汗海洛因来说。在 20 世纪 20 年代末的埃及海洛因危机期间，形势变得十分严峻，骆驼军团甚至配备了一台 X 光机来检查骆驼是否被用来走私鸦片，因为毒贩有可能将装在金属容器里的毒品塞进骆驼的喉咙里。现在，"伊斯兰国"组织在积极地将鸦片提炼成海洛因，然后才将其运送出去。"伊斯兰国"组织提高在阿富汗境内的海洛因提炼量所产生的一个副作用，就是阿富汗各地的海洛因成瘾者人数出现了大幅度的增长。生活在农村地区的人原本就对鸦片制剂的耐受性比较高，因此他们受到的影响尤其严重。2015 年，联合国毒品和犯罪问题办公室估计阿富汗有 300 万名吸毒者，占全国人口的 12％，阿富汗成了全球吸毒成瘾率最高的国家。阿富汗出口的海洛因要经过伊朗和巴基斯坦，最后到达俾路支斯坦的莫克兰海岸。随后，货物被装上适于远航的小型帆船，一路驶向埃塞俄比亚，最终目的地是乌干达和肯尼亚。由 31 个国家组成、在海上进行巡逻的联合海上部队无权逮捕和拘留海员，因此他们只能将毒品倾倒进海里，释放走私者。被抓住的风险可以忽略不计，联合海上部队掌握的权力意味着走私者根本没有被关进监狱的可能。黎巴嫩真主党和索马里青年党也通过这条路线获得了一部分利润。乌干达的恩德培机场已经成了一个主要的海洛因中转站，那里极需金钱的运毒者会吞下多达 100 包海洛因，然后前往机场。其中一部分人会在体内携带毒品乘坐飞机，另一些人则等待毒品通过自己的身体，然后将毒品清洗干净，交给上级走私者，后者会将这些毒品储存起来。乌干达禁毒部门的负责人丁卡·萨拉加巴知道他们正在打一场必输的仗，2016 年他们只缴获了 20 千克海洛因："它可以放在妇女的胸部，也可以以卫生巾的形式放在她们的私处……总之有很多隐藏的方法。"[27]

　　2015 年，联合海上部队在蒙巴萨附近的一艘帆船上发现了 1032 千克海洛因，这是有史以来在东非缴获的数量最大的一批海洛因。自 2010 年以来，海洛因的缴获量一直在稳步上升，这表明中东各地的组织已经开始控制南线，并且在促进南线的发展。还有用于提炼海洛因的乙酸酐也在大量地从东非被运往"金三角"地区和新月地区。乙酸酐是一种应用广泛的化学试剂，但在联合海上部队看来，这条运输线上的乙酸酐供应量突然呈上升趋势，意味着海洛因的走私量出现了明显的增长。联合海上部队和其他有关部门将注意力转向了东非海域，阿拉伯世界的贩毒集团不得不寻找其他地方卸货。因此，自2015年以来越来越多的海洛因流入了南非，南线在尽可能地利用着非洲防范松懈的狭长海岸线，当地的各个城市正在遭遇毒品贩运路线沿线存在的一个典型问题，这就是毒品消费的增长。静脉注射导致的艾滋病毒感染人数在不断地增加，低等级的海洛因和大麻的混合物，也就是所谓的"尼普奥"（又名"旺加"），在约翰内斯堡和德班一带引发了一系列引人注目的社会问题。所有这一切都是阿富汗的海洛因交易造成的。

就像之前的塔利班一样，"伊斯兰国"组织必须控制自己的地盘才能保证这三种来源带来的收入。他们还不断地给自己的战士们服用安非他命，2017年在叙利亚边境缴获了超过1100万粒安非他命，这些药物的目的地正是"伊斯兰国"武装分子。[28]

"伊斯兰国"组织与莫卧儿国王巴布尔的统治思想非常相似，他们依靠着大量的土地、资源和人民过着不停流动的生活。但是，与莫卧儿帝国不同的是，他们利用不稳定的局势和恐怖手段来控制人民和资金的流入。"伊斯兰国"组织声称，为了在阿富汗这样的国家捍卫纯粹的穆斯林信仰，他们愿意付出任何代价，然而他们辜负了自己的誓言，因为他们正在剥削自己宣称要捍卫的那些人，他们给后者的心中灌输了如此强烈的恐惧，以至于后者能够心甘情愿地向他们交出收成和税金。不断加剧的毒品问题给"圣战分子"提供了方便，吸毒成瘾者的数量在不断地增长，只不过增长的幅度会随着外界环境的变化而改变。在复杂的军事组织、对社交媒体的控制以及与同一地区其他帮派保持友好关系等方面，"伊斯兰国"的组织结构都越来越接近墨西哥贩毒集团，因此他们的势力不太可能受到削弱。只有打破他们对石油和鸦片的控制，他们对当地的控制才能被瓦解。

在与一名来自楠格哈尔省的阿富汗青年会面时，我曾问他对"伊斯兰国"组织有什么看法。他耸了耸肩，这是阿富汗人在试图淡化问题时的典型表现。"没有多少看法。我的叔叔是塔利班，所以他们不会来打扰我们。不过，他们对女性不太好。"靠近"杜兰德线"的楠格哈尔既是鸦片种植中心，也是向巴基斯坦输出鸦片的通道。

"你的家人在那里做什么？"我问他。

他觉得我已经知道答案了，因为他回答道："哦，他们是农民。"

"他们种植罂粟吗？"

"当然了。又有谁不种呢？"他故作坦率地回答道。

大部分阿富汗人都痛恨"伊斯兰国"组织对当地的占领，就像他们痛恨英国和俄国的占领一样，但是在和侵略者打了两个世纪的交道后，他们对这种事情已经习以为常了。和以前一样，只要罂粟比其他东西更有利可图，他们就会继续种植下去。

第十章
海洛因时尚，艾滋病毒和止痛药一代

"我最美妙的时光都是它带来的。"[1]

——让·谷克多

让·谷克多出生于 1889 年，1904 年，在伦敦经受了 20 天的神经疼痛之后他染上了鸦片瘾。在有关药物成瘾的回忆录中，他写道："那是一个星期天的下午，潮湿，阴郁，我们这个世界最乏味的景象莫过于伦敦下着雨的礼拜天。"当时，一名无聊又疲惫的药剂师在牛津街的药店里给他开了一些鸦片胶，药店距离托马斯·德·昆西在一个多世纪前第一次购买鸦片酊的地方只有几码远。

非凡的巴黎社会名流谷克多很快就陷入了"神圣而喜悦的深渊"。[2]这个习惯他保持了 25 年，然后他决定戒掉鸦片。1929 年，就在最悲惨的一段时光里，他写下了最永恒的作品。声名狼藉、魅力超凡的谷克多是一个典型的瘾君子，也是一个成功戒毒的典型代表。通过自己的经历，他对瘾君子的生活获得了一种新的认识，也感受到了伴随着毒瘾产生的孤独感和救赎感："一个人在生活中所做的一切，甚至是爱情，都发生在一辆驶向死亡的特快列车上。吸食鸦片就是在火车还在行驶的时候下车。它让人沉溺于生死以外的东西。"[3]

谷克多通过吃、抽、喝（如鸦片酊）等方式接触鸦片的经历，充分体现了欧洲中上层阶级的成瘾模式。他仍然能够控制自己的生活和官能，但是他对自由充满了渴望。他对治疗师很不屑，他曾在文章中提到这些人"表现出了对鸦片酊的恐惧，从而证明了他们对（鸦片酊的）作用毫无试验性的认识"。

就在谷克多从事创作的时期，在世界范围内鸦片（主要是海洛因）的销售方式正在经历一次转变。对于毒品立法问题来说，两次世界大战之间的那段时期非常困难；全球非法药品供应路线也同样经历了一段困难时期，第一次世界大战对这些路线造成了严重的破坏。欧洲各国痛苦地知道自己通过《海牙公约》做出的承诺，但同时他们也意识到无论是在战争期间还是在和平时期，合法的医用鸦片制剂的市场需求有多么大，国内的麻醉品问题严重到了什么程度。惠芬公司是英国一家主要的鸦片制剂出口商，这家公司在 1923 年由于一桩走私丑闻被吊销了执照，法国米卢斯的罗斯勒公司成了西欧的头号鸦片制剂生产商，仅在 1928 年就生产出了 4.35 吨海洛因，这个数量是全球人口医用需求量的三倍以上。[4]法国制药公司准备了极其仔细齐全的出口文件，文件显示他们向美国、德国和雅加达出口的吗啡分别为 346 千克、440 千克和 62 千克，而当时这些目的地国家都已经将吗啡列为非法药物了。然而，这几个国家都没有证据能够表明这些吗啡到达了目的地，而法国公司又拒绝向接受这些药物的国家的政府提供进口商的名字和详细资料。[5]与此同时，瑞士在向法国出口吗啡，德国和芬兰在向爱沙尼亚供货。但是，瑞士和法国之间的交易只有出口记录，而没有进口记录。

英国和荷兰的制药公司表现尤其突出，他们想方设法地破坏着 332 《海牙公约》的条款，进口作为原材料的罂粟秆，再通过一个有越来越多公司加入的制毒网络对罂粟秆进行加工，然后将其供应给毒贩。也是在 1928 年，爱沙尼亚绝望地向国际联盟提出请求，要求各国政府接管"大规模"生产海洛因和可卡因的工厂。[6]芬兰没有加入国际联盟，肺结核在这个国家非常普遍，在整个 20 世纪 30 年代芬兰一直拒绝放弃使用以海洛因为主要成分的咳嗽药，例如名字很迷人的"肺"牌止咳糖浆。而且芬兰人还在继续大量进口吗啡和海洛因，他们要将这些药物制成药片，供一支对抗斯大林的小规模部队使用，在 1939—1940 年的冬天，芬兰和苏联之间爆发的这场"冬季战争"达到了高潮。

在现代社会里售卖海洛因的地方越来越多，但是谷克多有关鸦片的雄辩著作还在影响着又一代吸毒者，在这代人里，包括海洛因在内的所有毒品都成了创造活动和时尚体验的一部分。谷克多的写作时期刚好赶上了精神药物的一个新时代，但是作为巴黎资产阶级的一名资深成员，他倾向于用传统的做法，也就是抽大烟、吃鸦片或者喝鸦片制剂。他厌恶吗啡成瘾者，通常每天早上、下午和晚上都要服用鸦片。但是，最终他意识到自己必须停下来了。他将这段经历写成了《鸦片——戒毒者日记》（*Opium: Diary of a Cure*）一书。创作期集中在 20 世纪 20 年代后期的谷克多与德·昆西的作品共同将毒瘾塑造成了一项高尚的艺术事业，影响了 20 世纪的整整两代人。

与德·昆西一样，谷克多也将毒瘾做了区分：一种是能够改变思想的高尚追求，另一种是现实的街头交易。由于第二次世界大战，再加上美国持续不断地对药物海洛因的运输进行着打击，美国

的海洛因供应一度出现了中断，官方公布的海洛因成瘾人数降到了
有记录以来的最低水平。然而，在 20 世纪 40 年代末期，海洛因在
芝加哥贫穷的黑人青年群体中出现了泛滥的局面，这表明国际供应
商正在寻找一条进入美国的新路线，为了获得一个新的市场，他们
出售着用零花钱就能买到的只够一天服用的剂量。1949—1953 年，
"芝加哥黑人青年"出现的问题被详细地记录了下来，这些问题证
明了警察和司法机关未能及时地控制住海洛因的泛滥，调查和逮捕
工作滞后了甚至两年之久，因此分析家断定，"在恶习传播的早期
阶段未能做出有效的应对，可能是海洛因流行的一个典型特征，在
成瘾控制项目的设计中应当考虑到这一点"。[7]

　　第二次世界大战结束时出生的西欧儿童接触了大量新型的麻醉
药物，这些麻醉药物都是能够作用于精神的药物，例如迷幻药。在
美国，大麻在 20 世纪 50 年代和 60 年代成了一种主要的消遣性麻
醉品，到了 20 世纪 60 年代和 70 年代，大麻又迅速地被安眠酮之类
的巴比妥酸盐药物、苯二氮卓类药物以及可吸食的海洛因取代了。

　　美国的"垮掉派"诗人借鉴了谷克多清晰描述的成瘾经历，他
们使用所有能找到的药物来开阔自己的思路，同时也在清空着自己
的钱包。他们的心思完全集中在个人自由和性自由的想法上，以及
他们眼中的弊病，也就是一个专制的资本主义社会。当这个穷作家
的老故事同一种存在主义的饥饿感结合在一起的时候，它就获得了
一种新的高贵身份，这种饥饿感吞噬着麻醉品带来的一切体验。

　　威廉·巴勒斯与杰克·凯鲁亚克和艾伦·金斯伯格一样，也是
"垮掉的一代"的代表人物。巴勒斯出生于 1914 年，是一个坚定的
吸毒者。在二战期间，他被海军拒之门外，20 多岁时染上了毒瘾，
在 20 世纪 50 年代成了纽约的一名毒贩。后来，他在文章里写道：

333

"白粉不像酒精和大麻,不是一种增加生活乐趣的手段。白粉不是一种刺激。它是一种生活方式。"[8]巴勒斯的小说《瘾君子》(*Junkie*,1953)和《裸体午餐》(*Naked Lunch*,1959)都为海洛因成瘾能够导致堕落提供了证明,这两部作品之所以在美国被禁,并不是因为其中涉及毒品的内容,而是因为它们违反了有关鸡奸罪的法律规定,即书中存在有关恋童癖的描写。在一场名为"威廉·泰尔"的疯狂游戏中,这位广受赞誉的艺术天才射杀了自己的妻子琼·沃尔默,子弹击中了后者的头部。他们有一个儿子小威廉,他在一条水沟里被人找到,此后不久就过世了,终年33岁。小威廉生前由于长期滥用药物和酒精,已经出现了严重的肝衰竭症状。

巴勒斯对鸦片制剂成瘾经历的描述尤其富有感染力,他对吗啡使用过程的描述在任何一个吗啡使用者读来都非常亲切。他在书中写道,吗啡"首先对腿的后部产生了作用,接着又对脖颈产生了作用,一波不断扩散的放松感让肌肉远离了骨骼,你似乎漂浮着,没有了轮廓,就像躺在温暖的盐水中一样"。[9]巴勒斯有着绅士般的外表,但是与凯鲁亚克、金斯伯格一样,在30岁之前他已经在精神病院里待过一段时间了,只不过凯鲁亚克的首选"药物"是酒精,金斯伯格选择了迷幻药和大麻。就像谷克多和德·昆西一样,巴勒斯一直对鸦片制剂情有独钟。

与周围的人不同,巴勒斯比较长寿,活到了83岁,在这一点上他也和德·昆西一样。在留给新一代创作人才这样一笔遗产的同时,巴勒斯还拥有完全符合美国传统的成长经历和哈佛教育背景,许多盲目阅读他作品的人都不会指望自己也能拥有同样的经历。

在《裸体午餐》后来出现的版本中,巴勒斯提到自己见过的唯一能够成功治愈海洛因成瘾的药物就是阿扑吗啡,他还指出阿扑吗啡"与其他治疗方法有着质的区别。这些方法我全都尝试过了。短期减量、缓慢减量、可的松、抗组胺药、镇静剂、安眠药、甲苯丙醇、利血平。这些治疗方法都撑不过一次复吸的机会"。[10]

睡莲属中的蓝莲花和白睡莲中存在着天然的阿扑吗啡。中美洲的玛雅人会在仪式中使用睡莲，将其当作一种迷幻剂和春药，古埃及坟墓里的艺术品对此也有所体现。阿扑吗啡也可以用吗啡和硫酸合成，早在1845年，德国化学家阿道夫·爱德华·阿培就合成了这种物质。最初，阿扑吗啡被用来治疗牲畜的攻击性行为，到1884年的时候，它就已经被用在治疗帕金森症的试验中了。但是，直到1951年这项研究才重新恢复，试验取得了相当大的成功。[11] 1931年，专门治疗成瘾症的激进主义医生约翰·耶伯里·登特在伦敦主持了一些戒酒项目，其中就用到了阿扑吗啡。此外，登特还用阿扑吗啡治疗毒瘾。后来，阿扑吗啡被当作一种危险药物受到了限制，它的作用效果与吗啡极为相似，考虑到各种副作用（包括抽搐，但主要还是和剧烈呕吐有关的一些副作用），它自然无法得到广泛的应用了。阿扑吗啡能够导致使用者产生呕吐反应，因此许多医学专家都将其当作厌恶疗法的一种手段。在使用这种治疗手段的时候，患者会逐渐在呕吐反应与服用海洛因或者吗啡的习惯之间建立联系。但是，普通的海洛因成瘾者已经非常习惯呕吐和清空肠胃的感觉，因此他们不太可能做到这一点。现在，如果狗吞下毒药的话，兽医们就会用阿扑吗啡来解决问题。供职于伦敦的英国国家神经内科和神经外科医院的安德鲁·利斯教授是世界领先的帕金森症专家，他一直坚信阿扑吗啡在治疗帕金森症方面很有效，并且表示在治疗海洛因成瘾的研究中，研究人员也应当重新对阿扑吗啡进行试验，"但是我们面临着严厉的惩罚性法律法规。神经药理学研究领域的海洛因时代已经一去不返了"。[12]

　　利斯指出，巴勒斯正是阿扑吗啡治疗毒瘾的一个成功范例，巴勒斯自己也对阿扑吗啡的疗效深信不疑，他在书中提到，在接受登特医生的治疗、开始服用阿扑吗啡之前，"我没有资格自称作家，我的创造力也仅限于灌满皮下注射器。我现在拥有的声誉完全建立在接受了阿扑吗啡治疗之后问世的作品上，如果我没有接受这种治疗方法、远离白粉，这些作品就不会存在"。[13]阿扑吗啡让巴勒斯远离了毒品两年的时间，在这段时间里他创作出了大量作品，但是之后他又故态复萌了。尽管如此，他对阿扑吗啡的看法并没有动摇，他依然认为这种物质能够破坏吗啡上瘾后的新陈代谢。在那些在自己的恶习压迫下苦苦挣扎的艺术家们眼中，他成了一位圣人。

　　1974 年，《滚石》杂志记录下了英国音乐家大卫·鲍伊和威廉·巴勒斯之间的一次对话。虽然人们很难对巴勒斯产生强烈的同情，但是对于他同意享用一顿可怕的晚餐一事我们还是会感到同情的。这顿模仿了牙买加风格的晚餐是"鲍伊的随行人员中的一名牙买加人烹制的"，当时鲍伊身着"一件美国国家航空航天局的三色连体服"。在这次的交谈过程中，他说了一段十分令人难忘的话："我的很多想法都改变了。通常，我都不太认可自己说的话。我就是个拙劣的骗子。"当时，吸食可卡因的鲍伊完全被难以抗拒的毒瘾控制了，就在 18 个月后，为了康复，他不得不对自己的生活做出彻底的改变。他搬到了柏林，住在一家土耳其咖啡馆楼上的一间廉价公寓里，吃饭也在咖啡馆里解决："我已经太多次走到毒品带来的灾难边缘了，有必要采取一些积极的行动。"[14]

　　他们的这次访谈突出了流行文化中存在的一些分歧，当时已经60 岁的巴勒斯对此知之甚少，而 27 岁的鲍伊则从中获得了存在感。

337　巴勒斯惊奇地表示："（流行文化的）变化速度加快了。媒体对此
负有主要责任。这产生了无法估量的影响。"[15]

　　对许多人而言，控制自己的这种恶习已经成了新的现实问题。
同巴勒斯一样，鲍伊在几十年内都没有远离毒品，但是他们两个人
一直享受着漫长而硕果累累的生活。而其他人的生活则没有这么容
易。在 1964 年的时候，美国据说已经将国内合法的吗啡消费量减
少到了可以忽略不计的水平，但是东西海岸地区的海洛因市场却在
蓬勃地发展着，尤其是在纽约市。在海洛因使用者中，静脉注射已
经成了常态，但是美国参加的一系列战争，尤其是朝鲜战争——在
这场战争中，陆军流动外科医院的帐篷里配备了先进的血库设
施——表明输血不仅是将血液从一个人的身上转移到另一个人身上
的问题。在人们捐献的血液中，肝炎病毒非常普遍。

　　1925 年，静脉注射海洛因在埃及的亚历山大和美国的印第安
州同时成了一个十分普遍的问题。目前还没有证据表明为什么这两
个地方会同时出现这种情况；不过，有一点是可以肯定的，印第安
纳州一直是流入芝加哥的违禁品向南输送的渠道。在第一次世界大
战期间，埃及的海洛因使用量微不足道，但是到了 1925 年，静脉
注射海洛因已经在这个国家流行起来。1926 年，一名亚美尼亚化学
家出售了 600 千克海洛因，他的行为完全是合法的，因为当时这种
交易还没有受到限制。1929 年，在 20—40 岁的埃及男性中，有将
近四分之一的人是海洛因成瘾者，似乎直到共用针头导致恶性疟爆
发后，这种状况才有所缓解。[16]静脉注射海洛因从印第安纳州传遍了
美国，成为最快捷的海洛因服用方式。到了 20 世纪 60 年代，"戳
一针"已经不是什么非同寻常的事情了。

　　1964 年，美国宣布找到了一种能够解决海洛因成瘾问题的治疗

方法，这就是美沙酮维持治疗，这种治疗方法是纽约洛克菲勒大学的文森特·多尔、玛丽·珍妮·克里克和玛丽·尼斯旺德三名医生开创的。早在 1937—1938 年的那个冬天，法兰克福附近的赫斯特公司的古斯塔夫·埃尔哈特和马克斯·博克穆尔就已经合成了美沙酮，但是随着第二次世界大战的爆发，这种物质的开发工作陷入了停滞状态，直到 20 世纪 40 年代末期它才开始被投入试验性的应用中，当时只有得到私人资金的支持它才能够被主流社会认可。在受控环境中进行的美沙酮维持治疗，"消除了驱使许多成功脱毒的个体对重新吸食海洛因的渴望"。[17]美沙酮不会让人"产生欣快症，也不会导致其他扭曲行为的出现"，它"使海洛因成瘾者摆脱了对街头生活的迫切需要"，但同时也剥夺了他们对起床、洗澡这些事情的意愿。[18]在康复中心的戒毒部门专治成瘾问题的医生们都知道，在这场战斗中，他们所面对的是一个庞大无比的问题，他们所能期望的最理想的情况或许就只是做好管理工作，因为"这些戒毒部门只能在短时间内将成瘾者与海洛因分开，几乎毫无例外的情况"。[19]

　　对许多人而言，美沙酮维持治疗是"一种化学释放方法"，而且仍然有大量的证据表明，这种治疗项目给患者发放的剂量不足以防止患者产生海洛因戒断带来的不适感。[20]因此，许多接受美沙酮维持治疗的人还会继续使用治疗方案之外的街头海洛因或者其他毒品。美沙酮维持治疗还会导致治疗者改变原先围绕着毒瘾形成的日常习惯，在监督之下——在临床环境中由医生分配或者当着医生的面——服用的剂量和许多使用者习惯的剂量差距悬殊。对于巴勒斯来说，美沙酮"完全能够满足瘾君子的需要，是一种很好的止痛药，至少和吗啡一样容易让人上瘾"。[21]由于美国在 1971 年开始了禁毒战争，东海岸的街头海洛因供应一度中断，与此同时美沙酮治疗场所出现了激增，到 1973 年纽约市议会提供了 4 万个治疗名额，其中 3.4 万个都有人占用了。[22] 这与多尔在 1969 年开办的第一家诊所形成了鲜明的对比，当时诊所只能容纳 1000 名经过仔细筛选的成瘾者。相比 20 世纪初由公共卫生服务提供的临床治疗项目，美沙酮维持治疗项目在卫生服务方面具有明显的优势，因为它是一种门诊服务，非常节省成本。

门诊护理的缺点是无法帮助吸毒者脱离他们的街头环境。在街头海洛因的市场中，为了弥补逐渐减少的供应量，毒贩们不断克扣着每一剂量中的海洛因含量，因此街头海洛因的品质越来越下滑，在这样一个不断变化的市场中，吸毒者开始转向具有医用药品身份的美沙酮来获得可靠的"享受"，美沙酮在街头市场里变得紧俏起来。参加治疗项目也能带来很大的好处，尤其是每天能得到 100 毫克的维持剂量。参加治疗项目的人都会拿到一张美沙酮身份证，在诊所里他们要出示这张身证证。这种身份证对于那些在街头非法购买毒品的人来说非常有用，因为一旦被警察逮捕，他们可以用这种身份证证明自己有携带美沙酮的需要。因此，在禁毒战争开始的两年内，纽约市的街头市场就转向了美沙酮液体。美沙酮维持治疗方案仍然受到了非议，在《哈里森麻醉品税法》被通过的那个年代，美国一直拒绝为成瘾者提供维持治疗，"根据麻醉品局的规定，任何使用美沙酮维持治疗海洛因成瘾者的医生都违反了联邦法律"。[23] 1919 年的"韦伯诉美国案"彻底回绝了《哈里森麻醉品税法》面临的挑战，也就是为成瘾者提供维持治疗的要求。时隔不到 7 年，在"林德案"（1925）和"博伊德案"（1926）中，几名医生因为开了一剂以上的吗啡处方而遭到联邦探员的诱捕，结果，最高法院在维持治疗这个问题上搪塞了过去，最终法院宣布如果一名医生的所作所为"是为了治疗疾病或者减轻痛苦",那么法院就应当宣告他们无罪。[24]

　　最高法院几次敷衍的态度促使美沙酮维持治疗在 20 世纪 70 年代早期被纳入了政府对成瘾者开展的官方康复计划。在整个 60 年代和 70 年代,如果负担得起费用的人希望在舒适的环境中接受治疗的话,私人诊所还会使用其他药物,例如阿扑吗啡、伊博格碱。伊博格碱至今仍然受到争议。从伊博格树的根皮或者植物伊博格中提取出来的伊博格碱是一种致幻剂,有人声称这种生物碱能够在短短的 48 小时内就打破毒瘾的代谢链。推广用伊博格碱治疗成瘾问题的主要是霍华德·洛特索夫。1962 年,年仅 19 岁的洛特索夫染上了毒瘾,在服用了伊博格碱之后,他宣称自己立即就康复了。洛特索夫毕生致力于唤起政府和大型制药公司对伊博格碱的注意,在这方面他取得了一定的成功。至今,世界各地仍然存在着五花八门的伊博格碱离岸治疗中心,在大多数《海牙公约》缔约国里,伊博格碱要么没有得到监管,要么属于非法药物。洛特索夫于 2010 年去世,去世前他仍然是伊博格碱和美沙酮的坚定支持者,而伊博格碱在成瘾治疗领域依然属于边缘药物。研究人员在 20 世纪 90 年代进行的试验证明,伊博格碱能够有效减轻戒断治疗早期产生的反应,但是同大多数海洛因戒断治疗方法一样,伊博格碱的成功在很大程度上取决于患者的投入。1971 年,滚石乐队的创始人基思·理查兹在提到自己尝试用阿扑吗啡戒毒时说道:"我试过巴勒斯十分信赖的阿扑吗啡疗法。登特医生已经过世了,但是他一手调教出来的助手,这个可爱的老家伙斯米蒂,他就像一只母鸡,还在经营诊所……但是,这是一种相当古老的治疗方法。你就是吐个不停。72小时后,如果你挺过来了,那你就戒掉毒瘾了。可是,真正的问题并不在此。真正的问题在于你回到你的社交圈的时候——他们全都是毒贩和瘾君子。五分钟后，你就又沾上这种东西了。"[25]

当理查兹开始采用阿扑吗啡治疗毒瘾的时候，毒品尤其是海洛因，已经和新一代的音乐家们产生了联系。吉他演奏家吉米·亨德里克斯和歌手詹妮斯·乔普林都在 1970 年去世，而且逝世时他们都只有 27 岁。对于亨德里克斯的死因，官方说法是巴比妥酸盐服用过量，但是他经常吸食的是海洛因和哈希什（一种大麻麻醉剂）。乔普林是一名海洛因成瘾者，每当感到压力或者不开心的时候，她的吸毒量就会出现惊人的增加。鲍勃·迪伦在 20 世纪 60 年代接受采访时，曾声称自己吸食海洛因成瘾，还做着男妓的生意。这种说法或许并不可信。关于自己的成瘾问题，他告诉英国广播公司："在纽约的时候我戒掉了海洛因（当时他参与了'垮掉的一代'运动）……有一段时间毒品对我的影响非常大，我是说真的非常大……我习惯每天消耗大约 25 美元的海洛因，可我还是戒掉了。"[26] 这种说法是否属实，外界无从得知，不过可以肯定的是，根源于"垮掉的一代"运动的毒品文化鼓励人们尝试新鲜事物，打破社会期望带来的枷锁。随着美国著名的瘾君子亨特·斯托克顿·汤普森的出现，就连大众新闻业也永远改变了。身为作家和记者的汤普森用海洛因来对抗自己每天大量使用的可卡因以及他喜爱的麦司卡林（一种能够致幻的仙人球毒碱）。他似乎生活在一种永远迷醉的混乱状态中，2005 年，67 岁的他选择了自杀。根据他的遗愿，在葬礼上他的骨灰从一门大炮里发射了出来。不过，汤普森在生前似乎没有留下什么遗憾。在根据他的自传作品改编的电影《怪胎记者》（1980）中，他说："我讨厌向任何人宣扬毒品、酒精、暴力和精神错乱，可是这些东西对我一直很管用。"

在 20 世纪下半叶，社会对消遣性毒品的看法和使用方式发生了三百六十度的转变，美国社会尤其如此。汤普森的一生非常极端，几乎就是一场恶作剧，不过巴勒斯和鲍伊那次被记录下来的谈话倒是突显了麻醉品文化中一个变化比较广泛的阶段。对巴勒斯而言，"白粉"是生活体验必不可少的组成部分，最终这种药物促进了他的创作，与他的创作活动产生了密不可分的联系，"垮掉的一代"运动中的其他人也和各自选择的麻醉品产生了同样的关系。对鲍伊而言，毒品是他的陷阱，几乎让他陷入了灾难；对理查兹而言，毒品是生活的一部分。在之后的几十年里，许多音乐家都创作过有关海洛因体验的作品：美国摇滚乐手卢·里德的《完美的一天》，英国摇滚乐队平克·弗洛伊德迷幻而开阔的《舒适的麻木》，英国拉氏乐队貌似欢快的《她走了》，美国歌手伊基·波普的《生活的欲望》还隐约透露出了戒断反应。对很多人而言，在关于海洛因成瘾体验以及随之产生的精神折磨和肉体折磨的歌曲中，最伟大的一首是 1994 年发行的《伤害》，这首歌是美国的九寸钉乐队创作的。就在同一年，垃圾摇滚（油渍摇滚）乐队"涅槃"的科特·柯本被人发现开枪自尽，临死之前他没能克服毒瘾的纠缠，他一直用海洛因来缓解胃痛（或许胃痛是使用海洛因的结果）和抑郁。

科特·柯本的身亡将伴随着长期依赖海洛因出现的现实问题暴露在新一代的面前，同时也进一步证实了鸦片制剂和恐惧以及焦虑的暂时缓解之间存在的联系。

从 18 世纪 80 年代的约翰·李到塞尔蒂纳在 1804 年取得的发现，化学家和药剂师们一直在不懈地努力着，试图从鸦片胶乳中分离出活性化合物，他们知道这些药物能够对人类的神经系统产生作用——缓解疼痛和减轻焦虑的双重作用——但是他们并不完全理解

342

这种药物的作用机制。在 20 世纪 60 年代，各种消遣性毒品在西方世界风靡一时，这种情况促使官方机构比以往任何时候都更热衷于发现鸦片制剂以及人工合成的类鸦片药物的作用机制。但是，直到 1973 年，一个叛逆的研究生才终于找到了答案。

343　　　坎迪斯·珀特 1946 年出生在曼哈顿，1970 年她原本应该以药理学研究生的身份进入巴尔的摩的约翰·霍普金斯大学医学院就读，可是她在一次骑马时发生了事故，摔断了脊背。吗啡对她的大脑和身体产生的影响，促使她终生致力于研究两者之间的联系。在生物学家所罗门·斯奈德的手下工作时，她对教授委托的有关胰岛素受体的研究项目不闻不问，一门心思扑在类鸦片药物对大脑的影响研究上。1973 年，她还订购了自己进行实验所必需的材料，其中包括吗啡和脑组织（受体是大脑中的蛋白质，就像钥匙插入锁中一样，分子或短肽会和受体结合，有效地阻止疼痛感和不适感）。珀特用一个放射性原子给吗啡做标记，当它与脑组织结合时就可以被追踪到了。珀特喜欢在实验室空无一人的时候工作，所以在一个星期五的晚上，她带着 5 岁大的儿子埃文来到实验室，这样她就可以安心地进行实验了。当她星期一的早上来上班的时候，在那个放射性原子通过的路径里发现了人类大脑中第一个已知的类鸦片药物受体。

　　两年后，即 1975 年，苏格兰的两位研究人员汉斯·W. 科斯特利茨和约翰·休斯发现了脑啡肽。脑啡肽是内啡肽家族中最先被发现的成员，它是一种由中枢神经系统和脑垂体分泌的，能够对大脑起到止痛作用的肽（氨基化合物）。体育锻炼、母乳喂养、自愿的性交和欢笑都能让人体产生内啡肽。

　　1978 年，由于取得了这些发现，斯奈德、科斯特利茨和休斯共同获得了艾伯特·拉斯克医学研究奖，这个奖项通常都在诺贝尔奖之前颁发。珀特被排除在获奖名单之外，因为她的身份只是一名研究生，包括珀特在内的许多人都认为她的性别也是导致其没能获奖的一个因素。1979 年 1 月，珀特给《科学》杂志写了一封措辞尖锐的抗议信，她在信中表示："在发起和跟进这项研究的过程中，我起到了关键性的作用。"斯奈德在发表获奖感言时对珀特称赞了一番："很荣幸，拉斯克基金会今年认可了有关鸦片制剂受体和类似于鸦片制剂的肽的研究……在为这一领域做出贡献的许多人当中，我特别要感谢的是坎迪斯·珀特，身为研究生的她在我的实验室里发现了鸦片制剂受体。"[27]珀特坚持不懈地斗争着，她拒绝置身事外，任由一名资深的同事窃取她的成果，最终她因此结束了 20 世纪最有前途的一份事业，也就是有关止痛药的研究。愤愤不平的珀特继续着研究工作，最终在有关肽的研究领域取得了开创性的成果。2013 年，珀特因心力衰竭造成的并发症在马里兰州的波多马克河去世，享年 67 岁。在她逝世后，斯奈德在《纽约时报》刊登的一篇悼念文章中称赞她是自己"指导过的最有创造力、最具创新精神的研究生之一"。[28]

看呐，有一匹灰马①——艾滋病病毒

坎迪斯·珀特希望开发的一种肽疗法就是 T 肽，这种治疗方法的目的在于阻断人类免疫缺陷病毒（艾滋病病毒）对人体的作用。

---

① 在《圣经》中，灰马骑士代表着死亡。

珀特没能取得成功，她的失败在很大程度上是艾滋病病毒本身的易变性造成的。艾滋病是一种适应性极强的疾病，病毒体的个头只有人类红细胞的 1/60。在 20 世纪 80 年代早期，艾滋病在采用静脉注射方法的吸毒人群中的迅速传播引起了社会的警觉，尽管这种新的疾病似乎主要出现在美国沿海地区同性恋人群中性行为比较活跃的个体身上。

1925 年疟疾的爆发让中东地区的许多人放弃了注射海洛因的做法，但是美国没有出现同样的情况。一个世纪以来，美国一直欣然供应着如此之多的邮购套装注射器，它将不可避免地反受其害。艾滋病病毒 1 型是导致获得性免疫缺乏综合征（艾滋病）的主要表现形式，这种病毒最早于 20 世纪 50 年代末出现在比属刚果，直到 1981 年才开始在美国传播。1969 年，15 岁的男孩罗伯特·雷福德在圣路易斯神秘死亡，这是能够证明艾滋病从 1981 年开始在美国流行起来之前美国就已经出现艾滋病病例的证据之一。雷福德从来没有外出旅行过，负责治疗的医生怀疑他参与过性工作。1976 年，欧洲出现了第一例艾滋病确诊病例，被称为阿维德·诺亚的挪威海员及卡车司机阿恩·维达·罗德及其妻子和 8 岁大的女儿在前一年确诊后就接二连三地去世了。

艾滋病病毒是一种特别狡猾的病毒，在不治疗的情况下它能够潜伏 9—11 年的时间，然后人体的免疫系统就会出现严重损害，从而导致宿主在面对细菌感染、皮肤癌和呼吸系统疾病时无能为力。就在"同性恋骄傲"运动已经成为一股重要的社会和政治力量的时候，艾滋病病毒突然在美国沿海地区的男性同性恋群体中占据了主导地位，在很多人看来，这一现象是上天实施的社会正义，而静脉注射毒品的人群也因为艾滋病病毒感染的事实进一步强化了这种想法。自第二次世界大战以来，美国还经历了另一场漫长的令人尴尬的大溃败，这场溃败涉及了乙型肝炎和丙型肝炎都非常普遍的武装部队为外界输血和内部输血的问题，通过输血，部队上上下下在互相传染病毒，同时也在向平民传播病毒。皮下注射针头也迅速地被污名化了，一想到它，人们更多地会联想到疾病，而不是治病救人。

1985 年，艾滋病在旧金山谭德隆区的妓女中间也成了一个突出问题，主流媒体对这个问题进行了大肆报道。艾滋病不再只是同性恋才会面对的问题了，它已经通过性交和共用针头这些媒介扩散到了异性恋男性人群中了。西尔瓦娜·斯特兰吉斯是第一例被报告的出现了艾滋病症状的旧金山妓女，她很可能是从皮条客托尼那里感染上病毒的。托尼和斯特兰吉斯一样，也是一名海洛因成瘾者，同时还是斯特兰吉斯的性伴侣，他的艾滋病已经到了晚期。当时，在旧金山的艾滋病患者中，有超过98％的病例是男性同性恋者，人们很容易将这种疾病看作是同性恋特有的问题。然而，"突然间，社会上出现了想要上学的艾滋病患儿、想要工作的成年患者，以及想要得到资助的研究人员，国家的公共健康受到了威胁，我们不能再继续无视这个问题了"[29]。

这个公共卫生问题为白宫的又一场禁毒运动奠定了基础。罗纳德·里根和南希·里根很好地利用了美国人民的感伤情绪，针对美国大地上的"这场毒品癌症"，发起了一场"说不"运动。里根在这场反毒品运动中传达了清晰的基督教式的信息，在使用毒品的问题上表现出了一种"绝不让步、坚定不移"的态度，同时还展现出了一种义愤填膺的正义感，说了一些类似于"面对任何形式的暴政，我们美国人都不会保持道德中立"之类的话。[30] 1985—1986 年，艾滋病开始扩散到男性异性恋人群中，就在这个时候突然出现了"说不"运动，这种巧合颇为引人注目，它意味着政府开始采取措施，以应对艾滋病在被视为主流人口的群体中间的传播问题了。

随着青霉素得到广泛应用，在将近50年的时间里人类一直认为自己已经对疾病免疫了，然而现在一种新的通过性行为和血液传播的病毒开始长期困扰西方了，艾滋病就是"一种从诞生之日起就既是医学问题，同时又构成了社会问题的疾病"。[31]另类性行为和吸毒行为构成了一种新的文化现实，无法适应这种文化的里根夫妇在1986年的白宫讲话中，呼吁人们谨记二战中献出生命的那些人的崇高精神，为了他们远离毒品。

347

在1990年的美国，一些习惯静脉注射的成瘾者自愿接受了艾滋病病毒检测，结果有10％的人呈阳性。[32]然而，在里根发起反毒品运动的5年后，与患有艾滋病的海洛因成瘾者或者性工作者生活在一起的人们仍然没有得到多少可行的建议。"说不"运动并不像它刚刚出现时那么简单有效。兰迪·希尔茨是一位意志坚定、能言善辩的记者，他曾针对艾滋病在旧金山流行的早期状况写下了权威报道《乐队在继续演出》，然而他本人却在42岁那年死于艾滋病并发症。"这是一个值得讲述的故事，这样，任何人、任何地方就不会再发生这种事情了。"希尔茨曾在文章中这样写道。[33]

艾滋病病毒的恶名无可挽回地与美国社会给同性恋和吸毒者打上的耻辱烙印交织在了一起。艾滋病病毒在旧金山和纽约的高危同性恋人群中的传播速度确实令人恐惧，在廉价航空旅行的新时代，这些人的流动性越来越大。这个群体在美国人口中的比重相对比较小，然而美国社会对这个群体的偏见却越来越夸张。就连希尔茨那些经过仔细斟酌的文章中也存在着一道巨大的鸿沟，尤其是在同性恋和静脉注射吸毒群体之间，这两个群体都指责对方对艾滋病病毒的传播负有责任。海洛因的使用方式突然不再是抽食和吸食了，而是与注射的过程和仪式联系在了一起，这种方式给吸毒者造成了感染，导致他们和社会更加脱离。对艾滋病病毒进行的研究还关注了艾滋病病毒携带者的种族背景，黑人和西班牙裔的吸毒者及妓女被纳入研究范围，这并不是因为他们更加脆弱，而是因为他们更加缺乏对感染艾滋病病毒的现实的了解。在哈里森死后不到一个世纪，拉丁裔和美国黑人对社会构成威胁的观点再一次甚嚣尘上，尽管有证据表明艾滋病病毒最快的传染媒介是白人男性同性恋群体。美国国家卫生统计中心开始对拉丁裔孕妇进行大规模的研究，在这些研究中，宗教迷信观念和缺乏安全保障的性行为这两个因素凸显了出来。人们面对的敌人与其说是一种神秘的寄生性疾病，不如说是某一类人。

随着艾滋病的流行，美沙酮项目越来越受到欢迎，每天在受到监督的环境下服用一剂剂量安全的美沙酮，似乎是阻止人们转向皮下注射的完美办法。海洛因已经不可避免地与肮脏的街头生活联系在了一起，这种生活充斥着卖淫行为、各种不轨行为，以及 10 美元就能换来的即时满足。

在整个 20 世纪 60 年代和 70 年代，街头海洛因的使用一直处于高峰期，正是在这个时期全世界出现了一系列打击全球鸦片种植的倡议，但是这些提议都有些不切实际。1969 年，泰国国王普密蓬发起的"皇家项目"至今依然是全世界最成功的鸦片罂粟替代项目之一。在一度被来自缅甸的鸦片贸易占领的泰国北部高地，山地部落民族一直为生存问题苦苦挣扎着。在泰缅边境地区，人们经常用鸦片麻醉伐木业中使用的大象，好让它们变得温顺一些。旨在用商品蔬菜种植业取代罂粟种植业的"皇家项目",在为人类提供康复机会的同时,也为动物提供了同样的机会。不仅如此,这个项目还催生了一系列样板村庄,这些村庄变得更适合接待游客了,而不是满足之前一直以鸦片种植为生的当地人的需求。吸食海洛因的人群和以种植罂粟为生的人群之间的鸿沟在不断扩大。

"皇家项目"之所以取得成功,是因为投入了巨额资金,以及已故的普密蓬国王对慈善事业的付出。阿富汗也出现了类似的项目,也就是用加利福尼亚农民种植的杏树取代罂粟,但是阿富汗的环境实在太危险了,灌溉基础设施又太不正规,不适合这些项目的开展。在世界上一些最贫困的地区,作物种植替代罂粟种植的方案仍然是一种理想的解决方案,但是这种项目需要大量的资金和一整套支持系统。正如阿富汗农民一次次意识到的那样,如果没有能够将西瓜输送到市场的道路,或者市场不断地被炸毁,种植西瓜就是一种极不明智的选择。

事实上,作物替代计划主要是慈善家们的面子工程。相比目前参与作物替代计划的外来劳工,泰国本地的阿卡人应该能通过项目获得更大的收益。然而,目前有大约 8 万名阿卡人流落在清迈和曼谷。2007 年,泰国政府通过了一项法律,对人们获得肥沃农田的权利进行了限制。政府依据《公有林法》,将肥沃的农田收归王后所有,这进一步剥夺了阿卡人的传统生活方式。许多不识字的阿卡年轻妇女进入了泰国的性行业,否则她们就无法生存下去。她们自幼接受的山地生活——每月一次的祖先和神灵崇拜、刀耕火种的农业劳作以及吸食鸦片的生活——被性工作、廉价的海洛因、艾滋病和社会排斥取代了。就在"皇家项目"开展的同时,阿卡人的生活方式正在遭到系统性的窃取,这种现象体现了目前开展的罂粟种植替代项目的虚伪性。现在，阿卡人要么流落在清迈和曼谷的街头以乞讨或者出卖肉体为生，要么就继续待在家乡过着"平淡无奇的简单生活，能让他们焕发生机的只有两件事情：一是对鸦片制剂上瘾，二是作为风景接受游客们的参观"。[34]

重返芳香海港

香港建立在珠江三角洲的一块贫瘠荒地上，作为鸦片贸易中心的这座岛屿一直在苗壮地成长。在有关鸦片贸易的地方性腐败现象方面，把持着世界第一这个位置的或许仍然是阿富汗；而在鸦片贸易的收入和半合法的基础设施方面，独占鳌头的则是中国香港。1865 年，香港—上海汇丰银行成立，香港因此具有了将鸦片贸易中的信贷资金和流动资金转移到其他航运企业和商业企业的条件。英国、美国和澳大利亚的公司的活动范围不再局限于中国的香港岛，它们抢占了九龙以及珠江三角洲地区的另外 235 座小岛，高楼大厦遍地开花，金融业达到了全世界任何一个地方都难以企及的水平。

当毛泽东于 1949 年宣布中华人民共和国成立的时候，香港的人口出现了急剧的增长，因为成千上万的中国人想要获得香港治外法权的特权，享受那里的自由贸易机会，或者正如中国一部有关该地区的历史资料的英文译本所述，他们想要"对整个地区有所了解，以便通过非法手段获取经济收益"。[35]香港的经济等级体系以独特的方式参与着有组织犯罪活动，由于在英国统治时期施行的一系列法律法规，再加上警察和司法系统内存在的制度化腐败，20 世纪 30 年代以来，香港不仅成了一个建立在鸦片贸易基础上的定居点，

350

而且成了全球海洛因贩运活动的中心。在很大程度上，这种状况是大中华区没有边界的特性所造成的，香港因此成了一个占地 960 万平方千米、人口保守估计为 14 亿的国家的金融漏斗。这个国家幅员辽阔，境内分布着极端的气候条件，即使是在比较幸运的情况下，位于中国西北部的喀什全年的降雨量也只有 4 英寸，而广州的年降雨量有时候甚至高达 13 英寸。就像阿富汗的普什图人、缅甸的佤族人和阿卡人一样，许多不同的民族在官方边境线的两侧都有分布，这些民族都与偏远的部落保持着商业往来。这种部落之间的商业结构与香港三合会的早期结构存在着相似之处。在 20 世纪初期，青帮里的一个派系继承了三合会。青帮吸收了香港的犯罪团伙潮州帮和出现于 17 世纪的秘密结社，在这些社团经历了 3 个世纪的发展后形成了一个庞大牢固、狭隘排外的腐败集团，以前所未有的规模通过珠江三角洲地区输送着毒品和现金。

　　1963 年，被马赛的海洛因交易搞得焦头烂额，希望找到一套适用于全世界的解决方案的国际刑警组织从巴黎总部（1989 年迁至里昂）发出了一份备忘录：“自 1958 年以来，总秘书处（尤其是香港当局）一直关注着一定数量的中国人进入欧洲的现象。他们持有护照，自称是远东地区真实存在的或者根本不存在的服装制造商的代表，他们多次往返欧洲所有国家……他们的真正目的是与某些可疑人物进行接触并建立联系，企图建立一个毒品贩运和分销系统，该系统的最终目标是美国。”[36]

　　三合会在中国大陆经营的传统生意已经扩大到了贩卖人口、绑架和收取保护费等业务上，但是香港提供了建立全球海洛因网络的潜力。曾经擅长对付原先三合会里的三大帮派的青帮已经让位于新一代了，后者看到了麻醉品在收益方面的潜力，也认识到了只有野蛮的暴力手段才能保护自己的利益，这种认识就催生了类似于薄刀帮这样的小帮派。

从海关的缉获量不难看出香港的海洛因走私量，1947—1951 年，海关总共查获了 84 千克海洛因，但仅在 1977 年，这个数字就增长到了 2337 千克。通常，对于各种非法商品来说，海关的缉获率大约是通过海关中心的实际数量的 10％，这个数字使中国香港成为荷兰鹿特丹以外的全球最大的海洛因集散中心。到了 20 世纪 70 年代中期，美国缉毒局将海洛因列为美国 500 强企业销售对比清单上的第 15 位，仅次于壳牌石油公司，排名甚至高于固特异轮胎公司、施乐公司和金宝汤公司。[37]

海洛因业务取代了香港传统的鸦片贸易，与此同时，香港成熟的商业体系也被纳入了现代世界。买办变成了"管理员"，他们带领运毒者从香港的赤鱲角国际机场乘飞机前往世界各地，这些运毒者的行李箱里或者体内会携带着以千克计算的 4 号海洛因。在 20 世纪 70 年代早期，性贸易和毒品贸易合二为一，当时从香港前往阿姆斯特丹的一些中国女性的阴道里装满了海洛因，由于携带的海洛因的量非常大，她们甚至难以熬到目的地。因此，荷兰当局很容易发现她们跟毒品贸易有关。一旦到达最终目的地温哥华或者美国的海岸地区，这些运毒者就会被抛弃，"管理员"只给她们留下护照和一些钱，在他们看来，这些钱足以支付运毒者提供的服务。如果运毒者被抓，"管理员"会去探望他们的家人，并提供一定的现金作为补偿。

在 19 世纪 30 年代，远在上海的杜月笙通过青帮对诞生于 19 世纪的香港城市商业和政治实现了控制。1951 年，杜月笙移居香港，这种控制得到了进一步强化。犯罪集团对香港城市商业和政治的控制，意味着无论是英国殖民统治时期的香港还是中国人自己统治下的香港，这个地区都一直游走在法律的边缘。除此之外，大多数来到香港的中国人或者原本说的就是潮州人的方言，或者后来接受了这种方言。潮州话的难学和排外性是出了名的，在最理想的情况下这种语言都会让商业交易变得不透明，比较中立、日渐独立的香港不仅接纳了经济移民，同时还接纳了一个有组织的犯罪集团，这个贪婪、高效的集团在香港站稳了脚跟。在整个 20 世纪，幻想破灭的士兵、水手和逃犯纷纷来到香港，开始从事起海洛因贸易。随后，他们沿着通常的移民路线进入欧洲的重要港口城市，如那不勒斯、马赛、阿姆斯特丹和鹿特丹，接着继续前往纽约、旧金山和温哥华。意大利、法国、荷兰、美国和加拿大等国都有着基本上不受控制、漏洞百出的边境，因此人和毒品都能够自由流动。来自广州讲潮州话的马氏兄弟基本上足以体现香港有组织犯罪的主要面貌。这对兄弟于 20 世纪 60 年代来到香港，并于 1969 年创办了《东方日报》，这份颇受欢迎的小报现在的日阅读量超过了 300 万人次。在 1979 年的夏天，人称"白粉马"的马惜如以合谋贩卖吗啡及鸦片的罪名受到香港政府的起诉，因此两兄弟逃到了台湾地区。1998 年，马惜如以在逃犯的身份去世。香港政府的主要证人吴锡豪因腿部受伤而被人称为"跛豪"，他于 1991 年过世，他提供的证词和证据随着他的死亡而消失了。在"跛豪"去世后，马惜珍的英国律师曾多次要求香港政府允许他在晚年返回香港。香港政府一次又一次地拒绝了马惜珍的要求，并保证一旦马惜珍返回香港，当局会立即将他缉捕归案。台湾地区方面丝毫不会接受有关遣返的讨论，但是坚称自己在努力打击有组织犯罪，并且会在这个领域与大陆警方开展合作。《东方日报》至今仍然是香港地区最受欢迎的报纸。

马氏兄弟的犯罪活动显示了香港海洛因交易的规模。毒品，以及卖淫和敲诈勒索是殖民地有组织犯罪网络的中流砥柱，皇家香港警察部队的腐败是一个主要问题，有许多警察都靠贿赂和勒索（所谓的"茶水费"）来补贴相对较低的工资，对走私嫌疑人的逮捕令往往是在当事人离开港口地区后才发出的。1973年，皇家香港警队的总警司葛柏被发现在多个银行账户中存有数百万美元。但是，他得到了消息，逃到了英国，不过后来还是被遣返香港，接受了审判，最终在监狱里服了4年的刑。"葛柏事件"促成了1974年廉政公署的成立，该机构被称为"殖民地政府送给香港的最好临别赠礼之一"。[38]廉政公署在清理警队腐败现象方面取得了巨大的进展，而且时机恰到好处。

20世纪80年代初期，香港居民中的海洛因成瘾者人数出现了急剧的上升，达到45000人左右，因此政府和执法部门再一次进行了控制海洛因贸易的尝试。香港的毒品交易集中在一个占地面积为9.25英亩的古老的要塞里，这座要塞已经成为一个名为"城寨"的贫民窟，毒品、卖淫和赌博活动在这里随处可见，很少有人试图控制在这里活动的三合会帮派。在这个摇摇欲坠、错综复杂、有着数百年历史的古城里，大约生活着2万名居民，最晚不超过20世纪50年代，一项不可能完成的任务——控制城寨——就被摆在了香港警方面前。通过1955年的一份警方报告，我们可以对当时城寨地区的特点窥见一斑：城寨内有648栋建筑物，有些高达14层，另有120间棚屋，在这些建筑物和棚屋中存在着120家毒品交易所、20家妓院、5家赌场，以及9名牙医、94家商店（其中不少都在经营狗肉生意）和4所学校。就在当年，警方仅在城寨一个地区就缴获了1.7万余包海洛因和吗啡粉，然而，他们注定会输掉这场仗。[39]城寨只有几个出入口，里面的通道密密麻麻、拥挤逼仄，城内"满是患有各种疾病的乞丐"，嫌疑人眨眼间就能消失在警方的视线里。而且，一旦政府试图建立新的法律法规，三合会就会立即作出反应。在吸食鸦片方面，香港有着悠久的历史，因此吸毒不属于违法行为，持有毒品才违法。黑社会帮派在城寨里设立了临时性的"诊所"，吸毒者可以来"诊所"里吸毒，然后两手空空地回到大街上。4 号海洛因取代了老一辈中国人偏爱的海洛因烟管，而这些"诊所"也逐渐成了一种便捷高效的毒品经营场所。

　　葛柏丑闻和廉政公署的成立预示着城寨及其海洛因交易的终结（城寨最终于 1994 年被拆除，取而代之的是一座市政公园）。香港的法律经历了大幅度的修改，现在一旦在香港水域（水运仍然是毒品进入香港的主要渠道）被发现装载有毒品，船东就必须承担法律责任。为了打击警察腐败、三合会和海洛因交易，廉政公署在1976—1978 年成功关闭了西九龙臭名昭著的油麻地果栏，这个水果市场曾经是毒品进口和香港海洛因交易的中心。在那次行动中，87名当地警察被逮捕，警察局一度几乎无人值守。

　　廉政公署的工作不断取得成功，令香港的执法机构得到了极大的改善。然而，在 20 世纪 70 年代末和 80 年代初，香港缉获的毒品数量以及毒品贸易都出现了大幅度的增长。美国中央情报局为缅甸、泰国和老挝的"金三角"地区提供着支持，与此同时，海洛因生产的增长和提炼技术的进步使香港成为高质量海洛因的国际生产中心。而移动电话和寻呼机等新技术的出现，则让犯罪团伙在面对执法机构时占据了优势地位，因为执法机构采用这些技术的速度往往落后于犯罪分子们。在 1983 年和 1984 年，香港的海洛因缉获量连续两年达到了高峰，其中包括在坪洲岛附近的一只渔网内搜获的

198 千克海洛因，这是一次性缉获量的最高纪录。[40]然而，在 20 世纪 80 年代，香港作为一个全球海洛因提炼及转运关键地区的地位得到了进一步的巩固。

在"金三角"的山区，许多大家庭辛辛苦苦地生产着鸦片乳胶，这些鸦片乳胶会被运到中国香港地区，然后从那里被输送至世界各地。赶上大丰收的时候，每个平均有 5 名工人的小家庭生产组可以生产出多达 15 千克的乳胶，不过大部分时候每个小家庭的乳胶产量基本都在 9—10 千克，能够生产出 1 千克以上的吗啡。

海洛因的生产过程没有什么神奇之处，只是一个普通的工业加工过程。正如一群叛逆的波兰大学生在 1976 年时所展示的那样，在浴缸里都能完成这个过程。不过，最简单也是最常见的方法还是将干净的油桶放置在距离地面 30—40 厘米的砖块上，在下面生一堆柴火。[41]接着，往每个油桶里倒入 115 升水，将水煮沸，然后往每个桶里加入 10—15 千克的鸦片乳胶。再往乳胶和水的混合液中加入熟石灰（氢氧化钙），这些物质能够和吗啡溶液结合，使其上升到液体顶部，然后过滤掉混合液中的杂质。等到混合液几乎冷却下来后，将其从油桶中舀出来，放入不同的锅里重新加热，或者说是"煮制"。在吗啡加热的过程中加入氯化铵，这会导致混合液释放出一种强烈的尿臊味，这种气味能够暴露出制毒的秘密。因此，在纽约市和中国香港地区密密匝匝的公寓楼的厨房里加工海洛因就存在一定的风险，但是在地广人稀的土耳其、阿富汗和墨西哥高地就没有太大的问题。

制毒人员要随时监测溶液的酸碱度，直到溶液沉淀或者说是"坠落"到桶底。溶液从桶底被倒出，倒出来的时候要经过棉布的过滤，然后溶液就被摊开在烤盘上在阳光下进行干燥。干燥后得到的吗啡碱会被加工成可抽食的海洛因或者 4 号海洛因。一些最基础的海洛因加工窝点只有一口锅、一个量杯、一个塑料漏斗、一些咖啡滤纸和石蕊试纸以及一口钢制的平底锅。工业级的加工窝点则会配备瓶装的天然气炉、食品料理机和风扇式萃取器，这些用具在世界各地都属于普通的家居用品。

从吗啡碱中提取海洛因需要 4—6 个小时。最简单的海洛因成品是"黑焦油"，这种海洛因流行于墨西哥和西非的一些地方。在制造海洛因的各种方法中，这是最快也是造价最低的一种。用这种方法制造出来的海洛因就像焦油一样黏稠，也像石块一样坚硬。想要得到棕色或者白色的海洛因，制毒人员就要用食物搅拌机打碎已经变干的吗啡碱，然后将其放入锅中，再往锅中加入乙酸酐。多年来，乙酸酐一直是化学过程中一种常用的化合物，出于制作各种食物的需要，人们会利用这种化合物对淀粉进行改造，因此大量进口到美国的乙酸酐要么会被忽视，要么就在丝毫不受到质疑的情况下被放行。大量的乙酸酐很容易就能买到。添加了乙酸酐的吗啡碱在85 摄氏度的条件下被持续加热两个小时后，就会产生不纯的海洛因。在这个环节上，制毒人员的水平决定了最终的产品会是 3 号还是 4 号海洛因。在制毒的过程中，为了增强稳定性，制毒人员会加入碳酸钠，直到混合液不再起泡，这时得到的海洛因重量只有吗啡的三分之二、鸦片乳胶的十分之一。制造可抽食的海洛因的过程很简单——往吗啡碱中加入盐酸，盐酸也是一种在世界各地都容易找到的工业化合物。制毒人员对每一千克加入了盐酸的海洛因进行缓慢搅拌，直到形成盐酸海洛因，然后制毒人员就可以往里面掺入各种杂质，如咖啡因、奎宁或者士的宁，这样就得到了 3 号海洛因。毒贩将这种棕色的化合物碾碎、分装好，然后就可以出售了。这种海洛因最容易通过抽食的方式服用，也可以用柠檬汁或者醋进行稀释，然后用脱脂棉进行过滤，这样得到的海洛因就可以被用来静脉注射了。

要想制造出令人垂涎的 4 号海洛因，制毒人员就要在混合液中加入氯仿，然后将混合液静置，海洛因将与溶液中的杂质结合，最终在锅底生成一层厚实的红色油脂。然后，制毒人员将这时还能流动的溶液沥干，接着再用活性炭反复进行净化，直至变成无色物质。这时，制毒人员也同样要加入碳酸氢钠，直到混合物变得非常白，然后制毒人员对其进行干燥，用滤纸擦拭，最后将其磨成粉末，压制成 700 克或者 350 克的砖块，这种海洛因的纯度为 85％—95％，易于溶解，便于注射。[42]

广东最顶级的制毒人员非常擅长在令人难以忍受的条件下用最基本的炊具制作高纯度的海洛因，他们被送到世界各地从事这项工作。就如同新年夜的时代广场，一到春天，清迈就成了全球大宗海洛因交易的市场，也是最顶级的制毒师的招聘会。

20 世纪 70 年代，泰国政府的各级各部门官员一直在开展公开销毁毒品的活动，他们通过焚烧或者其他方式销毁了一批又一批被缉获的海洛因，试图通过这种做法说服西方相信他们支持禁毒。然而，泰国军队里的执法者接二连三地出现了私自扣留部分赃物的行径。泰国毒贩的主要交易对象是荷兰，而这两个国家的法律中都没有共谋罪这一项，因此毒贩只可能受到"持有毒品"这一项罪名的指控，而不会受到"意图提供毒品"这个罪名的指控。

20 世纪 70 年代，三合会组织在世界各地的第二大帮派"14K" ³⁵⁹活跃于北欧各地，始终不曾受到过惩罚。在这个帮派最嚣张的时期，其成员在伦敦的苏活区明目张胆、耀武扬威地谋杀了来自埃塞克斯郡的中国餐馆老板黄凯（音译）。当时王凯正在打麻将，结果被黑帮分子活活踢死了。在黄凯去世两周后，他的儿子黄鹏海（音译）被人在海牙斯海弗宁恩的沙丘上发现，当时尸体已经开始腐烂了，他身上的西装口袋里塞着数百荷兰盾，对方之所以这么做是意在证明这起谋杀是为了维护名誉，而不是一起无聊的行凶抢劫案。杀害黄凯的几名凶手逃到了英格兰北部和威尔士，但最终还是于1976 年 11 月在中央刑事法庭被判过失杀人罪，入狱服刑 5—14 年。

　　20 世纪 70 年代，三合会在世界各地经历了一场激烈的地盘争夺战，他们在西方国家的一座座城市里站稳了脚跟，利用毒品贸易建立起根据地。对黄诚美（音译）——此人和黄凯没有关系——的审判正是当时东西方关系的一个典型例子。黄诚美基本上是在英国接受的教育，还就读了布莱顿罗丁女子学校（英国最好的女子中学之一，和伊顿公学齐名），后来经营了一家美容院。她做黄金生意的父亲在新加坡被三合会成员活活踢死，这同样也是一起荣誉谋杀，她宣称自己之所以加入有组织犯罪是出于复仇的目的，她想找到杀害父亲的凶手。事实上，黄诚美和她的中国穆斯林情人力·贾法尔·马（又名马力，音译）一直通过伦敦希思罗机场进口和分销着大宗的海洛因。有一段时间，她每天能赚取 9000 英镑，任何时候她供应的毒品量都足以满足 250—900 名吸毒者的需要。黄诚美仔仔细细地记录着账目，那些红色的复式记账本被存放在伦敦北区的一套闲置公寓里，那里同时还存放着几千克海洛因。被警察逮捕后，马力带着警察去了那套公寓，当时公寓里还存放着估值为 70 万英镑的海洛因和两部自动武器。[43]黄诚美在证词中交代自己已经结婚了，并且有三个孩子，走私毒品完全是为了打进控制伦敦麻醉品生意的"霸王帮"，她相信自己的父亲就是死于这个黑帮之手。根据她的证词，她之所以跟马力交往也完全是出于这个目的。法官迈克尔·阿盖尔没有被说服，在判处黄诚美 14 年监禁（经过上诉被减为 12 年）的时候，他告诉后者："可以说，当你瘦小的影子落在爵禄街上时，整条街都暗了下来，而你和你的同伙则走在死亡之谷的阴影中。"在提及黄诚美及其情人马力的时候，阿盖尔还说："当你们驱车前往伦敦西区的时候，你们就是去传播犯罪、疾病、腐败甚至死亡。"[44] 1966 年与黄诚美结婚的丈夫也提起了离婚诉讼，1980 年 3 月，在黄诚美缺席的情况下，马来西亚槟城州的高等法院以离弃丈夫的理由判决他们离婚。

在 20 世纪 80 年代，香港的吸毒人数有所下降，但是三合会在全球海洛因贸易中占据了主导地位。中国的年轻人开始借助大麻和巴比妥酸盐来缓解城市生活带来的巨大压力。三合会逐渐洗白了自己的生意，几乎在各种层面上都切断了金钱与毒品之间的联系，这样一来，金钱和海洛因就很少会产生直接的往来。洗钱活动变得非常复杂，而且回报很高，通过洗钱，毒品收益就可以被分流到餐馆、批发业和其他合法企业中去。这种交易很难被定性，但是美国缉毒局已经开始和其他方面采取联合行动，试图查明犯罪集团通过毒品交易获得的利润是如何在世界各地流动的，以及是谁在转移这些利润。缉毒局在 1999 年开展了一系列的调查，最终颁布了《外国毒枭认定法》（即"毒枭法"），这部法律通过没收一切被认为参与了毒品交易的个人或实体的资产来阻止涉及毒品交易的资金的进出。问世已有 17 个年头的"毒枭法"现在受到了人们的审视——许多被认定为毒枭的人分布在世界各地，他们消失在了人们的视线中，但是他们的大部分资金都完好无损，而他们手底下那些薪水微薄、身份合法的美国雇员却面临着失业的现实，因为他们的公司和企业都涉嫌转移资金。但是在南美洲，由于当地银行业的特殊做法，这项法案取得了更大的成功。

与此同时，香港回归后，当地一些银行交易的基石似乎仍然是全球毒品交易。可以说，这些交易得到了历史悠久的特权和传统的掩护。这种洗钱活动不仅为世界毒枭的生活方式提供着支持，而且还具有为恐怖主义提供资助的能力。离岸银行就被认为涉及了利用海洛因交易获得的利润资助阿富汗的恐怖主义，确切地说就是 2008 年发生在孟买的伊斯兰恐怖主义袭击，这场袭击造成了近 200 人死亡、300 多人受伤。达乌德·易卜拉欣是全球最大的海洛因毒枭，在经营各种毒品的毒枭中，他仅次于已故的"可卡因之王"巴勃罗·埃斯科巴，在他的支持下，恐怖分子可以通过他在孟买的犯罪网络开展活动。易卜拉欣 1955 年出生在马哈拉特邦的拉特内基里，他的父亲是一名警察。2003 年，易卜拉欣被英国财政部列入金融制裁目标综合清单，截至 2017 年 11 月，他的条目下列出了 21 个化名（他有 2 个妻子）、14 本已知护照、在世界各地的多处住址，以及仅在英国一地的价值数亿的可疑资产。[45]根据《福布斯》杂志的估计，他的总财富为 67 亿美元，国际机构悬赏 2500 万美元捉拿他。易卜拉欣的主要业务是海洛因走私，同时他也大量参与军火贸易和假钞生意，印度政府认为他参与了向印度注入大量假钞，从而导致 2016 年经济危机的犯罪活动。人们认为易卜拉欣就在巴基斯坦和迪拜之间来回活动，但是他真正的下落至今尚未查明。1984 年，易卜拉欣因涉嫌一桩谋杀案而逃离印度，但是他在印度建筑业以及宝莱坞持有的产业都是合法的，而且处在快速的增长中。易卜拉欣名下的 D 公司是一个有组织的犯罪集团，在至少 16 个国家开展活动，他的钱在堪称是"避税天堂"的全球银行网络中不断地流动着。根据 2017 年的报道，易卜拉欣出现了抑郁问题，因为他唯一的儿子（31 岁）选择追求宗教生活，而不是接管家族生意。

2012 年，美国政府以洗钱的罪名对汇丰银行处以一笔具有里程碑意义的罚款，罚款金额高达 19 亿美元，这是有史以来针对洗钱活动开出的金额最高的一张罚单。[46]

毒品中的女性

"海洛因是一种非常特殊的毒品。它能钻进你的大脑，钻进你的皮肤……它会变成你。"

就像 18 世纪 40 年代伦敦的"金酒热"时期一样，女性在禁毒战争中所扮演的角色至今仍然存在争议。就黄诚美一案而言，虽然女性从一开始很有可能是被男性性伴侣注射了海洛因，但是她们仍然会被视为引诱他人吸毒的施害者，她们的出现象征着厄运的到来，她们永远都会投下"瘦小的影子"。

在 20 世纪 80 年代和 90 年代，女性尤其是年轻女性，成为麻醉品的销售对象，同时也成为禁毒公关活动的目标。对海洛因贸易来说，营销和形象的作用越来越重要。由于针头被感染以及同一部位被反复注射，最早的吗啡成瘾者都面对着与疮、水泡和溃疡的斗争；同样地，由于 4 号海洛因被掺入发酵粉、滑石粉等各种杂质，新一代的鸦片制剂消费者正遭受着自己的恶习带来的各种副作用的折磨，更不用说他们还面临着感染艾滋病病毒、肝炎或者败血症的可能性。就像在"金酒热"时期一样，社会对女性使用麻醉品的看法也受到了主流媒体的强烈影响，这些媒体使用着危言耸听的语言和令人震惊的图像制造着耸人听闻的报道，这些报道都在公众的意识中留下了持久的印象。在 20 世纪 90 年代中期，一批受到污染的毒品对英格兰和苏格兰的海洛因使用者造成了极其严重的影响，当时人们在这些海洛因里发现了在土壤和粪便中存在的一种病菌——诺维氏芽孢梭菌。一旦被感染，患者立即就会出现脓毒症，在短短几天的时间里就有 30 多名使用静脉注射方式的吸毒者死亡，然而有关这些死亡事件的消息却鲜见于报端。但就在同一个星期里，埃塞克斯的女学生利亚·贝茨（1977—1995）因为服用了一粒亚甲基二氧甲基苯丙胺（摇头丸）而死亡的事件成了媒体报道的焦点。一连几个月，贝茨的形象一直出现在各大报纸的头版上：服下药片后，在 90 分钟的时间里灌下 7 升水，从而导致致命的脑水肿症状，结果她就被绑在了一台维持生命的机器上。这幅画面和被认为正在全英国蔓延的毒品灾难之间形成了密不可分的联系。事实上，英国的年轻一代正在体验一种在音乐和化学兴奋剂的共同作用下产生的新高潮。与任何一场青年运动一样，传统的媒体人士感到了震惊和愤怒，使用毒品的行为受到了进一步的污名化，海洛因成了一座可怕的金字塔的塔尖。摇头丸和大麻被越来越频繁地称为"入门级"毒品，似乎一旦决定使用这些毒品，通过静脉注射海洛因走向毁灭的道路就在所难逃了。

　　贝茨事件发生 5 年后，即 2000 年，随着德文郡埃克斯茅斯的雷切尔·惠蒂尔的死亡，年轻女性受到麻醉品毒害的观念达到了顶峰。惠蒂尔从 14 岁起就开始吸毒了，到 1999 年时她已经在吸食海洛因了，为此她向外界寻求了帮助。惠蒂尔经常服用过量的药物，这很可能是因为她缺乏使用药物的经验。她出生在德文郡，在她小的时候全家搬到了赫里福德郡，但是刚一独立，她就搬回了德文郡。在与家人日渐疏远的同时，她与男友卢克·菲茨杰拉德的关系越来越紧密，后者也是一名吸毒人员。1997年，惠蒂尔与菲茨杰拉德开始了一场时分时合的恋爱。在和家人发生了几次争执，再加上在巴斯大学的学习遭受了挫折之后，惠蒂尔在2000年的时候发誓要停止使用海洛因，并为自己找到一处安全的住所，远离菲茨杰拉德。但是，她答应在5月10日星期三这天同菲茨杰拉德在埃克斯茅斯的海滩上见最后一面。除了菲茨杰拉德，没有人知道那天晚上究竟发生了什么："她告诉我她要让自己开始一种全新的生活。大约在晚上9:30的时候，我走掉了，她一个人坐在海滩上。我直接回了家，从那以后我就再也没见过雷切尔了。"[47]在接下来的7年里，《每日电讯报》一直坚持不懈地追踪报道着这起事件。人们在埃克斯茅斯的公寓里发现雷切尔·惠蒂尔的时候，她的尸体就倒在地板上：她跪在地上，蜷缩着身子，手里拿着一个没有拔开盖帽的注射器。这支注射器的盖帽上有海洛因的痕迹，但是注射器本身的管制物质检测结果呈阴性，这表明一个被用过的盖帽被塞在了一支新的注射器上。惠蒂尔的身体出现了严重的变色，嘴里出过血。司法部门开展的工作微乎其微，甚至在找到尸体后没有立即进行尸检，这很有可能是因为惠蒂尔是一名瘾君子。验尸官理查德·范·奥本最终做出了一个开放式的结论——无法确定惠蒂尔死亡的确切情况。

惠蒂尔的家人认为女儿死亡的时候那个房间里还有其他人，这些人非常清楚究竟发生了什么事情，正是他们将惠蒂尔的尸体摆成她吸毒过量的模样。为了防止其他人遭受和女儿一样的命运，惠蒂尔的父母允许一些针对青少年拍摄的视频使用女儿尸体的图像，这些视频都是为了唤醒青少年对毒品的认识。在死亡面前，我们中的任何人都没有多少尊严可言，在这方面，雷切尔·惠蒂尔更是不如大多数人。媒体利用她的形象不是为了向其他容易受到伤害的年轻人提供建议，而是试图恐吓他们，向他们暗示这种事情有可能发生在任何人的身上，这种态度忽略了惠蒂尔有可能根本不是死于过量吸食海洛因的证据。惠蒂尔死亡的确切情况仍然是一个谜，她身上的小伤口以及嘴里流出的血都表明在她去世前的几个小时里，她不只经历了毒品带来的最后一次高潮。尽管媒体一直坚持用一具"浮肿"的尸体这种措辞来称呼惠蒂尔，但是她的父母一直在努力捍卫女儿的形象，希望她以一个人的形象被世人记住。[48] 2004 年，为了进行尸检，惠蒂尔的尸体被挖了出来，结果发现她的身上仍然穿着去世时穿的蓝白色条纹连衣裙和开襟羊毛衫。这次尸检只得到了一个模棱两可的结论。

直到雷切尔·惠蒂尔去世将近 20 年后的今天，她遭受的去人性化的对待仍然是不遵守社会规则的女性受到的典型待遇。同时，她遭受的对待也令年轻女性都是在控制欲较强的男性伴侣的诱导下染上毒瘾这种标准结论大打折扣。从那时起，卢克·菲茨杰拉德不断受到传唤，就惠蒂尔身亡当天发生的事情提供证词。现在，他已经戒掉海洛因好些年了，他的说法中存在的矛盾之处或许并不构成犯罪，但是这些事情应当受到谴责，他自己的说法也证明了这一点："我和她在一起不开心，她和我在一起也不开心。问题是我爱雷切尔吗？——我其实并不清楚爱情是什么。"[49] 在一定程度上，正是这样的回答以及有关女性使用 4 号海洛因的统计数据，导致政府研究人员得出了这样一个结论："性别不平等仍然是导致健康状况不良的一个因素。"[50]

一记重创

　　哪里能买到鸦片制剂和阿片类药物，哪里就有人服用这些毒品。自 20 世纪 60 年代以来，随着全世界海洛因生产量的增长，由此产生的问题也越来越严重，海洛因网络不断扩大，海洛因越来越容易获得，价格也越来越低。1956 年，英国只有 54 名被登记在册的海洛因使用者。到 20 世纪 70 年代早期，海洛因成瘾问题首先在利物浦变得突出起来，到 20 世纪 80 年代，这个问题迅速蔓延开，曼彻斯特、格拉斯哥和爱丁堡先后受到了困扰，到 20 世纪 90 年代，海洛因成瘾已经成为一种普遍现象。这四个城市突然充斥了大量可抽食的高品质海洛因，不过大多数吸毒者很快就改用了静脉注射。海洛因能让人暂时进入一种令人感到温暖的不省人事的状态，面对失业的糟糕的生活水平，海洛因带来的这种"慰藉"充满了诱惑。爱丁堡的缪尔豪斯庄园作为电影《猜火车》的拍摄背景而闻名，这部影片讲述了四个朋友在寻求救赎前的经历，他们曾一起吸食海洛因，过着混乱不堪最终陷入悲惨境地的生活。电影于 1996 年上映，当时这些城市正在被海洛因摧毁。艾滋病和肝炎变得越来越普遍，长期吸毒者通常的生活方式还和糖尿病产生了联系。在那个年代染上毒瘾但是幸存下来的人，现在的健康状况都很不乐观，尤其是缪尔豪斯的人。许多人至今仍然是瘾君子，住在社会福利房里，始终处于失业状态。即使是那些已经成功戒毒的人，他们的生活也没有多大的改善。[51]

　　在英国的海洛因危机爆发将近五年之后，葡萄牙也发现自己陷

366

入了同样的境地。在 1974 年的"康乃馨革命"推翻了独裁政府后，葡萄牙人开始了海洛因的消费，与此同时，取道葡萄牙、通往巴西的这条海洛因走私路线在毒品走私者的眼中变得非常具有吸引力。不到 20 年时间，苏联也具有了同样的魅力。海洛因成了一种流行病。到了 2001 年，曾经身为欧洲仓库、拥有全球最强大海军力量的葡萄牙已经沦为毒品泛滥、最贫穷的西方国家之一。大约有 5 万—6 万名吸毒者主要集中在里斯本一带，因此里斯本就像爱丁堡一样，毒品问题显得非常突出。这个国家必须立即采取行动了。面对这种状况，葡萄牙政府采取了行动——2001 年 7 月，毒品全面实现了合法化。这完全是为了求生所采取的措施。海洛因的合法化，再加上针头交换以及最基本的但是能够起到支持作用的医疗保健系统，立即产生了意想不到的结果，不仅非法药物使用量下降了，过量服药率、与毒品有关的慢性病的发病率以及艾滋病的感染率都下降了 95％。卫生工作者给瘾君子们分发了成包的清洁针头，与前来移动药房领取药物的瘾君子们进行交流。社会为希望得到美沙酮维持治疗的人提供了大规模的支持，当地药房也为他们提供了支持，这些药房会分发美沙酮或者丁丙诺啡。丁丙诺啡是一种半合成的阿片类药物，服用者需要将其含在舌头上面或者下面，这种药物的优点是不会像吗啡那样对呼吸系统产生抑制作用。葡萄牙政府还大力鼓励人们定期参与治疗计划。

　　葡萄牙对毒品合法化工作提出的 13 点计划清晰而全面，第一点就是加强国际合作，第二点就是非罪化。只要持有的毒品不超过 10 天的个人用量，任何人都不会受到起诉；但是，如果被证实存在向他人提供毒品的意图，毒贩还是会受到监禁。这是在联合国 1988 年颁布《禁止非法贩运麻醉药品和精神药物公约》之后，近期历史上出台的最令人印象深刻的一部有关毒品的法律。这部法律是由专治毒瘾戒断的医生约翰·古劳起草的，除了非罪化这一点，它和联合国的公约有着相同的主旨，并且强调开展合作，以及对用来制作麻醉品成品的原材料进行监控。葡萄牙模式得到了不少人的支持，但是该模式在其他一些国家或许是行不通的。世界各地形形色色的吸毒者在购买和使用毒品方面有着截然不同的方式，葡萄牙的海洛因吸食者主要集中在一个地方，他们被污名化，大多数人无家可归，他们的存在构成了一个很突出的问题。在吸毒者比较分散的地方，这种措施就很难产生同样的效果。在葡萄牙之前，西班牙和意大利也立法将持有少量麻醉品合法化，然而在这两个国家海洛因使用量却一直呈上升趋势，吸食大麻几乎成了当地的通病。尽管如此，葡萄牙取得的巨大成就以及继续为吸毒人员提供治疗条件的决心都是不可否认的。

　　葡萄牙放弃了对吸毒者开战的任何尝试，自 2001 年以来，它所取得了巨大成功，用实实在在的证据证明了这样的战争毫无必要。更加引人注目的是，葡萄牙几乎就在人们开始通过一个新的自由市场——互联网——购买毒品的时候，采取了这项措施。

　　1971—1972 年，斯坦福大学和麻省理工学院的学生使用阿帕网——或者说是名字有些拗口的高级研究计划局网络——进行了一次大麻交易，这是现今已知的第一次电子交易（不过，也有人认为通过网络进行的第一次真正意义上的金融交易是在 1994 年 8 月 11 日完成的，交易的商品是一张斯汀的唱片《十个召唤者故事》）。最早的邮购目录提供了给顾客送货上门的服务，而互联网不仅提供送货服务，还提供同行评议服务。在网上和街头进行的交易突然被置于严格的审查之下，"感觉、潜力和总数"——也就是每一包用玻璃纸包装的货物的质量、保质期和重量——都要受到等级评定，甚至还出现了一些极品评价，例如有人给新泽西州的新布朗斯维克市有售的"疯狗"牌海洛因写下了"分量虽小，却如欲火般焚身"的评价。[52]毒品的外包装上印有从枪支、骷髅头到路易威登标志的五花八门的图案。

　　基于互联网的同行评议系统在非法麻醉品交易中非常有效。这些论坛都是开放的，如果使用体验不佳，消费者很容易在网上表达自己的不满。与外界的想象不同，在非法企业中掺假（添加其他药物）和稀释（添加惰性物质以增大体积）这些做法并不常见。海洛因的质量因产地的不同而有所差别，但是英国在 1995—1996 年对 228 种海洛因样品进行了测试，结果显示近一半的样品都丝毫没有掺假。[53]10 年后，在纽约进行的另一项研究发现，就连掺了假的海洛因的纯度也能达到 60％以上，最常见的添加物包括"对乙酰氨基酚、咖啡因、麦芽糖醇、安定、安眠酮和苯巴比妥"。[54]关于用"毛玻璃"，也就是烧碱，给街头海洛因掺假的都市传说纯属虚构，但是在一个令人担忧的市场中，互联网的确为消费者提供了一层不可小视的保护，尤其是在近年来海洛因购买量有所下降、芬太尼变得越来越常见的情况下。

　　要想找到被广泛称为"暗网"的东西并不难，通过暗网购买商品也不是一件难事。暗网经营的主要业务就是毒品和药品的销售，其次就是儿童色情业。在毒品和药品交易中，大麻和紧随其后的药品占据了最大的份额，海洛因仅占 5％—6％的份额。暗网里的首选货币是比特币，这种货币最早出现于 2008 年，作为一种新的匿名方式，它促进了网上购物。没有多少人知道究竟是谁创造了比特币，关于这个问题，最常见的一个名字就是"中本聪"。不过，这只是一个化名，大多数消息来源都认为"中本聪"的真实身份是美国的密码学家尼克·萨博或者哈尔·芬尼。芬尼是全世界第一个以比特币的形式获得酬劳的人，他已于 2014 年去世了。萨博则否认自己参与了比特币的发明。对英语口语熟练多变的使用——例如，赚取或者说是"挖掘"（mining）比特币的工作要求矿工找到一个被称为"随机数"（nonce）的数字——表明比特币的发明者不会是日本人，而且有可能不是一个人，也很有可能不是美国人。近来，47 岁的澳大利亚电脑科学家克雷格·斯蒂文·赖特宣称自己是比特币的创造者。无论这种货币是一个人创造的还是一群人发明的，它的创造者都已经身家数十亿美元了。

比特币具有了无限的投机潜力，然而它只是一种信用体系，与鸦片、茶叶和金条在 18 世纪和 19 世纪里的身份一样。比特币系统是某一位天才或者一群天才集体努力的成果，就像互联网上的毒品销售渠道一样。最大的毒品网络之一"丝路"属于互联网的隐藏服务（洋葱头），用户可以匿名浏览网页。最初的"丝路"于 2013 年被关闭了，在针对其创始人、来自得克萨斯州奥斯汀的罗斯·威廉·乌布利希的刑事指控中，美国联邦调查局指出，"在 2011 年 2 月 6 日至 2013 年 7 月 23 日期间，通过该网站完成的交易大约有 1229465 笔"[55] 乌布利希在一年里赚取的比特币佣金可能高达 8000 万美元，这些收入主要来自毒品交易。2015 年 2 月，乌布利希被判处无期徒刑，并且不得假释。不过，他是否对"丝路"负有最终责任还不得而知。乌布利希的化名"恐怖海盗罗伯茨"，参考了 1973 年出版的小说《公主新娘》和 1987 年上映的同名电影；同样地，将"丝路"取而代之的"汉萨"是对历史上的汉萨同盟的致敬，这个网站于 2017 年 7 月被关闭。它的主要竞争对手是

370

"阿尔法湾",也就是暗网版的"易趣",这个网站为非法的武器、毒品和极端色情产品的销售提供了便利,就在当年同月,这个网站也被关闭了。

美国已经率先对"暗网"上的毒品零售商进行了起诉,联邦调查局、缉毒局和中央情报局持续不断地采取着行动,试图对一个他们毫无希望实施控制的行业进行监管,他们越是想要这么做,情况就越是恶化。仅"阿尔法湾"一家网站在被关闭时,就有超过25万张列表。执法机构的警告甚至铺天盖地地出现在了诸如"红迪网"这样的主流网络论坛上:"是时候来一场大扫除了,让住所干净得令执法机构无处下手。"

"红迪网"也日益参与到了更广泛的涉毒活动中。这个供人们聚在一起在线聊天的网络论坛里存在着形形色色的专门讨论毒品的论坛,其中包括讨论阿片类药物和海洛因的论坛。初次吸毒者会请教一些问题,人们还会大肆宣扬各自的购买行为:"将近0.3克的好货'4号'(不是芬太尼),将近0.1克绝对顶级货'碎片'和2毫克氯硝西泮。"这种帖子并不罕见。"碎片"是晶体状的甲基苯丙胺,氯硝西泮是苯二氮卓类药物,有时候有人会不太明智地在海洛因里掺入这种物质。论坛上还有许多长期吸毒者在寻求戒毒的建议,也有吸毒者的朋友和家人们在寻求帮助。这是一个受支持严格的同行评议网站,销售毒品和寻找货源的行为都是不被允许的。有关阿片类药物和海洛因的论坛基本上是积极的和支持性的,尤其是对那些想要改变生活的人来说。

现在甚至出现了有关成瘾问题的手机应用程序,通过设置,用户可以监测到自己已经有几分钟、几个小时、几天或者几个月没有吸毒了,还可以通过应用程序在论坛上与其他成瘾者交流,或者寻求帮助。如果你正在从一个不认识的毒贩那里"搞"毒品，别人甚至可以对你的手机进行地理定位，以免发生不好的事情。所有的论坛里都存在着有关混乱、暴力、痛苦、孤独、沮丧的故事，但同时也存在着讲述伟大的善意和人与人之间的友情的故事，既有本地针对掺有芬太尼的海洛因提出的警告，也有某位女士受到的困扰——她的伴侣由于背部疼痛而拿到了鸦片制剂的处方，而他不清楚应该在进食后还是进食前服用。这位女士发布的第一个帖子是"请教一个有关高脂肪餐的问题"。

奥施一代

"就要发生改变了，必须如此"

在 20 世纪 90 年代，通过互联网买卖麻醉品的现象变得越来越普遍，而制药业也正在生产着品质更高、结构更复杂的合成阿片类药物。1996 年，在纽约创立、有着长期生产止痛药物历史的普渡制药公司推出了一种新药，这种药物很快就被世界各地的医疗行业用来治疗慢性疼痛了，这种药就是奥施康定。早在 12 年前，普渡公司就开发出了一款缓释吗啡美施康定。药物所具有的缓释系统令普渡公司引以为傲，这种系统能够让药物在超过 12 小时的时间里释放药效，起到缓解疼痛的作用。公司向医生和知名医学杂志大力推销这些药物，并且对非营利性的疼痛管理组织和研究团体提供资助，公司的唯一目的就是将阿片类药物，即奥施康定当作一种全面的疼痛管理方法进行推广。但是，鸦片制剂成瘾者可以通过抽食或者注射这种药物（后来被称为"奥施"）产生兴奋感。通过接触

372

不同的医生，也就是所谓的"逛医生"（doctor-shopping）的做法，他们可以获得大量的药片，供自己使用或者出售给他人。医学界开始报告称受到了来自意图明显的"顾客"的压力，再加上普渡公司资助的一个成瘾监测机构"雷达"（全称为"滥用、消遣和成瘾相关问题研究监测系统"）提交的一份负面报告，奥施康定的问题终于引起了广泛的关注。"雷达"发现，奥施康定和氢可酮是迄今为止遭到最为严重滥用的阿片类处方药，接下来分别是其他羟考酮类药物、美沙酮、吗啡、氢吗啡酮、芬太尼以及丁丙诺啡。这份报告的调查结果包括，奥施康定的滥用在消遣性毒品使用者和街头成瘾者中间最为普遍。不出所料，吗啡和丁丙诺啡也出现在了这份名单上。人们不禁会问，合法药物是怎么流入非法市场的？然而，这还不是全部，其他一些研究还发现，一些海洛因成瘾者最开始服用的是处方药奥施康定，后来就转向了海洛因，这与 19 世纪那些服用吗啡的天真的患者情况相似。纽约的前美容杂志编辑及毒品问题博主凯特·马内尔指出："可是，他们不认为这些东西是毒品，他们还以为这些都是药品，问题就在于此。"[56]有传言称普渡公司存在严重的过度销售问题，再加上医生开处方时的不当行为，1991—2011年，美国的药店开出的阿片类处方从 7600 万份增加到了 2.19 亿份。2007 年，普渡公司受到了超过 6 亿美元的罚款，并受到来自康涅狄格州检察长理查德·布卢门撒尔的巨大压力，后者责令公司对奥施康定的配方进行调整。结果，普渡公司于 2010 年发布了一款奥施康定凝胶，令美国数百万"奥施"迷大失所望的是，这款新药无法粉碎，也无法研磨。"奥施"的供应突然中断了，与此同时大量海洛因刚刚开始从墨西哥进入美国。无独有偶，这时阿富汗的海洛因产量也非常高。突然之间，海洛因无处不在了。缉毒局发现缉获的海洛因纯度高，而且价格低廉，所以瘾君子们就开始用海洛因来代替之前服用的奥施康定药片。美国疾病控制与预防中心进行的一项研究发现，不仅典型的毒品使用者（18—25 岁的白人男性）在吸食海洛因，女性和其他非典型人群的海洛因消耗量甚至翻了一倍，例如那些工资收入最高的群体。[57]突然间，美国陷入了中东和墨西哥的包围中。情况急速地恶化着。美国疾病控制与预防中心发现，在西弗吉尼亚州、南部各州，尤其是佛罗里达州，医生给病人开出了大量的阿片类止痛药。[58]在佛罗里达州，大量的制药作坊如雨后春笋般冒了出来，在没有处方的情况下出售着阿片类药物。药片压片机是中国制造的，合成鸦片制品也可以通过互联网订购，网上甚至还有制作药片的说明。这些原材料都通过邮寄的方式被送到订购者的手中，在这个过程中几乎不存在任何风险。芬太尼或者类似的药物，如另一种街头毒品"中国白"，效力非常强大，包装后看上去就是一粒粒硅胶粒，尿检试纸里都装得下一袋。

那些在芬太尼中掺入包括海洛因在内的其他药物的瘾君子往往会对剂量做出错误的判断，因为极小的剂量就足以致命。市场对保罗·杨森发明的另一种药物也产生了新的需求，这种药物就是被称为卡芬太尼的合成阿片类似物，其效力远远超过芬太尼，是一种被用于大象的麻醉剂，其品牌名为"维尔得尼"。新罕布什尔州的缉毒警察发现了这种药物，对于当地的公共服务体系而言，合成阿片类药物造成的服药过量和死亡事件正在朝着失控的方向发展。2015年，在药物致死的案件中，有三分之二是芬太尼造成的。在 3 月的两个星期里，新罕布什尔州曼彻斯特的警察局就出动并处理了 64起服药过量的案件，造成问题的药物不是芬太尼，就是卡芬太尼。[59]警察和医护人员的标准装备中都配备了被称为"纳洛酮"的烯丙羟

374

吗啡酮。在给服药过量的吸毒者注射了纳洛酮或者将其喷入吸毒者的鼻腔后，这种药物能够阻断阿片受体，只是吸毒者在出事后必须迅速得到这样的救治。新罕布什尔州的阿片类药物处方比例很高，再加上用于药物和成瘾援助的支出在全美国排名倒数第二，因此在阿片类药物致死问题上，该州仅次于西弗吉尼亚州也就不足为奇了。芬太尼已经通过无数癌症患者和脊柱手术患者证明了其作为止痛药的价值，在中东的战场上也是如此，然而，现在这种药物却成了美国农村贫困人口中流行的一种消遣性兴奋剂。

在旧金山、丹佛和费城，图书馆被瘾君子们视为安全的注射场所，鉴于在馆内和馆外出现的死亡事件，图书馆管理员们现在都接受了注射纳洛酮的培训。然而，死亡事件仍然在不断地发生，2016年，仅芬太尼这一种药物就造成了 2 万名美国人的死亡，第一次超过了海洛因的致死人数。这 2 万人中就包括人称"王子"的普林斯·罗杰·内尔森，这位长期服用鸦片制剂的音乐家在这一年的春天离开了人世。

375　　美国剥削性的制药行业和水平低下的医疗保障体系对这股毒品热潮也起了作用。20 年来，阿片类药物的处方在美国一直处于十分猖獗的状态，2012 年达到了 255207954 份，相当于每 100 人就拿到了 81.3 份处方，这直接导致了当前美国肆虐的海洛因狂潮的出现，这股狂潮开始于 2013 年。[60] 在美国的一些县里，例如亚拉巴马州的沃克县，每 100 人拿到的阿片类药物处方甚至高达 335.1 份。[61] 到 2014 年，沃克县因涉及毒品的犯罪行为而受到监禁的人数也出现了大幅度的上升，吸毒过量致死的比例也是全州最高的。[62] 2012—2016 年，美国医生将全国范围内阿片类药物的处方减少了将近 2.15 亿份，但是通过非法渠道获得的阿片类药物造成的死亡人数还在继续

上升着。到 2016 年底，过量服用阿片类药物致死的总人数达到了
1999 年的 5 倍。[63]伊利诺伊州莱克县的州检察官迈克尔·内尔海姆
说："这场危机的根源不在街角，而在一个个董事会的会议室
里。"[64]这个行业的一些巨头目前正在为自己在这场阿片类药物丑闻
中的所作所为进行辩解，就在 2017 年 9 月之前的一年里，美国有
30 多个城市、州和县要么已经对阿片类药物的制造商和经销商提起
了法律诉讼，要么正在准备提起诉讼。[65]

　　美国著名外科医生及公共卫生专家阿图·葛文德在发表于 2017
年 4 月的一篇文章中指出："我们已经没有办法进一步强调这场阿
片类药物危机已经变得多么严重了。"他将这场危机的形成归咎于
医生和制药公司。美国目前经历的这场阿片类药物危机比公共评论
家和政客们通过只言片语描述的情况更加复杂，即使能够得到解
决，时间也早不了。人们追求更大、更好、更快、更强的胃口太大
了，以至于现在市场上又大量出现了一种阿片类药物，这种药物甚
至能让大象安静下来，这表明美国人心里存在着一种更深层的不
安，他们没有能力采取任何有效的行动。不过，持有不同看法的人
正在增多，像葛文德这样备受瞩目的专家都走在了前列。正如葛文
德所说："我们不能坐视不管。我们这些外科医生开出了过量的鸦
片制剂处方，助长着药物成瘾和服药过量致死的现象。我们必须改
变这种状况。现在，我们知道自己应该做些什么了。"[66]

　　改变不会是如此简单的事情。医生们总是在沆瀣一气，拥有巨
额利润的制药公司和银行不太可能不战而降，主动放弃自己的收
入。面对生意上受到的威胁，犯罪集团已经对此做出了反应。墨西
哥贩毒集团正在努力，他们不再相互竞争，而是开展了合作，合力
满足美国大陆对廉价海洛因的贪婪需求。换作以前，他们应该会为

了争夺地盘进行街头争斗，但是现在他们采用了特许经营模式，从这个看似不见底的市场中赚取利润。东海岸的意大利裔美国人已经过了鼎盛时期，但是他们现在依然在同西非人组成的街头帮派进行着对抗，竭力保护着自己在意大利的领地，那些西非帮派的手段十分残忍，就连神经强韧的那不勒斯警察都感到震惊。三合会也继续悄无声息而笃定地在制毒工厂和实验室里发展壮大着。无论下一次出现的神挡杀神、佛挡杀佛的是哪一伙人，随着中东局势的不稳定，海洛因以及海洛因贸易带来的资金对他们来说都将变得越来越重要。毒品变得越来越强效，罪犯也变得越来越厉害。资本主义国家和社会主义国家都是如此。

　　这似乎是显而易见的答案，然而，阿富汗、缅甸掸邦和锡那罗亚山区的罂粟田受到政府强有力控制的可能性微乎其微，受到国际控制的可能性就更不用说了。目前，全世界正在通过澳大利亚和塔斯马尼亚，以及印度、土耳其、法国、西班牙、英国和匈牙利合法种植的罂粟，寻找医用级别的鸦片，其中澳大利亚和塔斯马尼亚出产的罂粟为上品。出于这种需要的罂粟的主要产品就是将整株植物捣碎制成的罂粟秸秆，这种方法比传统的割胶法节省时间。但是，有关产量和质量的数据就如同外界对阿富汗的估计一样存在着巨大的差别，不过，形势似乎还是出现了好转的迹象，有可能过不了多久，我们就能得到足够供应全世界的高质量的止痛药。对于那些控制了一种又一种资源，但宣称自己这么做并不是为了金钱，也不是为了更大的权力，或者宣称自己是为了人民的幸福和安全的人而言，这并不是他们所希望看到的。无论在政治和经济上属于哪个阵营，没有人试图控制世界罂粟种植区才是更大的善行。不过，有一件事情是肯定的，无论是在资本主义制度下还是在社会主义制度下，罂粟都会旺盛地生长着。在我们最需要它的时候，它永远都在那里。它一直都是如此。

最后，我们决不能忘记一点，这完全是一场我们和自己的战斗。从瑞士湖边的新石器时代定居点、布鲁克林的街角，到世界各地一所所不起眼的无名医院里提供的临终关怀，罂粟一直和人类手牵着手，今后仍将如此。今天，罂粟仍然是全球交易量最大的商品之一，我们必须设法减轻它所造成的伤害，同时继续保持着对它的信心，相信它能创造出奇迹。这将是一场没有终点的"鸦片战争"。

后　记

　　在一个寂静而干燥的日子里，黄昏时分，种植罂粟的农民穿过村子里狭窄泥泞的小巷和饱受日晒的隐蔽院落，一路走到各自的田地里，也有人穿着廉价的橡胶靴，手持砍刀，汗流浃背地爬上丛林里的梯田。他们忙碌了起来。就在3个月前，这些农民——通常还有他们的妻子和孩子——在田地和梯田里种下了罂粟。他们一起收割着罂粟，通过这种联合劳动，他们既能保证足够的劳动力，同时又不会损害各自的收益，既不需要招募外来的帮工，也不会有人当懒汉或者耍赖。这样的联合劳作关系代代相传，与通婚、互助和部落等级制度等因素交织在一起。耕种劳动非常辛苦，而且时间紧迫，在随后的几个月还需要不断地除去地里的杂草，劳动量非常大，尤其是在幼苗开始扎根的一段时间里。粮食已经开始短缺了，一个个大家庭的关系变得更加紧密了，所有人都以家庭为单位生活劳作着。

　　他们已经度过了最紧张的那段日子，罂粟花艳丽的花瓣向走过农田的每一个人宣告着罂粟的到来，现在是收获的时候了。这些熟练的工人用一把锋利的小刀在每一颗绿色罂粟果的外皮上划上三四

处，从切口处流出来一种白色的物质，这就是罂粟乳汁。男人、女
人和孩子们小心谨慎、有条不紊地忙碌着，同时还要避免自己的衣
服和身体擦到罂粟，以免罂粟果上的乳汁被抹开，他们就像贴膏药
一样将罂粟果的切口重新封起来，这样一来罂粟果就不会再继续流
出乳汁了。因此，许多人都喜欢一路倒退着工作。通常，人们会在
最高产的一些罂粟植株的茎秆上系上彩绳。等到收割完鸦片乳胶
后，人们就会把这些高产的罂粟果割下来，将里面的种子保存起
来，留到下一季播种。对于一个大家庭而言，一英亩罂粟田就能带
来不错的收成，而且通常他们还会在罂粟田里种上玉米，这些玉米
能够保护脆弱的罂粟幼苗不受伤害——伤害不仅来自天气，也来自
一双双觊觎的眼睛。而且，玉米和罂粟秆都是村子里吃苦耐劳的牲
畜稳定的食物来源。在确保谨慎的前提下，他们尽可能快地劳作
着，夜色很快就会降临大地，而且在不断发出咔嚓声和沙沙声的罂
粟秆中间待太长时间的话，他们就会对收割乳汁的工作感到恼火。
从不止一个方面而言，收割罂粟都是一项令人兴奋的工作。

　　一夜之间，乳汁迅速变黑了，在罂粟果里聚集了起来。到了早
上，乳汁凝固成了乳胶，这时就可以收割了。在黎明微弱的光线
下，人们用新月形的铲刀从罂粟果上刮下乳胶，经过几代人的使
用，这些铲刀大多都锃光发亮。接着，他们就将乳胶摊在敞口的木
箱中，晾晒的过程将持续3—5天。等到乳胶稍微有些发干的时候，
工人就可以将乳胶煮沸，收割乳胶时连带被刮下来的一点罂粟果果
皮和茎秆就会浮到水面上，然后他们再用粗棉布或者筛子过滤掉这
些杂质。接下来，工人就可以将过滤干净的乳胶装进打上标记的袋
子里，或者用模具压制成球状，乳胶球上还会打上农民自己的特殊
标记。现在，鸦片可以上路了，这是它们前往最终目的地的第

一步。

海洛因从全世界一些最贫困的国家的某个院落或者丛林里的一扇大门走出去，借着现金和消费构成的一条永不停歇的循环链在世界各地游走着。

在动笔撰写这本书的 4 年后，我所面对的现实世界已经发生了难以估量的变化。上周，在法国南部的一个小酒馆里，我的丈夫看到我盯着两个男人和一个女人，当时他们正在点饮料。他们面容憔悴，下巴就像灯笼一样，身体很僵硬，说起话来有些矫揉造作，他们的手不停地挠着发痒的皮肤。他们小心翼翼地放下眼镜，打发着时间。"我觉得是海洛因。"我的丈夫说。

"没错。"我回答道。就在我想着阿富汗的一座座院子和一扇扇农庄大门的时候，他们中间的那个女人从一辆没有被褥只铺着一层塑料衬垫的婴儿推车里抱起了一个光着身子的婴儿，把他放在了自己的腿上，心不在焉却又温柔地抚摸着他的脊椎，既像抚摸，又像抓挠，就好像在抚弄一只猫。他们坐在那里聊着天，谈的都是那烦躁的孩子，言语间充满了对他的感情。一个衣装整洁的男人走过去，和他们坐在了一起，然后也点了一杯饮料。他是当地的医生。他卷了一根烟，但是将这个肮脏的习惯咒骂了几句，然后问那几个人过得怎么样。

我的丈夫看着窗外阳光明媚的街道，说了一句："到处都是这样，不是吗？我从来都不知道。我是说以前。"他在对着空气自言自语。

"没错。"我又说了一遍。突然间，我不确定自己学到的、传达给别人的究竟是一点点的启迪，还是毫无价值的东西。

不过，当我们继续坐在那里看着这一切的时候，这普普通通的一幕又让我想起了当初我迫切想要写出这本书的原因。存在于我们身边的各种成瘾问题没有让我们变成好人或者坏人，也没有让我们失去人性，它们只是塑造了现在的我们。对于亿万富翁和街头的瘾君子而言，用来衡量琐碎的日常生活——在最后一刻获得的小小的胜利——的工具都是一把茶匙。

　　在可预见的未来，人类将一直和鸦片捆绑在一起，无论我们是在经历战争、手术、慢性疾病或者疼痛的折磨，还是面对着妥协的生活或者死亡本身，这就是我们的现实。我们向身体输送鸦片的方式可能有所不同，但是无论我们采用的是贴剂、药片还是静脉注射器的形式，我们无不是在寻找一把钥匙，这把钥匙将打开锁住我们的肉体、头脑和心灵的那把锁。这种寻找不会结束，也不应该结束。我们所能做的就是抗争、忍耐和生存，这样的努力和其他事业一样崇高。自然界为人类提供了一种化合物，这种化合物一直在不断地进化着，它能够减轻我们最深的恐惧，缓解肉体承受的痛苦折磨。这个简单的事实将社会、经济、科学和人道主义等各种因素都卷入了一个涌动不停的泥潭，这是一个由极乐世界、恐怖、奢侈、掠夺、善与恶构成的泥潭。在过去的两个世纪里，黑帮围绕着鸦片制剂犯下的严重罪行，以及一些国家的政府打着商业自由或者人权的旗号犯下的同样罪行，都暴露出了那些自命为王的人极端虚伪的本质。瘾君子们总是在试图逃避现实，与此同时，医生们总是在求医问药，政府则试图控制一切。在所有这些限制因素范围内，社会上形成了一个个合法的或者非法的、规模很小的或者国际规模的经济体系。人类无休止地苦苦追寻着天堂，哪怕只能略窥一眼，在这个过程中，所有的商人都是没有祖国的，无论是站在街边兜售麻醉品的小毒贩，还是制药巨头。

致　谢

383　　　本书的写作经历了一个漫长的过程，随着美国阿片类药物危机的爆发，其最终形式不可避免地发生了变化。非常感谢我的编辑乔治娜·莫利，感谢她的耐心、鼓励和智慧。我还要向大卫·米尔纳、劳拉·卡尔以及泛麦克米伦出版公司的每一个人表示感谢，他们为本书付出了巨大的努力。我还一如既往地要向我的经纪人克里斯蒂·麦克拉克兰，以及大卫·戈德温团队的全体人员表示感谢。安迪·约翰斯顿和露西·费舍尔非常友善地为我提供了超出其职责范围的专业意见，这么做自然占用了他们更多的时间。伦敦图书馆、维尔康姆图书馆和大英图书馆再次成为我的庇护所，为我提供了知识和温暖，无论是充满人情味的关心还是身体感觉到的温暖。伦敦图书馆依然那么可贵，因为它始终在致力于保护经常出没于那里的作家们以及他们往往颇为宝贵的时间。

感谢一直关心和照顾我的朋友们：菲奥娜·柯克帕特里克，罗里·麦克斯韦尔，大卫·查尔德和克莱门汀·弗莱彻。

感谢我最好的邻居本诺·格罗茨，无论对方高低贵贱，他永远都施以善意，而且他还会烹制巴伐利亚美食。理查德·考特尼和凯·米切一直是出色的啦啦队队长和坚定的盟友。非常感谢我的老朋友麦克斯·约翰斯通，他是一名军人，也是一名徒步爱好者，每逢星期五下午两点半，一旦电话响了，我就知道是谁打来的。

感谢我的母亲艾琳和姐姐萨利，她们是我无价的宣传员，她们 384 对我以及书稿的信任陪伴我度过了林肯郡漫长的日日夜夜。

最后，也是最重要的，我要为理查德·英格里斯先生献上衷心的爱和感谢，他一如既往地用他的幽默、坚毅支持我撰写这本书，并且为我提供了严肃的建议。没有他，就没有这本书。

中英译名参照

A counterblaste to tobacco 《抵制烟草》

A Dissertation on Opium 《有关鸦片的论文》

A Supplement to the Pen Ts'ao 《本草拾遗》

Abbasid 阿拔斯王朝

Abu Hureyra, a Tell 阿布胡赖拉定居点

Abraham de Cresques 亚伯拉罕·德·克雷克斯

Abyssinia 阿比西尼亚

Abū Bakr Muḥammad ibn Zakariyyā al-Rāzī 拉齐（阿卜·巴卡·穆罕默德·
伊本·扎卡利亚·阿-拉齐）

Academy of Gondeshapur 贡德沙普尔学院

Acapulco 阿卡普尔科

Aceh 亚齐特区

Aetius 埃提乌斯

Agra 阿格拉

Agrippa 阿格里帕

Ague Cure 疟疾灵

Ahura Mazda 阿胡拉·马兹达

Ain Mallaha 艾因马拉哈

Ajuga reptans（bugle） 匍匐筋骨草（号角草）

Akha people　阿卡人

Akhbar　阿克巴

Al Swearengen　艾尔·萨尔森根

Alamut Castle　阿拉穆特堡

Alexander Selkirk　亚历山大·塞尔柯克

Alonzo Calkins　阿隆佐·卡尔金斯

al-Kindi　金迪

Al-Zahrawi（Abulcasis）　宰赫拉威（阿尔布卡西斯）

Alessandro Vaignanol　范礼安（亚历山德罗·瓦格纳诺尔）

Alexander Fleming　亚历山大·弗莱明

Alexander Wood　亚历山大·伍德

Alexios I　阿莱克修斯一世

Alhambra　阿尔汉布拉

Almoravid　阿尔穆拉比特王朝

Alphanus　阿尔法努斯

Alā'-al-dawla Mohammad　阿拉·道拉·穆罕默德

American Board of Commissioners for Foreign Missions　美国公理会差会

American Gynecological Society　美国妇科学会

American Nervousness: Its Causes and Consequences　《美国的神经症——其成因和后果》

An Essay on Tea, Considered as Pernicious to Health, Obstructing Industry and Impoverishing the Nation; also an Account of its Growth, and great Consumption in these Kingdoms　《论茶叶——有害于健康，阻碍工业发展，导致国家经济困顿，以及它的兴起和在这些王国里的巨大消费》

An Essay, Medical, Philosophical and Chemical, on Drunkenness, and its Effects on the Human Body　《醉酒及其对人体造成的影响的医学、哲学及化学分析》

An Inquiry into the Nature and Properties of Opium　《鸦片的性质和特性研究》

Anatolian coast　安纳托利亚海岸

Anatomical Procedures　《解剖步骤》

Anazarbus　阿纳扎布斯

Andersonville　安德森维尔

Andreas Vesalius　安德烈·维萨里

Angel druggist shop　天使药房

Anglo-Chinese College　英华书院

Anglo-Oriental Society for the Suppression of the Opium Trade　盎格鲁—东方禁
　止鸦片贸易协会

Annalen der Physik　《物理年鉴》

Anna, Duchess of Bedford　贝德福德公爵夫人安娜

Anthony Benezet　安东尼·贝尼泽特

Apcar Line　阿普卡航运公司

Apomorphine　阿扑吗啡

Aquilaria sinensis　沉香树

Aquillia Secundilla　阿奎利亚·西卡恩迪拉

Aragon　阿拉贡

Archaeological Museum of Heraklion　伊拉克利翁考古博物馆

Armana　阿玛纳

Armand Séguin　阿曼德·塞奎因

Arthur Eichengrün　亚瑟·艾兴格林

Ashishin　阿萨辛

Assizes of Jerusalem　《耶路撒冷法令》

Attica　阿提卡半岛

Augsburg　奥格斯堡

Augustus Matthiessen　奥古斯都·马西森

Ayer's Cherry Pectoral　艾尔樱桃胸肺糖浆

Avesta　《阿维斯陀》

Ayyubid dynasty　阿尤布王朝

Azores　亚速尔群岛

B. E. Lloyd　B·E. 劳埃德

Bab al Mandeb　曼德海峡

Babur　巴布尔

Bactria　巴克特里亚

Badakhshan　巴达赫尚

Bahamas　巴哈马群岛

Balkh　巴尔赫

Banda Islands　班达群岛

Bangor　班戈市

Bantam　巴淡岛

Bartolomea Rinieri　巴托洛米亚·里涅里

Bartolomeu Dias　巴尔托洛梅乌·迪亚士

Basra　巴士拉

Batavia　巴达维亚

Battle of Athens　雅典战役

Battle of Kowloon　九龙海战

Battle of Plassey　普拉西战役

Beer Street　《啤酒街》

Behar　比哈尔

Benares　贝那拉斯

Benevolent Assimilation　"亲善同化宣言"

Benjamin Rush　本杰明·拉什

Berkeley Square　伯克利广场

Bernard Mandeville　伯纳德·曼德维尔

Black Hills Daily Times　《黑山每日时报》

Black Hole　黑洞事件

Boadicea, Queen　波阿狄西亚

Bob Howe　鲍勃·豪

Bohea　武夷茶

Bologna　博洛尼亚

Boston Medical Journal　《波士顿医学杂志》

Boston News-Letter　《波士顿新闻通讯》

Botanical Gardens of Calcutta　加尔各答国家植物园

Botanico-Medical Recorder　《植物医学记录者》

Brick Lane　红砖巷（布里克巷）

Bristol　布里斯托尔

British Medical Association　英国医学会

British Medical Journal　《英国医学杂志》

Britons　布立吞人

Brunonian System of health　布朗氏保健法

Bukhara　布哈拉

Bythian　柏锡安

Calicut　卡利卡特

Cambay　坎贝

Cambulac　大都

Camellia sinensis　茶

Camp Bastion　巴斯营地

Can Tintorer　坎廷多雷

Cannanore　坎纳诺尔

Cannanur　库纳尔

Cannabis indica　印度大麻

Cannabis resin　大麻树脂

Cannabis sativa　大麻

Canon of Medicine　《医典》

Cap-Vert　佛得角

Cape Bojador　博哈多尔角

Carl Linnaeus　卡尔·冯·林奈

Carnatic　卡纳蒂克

Carrhae　卡莱

Cassius Dio　卡西乌斯狄奥

Catalan Atlas　《加泰罗尼亚地图集》

Celer　塞勒

Central Pacific Railroad Company　中央太平洋铁路公司

Ceres　克瑞斯

Ceuta　休达

Ch'a Ching（*The Classic of Tea*）　《茶经》

Chanda Sahib　钱德·沙赫比

Chandu　禅杜（精致鸦片）

Charles Alston　查尔斯·奥尔斯顿

Charles Davenant　查尔斯·戴维南特

Charles Derosne　查尔斯·德罗森

Charles Elliot　查理·义律

Charles Gabriel Pravaz　查尔斯·加布里埃尔·普拉瓦兹

Charles Hunter　查尔斯·亨特

Charles Romley Alder Wright　查尔斯·罗姆利·阿尔德·赖特

Charles Russell　查尔斯·拉塞尔

Charlestown　查尔斯敦

Charlie Utter　查利·阿特

Charlotte Winslow　夏洛特·温斯洛

Chen TsAng Chi　陈藏器

Cherokee Nation　切罗基族人

Chesapeake　切萨皮克

Chickamauga　奇克莫加

Chinese Exclusion Act　《排华法案》

Chinese Repository　《中国丛报》

Christabel　《克里斯特贝尔》

Christiana　克里斯蒂安尼亚

Christopher Columbus　克里斯托弗·哥伦布

Christopher Wren　克里斯托弗·雷恩

Chuckehew（Aberdeen）　石排湾（阿伯丁）

Cinchona　金鸡纳

Cogotai　阔勾台

Cohong　公行

Coje Camaçedim　科杰·卡姆希迪姆

College of Philadelphia　费城学院

Company of Apothecaries　药剂师公司

Commutation Act　《减税法》

Confessions of an English Opium-Eater　《一位英国鸦片食用者的自白》

Congou　功夫茶

Connecticut Journal　《康涅狄格杂志》

Constantine　康斯坦丁

Corn Belt　玉米地带

Cornwallis　"皋华丽"号

Cos　科斯岛

Council of Arles　阿尔勒大公议会

Council of Rimini　里米尼大公议会

Countess of Northumberland　诺森伯兰伯爵夫人

Covent Garden　考文特花园

Cremona　克雷莫纳

Cristobal Acosta　斯托巴尔·阿科斯塔

Cueva de los Murciélagos　蝙蝠洞

Curtis and Perkins　柯蒂斯和珀金斯公司

Cyclades　基克拉泽斯群岛

Cyrugicus（surgeon）　学徒医生（外科医生）

Cyrurgia　《手术》

Dai Fou　大埠

Dalmatia　达尔马提亚

Dalrymple Home for Inebriates　达尔林普戒酒所

Daniel Defoe　丹尼尔·笛福

Danville　丹维尔

Dar al-Hikma　智慧宫

Darius I　大流士一世

Darmstadt in Germany, Bavarian　达姆施塔特

Datura　曼陀罗

De materia medica　《药物志》

De Christiana expeditione　《利玛窦中国札记》

Deir-el-Medina　代尔麦地那

Demeter　得墨忒耳

Dennis Kearney　丹尼斯·卡尼

Dent & co　宝顺洋行

Diodorus Siculus　西西里的狄奥多罗斯

Dioscorides　狄奥斯科里迪斯

Diospolis　帝奥斯波里斯

Distilling Act　《蒸馏法》

'Doc' Pemberton　"医生"彭伯顿

Dominican priory　多米尼加小修道院

Dominique Anel　多米尼克·阿内尔

Dorset　多塞特郡

Duarte Gil Barbosa　杜阿尔特·吉尔·巴博萨

Duchess of Somerset　萨默塞特公爵夫人

Dutch Verenigde Oostindische Compagnie（VOC）　荷兰联合东印度公司（荷兰东印度公司）

Duke of Braganza　布拉干萨公爵

Durand Line　杜兰德线

Dwale　得卫尔

E. C. Bridgman　裨治文（以利亚·科尔曼·布里奇曼）

E. Merck　默克公司

East India Company（EIC）　东印度公司

East Point　东角

Ebers Papyrus　《埃伯斯纸草卷》

Edinburgh Medical and Surgical Journal　《爱丁堡医学和外科杂志》

Edinburgh University　爱丁堡大学

Edwin Smith　艾德温·史密斯

Einbeck　艾恩贝克

Einkorn wheat　一粒小麦

El Ricettario　《药方》

Elberfeld　埃尔伯费尔德

Elias P. Fordham　伊莱亚斯·P. 福德姆

Emilio Aguinaldo　艾米利奥·阿奎纳多

Emily incident　"埃米莉"号事件

Emmer　二粒小麦

Engel-Apotheke　天使药房

English Lake District　英格兰湖区

Ephedra plant　麻黄植物

Esparto　细茎针茅（西班牙草）

Estelline Bennett　艾斯特林·贝内特

F. M. Pierce　F·M. 皮尔斯

Falmouth　法尔茅斯

Farringdon Station　法灵顿车站

Fee Lee Wong　黄费礼

Felix Hoffmann　费利克斯·霍夫曼

Felix von Niemeyer　菲利克斯·冯·尼迈耶

Fertile Crescent　新月沃土

Don Fernando Miery Noriega　唐·费尔南多·米耶尔·诺列加

Fistula in ano　《肛瘘》

Flavius　弗莱维厄斯

Fleet Prison　弗利特监狱

Florence　佛罗伦萨

Florus　弗洛鲁斯

Fontevrault Abbey　丰特弗罗修道院

Fordyce Barker　福代斯·巴克

Formulae for the preparation of eight patent medicines　《八种专利药的配方》

Fort Cochin　科钦堡

Foundling Hospital　育婴院

Francis Anstie　弗兰西斯·安斯蒂

Francis Bacon　弗兰西斯·培根

Francis Rynd　弗兰西斯·瑞恩德

Fredericksburg　弗雷德里克斯堡

Freiderich Jakob Merck　弗雷德里克·雅各布·默克

French East India Company　法属东印度公司

Friederich Wilhelm Adam Sertürner　弗利德里希·威廉·亚当·塞尔蒂纳

Fustat　弗斯塔特

Gabriel　加百利

Gabriele Falloppio　加布里埃尔·法洛皮奥

Gaillard Thomas　盖拉德·托马斯

Gaius Julius Caesar　盖乌斯·尤利乌斯·恺撒

Galen of Pergamon　帕加玛的盖伦

Gavà　加瓦

Gazi　加齐

Gazzelle　"瞪羚"号

Gem Variety Theater　多彩宝石剧院

Genghis Khan　成吉思汗

George Armstrong Custer　乔治·阿姆斯特朗·卡斯特

George Macartney　乔治·马戛尔尼

George Miller Beard　乔治·米勒·比尔德

Georg Moritz Ebers　乔治·莫里茨·埃伯斯

George Young　乔治·杨

Gerardus Mercator　杰拉杜斯·墨卡托

Germanic Suebii　日耳曼的苏维汇部落

Gin Act　《金酒法》

Gin Lane　《金酒巷》

Giovanni Battista Ramusio　乔瓦尼·巴蒂斯塔·拉穆西奥

Glacium flavum（horned poppy）　黄花海罂粟（角罂粟）

Glaucine　海罂粟碱

Glossary of Drugs　《药物辞典》

Goa　果阿

Godfrey's Cordial　戈弗雷氏露酒

Gondeshapur　贡德沙普尔城

Gonçalo Gil Barbosa　贡萨洛·吉尔·巴博萨

Government of India Act　《印度政府法》

Granada　格拉纳达

Grand Duke of Tuscany　托斯卡纳大公

Grasmere　格拉斯米尔

Guild of Physicians and Apothecaries 医师和药剂师行会

Gulf of Aden　亚丁湾

Gujarat　古吉拉特邦

Gulbadan Begim　古尔巴丹·贝金

Guy de Chauliac　盖伊·德·肖利亚克

H. E. Merck　默克药房

Haji Mahomed　哈吉·穆罕默德

Hakluytus Posthumus（*Purchas his Pilgrimes*）　《珀切斯游记》（又名《珀切斯朝圣者书》）

Hamelin　哈梅林

Hamida Banu Begum（Maryam Makani）　哈米达·巴努·贝金（玛丽亚）

Hanseatic League　汉萨同盟

Habsburg Empire　哈布斯堡帝国

Habitual Drunkards Act　《习惯性酗酒者法》

Hackney　哈克尼区

Hair Vigor　艾尔秀发活力水

Haoma　豪玛（波斯迷幻剂）

Harveian Prize　哈维奖

Harry Hubbell Kane　哈里·哈贝尔·凯恩

Hassan ibn al-Sabbāh　哈桑·伊本·萨巴赫

Heaven and Earth Society（Triads）　天地会（三合会）

Heinrich Dreser　海因里希·德雷瑟

Henry Fielding　亨利·菲尔丁

Henry Grimm　亨利·格林

Henry Moore Teller　亨利·摩尔·泰勒

Henry Pottinger　亨利·璞鼎查

Herodotus　希罗多德

Heraclius　弗拉维斯·希拉克略

Hersende　赫森德

Harun al-Rashid　哈伦·拉希德

Hi Kee　大李

Highgate　海格特

Hindu Kush　兴都库什山脉

Hippalus　希帕罗斯

Hippocratic Corpus　《希波克拉底全集》

Historian Plantarum（Enquiry into Plants）　《植物志》

History of Deeds Done Beyond the Sea　《海外行动史》

History of Life and Death　《生死史》

Hog Lane　猪巷

Hollywood Road　荷李活道

Holy Sepulchr　圣墓

Hongkong and Shanghai Banking Corporation　汇丰银行

Horace B. Day　拉斯·B. 戴

Horace Walpole　霍勒斯·沃波尔

Hospital Sketches《医院速写》

Hovering Acts　《逗留法》

Howqua（Howkqua）（Wu Bingjian）　伍秉鉴

Hsi-yu（Xiyu）　西域

Hugh of Lucca　卢卡的休

Hugo Grotius　胡果·格劳秀斯

Hulagu　旭烈兀

Humayun　胡马雍

Hygëia: or essays moral and medical, on the causes affecting the personal state of our middling and affluent classes　《海及娅，又名道德及医学论文——对富裕的中产阶层的个人状况产生影响的因素》

Hyoscyamine　天仙子胺

Hyoscyamus niger　莨菪子（天仙子）

Hypnos　修普诺斯

Hyson　熙春茶

Iberian peninsula　伊比利亚半岛

Ibn-Sīnā（Avicenna）　伊本·西纳（阿维森纳）

Inebriates Act　《酗酒者法》

Inebriates Legislation Committee　酗酒者立法委员会

Infante Dom Henrique　唐·恩里克亲王

Ipecac　吐根

Isfahan　伊斯法罕

Isle of Man　马恩岛

Inquiry into the Effects of Ardent Spirits on the Human Mind and Body　《烈酒对人的身心的影响研究》

Ismaili　伊斯玛仪派

Ismail II　伊斯玛仪二世

Isaac Newton　艾萨克·牛顿

Iwami Ginzan　石见银山

J. B. Mattinson　J·B·马丁森

J. Hector St John de Crèvecoeur　J·赫克特·圣约翰·德·克雷维格

Jakob Le Mort　雅各布·勒·莫特

Jahangir　贾汗吉尔

James Boswell　詹姆斯·鲍斯威尔

James Cook Ayer　詹姆斯·库克·艾尔

James Flint　詹姆斯·弗林特

James Keenan　詹姆士·基南

James Matheson　马地臣（詹姆斯·马修森）

James Russell　詹姆斯·拉塞尔

Jamshid　贾姆希德

Jane Andrews　简·安德鲁斯

Jardine Matheson　怡和洋行（渣甸和马地臣公司）

Jardine's Bazzar　渣甸街

Jardine's Lookout　渣甸山

Jean Chardin　让·夏尔丹

Jeanette Marks　珍妮特·马克斯

Jean-Baptiste Louis Gros, Baron　让-巴蒂斯特·路易·葛罗男爵

Johann Trommsdorff　约翰·特朗姆斯多夫

Johannes Gutenberg　约翰·古腾堡

John Arnold　约翰·阿诺德

John Awsiter　约翰·阿韦斯特

John Brown　约翰·布朗

John Cranston　约翰·克兰斯顿

John Forbes　约翰·福布斯

John Francis Davis　约翰·弗兰西斯·戴维斯

John Leigh　约翰·利

John Locke　约翰·洛克

John Mandelslo　约翰·曼德尔斯洛

John of Arderne　阿德恩的约翰

John S. Cain　约翰·S. 凯恩

John Stuart Mill　约翰·斯图尔特·穆勒

John Weddell　约翰·威德尔

John Wilson　约翰·威尔逊

John II, the Perfect Prince　若昂二世

Johnson's Island　约翰逊岛

Jonas Hanway　乔纳斯·汉威

Joseph Banks　约瑟夫·班克斯

Joseph Louis Gay-Lussac　约瑟夫·路易·盖-吕萨克

Joseph Pulitzer　约瑟夫·普利策

Joseph von Mering　约瑟夫·冯·梅林

Josiah Wedgwood　乔赛亚·韦奇伍德

Juan Fernández Islands　胡安·费尔南德斯群岛

Judith Defour　朱迪思·德弗尔

Journal der Pharmacie　《药剂学杂志》

Jābir ibn Hayyān, or Geber　贾比尔·伊本·哈扬（吉伯）

Kamiya Jutei　神谷寿贞

Ka'aba　克尔白（天房）

Kensington　肯辛顿

Keos（Kea）凯阿岛（基亚岛）

King's College　国王学院

Kitab al-Hawi　《医学集成》

Kitab al Mansuri　《曼苏尔医书》

Kitab al-Shifa'（*The Book of Healing*）　《治疗论》

Kiteon　克提昂

Kubla Khan　《忽必烈汗》

Map of the Ten Thousand Countries of the World　《坤舆万国全图》

Kwok Acheong　郭松

Kyllene　库勒涅

La Marmotta　拉马莫塔定居点

Lady Hughes　"休斯夫人"事件

Lake Assad　阿萨德湖

Lake Bracciano　布拉恰诺湖

Lancelot Dent　颠地（兰斯洛特·登特）

Languedoc　朗格多克

Larnaca　拉纳卡

Laudanum　鸦片酊

Leiden　莱顿

Lekythi　莱基蒂

Leslie Keeley　莱斯利·基利

Letters from an American Farmer　《美国农民信札》

Letter of Tansar　《坦萨尔书信》

Levant　黎凡特

Levant Company　黎凡特公司

Liber isogogarum（*The Isagoge*）　《绪论》

Limerick　利莫瑞克大学

Linearbandkeramik　线纹陶文化

Lintin Island　伶仃岛

Lionel Lockyer　莱昂内尔·洛克耶

Literary Magazine　《文学杂志》

Little Hong-kong（Stanley）　小香港（史丹利）

London Dispensary　伦敦药房

London Missionary Society　伦敦传道会

Loo Aqui　卢亚贵

Lord Napier　纳皮尔勋爵（律劳卑）

Lord Wellesley　韦尔斯利勋爵

Louisa May Alcott　路易莎·梅·奥尔科特

Lowell　洛厄尔

Lower Bazaar　下市场

Lubeck　吕贝克

Lushu　《露书》

Luis Velasquez　路易斯·维拉斯奎兹

Luxor　卢克索

Lyme County　莱姆县

Mackintosh & co　麦金托什公司

Madak（Madakwala）　马达克

Maderia　马德拉群岛

Madīnat as-Salām or the City of Peace（now Baghdad）　麦地那·阿萨拉姆

Magniac & co　马格尼亚克商行

Malabar Coast　马拉巴尔海岸

Malacca　马六甲

Mallorcan　马略卡岛

Malwa　马尔瓦

Mamluk　马穆鲁克

Man Bai　曼拜

Man Mo Temple　文武庙

Mandragora　曼陀罗

Maratha　马拉塔人

Marco Polo　马可·波罗

Marcus Aurelius　马可·奥勒留

Mare liberum（*The Freedom of the Seas*）　《海洋自由论》

Marine Society　海洋学会

Martha Jane Burke（Calamity Jane）　玛莎·简·伯克（"灾星"简）

Martin de Rada　马丁·德·拉达

Matteo Ricci　利玛窦（玛提欧·利奇）

Massachusetts Medical Society　马萨诸塞州医学学会

McGill Pain Questionnaire　麦吉尔疼痛问卷调查

Medical Observations Concerning the History and the Cure of Acute Diseases　《对急性病的病史及治疗做所的医学观察》

Medical Reform Act　《医疗改革法案》

Medici family　美第奇家族

Mercurius Politicus　《政治信使报》

Merton College　默顿学院

Merton Priory　默顿小修道院

Mesara Plain　玛萨拉平原

Merv　梅尔夫

Middelburg　米德尔堡

Mihrangaz Begim　米赫兰加斯·贝金

Mithridates VI　米特拉达梯六世

Mongol kingdom of the Golden Horde　金帐汗国

Monte Cassino　蒙特卡西诺

Monticello　蒙蒂塞洛

Montpellier　蒙彼利埃

Montrose　蒙特罗斯

Morpheus　摩耳甫斯

Morphium　吗啡

Moses Maimonides　摩西·迈蒙尼德斯

Mowkqua（Lu Guanheng）　卢观恒

Mrs Winslow's Soothing Syrup　温斯洛夫人舒缓糖浆

Mulehet　穆列特

Muqtadari Hospital　穆克塔达里医院

Muscovy Company　俄罗斯公司

Muziris　穆齐里斯

Más a Tierra　马斯地岛

Nailaka island　奈拉卡岛

Nalanda　那烂陀寺

Nam Pak Hong　南北行

Nantucket island　楠塔基特岛

Nathaniel Chapman　纳撒尼尔·查普曼

National Archaeological Museum of Athens　雅典国家考古博物馆

National Border Force Museum　英国边境检察署博物馆

National Museum of Prehistory and Ethnography　史前时期和民族志国家博物馆

Natufian　纳图夫人

Nau（Carrack）　诺式帆船（西班牙大帆船）

Neira（Naira）　内拉

Nemesis　"复仇女神"号

Nene Valley　尼恩河谷

Netiv Hagdud   纳蒂夫哈格杜德

Nervii of Gaul   高卢的纳尔维部落

New Guide to Health, or Botanic Family Physician   《新健康指南，又名，植物家庭医生》

New Method of Treating Neuralgia by the Direct Application of Opiates to the Painful Points   《通过向患处直接涂抹鸦片治疗神经痛的新方法》

New York Daily Tribune   《纽约每日论坛报》

Niccolò and Maffeo Polo   尼科洛·波罗，马泰奥·波罗

Nisibis   尼西比斯学院

Nizari   尼查里派

Noonday Gun   怡和午炮

Norman Shanks Kerr   诺曼·桑克斯·克尔

North British Review   《北不列颠评论》

Viscount Palmerston   帕尔姆斯顿子爵（亨利·约翰·坦普尔）

Northampton Courier   《北安普敦信使报》

Novgorod   诺夫哥罗德

Nur Jahan   努尔·贾汗

Nyx   倪克斯

Old Bailey   中央刑事法院

Oliver Wendell Holmes   奥利弗·温德尔·霍姆斯

Olyphant & Co.   同孚洋行

On the Causes of Plants   《植物之生》

On the Dissection of Living Animals   《论解剖活体动物》

Opioid   类鸦片药物

Opium   鸦片

Opium Eating: An Autobiographical Sketch   《吃鸦片的生活———部简传》

Opium poppy   罂粟（鸦片罂粟）

Order of the Knights of St John of Jerusalem   耶路撒冷圣约翰医院骑士团

Orion   奥利安

Orkneys   奥克尼群岛

Paderborn　帕德博恩

Pall Mall 蓓尔美尔街

Pacific Mail Steamship Company　太平洋邮轮公司

Padua　帕多瓦

Pantokrator Hospital　潘托克拉托医院

Paolo Norette　保罗·诺雷特

Papaver setigerum　刚毛罂粟（特洛伊罂粟）

Papaver somniferum　罂粟

Paris　帕里斯

Paris Institue　巴黎研究所

Parma　帕尔马

Patna　巴特那

Pedianus Dioscorides　佩迪亚纳斯·迪奥斯科里德斯

Pembroke College　彭布罗克学院

Pen Ts'ao Ching　《神农本草经》

Peninsular and Oriental Steam Navigation Company（P&O）　半岛和东方蒸汽
　航行公司

Pennsylvania Hospital　宾夕法尼亚医院

Penryn　彭林

Pension Bureau　养老保险局

Periplus of the Erythraean Sea　《红海航行记》

Perkins & Co.　珀金斯公司

Pestle & Mortar　"杵和臼"药房

Mr Malthus　马尔萨斯先生

Persephone　珀耳塞福涅

Persepolis　波斯波利斯

Peter Mundy　彼得·芒迪

Peter Parker　伯驾（彼得·帕克）

Pharmacy Act　《药房法》

Philadelphia College of Pharmacy　费城药学院

Philippus Aureolus Theophrastus Bombastus von Hohenheim（Paracelsus）　菲利普斯·奥里欧勒斯·德奥弗拉斯特·博姆巴斯茨·冯·霍恩海姆（巴拉塞尔苏）

Philoxenos　菲利奥克诺斯

Piacenza　皮亚琴察

Picts　皮克特人

Piero de' Rossi & Co　耶罗·德罗西公司

Pierre Robiquet　皮埃尔·罗比凯

Pliny the Elder　老普林尼

Pillars of Hercules　赫拉克勒斯之柱

Polydamna　波利达姆娜

Pontus　本都

Pope Gregory X　格列高利十世

Pope Urban II　乌尔班二世

Potosí　波托西

Premnon physicon　《普雷玛农医书》

Prester John　祭司王约翰

Providence　普罗维登斯

Puankhequa　潘振承

Pulgaman　普尔加曼

Queen Isabella　伊莎贝拉女王

Quinine　奎宁（金鸡纳碱）

Rahimi　"拉希米"号

Ralph Fitch　拉尔夫·菲奇

Raunds　朗兹

Redonda　卡拉维尔帆船

Reggio　雷吉奥

Regimen sanitatus salernitanum（*Salerno Regimen of Health*）　《萨莱诺养生法》

Rey　雷伊

Rialto　里亚托

Richard Cobden　理查德·科布登

Richard Montgomery　理查德·蒙哥马利

Rickmansworth　里克曼斯沃斯

R. Campbell Thompson　R. 坎贝尔·汤普森

Reverend Nisbet　尼斯贝特牧师

Robert Boyle　罗伯特·波义耳

Robert Bunsen　罗伯特·本生

Robert Clive　罗伯特·克莱武

Robert Bartholow　罗伯特·巴塞洛

Robert Burton　罗伯特·伯顿

Robert Fortune　罗伯特·福琼

Robert Hooke　罗伯特·虎克

Robert Montgomery Martin　罗伯特·蒙哥马利·马丁

Robert Morrison　罗伯特·马礼逊

Robert Southey　罗伯特·骚塞

Robert Tracy　罗伯特·特雷西

Rouen　鲁昂

Roughing It　《苦行记》

Royal College of Physicians　皇家内科医学院

Royal Horticultural Society of London　伦敦园艺学会（皇家园艺学会）

Royal Irish Academy　爱尔兰皇家学院

Royal Society　英国皇家学会

Russell & Co　旗昌洋行

Rustichello da Pisa　比萨的鲁斯蒂谦

Safavid　萨非王朝

Saladin　萨拉丁

Salerno　萨莱诺

Samarkand　撒马尔罕

Samuel Crumpe　塞缪尔·克朗普

Samuel Garth　塞缪尔·加斯

Samuel Johnson　塞缪尔·约翰逊

Samuel Pepys　塞缪尔·皮普斯

Samuel Taylor Coleridge　塞缪尔·泰勒·柯勒律治

Samuel Thomson　塞缪尔·汤姆逊

San Fernando　圣费尔南多

San Francisco Board of Supervisors　旧金山监事会

San Juan Incident　圣胡安事件

Santa Maria Novella　新圣母玛利亚教堂

Sarsaparilla　墨西哥菝葜饮料（沙士饮料）

Sassanids　萨珊王朝

Sati　撒提

Scammony　司格蒙旋花

Schletz-As-parn　施莱茨—阿斯帕恩

Scuola Medica Salernitana　萨莱诺医学院

Sea of Galilee　加利利海

Second Carnatic War　第二次卡纳蒂克战争

Select Committee of the EIC　东印度公司特别委员会

Seljuk Turk　塞尔柱突厥

Seneca the Younger　塞涅卡

Seth Bullock　塞斯·布洛克

Seville　塞维利亚

Shad Begim　沙德·贝金

Shoe Lane　鞋巷

Shreveport　什里夫波特

Shropshire　什罗普郡

Siege of Algeciras　阿尔赫西拉斯围攻战

Siege of Antioch　安条克围攻战

Siege of Arcot　阿尔果德围城战

Singlo　松萝茶

Siptah　西普塔法老

Smyrna（Izmir）　士麦那（伊兹密尔）

Society for the Promotion of Christian Knowledge（SPCK）　基督教知识促进会

Society for the Reformation of Manners　风化改良会

Society of Jesus　耶稣会

Sogdian　索格狄亚那

Souchong　小种毛尖

Southwark　萨瑟克区

Spice Islands（Moluccas）　香料群岛（摩鹿加群岛）

Spongia somnifera（soporific-sponge）　催眠海绵

St-Giles-in-The-Field　原野圣吉尔教堂

St John's Ambulance Service　圣约翰急救队

St Mary's Hospital　圣玛丽医院

St Paul's Cathedral　圣保罗大教堂

St Peter's Hospital　圣彼得医院

Stone Street　斯通街

Strasbourg　斯特拉斯堡

Strychnine　士的宁（马钱子碱）

Susquehanna River　萨斯奎哈纳河

Swedish Cyprus Archaeological Expedition　瑞典塞浦路斯考古探险队

Sudak　苏达克

şuhut　舒胡特

Sumatra　苏门答腊

Surat　苏拉特

Susa　苏撒

Sylph　"西尔芙"号

Talheim　塔尔海姆

Tarsus　塔尔苏斯

Tatula　塔图拉

Tausret　陶斯瑞特

Terpin　萜二醇

Thaddeus Betts　萨迪厄斯·贝茨

Thanatos　塔纳托斯

The Anatomy of Melancholy, *What it is: With all the Kinds*, *Causes*, *Symptomes*, *Prognostickes*, *and Several Cures of it*　《解剖的忧郁——它是什么：忧郁症的种类、成因、症状、征兆以及几种治疗方法》

The Ancient Physician's Legacy to his Country　《古代医生留给国家的遗产》

The Assyrian Herbal　《亚述草药》

The Chinese Must Go': A Farce in Four Acts　《中国人必须滚蛋——四幕闹剧》

The Grumbling Hive: Or, *Knaves turn'd Honest*　《隆隆作响的蜂巢，又名，恶棍变成了老实人》

The Merck Report　《默克报告》

The Mighty Destroyer Displayed　《已经显现的强大毁灭者》

The Mysteries of Opium Reveal'd　《鸦片揭示的秘密》

The Negro's Complaint　《黑人的抱怨》

The Opium Habit　《鸦片习惯》

The Opium Smoking Exclusion Act　《禁止吸食鸦片法》

The Pure Food and Drug Act　《纯净食品和药品法》

The Rime of the Ancient Mariner　《古舟子咏》

The Society for the Study and Cure of Inebriety　醉酒研究及治疗问题协会

The Strand　斯特兰德街

Theodoric Borgognoni　博洛尼亚的西奥多里克

Theophrastus　泰奥弗拉斯托斯

Thera volcano　希拉火山

Theresienstadt　特莱西恩施塔特（特雷津）

Timur　帖木儿

Tom Wedgwood　汤姆·韦奇伍德

Tombstone　汤姆斯通（墓碑镇）

Thomas Abram　托马斯·亚伯兰

Thomas Beddoes　托马斯·贝多斯

Thomas Carlyle　托马斯·卡莱尔

Thomas Coram　托马斯·科拉姆

Thomas Crothers　托马斯·克罗瑟斯

Thomas Coutts　托马斯·库茨

Thomas De Quincey　托马斯·德·昆西

Thomas Dover　托马斯·多弗

Thomas Johnson　托马斯·约翰逊

Thomas Kennedy　托马斯·肯尼迪

Thomas Morson　托马斯·莫森

Thomas Roe　托马斯·罗

Thomas Sydenham　托马斯·西德纳姆

Thomas Trotter　托马斯·特罗特

Thomsonian Medicine　汤姆逊疗法

Tomé Pires　托梅·皮莱资

transoxiana　河中

Treatise on Asthma　《论哮喘》

Treatise on Poisons and Their Antidotes　《论毒药及解毒剂》

Treaty of Nanking　《南京条约》

Trigeminal neuralgia（tic douloureux）　三叉神经痛（痛性痉挛）

Trotula　特图拉

Truck Act　《卡车法》

Tung Wah Hospital　东华医院

Turkey Company　土耳其公司

Ugarit　乌加里特

Umayyad　倭马亚王朝

ÚNĚTICE CULTURE　乌尼蒂茨文化

Union Hospital　联合医院

United Kingdom Alliance　英国联盟

University College　大学学院

University of Pennsylvania Medical School　宾夕法尼亚大学医学院

Vallarpadam　瓦拉尔帕达姆

Vasco da Gama　瓦斯科·达·伽马

Veneto　威内托大区

Via Sacra　圣道

Viborg Søndersø　维堡森讷瑟

Vine Utley　维恩·乌特利

Vitriolated tartar　硫酸钾

W. W. Keen　W. W·基恩

Warner, captain　华纳船长

Warren Delano Jr　小沃伦·德兰诺

Warren Hastings　沃伦·黑斯廷斯

Warwickshire　沃里克郡

West India Company　荷属西印度公司

Westminster Bank　西敏寺银行

Whampoa　黄埔

Whampoa Anchorage　黄埔泊地

William Bird　威廉·伯德

William Cowper　威廉·柯珀

William Gladstone　威廉·格莱斯顿

William Harvey　威廉·哈维

William Hogarth　威廉·霍加斯

William Hunter　威廉·亨特

William Jardine　威廉·渣甸

William McKinley　威廉·麦金莱

William of Tyre　提尔的威廉

William Randolph Hearst　威廉·伦道夫·赫斯特

William Wordsworth　威廉·华兹华斯

William III　威廉三世

Wilsford Shaft　威尔福德竖井

Wing Tsue　荣记

Workingman's Party of California　加利福尼亚工人党

Xanadu（Changdu）　上都

Xavier Yrissar　维尔·埃里萨里

Yao Lu　姚旅

Yazd　亚兹德

Yersinia pestis　鼠疫杆菌

Yrissari & co　埃里萨里公司

Yūhannā ibn Māsawayh（Mesue Senior）　约翰·伊本·梅苏（老梅苏）

Zanzibar　桑给巴尔岛

注　释

导　言

1. Khan Bacha, poppy farmer, Nangarhar province, Afghanistan, as reported by Associated Press, 14 November 2013.

第一章　古代世界

1. Mark Merlin, *On the Trail of the Ancient Opium Poppy* (Fairleigh Dickinson University Press, 1984), pp.53 – 4.

2. A. M. Niggorski, 'Polypus and the Poppy: two unusual Rhyta from the Mycenean Cemetery at Mochlos' in P. Betancourt, V. Karageorgis, R. Laffineur and W. Niemer (eds.), *Meletemata: Studies in Aegean Archaeology Presented to Malcolm H. Wiener as He Enters His 65th Year* (Université de Liège, 1999), pp.537 – 42.

3. Carl Trocki, *Opium, Empire and the Global Political Economy* (Routledge, 2012), p.16.

4. Niggorski, pp.537 – 42; Daniel, Zohary, *Domestication Of Plants In The Old World: The Origin and Spread of Cultivated Plants in West Asia, Europe, and the Nile Valley* (Oxford University Press, 2001), p.109.

5. Merlin, p.28.

6. Susan McCarter, *Neolithic* (Routledge, new edn, 2007), p.xii.

7. Andrew Moore, Gordon Hillman and Anthony Legge, *Village on the Euphrates: From Foraging to Farming at Abu Hureyra* (Oxford University Press, 2000).

8. Juliet Clutton-Brock, 'Origins of the dog: domestication and early history' in James Serpell (ed.), *The domestic dog: its evolution, behaviour and interactions with people* (Cambridge University Press, 1995), p.11.

9. Ofer Bar-Yosef, Avi Gopher, Eitan Tchernov and Mordechai Kislev, 'Netiv Hagdud: An Early Neolithic Village Site in the Jordan Valley', *Journal of Field Archaeology*, Vol. 18, No. 4 (Winter, 1991), pp.420-1.

10. Disciplinary Committee Inquiry of the Greyhound Board of Great Britain, 13/10/2015, p.1.

11. Jordi Juan-Tresserras and María Josefa Villalba, 'Consumo de la adormidera (*Papaver somniferum L.*), en el Neolítico Peninsular: el enterramiento M28 del complejo minero de Can Tintorer', *Il Congrés del Neolític a la Península lherica SAGVNTVM-PLAV*, Extra-2 (1999), pp.397-404.

12. Robert Kunzig and Jennifer Tzar, 'La Marmotta', *Discover*, November 2002.

13. Ibid.

14. Ferran Antolín and Ramon Buxó, 'Chasing the traces of diffusion of agriculture during the Early Neolithic in the Western Mediterranean Coast', *Congrés Internacional Xarxes al Neolític – Neolithic Networks Rubricatum. Revista del Museu de Gavà*, 5 (2012), p.96.

15. Nicholas Postgate, *Bronze Age Bureaucracy: Writing and the Practice of Government in Assyria* (Cambridge University Press, 2013), p.112.

16. Mark Golitko and Lawrence H. Keeley, 'Beating back ploughshares into swords: warfare in the Linearbandkeramik', *Antiquity*, 81 (2007), pp.332-42.

17. Jan Harding and Frances Healy, *A Neolithic and Bronze Age Landscape in Northamptonshire: The Raunds Area Project* (English Heritage, 2008), p.36.

18. Mark Robinson, 'Macroscopic Plant Remains from The Wilsford Shaft, Wiltshire', *Ancient Monuments Laboratory Report*, 55/88, pp.1-11.

19. Jane McIntosh, *Handbook of Life in Prehistoric Europe* (Oxford University Press USA, 2009), p.107, and for details of the bodies, Gerald Brenan, *South From Granada* (Penguin, 2008), p.189.

20. Trocki, p.16.

21. R. Campbell Thompson, *Assyrian Medical Texts From The Originals In The British Museum* (Oxford University Press, 1923), p.112.

22. Charles E. Terry and Mildred Pellens, *The opium problem, For the Committee on Drug Addictions in collaboration with the Bureau of social hygiene, inc.* (New York, Bureau of Social Hygiene, 1928).

23. Dr Erica Reiner, Assyriologist and philologist, Oriental Department, University of Chicago, quoted in Abraham D. Krikorian, ' Were the Opium Poppy and Opium Known in the Ancient near East?' , *Journal of the History of Biology*, Vol. 8, No. 1 (Spring, 1975), p.102.

24. Elena Marinova and Soultana-Maria Valamoti, ' Crop Diversity and Choice in Prehistoric Southeastern Europe: Cultural and Environmental Factors Shaping the Archaebotanical Record of Northern Greece and Bulgaria ' in Alexandre Chevalier, Elena Marinova and Leonor Pena-Chocarro (eds.), *Plants and People: Choices and Diversity through Time* (Oxbow, 2014), p.72.

25. Merlin, p.184.

26. S. Marinatos, ' The Volcanic Destruction of Minoan Crete' , *Antiquity* (1939), 13, pp.425 - 39.

27. Joan Aruz, Sarah B. Graff and Yelena Rakic, *Cultures in Contact: From Mesopotamia to the Mediterranean in the Second Millennium BC* (Metropolitan Museum of Art, 2013), pp.40 - 1.

28. Mari tablet ARMT 21. 432, 4 - 12, quoted in A. Bernard Knapp, ' Spice, Drugs, Grain and Grog: Organic Goods in East Mediterranean Bronze Age Trade' in *Bronze Age Trade in the Mediterranean, Studies in Mediterranean Archaeology*, 90 (P. Astroms Forlag, 1991).

29. Helen Askitopoulou, Ioanna A. Ramoutsaki and Eleni Konsolaki, ' Archaeological Evidence On The Use Of Opium In The Minoan World ' ,

International Congress Series, Volume 1242 (December 2002), p.3.

30. P. G. Kritikos and S. P. Papadaki, 'UNODC – Bulletin On Narcotics – 1967 Issue 3 – 003', *Unodc.org*.N.p., 2015. Web. 6 June 2015.

31. C. Pedro Behn, 'The Use of Opium in the Bronze Age in the Eastern Mediterranean', Listy filologické/Folia philologica, Roč. 109, Čís. 4 (1986), p.195.

32. V. Karageorghis, 'A Twelfth-century BC Opium Pipe from Kition', *Antiquity* (1976), p.125.

33. Kritikos and Papadaki, 'UNODC . . .'.

34. Askitopoulou, Ramoutsaki and Konsolaki, pp.23 – 9.

35. Ferribyboats.co.uk, 'Information On The Possible Performance Of The Ferriby Boats'. N.p., 2015. Web. 6 December 2015.

36. Hadjisavvas Sophocles, *The Phoenician Period Necropolis of Kition, Volume I*, Shelby White and Leon Levy Program for Archaeological Publications (2013), p.1.

37. Behn, p.194.

38. Silvia Ferrara, *Cypro-Minoan Inscriptions: Volume 2: The Corpus* (Oxford University Press, 2013), pp.81, 126 – 7.

39. Karageorghis, p.125.

40. Behn, p.195.

41. Giorgos Papantoniou, *Religion and Social Transformations in Cyprus: From the Cypriot Basileis to the Hellenistic Strategos* (Brill Academic Publishing, 2012), p.265.

42. Kathryn Eriksson, 'Cypriot ceramics in Egypt during the reign of Thutmosis III: the evidence of trade for synchronizing the Late Cypriot cultural sequence with Egypt at the beginning of the Late Bronze Age', *Proceedings of a Colloquium held in the Royal Academy of Letters, History and Antiquities, Stockholm, May 18 – 19, 2000*, p.63.

43. Behn, pp.193 – 7.

44. Ibid.

45. L. Kapoor, *Opium Poppy: Botany, Chemistry, and Pharmacology* (CRC Press, 1997), pp.2 – 3.

46. Cynthia Clark Northrup, *Encylopedia of World Trade From Ancient Times to the Present* (Routledge, 2015), p.292.

47. Merlin, p.213.

48. Homer, *The Odyssey*, trans. A. T. Murray (Loeb, 1995), Vol. 1, p.135.

49. P. G. Kritikos and S. P. Papadaki, 'The history of the poppy and of opium and their expansion in antiquity in the eastern Mediterranean area', *Journal of the Archaeological Society of Athens*, 1967, pp.17 – 38.

50. Amelia Arenas and Hippocrates, ' Hippocrates' Oath ', *Arion: A Journal of Humanities and the Classics*, Third Series, Vol. 17, No. 3 (Winter 2010), pp.73 – 4.

51. *Hippocratic Writings*, ed. G. E. R. Lloyd (Penguin, 1983), p.262.

52. Helen King, *Hippocrates' Woman: Reading the Female Body in Ancient Greece* (Routledge, 1998), pp.118 – 19.

53. http: //classics.mit.edu/Aristotle/sleep.html, Part 3.

54. John Scarborough, 'Theophrastus on Herbals and Herbal Remedies', *Journal of the History of Biology*, Vol. 11, No. 2 (Autumn, 1978), pp.370 – 1.

55. Trudy Ring (ed.), *International Directory of Historic Places, Vol. 3: Southern Europe* (Dearborn Fitzroy, 1995), p. 374. Opium and hemlock mixture: *Valerius Maximus. II 6. 8*, and Gabriel Welter, ' Aristeides, Lawgiver of Keos ', *Archaeological Journal*, 1953 – 4, Vol. III, pp.158 – 9, as quoted in Kritikos and Papadaki, ' The history of the poppy . . .', pp.17 – 38.

56. Flavia Frisone, ' Norms and Change in Greek Funerary Rituals ', *Construction of Consensus* (Macmillan, 2011), pp.179 – 99.

57. Zohara Yaniv and Nativ Dudai (eds.), *Medicinal and Aromatic Plants of the Middle East* (Springer, 2014), p.308.

58. Wilhemina Jeemster Jashemski, *The Natural History of Pompeii* (Cambridge University Press, 2002), p.139.

59. John Scarborough, ' Theophrastus on Herbals and Herbal Remedies ', *Journal*

of the History of Biology, Vol. 11, No. 2 (Autumn, 1978), p.372.

60. Pliny the Elder, *Natural History*, trans. Philemon Holland (1601); Edward Hamilton, *The Flora Homeopathica*, Vol. 1 (H. Balliere, 1852), p.293.

61. J. Scarborough and V. Nutton, 'The Preface of Dioscorides' De Materia Medica: Introduction, Translation and Commentary', *Transactions and Studies of the College of Physicians of Philadelphia*, Vol. 4, No. 3 (1982), p.195.

62. Dioscorides, *De materia medica*, Book IV, 64, quoted in Roy Porter and Mikulas Teich, *Drugs and Narcotics in History* (Cambridge University Press, 1995), p.13.

63. John Scarborough, 'The Opium Poppy in Roman and Hellenistic Medicine', in Roy Porter and Mikulas Teich, *Drugs and Narcotics in History* (Cambridge University Press, 1995), p.16.

64. Dioscorides, quoted in Mojtaba Heydari, Mohammad Hashem Hashempur and Arman Zargaran, 'Medicinal Aspects Of Opium As Described In Avicenna's Canon Of Medicine', *Acta Medico-Historica Adriatica 11 (1)* (2013), p.103.

65. Nicander of Colophon (2nd century BC), quoted in Roy Porter and Mikulas Teich, *Drugs and Narcotics in History* (Cambridge University Press, 1995), p.16.

66. Galen, *Anatomical Procedures*, IX; 10: 10 (Oxford University Press for the Wellcome Historical Medical Museum, 1956), pp.226 – 36.

67. Maud W. Gleason, 'Shock and Awe: the performance dimension of Galen's anatomy demonstrations', in Christopher Gill, Tim Whitmarsh, John Wilkins, *Galen and the World of Knowledge* (Cambridge University Press, 2009), p.103.

68. Julius Rocca, 'Galen and the Uses of Trepanation', in Robert Arnott, Stanley Finger, Chris Smith (eds.), *Trepanation* (Taylor & Francis, 2005), p.259.

69. Gleason, pp.103 – 4.

70. Galen XIV, 4, quoted in Thomas W. Africa, 'The Opium Addiction of Marcus Aurelius', *Journal of the History of Ideas*, 22 (1961), p.99.

71. Ibid.

72. V. Nutton, 'The Drug Trade in Antiquity', *Journal of the Royal Society of Medicine*, Vol. 78 (1985), pp.138 – 45.

73. Svetlana Hautala, 'The Circulation of Pharmaceutical Recipes in Antiquity as a Kind of Folklore', PhD dissertation, University of Siena, p.1.

74. Nutton, p.145.

75. Quoted in Tom Holland, *In the Shadow of the Sword: The Battle for Global Empire and the End of the Ancient World* (Abacus, 2013), p.194.

第二章　从伊斯兰的黄金时代到文艺复兴时期

1. Robert Clarke and Mark Merlin, *Cannabis: Evolution and Ethnobotany* (University of California Press, 2013), p.243.

2. Ilza Veith, *Huang Ti Nei Ching Su Wen*; *The Yellow Emperor's Classic of Internal Medicine* (University of California Press, 1966), p.3.

3. Herodotus, *The Histories, Book 8: Urania* (Simon & Schuster, 2015), p.99.

4. R. Walz, quoted in Daniel Potts, 'Bactrian Camels and Bactrian-Dromedary Hybrids', *Silk Road Foundation Newsletter*, Vol. 3, No. 1: www.silkroadfoundation.org.

5. David Christian, 'Silk Roads or Steppe Roads? The Silk Roads in World History', *Journal of World History*, Vol. 11, No. 1 (Spring, 2000), p.5.

6. Burton Watson, *Records of the Grand Historian of China* (Columbia University Press, 1961), p.123.

7. Subhakanta Behera, 'India's Encounter with the Silk Road', *Economic and Political Weekly*, Vol. 37, No. 51 (21 – 7 December 2002), p.5078.

8. Watson, p.33.

9. Seneca the Younger, *Declamations Vol. 1*; Pliny the Elder quoted in Valerie Hansen, *The Silk Road: A New History* (Oxford University Press, 2012), p.20.

10. Eugene Hugh Byrne, 'Medicine in the Roman Army', *The Classical Journal*, Vol. 5, No. 6 (April 1910), p.271.

11. Pliny the Elder, *Natural History*, Vol. 6 (Henry G. Bohn, 1855), p.18.

12. Yulia Ustinova, 'New Latin and Greek Rock-Inscriptions from Uzbekistan', *Hephaistos: New Approaches in Classical Archaeology and Related Fields*, 18/2000, pp.169 – 79.

13. Lionel Casson, *The Periplus Maris Erythraei: Text With Introduction, Translation, and Commentary* (Princeton University Press, 1989), p.49.

14. Lionel Casson, 'Rome's Trade with the East: The Sea Voyage to Africa and India', *Transactions of the American Philological Association* (1974 –), Vol. 110 (1980), p.32.

15. R. N. Frye, *The Cambridge History of Iran, Vol. 4: The Period from the Arab Invasion to the Saljugs* (Cambridge University Press, 1975), p.396.

16. Firdausi, *Shanameh*, quoted in Cyril Elgood, *A Medical History of Persia and the Eastern Caliphate* (Cambridge University Press, 2010), p.298.

17. http://www.iranicaonline.org/articles/haoma-ii.

18. Example of botanical argument for *haoma* ingredients: George Erdosy (ed.), *The Indo-Aryans of Ancient South Asia: Language, Material Culture and Ethnicity*, Vol. 1 (Walter de Gruyter, 1995), pp.385 – 9; Mark Merlin, 'Archaeological Evidence for the Tradition of Psychoactive Plant Use in the Old World', *Economic Botany* 57 (3), 2003, p.302.

19. *Chronicon ad Annum Christi 1234 Pertinens: 1.237*, quoted in Tom Holland, *In the Shadow of the Sword* (Abacus, 2013), p.3.

20. L. D. Kapoor, *Opium Poppy: Botany, Chemistry and Pharmacology* (Haworth, 1995), p.7.

21. Qur'an, 5: 90.

22. J. Edkins, *Opium: Historical Note, or The Opium Poppy in China* (American Presbyterian Mission Press, 1899), p.6.

23. Selma Tibi, *The Medicinal Use of Opium in Ninth-Century Baghdad* (Brill, 2006), p.29.

24. Islamic Medical Association of North America Ethics Committee, 2005, *Publication 2*, p.2.

25. Du Huan, Jinxing Ji, cited by X. Liu, *The Silk Road in World History* (Oxford, 2010), p.101.

26. Saeed Changizi Ashtiyani, Mohsen Shamsi, Ali Cyrus and Seyed Mohammad Tabatabayei, 'Rhazes, a Genius Physician in the Diagnosis and Treatment of Nocturnal Enuresis in Medical History', *Iranian Red Crescent Medical Journal*, August 2013, 15 (8), pp.633 – 8.

27. Paul Barash et al., *Clinical Anaesthesia* (7th edn., Lippincott, 2013), p.5.

28. Cyril Elgood, *A Medical History of Persia and the Eastern Caliphate* (Cambridge University Press, 2010), p.298.

29. Tyler M. Muffly, Anthony P. Tizzano, and Mark D. Walters, 'The history and evolution of sutures in pelvic surgery', *Journal of the Royal Society of Medicine*, March 2011, 104 (3), pp.107 – 12.

30. Elgood, p.299.

31. Yassar Mustafa, 'Avicenna the Anaesthetist', AAGBI History of Anaesthesia Prize Submission (March, 2014), pp.1 – 16.

32. Elgood, p.299.

33. Kapoor, p.3.

34. Avicenna, quoted in Mojtaba Heydari, Mohammad Hashem Hashempur and Arman Zargaran, 'Medicinal Aspects Of Opium As Described In Avicenna's Canon Of Medicine', *Acta Medico-Historica Adriatica* 11 (1) (2013), p.109.

35. Avicenna, *Canon of Medicine* (London, 1930), p.717.

36. Lenn Evan Goodman, *Avicenna* (Cornell University Press, 2006), pp.43 – 4.

37. Andrew Crislip, 'A Coptic Request for Materia Medica', *Zeitschrift für Papyrologie und Epigraphik*, Bd. 157 (2006), p.165.

38. Charles Thomas, *Christianity in Roman Britain to AD 500* (University of California Press, 1981), p.197.

39. Diodorus Siculus, quoted in Jacob G. Ghazarian, *The Mediterranean legacy in early Celtic Christianity: a journey from Armenia to Ireland* (Bennett & Bloom, 2006), p.49.

40. H. J. Edwards (trans.), *Caesar: The Gallic War* (Heinemann, 1909),

pp.109 - 11.

41. Quoted in Wilbur Fisks Crafts, *Intoxicants & opium in all lands and times* (International Reform Bureau, 1900), p.283.

42. John H. Harvey, ' Garden Plants of Moorish Spain: A Fresh Look ', *Garden History*, Vol. 20, No. 1 (Spring, 1992), pp.71 - 82.

43. Pernille Rohde Sloth, Ulla Lund Hansen and Sabine Karg, ' Viking Age garden plants from southern Scandinavia - diversity, taphonomy and cultural aspects ', *Danish Journal of Archaeology*, 1: 1, pp.30 - 1.

44. *Corpus Hippocraticum*, quoted in Peter McDonald, *Oxford Dictionary of Medical Quotations* (Oxford University Press, 2004), p.47.

45. Piers D. Mitchell, *Medicine in the Crusades: Warfare, Wounds and the Medieval Surgeon* (Cambridge University Press, 2004), pp.12, 32.

46. Quoted in Conor Kostick, *The Social Structure of the First Crusade* (Brill, 2008), p.89.

47. M. Chibnall (trans.) and Orderic Vitalis, *The Ecclesiastical History of Orderic Vitalis* (Clarendon Press, 1968 - 80), Vol. V, pp.80 - 1.

48. Mitchell, pp.120 - 2.

49. William of Tyre, *Historia rerum in partibus transmarinis gestarum*, XIX, 23, *Patrologia Latina* 201, 770 - 1, trans. James Brundage, *The Crusades: A Documentary History* (Marquette University Press, 1962), pp.136 - 8.

50. Richard Swiderski, *Poison Eaters: Snakes, Opium, Arsenic, and the Lethal Show* (Universal, 2010), p.63.

51. Mitchell, pp.232 - 5.

52. Ibid., p.19.

53. T. S. Miller, ' The Knights of St John and the Hospitallers of the Latin west ', *Speculum*, No. 53, pp.709 - 33.

54. Ibid.

55. Jonathan Riley-Smith, *The Knights Hospitaller in the Levant, c. 1070 - 1309* (Palgrave Macmillan, 2012), p.72.

56. J. Prawer, *The World of the Crusades* (Weidenfeld & Nicolson, 1972), p.119.

57. Monica H. Green, *The Trotula: A Medieval Compendium of Women's Medicine* (University of Pennsylvania Press, 2001), p.103.

58. Borgognoni, quoted in Mitchell, p.200.

59. E. Campbell and J. Colton (trans.), Theodoric Borgognoni, *The Surgery of Theodoric, ca. AD 1267* (Appleton-Century-Crofts, 1955 – 60), Vol. 2, p.135.

60. Lluís Cifuentes, 'Vernacularization as an Intellectual and Social Bridge. The Catalan Translations of Teodorico's "Chirurgia" and of Arnau De Vilanova's "Regimen Sanitatis"', *Early Science and Medicine*, Vol. 4, No. 2 (1999), pp.127 – 48.

61. Luca Mocarelli, 'The guilds reappraised: Italy in the Early Modern period', delivered at the Return of the Guilds Utrecht, Utrecht University, 5 – 7 October 2006, p.10.

62. Henry Yule (trans.), *The Book of Ser Marco Polo* (John Murray, 1903), pp.140 – 142.

63. Bruce Lincoln, 'An Early Moment in the Discourse of "Terrorism": Reflections on a Tale from Marco Polo', *Comparative Studies in Society and History*, Vol. 48, No. 2 (April 2006), p.246.

64. Gabriel G. Nahas, M. D., 'Hashish In Islam 9th To 18th Century', *Bulletin of the New York Academy of Medicine*, Department of Anesthesiology Columbia University College of Physicians and Surgeons, Vol. 58, No. 9 (1982), pp.814 – 31.

65. Frances Wood, *Did Marco Polo Ever Go To China?* (Avalon, 1998).

66. Yule (trans.), pp.158 – 9.

67. Christiane Nockels Fabbri, 'Treating Medieval Plague: The Wonderful Virtues of Theriac', *Early Science and Medicine*, Vol. 12, No. 3 (2007), p.257.

68. Ibid., p.260.

69. Barry Stow Architect Ltd and Associates, 'A Conservation and Management Plan For Merton Priory and Merton Abbey Mills', The Merton Priory Trust and the London Borough of Merton (August 2006), p.40.

70. Daniel Poore, David Score and Anne Dodd, *Excavations at No. 4A Merton St.,*

Merton College, Oxford: The Evolution of a Medieval stone house and tenement and an early college property (Oxoniensia, 2006), p.229.

71. Christine Winter, 'Prisons and Punishments in Late Medieval London', PhD dissertation, University of London Royal Holloway, University of London (2012), p.88.

72. Louis Sanford Goodman, Alfred Goodman Gilman, *Goodman & Gilman's The Pharmacologie Basis of Therapeutics* (11th edn, Macmillan, 2006), p.50.

73. Sherman M. Kuhn (ed.), *Middle English Dictionary* (University of Ann Arbor, 1980), p.238.

74. *De corporis humani fabrica libri septum*, Syndics of Cambridge University Library (MS Dd. 6. 29, f79r-v).

75. William D. Sharpe (trans.), *Isidore of Seville, The Medical Writings* (American Philosophical Society, 1964), 54, part 2, p.62.

76. https://www.measuringworth.com.

77. D'Arcy Power (ed.), *John of Arderne, Treatises of Fistula in ano, haemorrhoids and clysters* (Kegan Paul, 1910), p.101.

78. Katharine Park, 'The Criminal and the Saintly Body: Autopsy and Dissection in Renaissance Italy', *Renaissance Quarterly*, Vol. 47, No. 1 (Spring, 1994), pp.8 − 9.

79. Yule (trans.), p.xcix.

80. Falloppio quoted in Park, p.20.

81. David Jayne Hill, *A history of diplomacy in the international development of Europe*, Vol. 2 (Longman's, 1924), p.268.

第三章　银三角和香港的诞生

1. Jin Wu, *Zheng He's Voyages of Discovery*, 600th Anniversary Lecture, UCLA Asia Institute, 12 April 2005.

2. Ibid.

3. Christopher Columbus, *The Journal of Christopher Columbus* (*During His First*

Voyage, *1492 - 3*) (Cambridge University Press, 2010), p.41.

4. Robert S. Wolff, 'de Gama's Blundering: Trade Encounters in Africa and Asia During the European Age of Discovery 1450 - 1520', *The History Teacher*, Vol. 31, No. 3 (May 1998), p.297.

5. Quoted in Kevin H. O'Rourke and Jeffrey G. Williamson, 'Did Vasco da Gama Matter to European Markets?', *Economic History Review*, 62, 3 (2009), p.655.

6. Ibid., p.657.

7. Gonçalo Gil Barbosa, quoted in Sanjay Subrahmanyam, *The Career and Legend of Vasco Da Gama* (Cambridge University Press, 1997), p.233.

8. Mansel Longworth Dames (trans.), *The Book Of Duarte Barbosa* Vol. 1 (Hakluyt Society, 1918), p.34.

9. Ibid., p.38.

10. Armando Cortesao (trans.), *The Suma Oriental of Tomé Pires* (Hakluyt Society, 1944), p.xxiv.

11. Ibid., p.159.

12. Ibid., p.213.

13. Bartolomé de las Casas, quoted in Peter Frankopan, *The Silk Roads* (Bloomsbury, 2015), p.209.

14. Fernão Lopes de Castanheda, quoted in Manoel Cardozo, 'The Idea of History in the Portuguese Chroniclers of the Age of Discovery', *Catholic Historical Review*, Vol. 49, No. 1 (April 1963), p.7.

15. Cortesao (trans.), p.228.

16. F. W. Mote, *Imperial China*, *900 - 1800* (Harvard University Press, 1999), p.745.

17. A. Kobata, 'The Production and Uses of Gold and Silver in Sixteenth- and Seventeenth-Century Japan', *Economic History Review*, New Series, Vol. 18, No. 2 (1965), p.247.

18. Dennis O'Flynn and Arturo Giraldez, 'Cycles of Silver: Global Economic Unity through the mid-eighteenth century', *Journal of World History*, Vol. 13,

No. 2（Fall, 2002）, p.406.

19. Edward Rothstein, 'A Big Map That Shrank The World', *New York Times*, 10 January 2010.

20. Patricia Ebery, *Women and the Family in Chinese History*（Routledge, 2002）, p.208.

21. J. Horton Riley（ed.）, *Ralph Fitch, England's Pioneer to India and Burma*（Fisher Unwin, 1899）, p.100.

22. Song Gang（ed.）, *Reshaping the Boundaries: The Christian Intersection of China and the West in the Modern Era*（Hong Kong University Press, 2016）, p.15.

23. Frei Sebastien Manrique, *Itinerario de las Missiones Orientales*, C. E. Luard（trans.）and Fr. H. Hosten（ed.）, 2 vols（Hakluyt Society, 2nd series, LIX, 1926）, I, VI, pp.59 – 60.

24. James Brown Scott（trans.）, Hugo Grotius, *The Freedom of the Seas*（Oxford University Press USA, 1916）, pp.28, 7.

25. Wyndham Beawes, *Lex mercatoria rediviva: or, The merchant's directory. Being a Compleat Guide to All Men In Business*（James Williams, 1773 edn）, p.813.

26. Ramusio quoted in Helen Saberi, *Tea: A Global History*（Reaktion Books, 2010）, p.83.

27. Adam Olearius, *The voyages and travells of the ambassadors sent by Frederick, Duke of Holstein, to the great Duke of Muscovy and the King of Persia*, trans. John Davies（Thomas Dring and John Starkey, 1662）, p.324.

28. C. R. Boxer（ed.）, *South China in the sixteenth century: being the narratives of Galeote Pereira, Fr. Gaspar da Cruz, O. P. [and] Fr. Martín de Rada, O.E.S.A.（1550 – 1575）*（Haklyut Society, 1953）, p.287.

29. Saberi, p.87.

30. http：//www.pepysdiary.com/diary/1660/09/25/.

31. Francisco de Arino, *Sucesos de Sevilla de 1592 a 1604*, quoted in Frankopan, p.218.

32. Anthony Reid, 'From betel-chewing to tobacco-smoking in Indonesia', *Journal*

of Asian Studies, Vol. 44, No. 3 (May 1985), p.535.

33. Lucie Olivova, 'Tobacco Smoking In Qing China', *Asia Major*, Third Series, Vol. 18, No. 1 (2005), p.226.

34. Reid, p.533.

35. Olivova, p.226.

36. Yongming Zhou, *Anti-Drugs Crusades in Twentieth Century China: Nationalism, History and State Building* (Rowman & Littlefield, 1999), pp.12 - 13.

37. Yao Lu quoted in Frank Dikotter, Lars Laaman and Zhou Hun, *Narcotic Culture: A History of Drugs in China* (University of Chicago Press, 2004), p.26.

38. Quoted in E. H. Nolan, *The British Empire in India and the East* (James Vertue, 1858), p.33.

39. https: //www.measuringworth.com.

40. Philip D. Curtin, *Cross-Cultural Trade in World History* (Cambridge, 1984), p.142.

41. Dikotter, Laaman and Hun, p.26.

42. Quoted in Frank Dikotter, *Narcotic Culture: A History of Drugs in China* (C. Hurst, 2004), p.34.

43. Ibid., p.33.

44. United Nations Office On Drugs And Crime, Bulletin On Narcotics, *A century of international drug control*, Vol. LIX, Nos. 1 and 2 (2007), p.12.

45. Quoted in Alfred J. Andrea and James H. Overfield (eds.), *The Human Record: Sources of Global History, Volume II: Since 1500* (Cengage Learning, 2009), p.217.

46. Peter Mundy quoted in Jane Pettigrew, *The Tealover's Companion: A Guide to Teas Throughout the World* (The National Trust, 2005), p.13.

47. Austin Coates, *Macao and the British 1637 - 1842: Prelude to Hong Kong* (Hong Kong University Press, 2009), p.8.

48. Peter Mundy, *The Travels of Peter Mundy in Europe and Asia, 1608 - 1667*, ed. Sir Richard Carnac Temple (Hakluyt Society, 1919), Vol. 3, p.207.

49. Ibid.

50. Quoted in Coates, p.15.

51. Weddell quoted in Coates, p.19.

52. Peh T'i Wei, 'Why Is Hong Kong Called "Fragrant Harbour": A Synthesis', *Journal of the Royal Asiatic Society Hong Kong Branch*, Vol. 54 (2014), p.45.

53. Ibid., p.39.

54. Translation from *Research study on Hangzhou Trade in the Late Qing and Republican Eras* (Hangzhou Publishing House, 2011), p.2.

55. *Journal of the House of Commons*, 1714–1718 (House of Commons, reprinted 1803), p.665.

56. F. W. Mote, *Imperial China, 900–1800* (Harvard University Press, 1999), p.745.

57. George Bryan Souza, 'Opium and the Company: Maritime Trade and Imperial Finances on Java, 1684–1796', *Modern Asian Studies*, Vol. 43, No. 1, *Expanding Frontiers in South Asian and World History: Essays in Honour of John F. Richards* (January 2009), p.130.

第四章　浪漫主义遇到现代科学

1. A. S. Beveridge (trans.), *Babur-Nama* (Oriental Books Reprint Corporation, 1970), p.52.

2. Pierre Belon, *Travels in the Levant* (Gilles Courrozet, 1554), p.183.

3. Mehrdad Kia, *Daily Life in the Ottoman Empire* (Greenwood, 2011), p.245.

4. Quoted in Roger Stevens, 'European Visitors to the Safavid Court', *Iranian Studies*, Vol. 7, No. 3/4, Studies on Isfahan: Proceedings of the Isfahan Colloquium, Part II (Summer–Autumn, 1974), p.429.

5. Quoted in ibid., p.442.

6. Cristobal Acosta, *On the Drugs and Medicines from the East Indies*, quoted in Richard Davenport-Hines, *The Pursuit of Oblivion: A Social History of Drugs* (Hachette, 2012), p.18.

7. Lisa Balabanlilar, 'The Begims of the Mystic Feast: Turco-Mongol Tradition in the Mughal Harem', *Journal of Asian Studies*, Vol. 69, No. 1 (February 2010), p.125.

8. John Henry Grose, *A Voyage to the East Indies* (S. Hooper, 1772 edn.), p.113.

9. Lisa Balabanlilar, *Imperial Identity in the Mughal Empire* (I. B. Tauris, 2012), p.91.

10. Lisa Balabanlilar, 'The Emperor Jahangir and the Pursuit of Pleasure', *Journal of the Royal Asiatic Society*, Third Series, Vol. 19, No. 2 (April 2009), p.182.

11. William Foster (ed.), *The Embassy of Sir Thomas Roe to the Court of the Great Mogul, 1615 – 1619* (Hakluyt Society, 1899), p.322.

12. Balabanlilar, 'The Begims of the Mystic Feast . . .', p.143.

13. William Shakespeare, *Othello, Moor of Venice*, Act 3, Scene 3.

14. Francis Bacon, *History of Life and Death* (I. Okes, 1623), p.1.

15. Adrian Tinniswood, *His Invention So Fertile* (Jonathan Cape, 2001), p.36.

16. Thomas Spratt, quoted in N. S. R. Maluf, 'History of Blood Transfusion', *Journal of the History of Medicine and Allied Sciences*, Vol. 9, No. 1 (January 1954), p.61.

17. Thomas Sydenham, *The Works of Thomas Sydenham, M. D.* (The Sydenham Society, 1851), Vol. 1, p.143.

18. Thomas Sydenham, *The Works of Thomas Sydenham, M. D.* (The Sydenham Society, 1851), Vol. 1, p.xcix.

19. Thomas Sydenham quoted in Kenneth Dewhurst, 'A Symposium on Trigeminal Neuralgia: With Contributions by Locke, Sydenham, and other Eminent Seventeenth Century Physicians', *Journal of the History of Medicine and Allied Sciences*, Vol. 12, No. 1 (January 1957), p.32.

20. *The Works of Francis Bacon, Lord Chancellor of England*, Vol. 1 (Carey & Hart, 1844), p.203.

21. Samuel Garth, *Oratorio Laudatoria* (Impensis Abel Roper, 1697), p.3.

22. Quoted in Albert Rosenberg, 'The London Dispensary for the Sick-Poor', *Journal of the History of Medicine and Allied Sciences*, Vol. 14, No. 1 (January 1959), p.44.

23. Patrick Wallis, 'Consumption, Retailing, and Medicine in Early-Modern London', *Economic History Review*, New Series, Vol. 61, No. 1 (February 2008), p.32.

24. R. S. Morton, 'Dr Thomas ("Quicksilver") Dover, 1660 – 1742', *British Journal of Venereal Disease* 44 (1968), p.343.

25. Thomas Dover, *The Ancient Physician's Legacy to his Country* (H. Kent, 1742), p.106.

26. Ibid., p.14.

27. James Boswell, *Boswell's Life of Johnson: including their Tour to the Hebrides* (John Murray, 1851), p.127.

28. 'William and Mary, 1690: An Act for the Encourageing the Distilling of Brandy and Spirits from Corn and for laying severall Dutyes on Low Wines or Spirits of the first Extraction. [Chapter IX. Rot. parl. pt. 3. nu. 8.]' in *Statutes of the Realm: Volume 6, 1685 – 94*, ed. John Raithby (sl., 1819), pp.236 – 8.

29. T. Poole, *A Treatise on Strong Beer, Ale, & c.* (Debrett, 1782), p.14.

30. Patrick Dillon, *Gin: The Much-lamented Death of Madam Geneva* (Justin, Charles, 2002), pp.115 – 16.

31. Bernard Mandeville, *The Fable of the Bees* (J. Wood, 1772 edition), p.14.

32. Quoted in Jonathan White, 'The "Slow but Sure Poyson": The Representation of Gin and Its Drinkers, 1736 – 1751', *Journal of British Studies*, Vol. 42, No. 1 (January 2003), p.41.

33. Charles Davenant quoted in Dillon, p.13.

34. Ernest L. Abel, 'The Gin Epidemic: Much Ado About What?', *Alcohol Alcohol* (2001), 36 (5).

35. Proceedings of the Old Bailey, February 1734, trial of Judith Defour (t17340227 – 32).

36. Ibid.

37. Henry Fielding, quoted in *Crime and Punishment in England: A Sourcebook* (UCL Press, 1999), p.140.

38. Stephen Hales, *A Friendly Admonition to the Drinkers of Gin, Brandy, and Other Distilled Spirits* (B. Dod, 1751), p.19.

39. John Brownlow, *Memoranda; Or, Chronicles of the Foundling Hospital* (S. Low, 1847), p.114.

40. Reginald Hugh Nichols, Francis Aslett Wray, *The History of the Foundling Hospital* (Oxford University Press, 1935), p.39.

41. Proceedings of the Old Bailey, 5 December 1711, trial of Thomas Abram (t17111205 - 31).

42. Proceedings of the Old Bailey, 30 August 1727, trial of Richard Montgomery (t17270830 - 29).

43. Robert Burton, *The Anatomy of Melancholy* (1621), p.56.

44. Ibid., pp.395 - 6.

45. James Boswell, *The Life of Samuel Johnson* (H. Baldwin for C. Dilly, 1791), p.339.

46. William G. Smith, 'On Opium, Embracing its History, Chemical Analysis and Use and Abuse as a Medicine' (NYSU, 1832), pp.10 - 11.

47. Dr John Jones, *The Mysteries of Opium Reveal'd* (Richard Smith, 1700), pp.7 - 8.

48. Ibid., pp.101, 106.

49. Ibid., p.371.

50. George Young, *A Treatise on Opium: Founded Upon Practical Observations* (A. Millar, 1753), p.vi.

51. Ibid., p.59.

52. Ibid., p.6.

53. John Awsiter, *An Essay on the Effects of Opium* (G. Kearsley, 1763), p.v.

54. Ibid., pp.3 - 5.

55. Ibid., p.62.

56. John Leigh, *An Experimental Inquiry Into the Properties of Opium* (Elliot, 1786) , p.23.

57. Ibid., p.51.

58. Ibid., pp.124 – 5.

59. Samuel Crumpe, *An Inquiry into the Nature and Properties of Opium* (G. G. & J. Robinson, 1793) , p.5.

60. Ibid., p.207.

61. James Harvey Young, *Old English Patent Medicines in America* (Smithsonian Institute, 1956) , p.22.

62. J. Hector St John de Crèvecoeur, *Letters from an American Farmer and Sketches of Eighteenth-Century America, 1782* (Penguin USA, 1986) , p.160.

63. Anthony Benezet, *The Mighty Destroyer Displayed* (James Crukshank, 1774) , p.17.

64. Benjamin Rush, *Inquiry into the Effects of Ardent Spirits on the Human Mind and Body* (Benjamin & Thomas Kite, 1784) , p.8.

65. Ibid., frontispiece.

66. David W. Robson, ' "My Unhappy Son" : A Narrative Of Drinking In Federalist Pennsylvania ' , *Pennsylvania History: A Journal of Mid-Atlantic Studies*, Vol. 52, No. 1 (January 1985) , pp.22 – 35.

67. Thomas Trotter, *An Essay, Medical, Philosophical and Chemical, on Drunkenness, and its Effects on the Human Body* (Longman & Rees, 1804) , pp.12 – 13, 17, 44.

68. Thomas De Quincey, *Confessions of an English Opium-Eater* (George Newness, 1822) , p.348.

69. *The Poetical Works of Samuel Taylor Coleridge* (D. Appleton, 1854) , p.143.

70. Samuel Taylor Coleridge, *Complete Works*, Letter 493, http: //inamidst.com/coleridge/letters/letter493.

71. Richard Buckley Littlefield, *Tom Wedgwood, the first photographer* (Duckworth, 1903) , p.178.

72. Ibid., p.179.

73. Robert Southey quoted in Alethea Hayter, *Opium and the Romantic Imagination* (Faber & Faber, 1968), p.196.

74. De Quincey, p.431.

75. Thomas de Quincey, *Confessions of an English Opium-Eater* (Ticknor, Reed & Fields, 1851 edition), p.111.

76. Charles Rzepka, 'De Quincey and the Malay: Dove Cottage Idolatry', *The Wordsworth Circle*, Vol. 24, No. 3 (Summer 1993), pp.180 - 1.

77. De Quincey, p.192.

78. Ibid., p.68.

79. Robert Morrison, *The English Opium Eater: A Biography of an English Opium Eater* (Hachette, 2009), p.226.

80. Charles Richard Sanders, *The Victorian Rembrandt: Carlyle's Portraits of His Contemporaries* (Manchester University Press, 1957), p.5.

81. Derosne quoted in John E. Lesch, 'Conceptual Change in an Empirical Science: The Discovery of the First Alkaloids', *Historical Studies in the Physical Sciences*, Vol. 11, No. 2 (1981), p.312.

82. *Annalen der Physik*, 55 (1817), pp.56 - 9.

第五章　中国危机

1. Hoh-Cheung and Lorna H. Mui, 'The Commutation Act and the Tea Trade in Britain, 1784 - 1793', *Economic History Review*, New Series, Vol. 16, No. 2 (1963), p.234.

2. Jonas Hanway, *An Essay on Tea, Considered as Pernicious to Health* (Woodfall & Henderson, 1756), p.298.

3. Samuel Johnson, *The Literary Magazine* 2, No. 13 (1757).

4. Jonas Hanway quoted in ibid.

5. Ibid.

6. Mary Waugh, *Smuggling in Devon and Cornwall, 1700 - 1850* (Countryside Books, 1991), p.14.

7. Ibid., p.24.

8. Hoh-Cheung and Mui, p.237.

9. Quoted in Tom Pocock, *Battle for Empire, The Very First World War, 1756 – 63* (Michael O'Mara Books, 1998), p.46.

10. Thomas Babington Macaulay, *Essays, Critical and Miscellaneous* (A. Hart, 1846), p.332.

11. Horace Walpole, *The Letters of Horace Walpole, Earl of Orford*, Vol. 4 (R. Bentley, 1840), p.55.

12. Quoted in Percival Spear, *Master of Bengal: Clive of India* (Thames & Hudson, 1974), p.189.

13. William Hoey, *A Monograph on Trade and Manufactures in Northern India* (Lucknow, 1880), p.142.

14. G. H. Smith, 'Abstract of a Paper on Opium-Smoking in China', *Medico-Chirurgical Review and Journal of Practical Medicine*, Vol. 36 (1842), p.584.

15. M. S. Commissariat, *Mandelslo's Travels in Western India 1638 – 9* (H. Milford, 1931), pp.43 – 4.

16. Wellesley quoted in Richard M. Eaton, *Expanding Frontiers in South Asian and World History* (Cambridge University Press, 2013), p.83.

17. Lo-shu Fu, *A Documentary Chronicle of Sino-Western relations, Volume 1* (Association for Asian Studies by the University of Arizona Press, 1966), p.380.

18. Colonel Thomas H. Perkins quoted in Jacques M. Downs, *The Golden Ghetto: The American Commercial Community at Canton and the Shaping of American China Policy 1784 – 1844* (Hong Kong University Press, 2014), p.123.

19. Richard J. Grace, *Opium and Empire: The Lives and Careers of William Jardine and James Matheson* (McGill Queen's University Press, 2014), p.11.

20. Ibid., p.125.

21. Matheson quoted in Dan Waters, 'Hong Kong Hongs With Long Histories and British Connections', *Journal of the Hong Kong Branch of the Royal Asiatic Society*, Vol. 30 (1990), p.223.

22. Charles-Edouard Bouée, *China's Management Revolution* (Palgrave Macmillan, 2011), p.192.

23. William C. Hunter, *The 'Fan Kwae' at Canton before Treaty Days, 1825 - 1844* (Kegan Paul, Trench, 1882), p.40.

24. Quoted in R. Alexander, *The Rise and Progress of British Opium Smuggling* (Judd and Glass, 1856), p.9.

25. Grace, p.133.

26. http://sourcebooks.fordham.edu/halsall/mod/1839lin2.asp.

27. *Sessional Papers of the House of Lords, Correspondence Relating to China*, No. 148 (1840), p.385.

28. Michael Partridge, *Gladstone* (Routledge, 2003), p.43.

29. Alexander, p.10.

30. Quoted in ibid., p.6.

31. Queen Victoria quoted in John Cannon and Robert Crowcroft, *The Oxford Companion to British History* (Oxford University Press, 2015), p.924.

32. Robert Fortune quoted in John M. Carroll, *Edge of Empires: Chinese Elites and British Colonials in Chinese Hong Kong* (Harvard University Press, 2005), p.39.

33. Robert Fortune, *Three Years' Wanderings in the Northern Provinces of China* (John Murray, 1847), p.13.

34. https://www.jardines.com/en/group/history.html.

35. Dafydd Emrys Evans, 'Jardine, Matheson & Co.'s First Site In Hong Kong', *Journal of the Hong Kong Branch of the Royal Asiatic Society*, Vol. 8 (1968), p.149.

36. Ibid.

37. Fortune, p.13.

38. Robert Fortune, *Three Years' Wanderings in the Northern Provinces of China: Including a Visit to the Tea, Silk and Cotton Countries* (Cambridge University Press, 2012), p.24.

39. Fortune (1847), p.28.

40. John Mark Carroll, *A Concise History of Hong Kong* (Rowman & Littlefield, 2007), p.8.

41. Steve Tsang, *A Modern History of Hong Kong* (I. B. Tauris, 2003), p.59.

42. Ibid., p.61.

43. Pottinger, quoted in Evans, p.149.

44. Simon Morgan (ed.), *The Letters of Richard Cobden: Volume III: 1854 - 1859* (Oxford University Press, 2012), p.287.

45. Karl Marx quoted in Travis Hanes and Frank Sanello, 'The Opium Wars: The Addiction of One Empire and the Corruption of Another', *New York Daily Tribune*, 20 September 1858.

46. King James Bible, Mark 16: 15.

47. Jon Miller and Gregory Stanczak, 'Redeeming, Ruling, and Reaping: British Missionary Societies, the East India Company, and the India-to-China Opium Trade', *Journal for the Scientific Study of Religion*, Vol. 48, No. 2 (June 2009), p.336.

48. Bridgman quoted in Michael C. Lazich, 'American Missionaries and the Opium Trade in Nineteenth-Century China', *Journal of World History*, Vol. 17, No. 2 (June 2006), p.205.

49. Parker quoted in Edward P. Crapol, *Tyler: The Accidental President* (University of North Carolina, 2013), p.131.

50. https://www.unodc.org/documents/wdr/WDR_ 2008/WDR2008_ 100years_ drug_ control_ origins.pdf.

第六章　美国病

1. Samuel Ward, *America* (Boston, Massachusetts, July 1895).

2. John Duffy, *From Humors to Medical Science: A History of American Medicine* (University of Illinois Press, 1993), p.32.

3. Nathaniel Chapman, *Elements of Therapeutics or Materia Medica* (H. C. Carey and I. Lea, 1825), p.162.

4. Thaddeus Betts, 'To the Public', *Connecticut Journal*, 21 April 1878.

5. Elias P. Fordham, *Personal Narrative of Travels in Virginia, Mary land, Pennsylvania, Ohio, Indiana, Kentucky; and of a Residence in the Illinois Territory: 1817 - 1818*, ed. Frederic A. Ogg (The Arthur H. Clark Co., 1906), p.57.

6. Edwin Morris Betts, Hazlehurst Bolton Perkins and Peter J. Hatch, *Thomas Jefferson's Flower Garden at Monticello* (University Press of Virginia, 1986), p.72.

7. Winslow's standard advertisement, taken from 1895: http: // www.herbmuseum. ca/content/mrs-winslows-soothing-syrup.

8. J. Collins Warren and Thomas Dwight (eds.), *Boston Medical and Surgical Journal*, Vol. 83 (Cupples, Upham, 1873), p.432.

9. *Ayer's American Almanac* (Ayer, 1857), no page numbers.

10. James Grant Wilson & John Fiske (eds.), *Appleton's Cyclopaedia of American Biography* (D. Appleton, 1900), p.122.

11. Jonathan Lewy, 'The Army Disease: Drug Addiction and the Civil War', *War In History*, Vol. 21, No. 1 (January 2014), p.104.

12. John Price, 'Dominique Anel And The Small Lachrymal Syringe', http: // europepmc. org/backend/ptpmcrender. fcgi? accid = PMC1033979&blobtype = pdf.

13. *Edinburgh Medical and Surgical Journal*, No. 82 (1855).

14. Robert Bartholow, *Manual of Hypodermic Medication* (Lippincott, 1869), p.25.

15. J. H. Bill, 'A New Hypodermic Syringe', *Medical Record 5* (1870), pp.45 - 6.

16. Charles Warrington Earle, 'The Opium Habit', *Chicago Medical Review* 29 (1880), p.493.

17. Felix von Niemeyer, *A Text-book of practical medicine*, Vol. 2 (H. K. Lewis, 1869), p.291.

18. H. Gibbons, 'Letheomania: the result of the hypodermic injection of

morphia', *Pacific Medical and Surgical Journal* 12 (1870), p.481.

19. Niemeyer, p.291.

20. Bartholow, p.6.

21. H. H. Kane, *The Hypodermic Injection of Morphia* (C. L. Bermingham, 1880), p.5.

22. Louisa May Alcott, *Hospital Sketches, and Camp Fireside Stories* (Roberts Brothers, 1871 edn.), p.50.

23. Ibid., p.37.

24. James M. MacPherson, *Battle Cry of Freedom* (Penguin USA, 1990), p.485.

25. Walt Whitman, *Prose Works*, 1: 32 (David McKay, 1892), p.26.

26. W. W. Keen quoted in Michael C. C. Adams, *Living Hell: Dark Side of the Civil War* (Johns Hopkins University Press, 2014), p.90.

27. H. H. Cunningham, *Doctors in Gray* (LSU Press, 1993).

28. Lewy, p.104.

29. Dan Waldorf, Martin Orlick and Craig Reinerman, *Morphine Maintenance: The Shreveport Clinic, 1919 – 1923* (Drug Abuse Council, 1974), p.63.

30. https: //www.ncbi.nlm.nih.gov/pmc/articles/PMC1286579/pdf/amjphealth00104 – 0034.pdf.

31. Thomas Crothers, *Morphinism and Narcomanias* (W. B. Saunders, 1902), p.76.

32. Joseph Spillane, *Cocaine: From Medical Marvel to Modern Menace in the United States, 1884 – 1920* (Johns Hopkins University Press, 2000), p.75.

33. Horace B. Day, *The Opium Habit* (Harper and Brothers, 1868), p.7.

34. Holmes, quoted in Cunningham.

35. Rodman Paul, 'The Origin of the Chinese Issue in California', *Mississippi Valley Historical Review*, 25: 2 (September 1938), p.182.

36. B. E. Lloyd, *The Lights and Shades of San Francisco* (A. L. Bancroft, 1870), p.245.

37. Mark Twain, *Roughing It* (Harper, 1904), p.133.

38. Lloyd, p.236.

39. Ronald Takaki, *Strangers From A Different Shore* (Little, Brown, 1998), p.84.

40. Lloyd, p.234.

41. Henry Grimm, '*The Chinese Must Go*': *A Farce in Four Acts* (Bancroft, 1879), p.3.

42. Andrew Urban, 'Legends of Deadwood', *Journal of American History*, Vol. 94, No. 1 (June 2007), p.224.

43. Rose Estep Fosha and Christopher Leatherman, 'The Chinese Experience in Deadwood', *Historical Archaeology*, Vol. 42, No. 3, The Archaeology of Chinese Immigrant and Chinese American Communities (2008), p.97.

44. Ibid., p.100.

45. Watson Parker, *Deadwood: The Golden Years* (Bison Books, 1981), p.145.

46. *Black Hills Residence and Business Directory*, May 1898 (Enterprise Printing Co., 1898), p.51.

47. Parker, p.145.

48. Fosha and Leatherman, p.102.

49. Jeremy Agnew, *Alcohol and Opium in the Old West* (McFarland, 2013), p.160.

50. Parker, p.146.

51. Virginia Berridge and Griffith Edwards, *Opium and the People: Opiate Use in Nineteenth Century England* (Allen Lane, 1982), p.455.

52. Alonzo Calkins, *Opium and the Opium Appetite* (Lippincott, 1871), p.163.

53. Quoted in D. T. Courtwright, 'The Female Opiate Addict in Nineteenth-Century America', *Essays in Arts and Sciences*, Vol. 10, No. 2. (1982), p.164.

54. George Miller Beard quoted in Stephen R. Kandall, *Substance and Shadow: Women and Addiction in the United States* (Harvard University Press, 1999), p.29.

55. Quoted in ibid., p.37.

56. Barry Milligan, 'Morphine-Addicted Doctors, the English Opium Eater, and Embattled Medical Authority', *Victorian Literature and Culture*, Vol. 33, No. 2 (2005), p.545.

57. Ibid., p.541.

第七章　一种新型毒瘾，禁毒和黑帮的兴起

1. M. J. D. Roberts, *Making English Morals: Voluntary Association and Moral Reform in England, 1787 - 1886* (Cambridge University Press, 2004), p.165.

2. John Stuart Mill, *On Liberty* (Walter Scott Publishing, 1878), p.167.

3. Letter to the Editor, *Boston Medical Surgery Journal* (October 2, 1833), pp.117 - 20, 435.

4. Virginia Berridge and Griffith Edwards, *Opium and the People: Opiate Use in Nineteenth Century England* (Allen Lane, 1982), p.193.

5. Society for the Study and Cure of Inebriety, *Inaugural Address, April 25th 1884*, Norman Kerr MD (H. K. Lewis, 1884), p.4.

6. Ibid.

7. 'Dalrymple Home for Inebriates', *British Journal of Psychiatry*, 29 (128) (January 1884), pp.615 - 16.

8. N. Kerr, 'How to deal with inebriates', *Report of the III International Congresses against the Abuse of Spiritual Beverages in Christiania* (Mallinske Boktrykkeri, 3 - 5 September 1890).

9. Kerr quoted in Jack S. Blocker, David M. Fahey and Ian R. Tyrrell (eds.), *Alcohol and Temperance in Modern History* (ABC CLIO, 2003), p.190.

10. http: //bayer.com.

11. https: //www.bayer.com/en/history.aspx.

12. H. Dreser and T. Floret, 'Pharmakoligisches ueber einige morphin-derivative', *Therapeutische Monatschefte*, 12 (1898), pp.509 - 12, and H. Dreser, 'Ueber die wirkung einiger Derivate des Morphins auf die Athmung', *Archiv fur Physiologie*, 72 (1898), pp.485 - 521.

13. Tom Carnwath and Ian Smith, *Heroin Century* (Routledge, 2002), p.34.

14. José Cantón Navarro, *History of Cuba* (Union Nacional de Juristas, 2000), p.71.

15. Alma N. Bamero, 'Opium: The Evolution of Policies, the Tolerance of the Vice, and the Proliferation of Contraband Trade in the Philippines, 1843 – 1908', *Social Science Diliman* (January – December 2006), 3: 1 – 2, p.58.

16. Ibid., p.59.

17. Ibid., p.62.

18. Glenn A. May, 'Why the United States Won the Philippine-American War, 1899 – 1902', *Pacific Historical Review*, Vol. 52, No. 4 (November 1983), p.356.

19. http://www.msc.edu.ph/centennial/benevolent.html.

20. Bamero, p.68.

21. Hamilton Wright, 'Uncle Sam is the Worst Dope Fiend in the World', *New York Times*, 12 March 1911.

22. Hamilton Wright, 'The Opium Commission', *American Journal of International Law*, Vol. 3, No. 3 (July 1909), pp.648 – 73.

23. Ibid.

24. Caroline Jean Acker, *Creating the American Junkie: Addiction Research in the Classic Age of Narcotic Control* (Johns Hopkins University Press, 2002), p.13.

25. Quoted in Carnwath and Smith, p.18.

26. International Opium Convention, The Hague, 1912, *The American Journal of International Law*, Vol. 6, No. 3, Supplement: Official Documents (Jul., 1912), pp.177 – 92.

27. Howard Abadinsky, *Organized Crime* (Wadsworth Publishing, 2009), p.2.

28. Luis Astorga, *Drug Trafficking in Mexico: A First Assessment* (UNESCO, 1999), p.11.

29. John J. Bailey, *Organized Crime and Democratic Governability: Mexico and the U. S. – Mexican Borderlands* (University of Pittsburgh Press, 2000), p.69.

30. Ryan Gingeras, *Heroin, Organized Crime and the Makings of Modern Turkey* (Oxford University Press, 2014), p.33.

31. Ibid., p.73.

32. *LIFE*, 19 July 1943, p.86.

33. Ibid.

34. Brian G. Martin, 'The Green Gang and the Guomindang State: Du Yuesheng and the Politics of Shanghai', *Journal of Asian Studies*, Vol. 54, No. 1 (February 1995), p.67.

35. Alfred W. McCoy, *The Politics of Heroin* (Lawrence Hill Books, 2003), p.49.

36. Oriana Bandiera, 'Land Reform, the Market for Protection, and the Origins of the Sicilian Mafia: Theory and Evidence', *Journal of Law, Economics, & Organization*, Vol. 19, No. 1 (April 2003), p.227.

37. Arcangelo Dimico, 'Origins of the Sicilian Mafia: The Market for Lemons', paper delivered at Gothenburg University, 23 June 2014 (University of Gothenberg, appendix, table 3).

38. McCoy, p.29.

39. Ibid.

40. Carnwath and Smith, p.60.

第八章　从索姆河到西贡

1. Merritt Crawford quoted in Ellen Hampton, 'How World War I Revolutionized Medicine', *The Atlantic*, 24 February 2017.

2. Lea Doughty and Susan Heydon, 'Medicine Supply During the First World War: Overcoming Shortages in New Zealand', *Health and History*, Vol. 17, No. 2, Special Issue: World War I (2015), p.37.

3. Henry Cushing, *From a Surgeon's Journal* (Little, Brown, 1936), p.16.

4. Ibid., p.33.

5. Doughty and Heydon, p.42.

6. Cushing, pp.45 – 6.

7. 'Rise in Opium', *The Register*, 27 April 1915, p.4.

8. H. D. Dakin, 'Biochemistry and War Problems', *British Medical Journal* (23 June 1917), p.833.

9. Richard van Emden, *The Soldier's War* (Bloomsbury, 2008), p.260.

10. *Tar Heel Junior Historian*, NC Museum of History, Spring 1993: https: //www.ncpedia.org/wwi-medicine-battlefield.

11. Ikramul Haq, ' Pak-Afghan Drug Trade in Historical Perspective ', *Asian Survey*, Vol. 36, No. 10 (University of California Press, 1996), p.954.

12. Cushing, p.281.

13. Jeffrey C. Larrabee, ' A Tale Of Two Trucks: American Casualty Evacuation In World War I ', *Icon*, Vol. 14 (2008), p.130.

14. Axel Helmstädter and Svem Siebenand, ' Drug shortages in World War I: How German Pharmacy Survived the Years of Crisis ', *Pharmaceutical Historian* 45 (2015), p.18.

15. Cushing, p.501.

16. Emden, p.205.

17. Bernard L. Rice, *Indiana Magazine of History*, Vol. 93, No. 4 (December 1997), p.316.

18. Ibid., p.318.

19. http: //history.amedd.army.mil/booksdocs/wwii/medicalsupply/chapter2.htm.

20. League of Nations, *Analysis of the International Trade in Morphine, Diacetylmorphine and Cocaine, for the years 1925 - 1930* (League of Nations Publications, 1930), p.29.

21. Quoted in Nicolas Rasmussen, ' Medical Science and the Military: The Allies' Use of Amphetamine during World War II ', *Journal of Interdisciplinary History*, Vol. 42, No. 2 (Autumn 2011), p.207.

22. John Nicholl, Tony Rennell, *Medic: Saving Lives* (Penguin, 2010), p.120.

23. S. Suter, *Health Psychophysiology* (Taylor & Francis, 1986), p.97.

24. Emma Newlands, *Civilians Into Soldiers: War, the Body and British Army Recruits, 1939 - 45* (Oxford University Press, 2014), p.160.

25. A. A. Berle Jr on behalf of the US Secretary of State, quoted in George W. Grayson, *Mexico: Narco-Violence or Failed State* (Transaction, 2010), p.54.

26. Interview with Edward Heath of the DEA, *PBS Frontline*, 2000.

27. Quoted in George W. Grayson, p.24.

28. Bernard L. Rice, 'Recollections of a World War II Combat Medic', *Indiana Magazine of History*, Volume 3, Issue 4, 1997, p.343.

29. Patricia Posner, *The Pharmacist of Auschwitz* (Crux, 2017), Chapter 8 of preview edition.

30. Telford Taylor statement transcribed from United States Holocaust Museum recording.

31. Rice, pp.334 – 5.

32. Otto F. Apel MD and Pat Apel, *MASH: An Army Surgeon in Korea* (University Press of Kentucky, 1998), p.1.

33. John. M. Jennings, 'The Forgotten Plague: Opium and Narcotic in Korea Under Japanese Rule, 1910 – 1945', *Modern Asian Studies*, Vol. 29, No. 4 (October 1995), p.795.

34. Ibid., p.799.

35. Pierre Arnaud Chouvy, *Opium: Uncovering the Politics of the Poppy* (I. B. Tauris, 2009), p.69.

36. Major Booker King, MD, FACS and Colonel Ismail Jatoi, MD, PhD, FACS, 'The Mobile Army Surgical Hospital (MASH): A Military and Surgical Legacy', *Journal of the National Medical Association* (May 2005), p.649.

37. Ibid., p.652.

38. Albert E. Cowdrey, *The Medic's War* (Center of Military History, United States Army, 1987), p.275.

39. Ibid., p.250.

40. Paul M. Edwards, *The Korean War* (Greenwood Publishing Group, 2006), pp.106 – 7.

41. Richard Nixon, War on Drugs speech, 18 June 1971.

42. King and Jatoi, p.653.

43. https://www.marxists.org/history/usa/workers/black-panthers/1970/dope.htm.

44. Mark Jacobson, *American Gangster: And Other Tales of New York* (Atlantic, 2007), p.18.

45. Philip Caputo, *A Rumour of a War* (Pimlico, 1999), p.4.

第九章 阿富汗

1. Lillias Hamilton, *A Vizier's Daughter* (John Murray, 1900), p.5.

2. Louis Dupree, *Afghanistan* (Princeton University Press, 1973), p.14.

3. Corruption Perceptions Index, 2016: https://www.transparency.org.

4. Quoted in Dupree, p.419.

5. Hamilton, p.6.

6. Ibid., p.3.

7. Emadi Hafizullah, *Customs and Culture of Afghanistan* (Greenwood Publishing, 2005), p.35.

8. Eric Newby, *A Short Walk in the Hindu Kush* (Pan Macmillan, 2008 edn.), p.72.

9. Sixth Emergency Special Session, Provisional Verbatim Record of the Third Meeting, Document, General Assembly, United Nations, 11 January 1980.

10. Footage of Ronald Reagan dedicating the *Columbia* featured in documentary *Bitter Lake* (BBC, 2015).

11. The *Shahada*, or testimony of belief, quoted in Frederick Mathewson Denny, *An Introduction to Islam* (Routledge, 2015), p.409.

12. Pierre Arnaud Chouvy, *Opium: Uncovering the Politics of the Poppy* (I. B. Tauris, 2009), p.48.

13. Ahmed Rashid, *Taliban: Militant Islam, Oil and Fundamentalism in Central Asia* (Yale University Press), p.117.

14. Nora Boustany, 'Busy are the peacemakers', *Washington Post*, 10 January 1998.

15. Abdul Rashid as interviewed by Ahmed Rashid, quoted in Ahmed Rashid, *Taliban: Militant Islam, Oil and Fundamentalism in Central Asia* (Yale University Press), p.118.

16. http://www.unodc.org/pdf/research/AFG07_ ExSum_ web.pdf.

17. Mark Galeotti, *Narcotics and Nationalism: Russian Drug Policies and Futures*

(New York University Center for Global Affairs, 2016), p.2.

18. Martin Jelsma, *Learning Lessons from the Taliban Opium Ban* (Transnational Institute, 2005), https://www.tni.org/en/archives/act/1594.

19. *The Afghanistan Cannabis Survey*, UNODC, 2009, p.7.

20. *Afghan Opium Poppy Survey 2007 Executive Summary* (UNODC, 2007), p.1.

21. Ministry of Counter-Narcotics, Islamic Republic of Afghanistan, *Food Zone Report*, http://mcn.gov.af/en/page/5138/5141.

22. *Afghan Opium Poppy Survey 2007 Executive Summary* (UNODC, 2014), p.6.

23. Ibid., p.4.

24. David Vassallo, 'A short history of Camp Bastion Hospital: the two hospitals and unit deployments', *British Medical Journal*, 28 February 2015, p.355.

25. G. S. Arul, et al., 'Paediatric admissions to the British military hospital at Camp Bastion, Afghanistan', *Annals of the Royal College of Surgeons* (January 2012), pp.52 – 7.

26. Gregor Aisch, 'How Isis Works', *New York Times*, 24 September 2014.

27. Alexandra Fisher, 'Africa's Heroin Highway to the West', *Daily Beast*, 11 May 2016.

28. Hiba Khan, 'Isis and al-Qaeda', *Independent on Sunday*, 16 April 2017.

第十章　海洛因时尚，艾滋病毒和止痛药一代

1. Jean Cocteau, *Diary of an Addict* (Longman, Green, 1932), p.11.

2. Thomas De Quincey, *Confessions of an English Opium-Eater* (George Newness, 1822), p.81.

3. Cocteau quoted in John Baxter, *The Golden Moments of Paris* (Museyon, 2014), p.135.

4. Tom Carnwath and Ian Smith, *Heroin Century* (Routledge, 2002), p.19.

5. Alan A. Block, 'European Drug Traffic and Traffickers between the Wars: The Policy of Suppression and Its Consequences', *Journal of Social History*, Vol. 23, No. 2 (Winter 1989), pp.319 – 20.

6. Ibid., p.317.

7. Patrick H. Hughes, Noel W. Barker, Gail A. Crawford and Jerome H. Jaffe, 'The Natural History of a Heroin Epidemic', https：//www.ncbi.nlm.nih.gov/pmc/articles/PMC1530426/pdf/ amjph00729‑0095. pdf.

8. William S. Burroughs, *Junky* (Penguin, 2003), p.128.

9. Barry Miles, *Call Me Burroughs: A Life* (Twelve, 2015), p.55.

10. William S. Burroughs, *Naked Lunch: The Restored Text* (Penguin, 2015), p.17.

11. Pille Taba, Andrew Lees and Gerald Stern, 'Erich Harnack (1852‑1915), and a Short History of Apomorphine', *European Neurology*, 2013 (69), p.323.

12. Lees quoted by Robert McCrum, *Observer*, 14 October 2014.

13. William S. Burroughs, *Rub Out the Words: The Letters of William S. Burroughs 1959‑1974* (to the editor of the *New Statesman*, 4 March 1966) (Penguin, 2012), p.168.

14. Bowie quoted by Frank Mastropolo, *Ultimate Classic Rock*, 11 January 2016.

15. Craig Copetas, *Rolling Stone*, 28 February 1974.

16. Carnwath and Smith, p.55.

17. Paul Gerwitz, 'Methadone Maintenance for Heroin Addicts', *Yale Law School Legal Repository*, 1 January 1969, p.1175.

18. Michael Agar, 'Going Through the Changes：Methadone in New York City', *Human Organization*, Vol. 36, No. 3 (Fall 1977), p.291.

19. Gerwitz, p.1179.

20. Cary Bennett, 'Methadone Maintenance Treatment：Disciplining the "Addict"', *Health and History*, Vol. 13, No. 2, Special Feature：Health and Disability (2011), p.131.

21. Burroughs, *Naked Lunch*, p.18.

22. Agar, p.291.

23. Gerwitz, p.1195.

24. Ibid., p.1200.

25. http：//www.timeisonourside.com/chron1971. html.

26. Rebecca Jones, *Today*, BBC Radio 4, 23 May 2011.

27. http：//www.sciencemag.org/careers/2013/09/complex-social-process.

28. http：//www. nytimes. com/2013/09/20/science/candace-pert-67-explorer-of-the-brain-dies.html.

29. Randy Shilts, *And the Band Played On* (St Martin's Press, 1987), p. xxi.

30. Ronald Reagan, *Public Papers of the Presidents of the United States: Ronald Reagan, 1986* (Office of the Federal Register, 1986), p.1182.

31. William W. Darrow. 'Randy M. Shilts 1952 – 1994', *Journal of Sex Research*, Vol. 31, No. 3 (1994), p.249.

32. Ronald O. Valdiserri, T. Stephen Jones, Gary R. West, Carl H. Campbell, Jr. and P. Imani Thompson, 'Where Injecting Drug Users Receive HIV Counseling and Testing', *Public Health Reports* (1974 –), Vol. 108, No. 3 (May – June 1993), p.295.

33. Shilts, p. xxiii.

34. *The Age*, 27 October 1992, p.127.

35. Sonny Shiu Hing Lo, *The Politics of Cross-border Crime in Greater China: Case Studies of Mainland China*, Hong Kong and Macao (Routledge, 2009), p.187.

36. Fenton Bresler, *The Trail of the Triads: An Investigation into International Crime* (Weidenfeld & Nicolson, 1980), p.1.

37. Ibid., p.2.

38. Steven Tsang, *A Modern History of Hong Kong* (I. B. Tauris, 2004) p.276.

39. Greg Girard, *City of Darkness: Life In Kowloon's Walled City* (Watermark, 1993).

40. Carol Jones and Jon Vagg, *Criminal Justice in Hong Kong* (Routledge, 2007), p.357.

41. European Monitoring Centre for Drugs and Drug Addiction, *Drug Policy Profile: Poland* (2014), p.5.

42. https：//www.ncjrs.gov/pdffiles1/Digitization/141189NCJRS.pdf.

43. Philip Matthews, 'Chronicle of Malaysia, 11 January 1977', in *Chronicle of*

Malaysia: Fifty Years of Headline News, *1963 − 2013* (Editions Didier Millet, 2013), p.128.

44. James Morton, *The Mammoth Book of Gangs* (Constable & Robinson, 2012), p.187.

45. http: //hmt-sanctions.s3.amazonaws.com/sanctionsconlist.pdf, p.181.

46. U. S. Vulnerabilities to Money Laundering, Drugs, and Terrorist Financing: HSBC Case History, 17 July 2012, hearing transcript: https: //www. hsgac. senate.gov/download/report-us-vulnerabilities-to-money-laundering-drugs-and-terrorist-financing-hsbc-case-history.

47. Daniel Foggo, *Telegraph*, 27 April 2003: http: //www.telegraph.co.uk/news/uknews/1428462/Rachel-did-not-die-from-a-heroin-overdose.html.

48. Jason Bennetto, *Independent*, 12 November 2003: http: //www.independent. co.uk/news/uk/this-britain/what-did-happen-to-rachel-77919. html.

49. Foggo: http: //www. telegraph. co. uk/news/uknews/1428462/Rachel-did-not-die-from-a-heroin-overdose.html.

50. Kevin M. De Cock, *Reflections on 30 Years of AIDS*: https: //www.ncbi.nlm. nih.gov/pmc/articles/PMC3358222/.

51. Max Daly, *Vice*, 18 January 2017, ' This Is What Happened to the "Trainspotting" Generation of Heroin Users'.

52. http://dequinceyjynxie.blogspot.fr/2015/07/mad-dog-new-brunswick-nj.html.

53. Ross Coomber, *Perceptions of Illicit Drugs and Drug Users: Myth-Understandings and Policy Consequences*, PhD thesis, 1999, University of Greenwich, p.27.

54. Ann Higgins, ' Cut The Shit', *VICE*, 1 December 2005.

55. *United States* v. *Ross William Ulbricht* (United States Court of Appeals, Second Circuit, Southern District of New York, 27 September 2014).

56. Cat Marnell, *New York Times*, 27 January 2017: https: //www.nytimes.com/2017/01/27/style/cat-marnell-addiction-memoir-how-to-murder-your-life.html.

57. https: //www.cdc.gov/mmwr/volumes/65/ss/ss6506a1.htm.

58. https: //www.cdc.gov/drugoverdose/data/prescribing.html.

59. Casey Leins, 'New Hampshire: Ground Zero for Opioids', *US States and World Report*, 28 June 2017.

60. Centers for Disease Control and Prevention, U. S. Prescribing Rate Maps: https: //www.cdc.gov/drugoverdose/maps/rxrate-maps.html.

61. Centers for Disease Control and Prevention, U. S. County Prescribing Rates, 2012: https: //www.cdc.gov/drugoverdose/maps/rxcounty2012. html.

62. Amy Yukanin, 'Poor, Rural and Addicted', www.al. com, 24 August 2017.

63. Centers for Disease Control and Prevention, U. S. Prescribing Rate Maps: https: //www.cdc. gov/drugoverdose/maps/rxrate-maps. html, and Centers for Disease Control and Prevention, Drug Overdose Death Data: https: //www. cdc.gov/drugoverdose/data/statedeaths. html

64. Michael Nerheim quoted by James Fuller, 'Suburban Counties Sue Drug Makers Over Overdose Deaths', *Daily Herald*, 21 December 2017.

65. David Crow, 'US Seeks Fix For Its Opioid Addiction', *Financial Times*, 11 September 2017.

66. Atul Gawande, *Annals of Surgery*, Vol. 265, Issue 4 (April 2017), p.693.

索 引

Abbasids 38–9
Abdur Rahman Khan (Iron Emir)
    305–7
Abram, Thomas 141
Abulcasis (al-Zahrawi) 53
Academy of Gondeshapur (India) 35–6
acetic anhydride 328
acetylation 234
Acosta, Cristobal 118
Acre 61
addiction 237–9, 256
    and apps 371
    earliest document of drug 24
    early theories 150–4
    and Kerr 238–9
    legislation passed 238–9
    rehabilitation centres 238
    and working class 237–8
    see also heroin addiction; morphine
        addiction; opium addiction
Afghanistan 301–29
    Alternative Livelihood programmes
        323
    Amanullah's reforms 307–8
    Camp Bastion 324–5
    cannabis supplier 322
    Durand Line 306, 307, 311, 321
    eradicating opium production
        attempts by NATO/US 322–3, 325

Helmand River Valley Project
    309–13
heroin addiction 327
heroin production 301, 317, 320,
    327
history 301–9
invasion of by United States (2001)
    321–2
Iron Emir's rule 305–7
and ISIS 325–6, 328–9
mujahideen 313–14, 315
Northern Alliance 320
opium-poppy replacement project
    348–9
opium production 309, 314, 319–21,
    322–4
Panjdeh Incident (1885) 306, 307
persecution of the Hazara people
    306
relations with Britain 307
Sikh dispute 303, 304
Soviet invasion and occupation
    313–15
Soviet withdrawal 315–16
and Taliban 318–21, 322, 326
use of opium poppy for medicinal
    purposes 302
Africa
    heroin smuggling 327–8
    Iberian trade with 72–3

Africa (*cont.*)
　opium trade in North　327
　spice trade　31
Africanus, Constantine　52
AG Bayer　288
Aguinaldo, Emilio　249, 250, 251
AIDS *see* HIV/AIDS
Ain Maliha (Israel)　5
Akha people　349
al-Kindi　39, 41
al-Qaeda　315, 322, 326
al-Sabbāh, Hassan　58–9
alcohol, combination of opium and　69,
　126
alcoholism　236
　and Drunkards Act (1879)　237, 238,
　239
　and Gin Craze　135–40, 141–2, 145, 363
　and Inebriates Act (1888)　238–9
　Rush's book on　152
　Trotter's essay on　153–4
Alcott, Louisa May
　Hospital Sketches　214
Alder Wright, Charles Romley　233,
　234–5, 240
Alexander the Great　20
Alexios I, Emperor　46
Algeciras, Siege of (1342–4)　65
Alphabay　370
Alphanus of Monte Cassino　51–2
Alston, Charles
　A Dissertation on Opium　146
Amanullah　307–8
ambergris　79–80
America/Americans　203–30
　anti-Chinese sentiment　222–4, 228
　association of blacks with cocaine
　254–5
　attempts at eradicating opium
　production in Afghanistan　323
　banning of opium (1875)　223, 253
　banning of opium (1909)　253
　Beat Generation　333–4, 341
　and Boston Tea Party (1773)　166

Chinese immigrants and opium dens
　219–24
Chinese labourers　222–3
Harrison Act (1914)　255, 256, 259,
　275, 276, 277, 339
heroin addiction and epidemic　297,
　298–9, 332–3, 337, 373
and HIV/AIDS　344, 345–8
invasion of Afghanistan (2001)
　321–2
involvement of in establishing the
　Golden Triangle　295–6, 297
and Korean War　291–2
medical advertising　209
medical pioneers and patent
　medicines　203–9
and Mexican opium production
　286–7
and MMT　338–9, 348
New York's Cosa Nostra's heroin
　trade　269–75
opioid prescriptions　372–5
opium contained in patent medicines
　206–8
opium dens and opium trade in
　Deadwood (South Dakota)
　225–7
opium prohibition　255, 256, 259, 260
and opium trade　177, 178–9
organized crime in　267–8
Progressive Era　256
prohibition of alcohol (Volstead Act)
　255–6, 259
prosecution of darknet retailers　370
Reagan's campaign against drugs
　346–7
relations with China　201
rise of morphinism　209–14, 221, 251
spirit addiction　151–3
use of opium by doctors　204–5
War on Drugs　338, 339
war with Spain (1898)　145
American Board of Commissioners for
　Foreign Missions　201

American Civil War (1861–5) 214–19

American Field Service 277

American War of Independence 150–1

American–Philippine War 250–2

Amin, Hafizullah 312, 313

Amoy (Xiamen), capture of (1683) 96

amphetamines 284, 285

anaesthesia
early methods 63–4
and First World War 280
opium and early use of in 63–6

anal fistula 65

Anatolia 116

Anel, Dominique 210

Anel syringe 210

Anglo–Dutch War 88

Anglo-Oriental Society for the Suppression of the Opium Trade 235–6

Annan, Kofi 320

Anslinger, Harry 262

Anstie, Francis 230

Antioch, Siege of (1098) 48

antiseptics
and First World War 280

Antwerp 76

Anzio Effect 286

Apel, Otto 292, 293

apomorphine 234, 334, 335–6, 340

apothecaries 48, 62, 67
competition between doctors and 130–1
as valued members of the community 130

apothecary shops 131–2

Arab world
and cannabis 59
medicine 39–44
surgical procedures 40–1
use of opium for medicinal purposes and as an anaesthetic 40, 41, 42–3

Arcot, Siege of (1751) 169–70

Arderne, John of 64–6
Fistula in ano 65

Arghandab Dam (Afghanistan) 310

Aristotle 19
On Sleeping 18

Arnold, John 132

ARPANET 368

Arrow (ship) 196–7

aspirin 240, 241, 243

Assizes of Jerusalem 49–50

Assyrian Herbal, The 10

Atatürk (Mustafa Kemal) 262

Atkinson, Leslie 'Ike' 298

Auckland, Lord 303, 304

Aurelius, Emperor Marcus 23, 24
Meditations 24

Auschwitz camp 288

Avesta 34

Avicenna (Ibn-Sīnā) 41–4, 47, 53
The Book of Healing 41–2
Canon of Medicine 42–3

Awsiter, John 147

Ayer, James Cook 207–9
Ayer's Almanac 208

Ayer's Cherry Pectoral 207–8

Ayyubid dynasty 49

Babur 115, 118

Bacon, Francis 130
History of Life and Death 123
The New Instrument of Science 123

Bactrian camel 28–9

Badakshan 60

Baghdad 38, 41

Banda Islands 86, 87–8

Banks, Joseph 167

bankshalls 106–7

barbiturates 333

Barboas, Gonçalo Gil 77

Barker, Fordyce 212

Barnes, Nicky 298

Bartholow, Robert 212, 213

Bayer 240–1, 243

Bayer Leverkusen 288

Bayt al-Hikma (House of Wisdom)
38–9
Beard, George Miller
American Nervousness 229
Beat Generation 333–4, 341
Beddoes, Thomas
Hygëia 154–5
Bedford, Duchess of 167
Beecher, Henry 286
Begim, Gulbadan 119
Belon, Pierre 116
Benevolent Assimilation (1898)
250–1
Benezet, Anthony
The Mighty Destroyer Displayed
152
Bengal 173
Benzedrine 284, 285
Bes (Egyptian god) 14
betel-chewing 93
Betts, Dr Thaddeus 204
Betts, Leah 363
Bhumibol, King 348
bin Laden, Osama 313, 315, 322
binomial nomenclature 145
bitcoin 370
Black Death (1346–53) 61
Black Hole incident (1756) 170
Black Panthers 298
blacks
association with cocaine in America
254–5
Boadicea, Queen 46
Boko Haram 326
Bolivia 82
Bonfadini Report (1876) 270
Borgognoni, Theodoric 52–3
Cyrugia 52–3, 54
Boston Tea Party (1773) 166
Bowie, David 336, 337, 341, 342
Boyle, Robert 124, 125
Brent, Charles 252, 253
Brezhnev, Leonid 311–12, 313
Bridgman, E. C. 200–1

Britain
and Afghanistan 303–4, 304–5, 307,
321–2
arrival of Christianity in 45
attempts at regulating medical
profession 228
and Dangerous Drugs Act (1920)
255
Dark Ages 45–6
early evidence of opium poppy in
8–9
early sea explorations 84–5
early use of opium in medicines
125–7
and First Opium War 188–90
Gin Craze 135–40, 141–2, 145, 363
heroin addiction 365–6
and India 112, 115, 163, 170
Industrial Revolution 181
and medicine 123–5
opium smugglers 172–9
and opium trade 164, 172–9, 182–3
opium trade with China 164, 178,
182–3
and Second Opium War 196–9
tea consumption and demand 91–2,
164–5, 167
tea trade 165–7
tobacco habit 95
trade with Canton 180–1, 185
trade with China 99–103, 106,
110–12, 176
trade deals with Spain 88
trade in the East 87
trade with Mughal Empire 120–2
trade with Philippines 247
Bronze Age 9–15
Brown, Dr John 149, 154
Brunonian System of health 149
Burma 291, 295–6
Burroughs, William 228, 241–2, 333–7
Naked Lunch 334–5
Burton, Robert 143
The Anatomy of Melancholy 143–4

Byzantium 25, 33–4, 50–1 *see also*
　　Constantinople

Calamity Jane (Martha Jane Burke)
　　225, 227
Calkins, Dr Alonzo 228–9, 230
Camp Bastion (Afghanistan) 324–5
Campbell, William 305–6
Can Tintorer (Gavà) 5–6
cannabis 26, 59, 62, 322, 363, 369
Canton 102–3, 106–11, 174, 180–5
　　attempt by Lin Zexu to end opium
　　　　trade in 186–9
　　and EIC 109–11
　　guild system 107–8
　　Jardine Matheson and trade in
　　　　180–2
　　opium missionaries 199–201
　　opium trade 179–82, 184, 186–7, 200,
　　　　202
　　relationship between *hongs* and
　　　　merchants 183–4
　　removal of EIC's control over trade
　　　　181–2
　　taken by British/French forces
　　　　(1857) 197
　　trade with Britain 180–1, 185
　　Triads in 183
Caputo, Philip 299–300
Carbone, Paul Bonnaventure 267, 268
carfentanil 374
Carrhae, Battle of (53BC) 30, 31
Catalan Atlas 72
Centers of Disease Control and
　　Prevention (CDC) 373
Central Intelligence Agency *see* CIA
Ceres 16
Chapman, Nathaniel 203–4
Chardin, Jean 117
Charlemagne, King 46
Chauliac, Guy de 63
Ch'en Ts'Ang Ch'i 38
China 26–27, 27–29, 38, 80–81
　　arrival of Jesuits in (1582) 83

banning of opium 98, 174, 179
currency crisis in sixteenth century
　　80–1
early sea exploration 73
European private expeditions to 81
first appearance of opium in writings
　　of 38
first English trade voyage to (1637)
　　99–103
and First Opium War 188–90,
　　193–4, 200
guild system 107–8
Han dynasty 28–29
and Hong Kong 103–106
legalization of opium trade 198, 202
Ming dynasty 71, 82–3, 94
movement of Arab Muslims to 38
opium consumption and addiction
　　94–5, 96–7, 111–12, 174, 178–9, 186,
　　202
opium dens 97
opium missionaries 199–202
opium smoking 109
opium trade 198–9
opium trade with Britain 164, 178,
　　182–3
population 81, 84, 108–9
Qing dynasty 94, 98, 104, 197–8
and Second Opium War 196–9
and Silk Roads 28–9
Taiping Rebellion 198
tea trade with Britain 166–7
tea/tea-drinking 88–9, 90
tobacco/tobacco smoking 93–4
trade with Britain 99–103, 106,
　　110–12, 176
trade with Philippines 246
China White 373
Chinese
　　anti-Chinese sentiment in America
　　　　222–4, 228
　　emigration to America 219–24
　　in Hong Kong 194, 352–3
　　in Philippines 246, 247–9, 251

Chinese *hongs* 108, 183–4
Chinese Repository 200
chloroform 280
Christianity 25, 45–6
Churchill, Winston 283
CIA (Central Intelligence Agency)
    268–9, 291, 297, 356
clippers 180–1
Clive of India (Robert Clive) 163,
    168–72
Clostridium novyi 363
Cobain, Kurt 342
Cobden, Richard 197
Coca-Cola 218
cocaine 326
    association of American blacks with
    254–5
Cocteau, Jean 330–1, 332, 333
coffee 90, 91, 92
Cogotai (envoy) 56
Cohong 110, 111
coinage 34
    appearance of opium poppy on 20
Coleridge, Samuel Taylor 155, 156–7,
    159–60
    'Kubla Khan' 156
Columbus, Christopher 74–5, 80
Combined Maritime Forces (CMF)
    327, 328
Commutation Act (1784) 166
compradors 101–2, 107, 108, 110, 111
Constantine, Emperor 25, 33–4
Constantinople 25, 33–4, 55
    conquest of by Ottomans (1453) 74
    see also Byzantium
Convention Against Illicit Trafficking
    in Narcotic Drugs (1988) 367
Coptic Christians 44–5
Coram, Thomas 140
Corsican Mafia 267–9, 273, 291
Cosa Nostra 269–75
Cowper, William 168
Crete 11
Crothers, Thomas D. 217, 244

Crumpe, Samuel 149–50
    *An Inquiry into the Nature and
    Properties of Opium* 149–50
Crusades 46–51, 61, 115
Cuba
    war of independence from Spain
    244–5
Cueva de los Murciélagos (Granada,
    Spain) 9
Cushing, Harvey 277, 278, 281
Cyprus 13–14
cyrugicus 47

da Gama, Vasco 75–6, 78
Dachau, liberation of (1945) 287–8
Dai Fou 219–24
Dalrymple Home for Inebriates 238
Damiani Report (1881–6) 270, 271
Dangerous Drugs Act (1920) 255
Daoud, Mohammad 310, 311–12
Dark Ages 44–5
darknet 369–70
Davenant, Charles 138
Day, Horace B.
    The Opium Habit 218
De Quincey, Thomas 155, 157–9, 160,
    230, 332
    *Confessions of an English
    Opium-Eater* 158, 229
DEA (Drug Enforcement Agency)
    (US) 287, 352, 360
Deadwood (South Dakota) 225–8
Deadwood (TV series) 224
Defoe, Daniel 137
Defour, Judith 139–40
Deir-el-Medina (Egypt) 14–15
Demeter (Greek goddess) 16
Dent, John Yerbury 335
Dent, Lancelot 185, 187, 201
Derosne, Charles 161
Dewey, Thomas E. 273
dhows 71–2
diacetylmorphine 233–5, 239–40, 241–2
    see also heroin

diamorphine 241, 242–3, 255, 285
Dias, Bartolomeu 74
Dio, Cassius 30
Dioscorides, Pedanius 21, 40
　De materia medica 21–2
diryaq 49
disease theory 152
dissection 66, 68
doctors
　increase in demand for during the
　　plague 63
　and morphine addiction 230
　relationship with apothecaries
　　130–1, 132
dolantin 285
Dost Mohammed Khan 303, 304
Dover, Thomas 129–30, 132–5
　The Ancient Physician's Legacy to his
　　Country 133–5
Dover's Powder 134–5
Dreser, Heinrich 240, 241–2
Drug Enforcement Agency see DEA
Drunkards Act (1879) 237, 238, 239
Du Yuesheng 265–7, 352
Durand Line 306, 307, 311, 321
dwale 64
Dylan, Bob 341

East India Company see EIC
East Indies
　European exploration of 74–6
　opium use 118
　Portuguese military expeditions
　　78
Ebers Papyrus 15, 43
ecstasy 363
Edinburgh 149
Egypt 49
　heroin epidemic 327, 337
Egypt, ancient 14–15
Egyptian opium 145
EIC (East India Company) 85–6, 87,
　　88, 96, 99, 108, 112, 163–4, 169,
　　170–1

British government's attempt at
　regulating 174
　in Canton 109–11
　end of trading days 181
　growth of dominance 163
　opium trade 173–6
　opium trade in India 171, 173
　tea trade 164, 165, 166–7
Eichengrün, Arthur 240–1
Eisle, Otto 285
Eliopoulos, Elias 262–3
Elliot, Captain Charles 187, 188, 190
Elphinstone, William 304
Emily incident (1821) 177–8
encephalin 343
endorphins 343
England see Britain
Estonia 332
evidence-based medicine 53
Ezra, Edward Isaac 264

Falloppio, Garile 68
Farmacia Santa Maria Novella 67
Federal Bureau of Narcotics 262
Federal Narcotics Control Board 259
fentanyl 323, 373, 374
fentanyl lollipops 324–5
Fertile Crescent 4–5, 25
field medic (Second World War)
　　282–3, 287
Fielding, Henry 140, 142
Finland 332
First Opium War 188–90, 193–4, 200
First World War 276–82
　American casualties 292
　innovations in treatment of wounds
　　and anaesthetics 280
　shortage of medical supplies and
　　morphine 277–9, 280–1
　use of mustard gas by Germans 278
Fitch, Ralph 84–5
Fitzgerald, Luke 364, 365
Fleet Prison (London) 63
Fleming, Alexander 283

Flint, James 110–11
Florus 30
Fordham, Elias P. 204
Foreign Narcotics Kingpin Designation
	Act (1999) 360–1
Fortune, Robert 191
Foundling Hospital (London) 140
14K Gang 359
France 46
	Communists in 268
	and Corsican Mafia 267–9
	heroin production 331
Franks 47
Friedman, Elizabeth Smith 264

Galen of Pergamon 23–5, 42, 53, 123
gambling 142
Gandamak, Treaty of (1879) 305
gardens, opium growing in early 20,
	61–2
Garth, Dr Samuel 130–1
Gawande, Atul 375–6
Gay-Lussa, Joseph Louis 161
Geber 40
Genghis Khan 55
Germany 70
	attitude towards opium and cocaine
	284
	golden age of pharmaceutical
	production 283–4
	Neolithic settlements 7–8
Gin Act (1751) 142
Gin Craze 135–40, 141–2, 145, 363
Ginsberg, Allen 333, 334
Glacium flavum see horned poppy
Gladstone, William 188
glaucine 5
Godber, Peter Fitzroy 354, 355
Godfrey's Cordial 148, 205
Gold Cure 230, 256
Golden Triangle 295–6, 297, 298, 356
Gondeshapur 35–6
Goulão, João 367
Government of India Act (1833) 181

Great Bengal Famine (1770) 175
Greece, ancient 11–13, 16–20
Green Gangs 263–7, 351
Grimm, Henry
	The Chinese Must Go 223–4
Grotius, Hugo
	The Freedom of the Seas 87
Guam 145–6
Guangdong 97, 98, 105, 246
Guangzhou 79
Guérini, Antoine and Bartélemy 267,
	268, 269
Guild of Physicians and Apothecaries
	67
guilds 66–67
	Canton/Chinese 107–8
	Italian city-state 55
Gulf War 324
Gutenberg, Johannes 67

Habitual Drunkards Act see Drunkards
	Act
Habsburg Empire 122
haemorrhoids 53
Hague Convention 262, 331
Hamilton, Lillias 306
Han dynasty 28–9
Hansa (Internet) 370
Hanseatic League 70
Hanway, Jonas 164
	Essay on Tea 164
haoma 35, 59
Harrison Narcotics Tax Act (1914) 255,
	256, 259, 275, 276, 277, 339
Harvey, William 124
Hastings, Governor General Warren
	167, 175
Hauschild, Dr Fritz 284
Heath, Edward 286–7
Heaven and Earth Society see Triads
Hekmatyar, Gulbuddin 316
Helmand River Valley Project
	(Afghanistan) 309–13
hemlock 19, 53, 62, 64

henbane (*Hyoscyamus niger*)　8, 21, 42, 46, 64
Hendrix, Jimi　341
Henry the Navigator　72
Heraclius, Emperor　36
herbalism, medieval　62
Herodotus　27
heroin
  adulteration of　368–9
  Afghanistan production　301, 317, 320, 327
  and Corsican Mafia　269
  creation of Golden Triangle and production of　295–6
  creation of　240–2
  domination of global trafficking of by Triads　360
  early appearances of overdoses　244
  early preparations of　242–3
  and Hong Kong　350–3, 356, 360
  Internet forums　370–1
  intravenous use of　337
  and ISIS　327
  and Korean War　293–4
  legalization of in Portugal　366–8
  and musicians　341, 342
  and New York's Cosa Nostra　269–75
  production during inter-war years　331–2
  production process　356–8
  and prostitution　256
  and Russia　321
  smuggling of in Africa　327–8
  success in treating disease　242–3
  use of by soldiers in Vietnam War　295, 296
heroin addiction
  Afghanistan　327
  America　297, 298–9, 332–3, 337, 373
  apomorphine as treatment of　334–6
  Britain　365–6
  and Burroughs　333–4
  Egypt　327, 337

Hong Kong　354, 360
  ibogaine as treatment　340
  and methadone maintenance treatment (MMT)　337–40, 348
  Pakistan　316–17
  Portugal　366–7
heroin hydrochloride　242–3
heroin pills　243
Hersende　50
Hi Kee　226
Hickman, Sophie Frances　244
Hippocrates　17–18, 47, 53
Hippocratic oath　17
HIV/AIDS　344–9
Hoffmann, Felix　240
Hogarth, William　141
Holland
  and cartography　86
  sea explorations and trade with East/ China　85–8
  tea　91
Holmes, Oliver Wendell　218–19
Homer
  Odyssey　16–17
Hong Kong　185, 190–6, 350–6
  beginnings of　103–6
  ceded to the British　190
  Chinese population in　194, 352–3
  and credit　195
  economic hierarchy in　350
  heroin addiction　354, 360
  heroin trade and trafficking　350–3, 356, 360
  moving of British and Indian businesses to　191–2
  Nam Pak Hong trade　195
  and opium trade　192–3
  opium use　355
  police corruption　354–5, 355
  rapid colonization of　193–4
  return to Chinese control　361
  tackling of heroin trade by government　354–5
  Triads　351, 354, 355

Hong Kong (*cont.*)
　　Walled City　354–5
hong merchants　108, 110, 174, 184, 193
Hongkong and Shanghai Banking
　　Corporation *see* HSBC
horned poppy (*Glacium flavum*)　5, 22,
　　46
House of the Golden Bracelet
　　(Pompeii)　20
Howqua　183–4, 187
HSBC (Hongkong and Shanghai
　　Banking Corporation)　195–6,
　　350, 362
Hua Tao　26
Hugh of Lucca　52
Hulagu　56
humours theory　17–18, 45, 66
Hunter, Charles　211
Hunter, William　184
hydrogen peroxide　276
Hyoscyamus niger see henbane
hypodermic needle　209–13, 229, 280, 345

ibogaine　340
Ibrahim, Dawood　361–2
IG Farben　284, 285, 288
improvement societies　236
Independent Commission Against
　　Corruption (ICAC)　354, 355
India　29, 31, 112, 163, 169–70
　　Black Hole incident (1756)　170
　　and Britain　112, 115, 163, 170
　　da Gama's exploration of　75–6
　　Great Bengal Famine (1770)　175
　　opium production and trade　172–6
　　opium smoking　172–3
　　spice trade　31–2
　　tea industry　167
　　see also Mughal Empire
Industrial Revolution　181, 237
Inebriates Act (1888)　238–9
insomnia　143
International Opium Commission
　　252–4

International Opium Convention (The
　　Hague) (1912)　254
Internet, buying of drugs on　368–70,
　　371
intoxication, new culture of　135–42
Iron Emir　305–7
ISIS (Islamic State of Iraq and Syria)
　　325–6, 328–9
Islam　36–44, 58
　　medicine　39–44
　　surgical procedures　40–41
Islamic Conference　313
Ismail II, Shah　117
Italy　368
　　city states　54–5, 70–1

Jaffe, Jerome　295, 299
Jahangir　119–22
James I, king　95
Jamšid, king　34–5
Japan　81–2, 99
　　invasion of Manchuria (1931)　266
　　Jesuits in　83
　　punishment of opium smoking　290
Jardine Matheson　180–1, 184–5, 191, 192,
　　200, 201
Jardine, William　180–1, 182, 188
Jefferson, Thomas　204
Jerusalem, European recapture of (1099)
　　50
Jesuits　83
Jiajing, Emperor　79
John II, king　74, 75
Johnson, Dr Samuel　144, 165
Jones, John
　　The Mysteries of Opium Reveal'd
　　145–6
Jones, Robert　280
Jones-Miller Act　255
Joplin, Janis　341
'junkies'　256

Kajaki Dam (Afghanistan)　310
Kane, Harry Hubbell　230

Karmal, Babrak 313
Kearney, Dennis 224
Keeley, Dr Leslie 230
Keian suicides 19–20
Kerouac, Jack 333, 334
Kerr, Norman Shanks 238–9
Kingpin Act 360–1
Kiteon (Cyprus) 13–14
KMT 290–1, 297
Knights Hospitaller 50, 51
Kolb, Dr Lawrence 256
Korea 289–94
    drug addiction 290
    as Japanese colony 289–90
    opium production 289
Korean Society for the Prevention of
    Drug Abuse 290
Korean War (1950–3) 291–4, 337
Kowloon, Battle of 188
Kublai Khan 56, 57
Kwok Acheong 194

La Marmotta settlement (Italy) 6–7
Lady Hughes affair (1784) 178
Lansky, Meyer 272, 275
Laos 295–6
    CIA's covert operations in 297
Late Bronze Age 11
laudanum 69, 126–7, 129, 146
    endemic of 155
    Le Mort's recipe 133
    and Romantics 155–8
    Sydenham's recipe 126–7, 129, 133
LBK (*Linearbandkeramik*) 6–8
Le Mort, Jakob 133
League of Nations 255
Lees, Professor Andrew 335–6
Leigh, John 148–9, 150
Letter of Tansar 33
Liber isogogarum 52
Lin Zexu 186–9, 200
Linnaeus, Carl 144–5
Lintin Island 179, 184
Lloyd, B. E. 220, 223

Locke, John 128–9
London 123–4
    gin intoxication of working class
    136–7, 138, 139–40
London Dispensary 131
Loo Aqui 194
Lotsof, Howard 340
LSD 333
Lu Yu
    The Classic of Tea 89
Lucas, Frank 297–9
Luciano, Charles 'Lucky' 272–3, 274–5

Ma brothers 353–4
Ma Yik Shing 353–4
Macao 79–80, 99
Macartney, 1st Earl of 176
McCrae, Jack 279–80
Macfarlan's 254
madak 95, 96, 97
Madrid decree (1814) 248
Mafia
    Corsican 267–9, 273, 291
    New York 271–3, 298
    Sicilian 270–1, 273
Magniac & Co. 180, 184
Maimonides, Moses 49
    Glossary of Drugs 49
    Treatise on Asthma 49
    Treatise on Poisons and Their Antidotes
    49
Maine, sinking of (1898) 145
Malacca 78
Manchuria, Japanese invasion of (1931)
    266
Mandelslo, John 173
Mandeville, Bernard
    'The Grumbling Hive' 137
Mao Tse-tung 290, 350
Maranzano, Salvatore 269
Marco Polo 54–60, 61, 66, 89
marijuana 333, 358
Marks, Jeanette 217
Marmotta people 6–7

Marne, Battle of the (1914) 277
Marseilles 267, 268–9, 273, 291, 351
Martin, James 253
Martin, Montgomery 193
Marx, Karl 198
MASH (Mobile Army Surgical
    Hospitals) 291–3, 294, 324
Massoud, Ahmad Shah 315, 316,
    320
Matheson, Alexander 191
Matheson, James 180–1, 182
Matthews, Frank 298
Matthiessen, Augustus 233–4
Mattinson, J. B. 230
medical publications 67–8
Medical Reform Act (1858) 228
medical schools 35, 47, 50–4
Medical Unit Self-Contained
    Transportables (MUST) 295
Medici family 67
Meer, Dr Fritz ter 288
melancholy
    Burton's book on 143–4
Mengele, Dr Joseph 288
mental health
    Burton's book on melancholy 143–4
Mercator, Gerardus 86
Mercator projection (1569) 86
Merck 162, 276, 284
Merck, Friedrich Jacob 127–8
Mering, Joseph von 242
Merton Priory 62
Mesue Senior 41
methadone 285, 337–40, 348
methadone maintenance treatment
    (MMT) 338–40, 348
Mexican Revolution 260
Mexican Silver Cycle 108
Mexico 246–7, 256–60, 376
    drug trafficking 258, 259–60
    legislation prohibiting opium 259
    marijuana culture 258, 259
    opium production 258–9, 259, 286–7
    rise of Sinaloa 256–60

Mill, John Stuart
    On Liberty 236–7
Minoans 11–12, 13
Mithridates VI, king of Pontus 24
Mobile Army Surgical Hospitals see
    MASH
Moluccas 78–9
money laundering 360, 362
Mongols 55, 56, 89, 301
Montgomery, Richard 141
Montpellier medical school 54
morphine
    administration of powder during
        American Civil War 215
    discovery of 161–2
    early form of administration
        209–10
    effect on the brain 343
    hypodermic administration of
        211–14, 229
    lack of supplies during First World
        War 277–8, 279
    rise of in America 209–14, 221, 251
    and Second World War 283, 286
    and Turkey 262
morphine addiction 213, 221, 230
    and doctors 230
    in Korea 290
    and veterans of the American Civil
        War 216–18
Morrison, Robert 199–200
Morson, Thomas 162
Mowkqua 184
Mrs Winslow's Soothing Syrup 206–7
Mughal Empire 115, 118–22, 144, 164,
    169
    court culture 118, 120, 121, 122
    and Jahangir 119–21
    opium use 118–19, 120
    trade with England 120–2
    wine drinking 119
    women in 121–2
Muhammad, Prophet 36–7
Mumbai

Islamist terrorist attack (2008)   361
Mundy, Peter   99–101, 103
musicians
    and heroin   341, 342
Mussolini, Benito   271, 273
Muziris   22, 31
My Lai Massacre (1968)   296–7
Mycenae   13

Nadir Khan, Mohammad   308
Nadir Shah   308–9
naloxone   374
Nanking, Treaty of (1842)   18
Napier, Lord   185
Napoleon   303
narcomania   239
National Prohibition Act see Volstead Act
NATO
    and Afghanistan   322, 324
Natufians   4–5
navigation   71
Neolithic settlements   4–9, 10
Nerheim, Michael   375
Nestorian-Christians   35–6
Netiv Hagdud (Jordan Valley)   5
neuralgia   128, 211
    opium treatment for   128–9
New York
    heroin business   297–8
    and Mafia   271–3, 298
Newby, Eric
    A Short Walk in the Hindu Kush   310
Nine Inch Nails
    'Hurt'   342
Nisbet, Tom   153
Nixon, Richard   294, 295
Norette, Paolo   101–2, 103
Norman Conquest   46
Northumberland, Countess of   128–9
Nur Jahan   121–2
nutmeg   86

Office of Naval Intelligence (ONI)
    273–4

Office of Strategic Services (OSS)
    274
Old Man of the Mountain legend
    57–8
Olyphant & Co.   201
Omar, Mullah Mohammad   317, 319,
    320
Onions, Tom   284–5
opiates, studies into mechanisms of
    342–4
opium
    deaths caused by in nineteenth
        century   228
    eighteenth century works/texts on
        145–50
    medicinal purposes in early history
        10, 12, 17–19, 42–3, 125–6, 140
    mental effects of   145–6
    origins   3–25
    texts warning of danger of   146–8
opium addiction/addicts   228–9
    and Cocteau   330–1, 332
    and women   229
Opium and Coca Leaves Trade
    Restrictions At (1914)   255
opium dens
    China   97
    Deadwood (South Dakota)   225–7
    Philippines   249
    setting up of by Chinese in America
        220–2
opium latex   12, 22, 60, 67, 126, 160–1,
    201–2, 342, 356
opium missionaries, Chinese   199–202
opium pills   126, 127
opium pipe, discovery of first   14
opium poppy
    number of species   3
    replacement projects   348–9,
opium smoking   127, 172
    China   109
    India   172–3
    Philippines   248, 249
    punishment of in Japan   290

Opium Smoking Exclusion Act (1909) 253, 258–9
opium trade 26, 69, 77, 78, 144
  and America 177, 178–9
  attempts to stop 235–6
  and Britain 164, 172–9, 182–3
  Bronze Age 9–10
  Canton 179–82, 184, 186–7, 200, 202
  and EIC 171, 173–6
  eradication of by Maso Tse-tung 290
  and First Opium War 188–90
  and Hong Kong 192–3
  India 172–6
  and Jardine Matheson 180–2
  Mexico 258–60
  Neolithic 8, 9
  North Africa 327
  Philippines 248–9, 251
  Shanghai 263–7
  sixteenth century 77, 78
  Southern Route 326–8
  Turkey 261–3
  and VOC 109
Opium War
  First 188–90, 193–4, 200
  Second 196–9
organic chemistry 160–1
organized crime 256–7, 275, 376
  America 267–8
  Hong Kong 350, 353, 354
  Marseilles 267
  see also Mafia
Ottoman Empire 71, 74, 115–17, 118, 144
Oxford University 62
OxyContin 372–3

pain theory 42, 211
Pakistan
  heroin use and addiction 316–17
Palmerston, Viscount 187
Pantokrator Hospital (Constantinople) 51
Papaver setigerum 3

Papaver somniferum 3, 7, 8, 9, 14, 62, 145, 377
Paracelsus 68–9, 123
Paris medical school 62
Paris, Treaty of (1898) 250
Parker, Peter 201
Parthians 32, 34–5
patent medicines 203–9
  opium contained in 151, 155, 206–8
Peking, Convention of (1860) 198
penicillin 283
Peninsular and Oriental Steam Navigation Company (P&O) 193
Pepys, Samuel 91
Periplus of the Erythraean Sea 31
Perkins & Co. 185
Persia/Persians 25, 34–6, 303
  and medicine 34–5
  Muslim conquest of 37
  Safavid Empire 117
  Sassanid Empire 32–3, 34–6
Pert, Candace 342–4
Pervitin 284, 285
Pharmacy Act (1868) 228, 229
Philadelphia College of Pharmacy 205
Philippines
  Chinese in 246, 247–9, 251
  fight for independence from Spain 249–50
  invasion and capture of by Americans (1898) 250–1
  opium cultivation and trade 248–9, 251
  opium-smoking culture and banning of 248, 249
  trade with Britain 247
  trade with China 246
  war with America 244–52
physicus 47–8
Pierce, F. M. 235
Pires, Tomé 78, 80
plague 61–2, 63
Plassey, Battle of (1757) 112, 115, 170
Pliny the Elder 20–1, 30, 32, 137

Poppy Goddess 12
poppy straw 376–7
population 81
Portugal/Portuguese 72
    da Gama's exploration of India
        75–6
    heroin epidemic 366–7
    legalization of drugs (2001) 366–8
    military expeditions in the East
        Indies 78–9
    sea exploration and ships 71–5
    trade with Africa 72–3, 74
    trade with Japan 99
post-traumatic stress disorder 324
Potosí (Bolivia) 82
Pottinger, George 191
Pravaz, Charles Gabriel 211
printing press 67
prostitution
    and heroin 256
Puankhequa 183
Puerta, Enrique Fernández 260
Purdue Pharma 371–3
Pure Food and Drug Act (1906) 253

Qur'an 37

Rada, Martin de 90
RADARS 372
Ramusio, Giovanni Battista 89
Raunds (Northamptonshire) 8, 9
recreational drug use, boom in 341–2
Red Sea 31
Reddit 370–1
Renaissance 66, 67
Rhazes 39–41, 47, 53
Ricci, Matteo 83–4
    Map of the Ten Thousand Countries of
        the World 83–4
Ricettario, El 67
Richards, Keith 340, 342
Rinieri, Bartolomea 66
Roe, Sir Thomas 121–2
    Purchas his Pilgrimes 121

Romans 16, 20–5, 29–31, 32, 33–4, 36, 48
Romantics 154–60
Rothstein, Arnold 267–8
Rousseau, Jean-Jacques 144
Royal College of Physicians 130, 131
Royal Society 125
Rush, Benjamin 152–3
    Inquiry 152
Russell & Co. 192
Russell, James 230
Russia 303, 304
    and Afghanistan 308
    heroin addiction 321
    see also Soviet Union
Rynd, Francis 210–11

Sabiani, Simon 267
Safavids 115, 117–18, 144
    court of 117
    opium use 117–18
St John de Crèvecoeur, J. Hector
    Letters from an American Farmer 151
St Mary's Hospital (London) 233
Salerno medical school 51–4
Salerno Regimen of Health 54
Salvarsan 278–9
Samarkand 38
San Francisco Chinatown 219–20
Sassanids 32–3, 34–6
scarification 12, 22
Scuola Medica Salernitana (Salerno)
    51–4
sea exploration, early 72–5
Second Carnatic War 169
Second Opium War 196–9
Second World War 273, 282–9, 332
    American casualties 292
    and field medic 282–3, 287
    medical supplies 283
    medical testing on concentration
        camp inmates 287–9
    pain relief 285–6
    use of amphetamines/methampheta-
        mines by soldiers 284, 285

Séguin, Armand 161
Selkirk, Alexander 133
Seneca the Younger 30
Sertürner, Friederich Wilhelm 160–2,
    209
Seven Years War 168
Shakespeare, William
    Othello 122
Shanghai 263–7
Shanghai Convention (1909) 252
Shilts, Randy 347
shipbuilding 71–2
Sicilian Mafia 270–1, 273
Sicily 270
    citrus market 271
    and Operation Husky (1943)
    274
Siculus, Diodorus 17, 45
signatures 134
Siku quanshu 96–7
Silk Road (Internet) 370
Silk Roads 20, 26–9, 30–1, 33, 34,
    39, 61, 71
silk trade 29–31, 33
Sinaloa (Mexico) 256–60
slavery/slave trade 73, 92
Smith, Edwin 15
Snyder, Solomon 343, 344
Society for the Promotion of Christian
    Knowledge (SPCK) 139
Society for the Reformation of Manners
    98, 139
Society for the Study and Cure of
    Inebriety 238
Sogdians 33, 34
somniferous sponge 52–3, 63–4
South Africa 328
Southern Route 326–8
Southey, Robert 157
Soviet Union
    and Afghanistan 310, 311
    collapse of (1991) 321
    invasion of Afghanistan 313–15

withdrawal from Afghanistan
    315–16
Spain 5–6, 368, 9293
    East Indies and Chinese trade 80,
    92–3
    rule of in Philippines 246–7, 249
    sea exploration 74–5
    slave trade 92
    and tobacco 93
    trade deals with England 88
    war with America (1898) 145
Spice Islands 78–9, 86
spice trade 26, 31–2
spices, opium classed as 77
Spirito, Francois 267, 268
Sudak 55
sugar 168
suicide
    opium and female 173
Suleiman the Magnificent 116
Sulphanilamide 283
Sumerians 10
supercargoes 108
Swearengen, Al 225–6, 227, 228
Sydenham, Thomas 122, 124, 125–9,
    133
syrette 285–6

Taiping Rebellion 198
Taiwan 106
Taliban 318–21, 322, 326
Tang dynasty 38
Taraki, Nur Mohammad 312
tatula 117
tea trade 164, 165, 166–7, 181
tea/tea-drinking 88–92, 164
    British consumption and demand for
    164–5
    and Chinese culture 88–9, 90–1
    medicinal properties 89–90
    ritual of taking 167
    smuggling of 165
Tell Abu Hureyra (Syria) 4

temperance movement 236
Thailand 291, 296
    Akha people 349
    and heroin 358
    Royal Project 348
Theophrastus 18–19
theriac 24, 61–2, 94, 127
Thomas, Gaillard 229
Thompson, Hunter S. 341
Thomson, Samuel 205–6
Thomsonian Medicine 205, 206
Tientsin, Treaties of 197, 198
tobacco 92–4
    mixture of opium and (*madak*) 95,
        96, 97
Trainspotting (film) 366
Transoxonia 38
Triads 264–5, 359, 376
    and Canton 183
    domination of global heroin
        trafficking 360
    and Hong Kong 351, 354, 355
    turf war in 1970s 359
    trigeminal neuralgia (*tic douloureux*)
        128
Trotter, Thomas
    An Essay 153–4
Trotula 52
Truck Act (1887) 239
Turkey 261–3
    heroin and morphine production
        262–3
    opium production 144, 262–3
    see also Ottoman Empire
Twain, Mark
    Roughing It 220–1

Uganda, drug trade 327–8
Ulbricht, Ross William 370
Umayyads 37–8
Únětice culture 11
United Kingdom Alliance 236
United States *see* America

Urban II, Pope 46–7
Utley, Dr Vine 204
Uyghur people 33

Venice 76
    guild system 55
Verenigde Oostindische Compagnie
    see VOC
Victoria, Queen 190
Viet Cong 294–5
Vietnam War 294–300
    drug addiction amongst soldiers
        295, 296
    My Lai Massacre (1968) 296–7
Vikings 46
VOC (Verenigde Oostindische
    Compagnie) 85–6, 87, 96, 108,
    109
Volstead Act 255–6, 259
Voltaire 144
von Niemeyer, Felix 213

Wahhabism 317–18, 326
Walpole, Horace 171
Webb v. United States (1919) 339
Weddell, Captain 99–103
Wedgwood, Tom 155, 157
Wellesley, Lord 176
Whiffens 331
Whitear, Rachel 363–5
Whitman, Walt 215
William of Tyre 49
    *History of Deeds Done Beyond the
        Sea* 49
Wilsford Shaft (Wiltshire)
        8–9
Wing Tsue 226
women
    and opium addiction 229
    role of in War on Drugs 362–5
    suicide and opium 173
Wong, Kay 359
Wong, Shing May 359–60, 362

Wood, Alexander 210–11
working class 136, 137
  and addiction 237–8
  and gin intoxication 136–8
Wren, Christopher 124–5, 210
Wright, Hamilton 252, 253
Wu, Emperor 28, 29

Yao Lu 95
  Lushu 94

Ye Mingchen 196, 199
Yongzheng Edict (1729) 98
Young, George 146–7
Young Turks 261

Zahir Shah, Mohammad 309–10,
  311
Zhang Qian 29
Zheng Chenggong 104, 105
Zheng He 73